Thomas J. Cutler
Entscheidung im Pazifik

W0048507

THOMAS J. CUTLER

ENTSCHEIDUNG IM PAZIFIK

Die größte Seeschlacht der Geschichte

ULLSTEIN

Die Deutsche Bibliothek – CIP-Einheitsaufnahme

Cutler, Thomas J.:
Entscheidung im Pazifik : die grösste Seeschlacht der
Geschichte / Thomas J. Cutler. [Aus dem Amerikan. von
Klaus-Dieter Schmidt]. - Berlin ; Frankfurt am Main :
Ullstein, 1996
Einheitssacht.: The battle of Leyte Gulf <dt.>
ISBN 3-550-07081-0

Titel der amerikanischen Originalausgabe: *The Battle of Leyte Gulf*
Published by Harper Collins Publishers, New York
© 1994 by Thomas J. Cutler
Aus dem Amerikanischen von Klaus-Dieter Schmidt
© der deutschen Ausgabe 1996 by Verlag Ullstein GmbH,
Berlin · Frankfurt am Main
Satz: Utesch Satztechnik GmbH, Hamburg
Druck: Graphischer Großbetrieb Pößneck GmbH, Pößneck
Printed in Germany 1996
ISBN 3-550-07081-0

Gedruckt auf alterungsbeständigem Papier
mit chlorfrei gebleichtem Zellstoff

INHALT

Es ist alles im Kriege sehr einfach, aber das Einfache ist schwierig. Diese Schwierigkeiten häufen sich und bringen eine Friktion hervor, die sich niemand richtig vorstellt, der den Krieg nicht gesehen hat.

Carl von Clausewitz, *Vom Kriege*

[Clausewitz] führt das Element ein, das andere »den Nebel des Krieges« genannt haben, die ständige Unzulänglichkeit und Ungenauigkeit des Nachrichtenmaterials.

Bernard Brodie, »A Guide to the Reading of *On War*«

VORWORT

Die *Simon & Schuster Encyclopedia of World War II* nennt die Schlacht um Leyte »das größte Seegefecht, das jemals ausgefochten wurde«. Der bekannte Historiker Ronald Spector bezeichnet sie in seiner Geschichte des amerikanisch-japanischen Krieges *Eagle Against the Sun* als »die größte Seeschlacht der Geschichte«, und der frühere Militärredakteur der *New York Times*, Hanson W. Baldwin, nennt in einem seiner vielen erfolgreichen Bücher das dieser Schlacht gewidmete Kapitel »Der größte Seekampf«.

Warum wird die Schlacht um Leyte stets mit Superlativen bedacht? Weil sie tatsächlich die größte und facettenreichste Seeschlacht aller Zeiten war. In ihr kämpften mehr Schiffe als in jedem anderen Gefecht, einschließlich der gewaltigen Skagerrakschlacht im Ersten Weltkrieg, die von 250 britischen und deutschen Schiffen ausgefochten wurde; bei Leyte trafen 282 amerikanische, japanische und australische Schiffe aufeinander. Annähernd zweihunderttausend Mann waren an diesem Kampf beteiligt. Das Kampfgebiet erstreckte sich über mehr als zweihundertfünfzigtausend Quadratkilometer. Dutzende Schiffe wurden versenkt, darunter einige der größten und kampfstärksten, die jemals gebaut wurden, und Tausende Männer wurden von ihnen mit in die Tiefe gerissen. Jeder Aspekt der Seekriegführung – der Kampf in der Luft, auf See, unter Wasser und in amphibischen Operationen – spielte in dieser Auseinandersetzung eine Rolle, und zu den eingesetzten Waffen gehörten Bomben jeglicher Art, Kanonen jeden Kalibers, Torpedos, Minen, Raketen und sogar ein Vorläufer der Lenkwaffen.

Aber die Bedeutung dieser Schlacht liegt nicht nur in ihrer Größe. Zu den Mitwirkenden zählten militärische und politische Führer wie Halsey, Nimitz, MacArthur und Roosevelt. Es kam zum Debüt der größten Kanonen, die jemals in einem Seegefecht eingesetzt wurden, und einer neuen japanischen Taktik, mit der mehr amerikanische Matrosen getötet und mehr amerikanische Schiffe versenkt werden sollten als mit jeder anderen. Die Gewässer bei Leyte sahen das bislang letzte Aufeinandertreffen von Schlachtschiffen, und sie waren der Schauplatz, auf dem zum ersten und einzigen Mal ein amerikanischer Flugzeugträger durch Kanonenbeschuß versenkt wurde. Zur Geschichte der Schlacht gehören ehrfurchtgebietender Heroismus, versagende Aufklärung, kluge taktische Planung und Ausführung, mangelhafte Strategie, brillante Täuschungen, unglaubliche Ironien, große Kontroversen und eine Fülle von Lektionen über Strategie, Taktik und operative Fragen.

Aber wenn dem so ist, warum wurde die Schlacht um Leyte nicht zu einem Begriff wie Pearl Harbor? Warum ist sie weniger bekannt als die Schlacht bei Midway oder die D-Day-Invasion in Europa? Die Antwort liegt im Zeitpunkt. Die Schlacht um Leyte fand statt, als große Schlachten schon zu etwas Alltäglichem geworden waren. Man war es gewohnt, Namen wie Midway, Stalingrad, Guadalcanal und Normandie zu hören. Wichtiger noch war, daß die Schlacht um Leyte stattfand, als der Endsieg für die meisten Amerikaner nicht mehr in Zweifel stand. Midway war allgemein als Wendepunkt des Pazifikkrieges, als dramatische Umkehr der Folge von Niederlagen aufgenommen worden, und die Invasion in der Normandie wurde als Anfang vom Ende des Krieges in Europa betrachtet. Leyte war nur ein Schritt auf diesem Weg, die Fortsetzung einer Entwicklung, die zu dieser Zeit bereits als unausweichlich angesehen wurde. Aber dem Kampf um Leyte fehlte nicht nur die Dramatik der früheren Schlachten, er wurde auch bald von Ereignissen wie dem Beinaherückschlag in der Ardennenschlacht, den heftigen Kämpfen um Iwoyima und Okinawa und den Atombombenabwürfen auf Hiroshima und Nagasaki in den Hintergrund gedrängt.

Die Schlacht um Leyte war dennoch ein Schlüsselereignis. Sie war für das japanische Kaiserreich die letzte Hoffnung, und sie sah den letzten Großeinsatz seiner Marine. Auf der anderen Seite hing von ihrem Ausgang die Befreiung von Millionen Filipinos und Tausenden alliierter Kriegsgefangener ab. Ein amerikanischer Sieg in der Schlacht mochte in dieser Phase des Krieges eher beiläufig aufgenommen werden, aber eine Niederlage wäre eine Katastrophe ersten Ranges gewesen.

Über eine Schlacht von solchen Ausmaßen zu schreiben, ist keine leichte Aufgabe. Viele bedeutsame Ereignisse fanden gleichzeitig statt, müssen aber nacheinander berichtet werden, was einen ständigen Wechsel der Schauplätze erfordert. Ich habe versucht, jede Szene durch Orts- und Zeitangaben so klar wie möglich zu bestimmen, damit der Leser in der Lage ist, dem Strudel der weitverzweigten und doch miteinander verbundenen Ereignisse zu folgen. Im übrigen habe ich gewisse Vorkenntnisse vorausgesetzt, etwa daß ein Schlachtschiff größer und schlagkräftiger ist als ein Kreuzer und dieser wiederum größer als ein Zerstörer. Abgesehen davon habe ich jedoch die Eigenarten jedes vorkommenden Schiffstyps erklärt. Für Leser, die mit solchen Dingen vertraut sind, mag dies ermüdend sein, aber andernfalls hätten viele Leser kein klares Bild der Vorgänge gewinnen können. Bei der Bezeichnung der Schiffe habe ich von der umständlichen Gewohnheit vieler Autoren abgesehen, die Rumpfnummern anzugeben, und statt dessen nur ihre Namen benutzt.

Dem Leser wird bei der Lektüre eine bestimmte Tendenz auffallen. Ich bin amerikanischer Patriot und Marineoffizier im Ruhestand; meine Darstellung wird also einen gewissen Stolz auf die Leistungen der US Navy und große Hochachtung und Anerkennung für den Heldenmut und die Opferbereitschaft der amerikanischen Matrosen, die bei Leyte kämpften, widerspiegeln. Ich habe einige dieser Männer interviewt und näher kennengelernt, und meine Bewunderung für sie ist durch diese Erfahrung nur noch gewachsen. Aber auch ihre japanischen Gegner besitzen meinen tiefempfundenen Respekt. Ich achte jeden, der die Schrecken und Härten des Krieges am eigenen Leib erfahren hat, selbst jene, die einst in einem anderen Krieg zu anderer Zeit *meine* Feinde waren. Das soll nicht heißen, daß ich meine Krallen eingezogen habe, wenn es darum ging, die Fehler zu diskutieren, die während der Schlacht begangen wurden. Ich bin der Überzeugung, daß ein wahrer Patriot bereit sein muß, sein geliebtes Land auf konstruktive Weise zu kritisieren, so wie liebende Eltern ihr ungezogenes Kind zurechtweisen. Nichts ist vollkommen, und ohne aufrichtige Beurteilung wird sich nichts der Vollkommenheit annähern.

Ich habe bei den Zeitangaben das militärische 24-Stunden-System benutzt – drei Uhr wird also zu 0300, Mittag zu 1200, 1.15 Uhr mittags zu 1315 usw. Der Leser wird vermutlich feststellen, daß ich die See liebe, und manche werden die Art, wie ich die Schiffe personifiziere, übertrieben finden. Aber dann haben sie nie auf einem Schiff gedient und nie aus erster Hand erfahren, daß ein Schiff die kollektive Persönlichkeit der Mannschaft annimmt, die auf ihm fährt.

Es ist ein halbes Jahrhundert her, seit das Feuer der Kanonen über den Leyte-Golf hallte, aber die Bedeutung dessen, was dort geschah, ist seither nicht geringer geworden. Es ist an der Zeit, noch einmal einen Blick auf das zu werfen, was bei Leyte vor sich ging, den Mut und die Opfer all jener zu würdigen, die dort kämpften, aus den Fehlern, die damals begangen wurden, zu lernen und zu hoffen, daß nichts in der Zukunft diesem Kampf den Titel der »größten Seeschlacht der Geschichte« streitig machen wird.

Was sich in diesem Buch an Kritik findet, wird in aller Bescheidenheit vorgebracht. Wenn ich einige der damaligen Handlungen und Entscheidungen in Frage stelle, dann nicht, um die Männer, die dafür verantwortlich waren, zu beschuldigen, sondern um daraus Lehren für zukünftige Marineoffiziere zu ziehen. Ich würde mich niemals zu der Behauptung versteigen, ich hätte es besser machen können als die Männer, über die ich schreibe. Ich kenne die Schwere der Verantwortung, die auf einem lastet, wenn man in Augenblicken der Gefahr nur ein einziges Schiff befehligt, und mein Geist sträubt sich bei dem Gedanken, ganze *Flotten* befehligen zu müssen. Ich habe erlebt, welche Verwirrung in der Dunkelheit der Nacht auf der Brücke eines Schiffes herrschen kann, wenn nicht alles nach Plan verläuft, und ich kann mir vorstellen, welches Ausmaß sie angenommen hätte, wenn das Schiff unter mir gesunken wäre. Ich kenne die Schrecken des Gefechts – wenn auch nicht in dem Ausmaß, das die meisten Männer, über die ich hier schreibe, durchgemacht haben; ich glaube, daß nur jemand, auf den nie geschossen wurde, die Handlungen von Männern, die unter Beschuß liegen, herabsetzen kann. Ich fälle meine Urteile von einem bequemen Schreibtischsessel aus. Vor mir liegen Bücher und Dokumente, die hundertmal mehr Informationen enthalten, als sie die Befehlshaber vor Ort besaßen, und ich kann sie zu Rate ziehen, wann immer ich will, nur unter dem Druck des Terminplans eines Verlegers. Ich schreibe auf einer Maschine, die meine Fehler korrigiert, und neben mir steht eine Tasse Kaffee. Vor allem aber geht es bei dem, was ich tue, nicht um Leben oder Tod.

Ich hoffe also, daß meine Kritik und meine Urteile als Anstoß zum Nachdenken verstanden werden, nicht aber als Ersatz für das, was mutige Männer unter dem Druck von Befehl und Gefecht taten.

PROLOG

Als sich die Sonne am Morgen des 24. Oktober 1944 aus der Philippinen-See erhebt, ist die Bühne für die größte Seeschlacht der Geschichte bereit. Das »Stück«, das zur Aufführung kommen soll, ist in vieler Hinsicht eine griechische Tragödie. Der lange Marsch der amerikanischen Streitkräfte über den Pazifik ist der Prolog gewesen, und in den folgenden Akten mit ihren tiefen menschlichen Dramen werden viele edle, tapfere Männer aus zwei Ländern im Kampf miteinander fallen. Der Chor bereitet auf die Tragödie derer vor, die voll Stolz und Hoffnung auftreten, nur um als Opfer der gefühllosen Launen der Parzen und ihrer eigenen Torheit zu enden. Der Höhepunkt wird kurz und endgültig sein, während an der Auflösung immer noch geschrieben wird.

Als das Drama einsetzt, befinden sich die Hauptdarsteller auf der Bühne oder in den Kulissen. Tausende haben für diesen Augenblick geprobt, doch ihre Auftritte werden mehr von Improvisation als vom Textbuch bestimmt sein. Wie in allen griechischen Tragödien spielen auch die Götter eine Rolle. Poseidon, der Gott des Meeres, Thanatos, der Gott des Todes, und Ares, der Gott des Krieges, sind offensichtlich beteiligt. Aber es ist das Eingreifen von Äolus, dem Herrn der Winde, und Hermes, dem Götterboten, das auf überraschende Weise den Ausgang des Dramas beeinflussen wird. Und Athena wird, indem sie den einen an ihrer Weisheit teilhaben läßt und den anderen von ihr ausschließt, diejenige sein, die bestimmt, welcher der beiden Widersacher sich als Sieger Nikes Lorbeerkranz verdient.

TEIL I

VORSPIEL

CINCSOWESPAC

11. März 1942. Der unablässige Beschuß der Küste hat mit der hereinbrechenden Nacht aufgehört. In der plötzlichen Stille waren nur noch das kehlige Brummen von Dieselmotoren im Leerlauf und das Knistern der Brände zu hören. Der General blieb am Ufer stehen und schaute auf sein zerfallendes Herrschaftsgebiet. Wo vor kurzem noch üppige Vegetation und farbenprächtige tropische Blumen wuchsen, bot sich der trostlose Anblick eines zerpflügten Schlachtfelds und der jämmerlichen Überreste einer Armee am Vorabend der Kapitulation. Bäume, die sich einst majestätisch in den philippinischen Himmel erhoben, waren zu zerklüfteten Stümpfen verkümmert. Die Gebäude, die eine stolze Garnison beherbergten, lagen in Trümmern, eingehüllt von einer Dunstglocke aus ätzendem Rauch. General Douglas MacArthur, der in den letzten drei Monaten gut zwanzig Pfund abgenommen hatte, nahm die goldbetreßte Khakimütze vom Kopf und hob sie zu einem letzten Gruß an die Inselfestung Corregidor, die aufzugeben ihm befohlen worden war.

In der düsteren Atmosphäre jener frühen Kriegstage, als eine Niederlage der anderen folgte, war der mutige, wenn auch vergebliche Widerstand, den MacArthurs Truppen auf der befestigten Halbinsel Bataan leisteten, ein willkommener Silberstreif. Die Gestalt Douglas MacArthurs hatte in den Augen der Amerikaner heroische Ausmaße angenommen, wie sie niemand mehr besessen hatte, seit Admiral Dewey Ende des vergangenen Jahrhunderts in denselben philippinischen Gewässern die spanische Flotte geschlagen hatte. Daß er in die Hände eines Feindes fiel, dessen Propagandisten verkündet hatten, er würde auf dem Kaiserlichen Platz in Tokio öffentlich gehängt werden, war schlicht undenkbar, und so hatte Präsident Franklin D. Roosevelt dem General befohlen, die Philippinen zu verlassen. Es war kein einfacher Auftrag. Erstens widerstrebte es dem General von Natur aus, sein Kommando aufzugeben. Zweitens wußte er, daß die Flucht von den Philippinen leichter anzuordnen als auszuführen war. Die japanischen Streitkräfte kontrollierten sämtliche Luft- und Seewege, so daß nur eine kühne verdeckte Operation eine gewisse Aussicht auf Erfolg hatte. Und schließlich war MacArthur durch eine besondere Beziehung mit den Philippinen verbunden. Sein Vater, General Arthur MacArthur, war dort sowohl Kriegsheld als auch Militärgouverneur gewesen, und er selbst hatte seine Dienstzeit nach dem Abschluß in West Point als Leutnant des elitären Pionierkorps auf den Philippinen begonnen. Danach war er im Verlauf seiner Karriere mehrere Male dorthin zurückgekehrt, und als die japanischen Truppen im Dezember 1941 im Lingayen-Golf landeten, war er zum Feldmarschall der philippinischen Armee und Befehlshaber der US Army im Fernen Osten aufgestiegen.

Als er jetzt auf dem verwitterten Holzkai von Corregidor stand, um dem Befehl seines Oberbefehlshabers gemäß die geliebten Philippinen zu verlassen – und eine gemischte philippinisch-amerikanische Armee von fast achtzigtausend Mann zurückzulassen, die der sicheren Niederlage entgegensah –, spürte MacArthur, wie ihm das Blut aus dem Gesicht wich und unter seinen Augen ein plötzliches, krampfartiges Zucken einsetzte, das seine Haltung, auf die er so viel Wert legte, zunichte zu machen drohte. Er wandte sich von Corregidor ab, und während er an Bord des Patrouillentorpedoboots (PT-Boot) stieg, mit dem seine Flucht vonstatten gehen sollte, sagte er zu dem jungen Marineleutnant, der es befehligte: »Sie können ablegen, Soldat, wenn Sie soweit sind.«

Während sich die Dunkelheit über die Bucht von Manila senkte und Regenwolken den Mond verdeckten, bahnte sich Kapitänleutnant John D. Buckleys PT–41 seinen Weg durch das

18

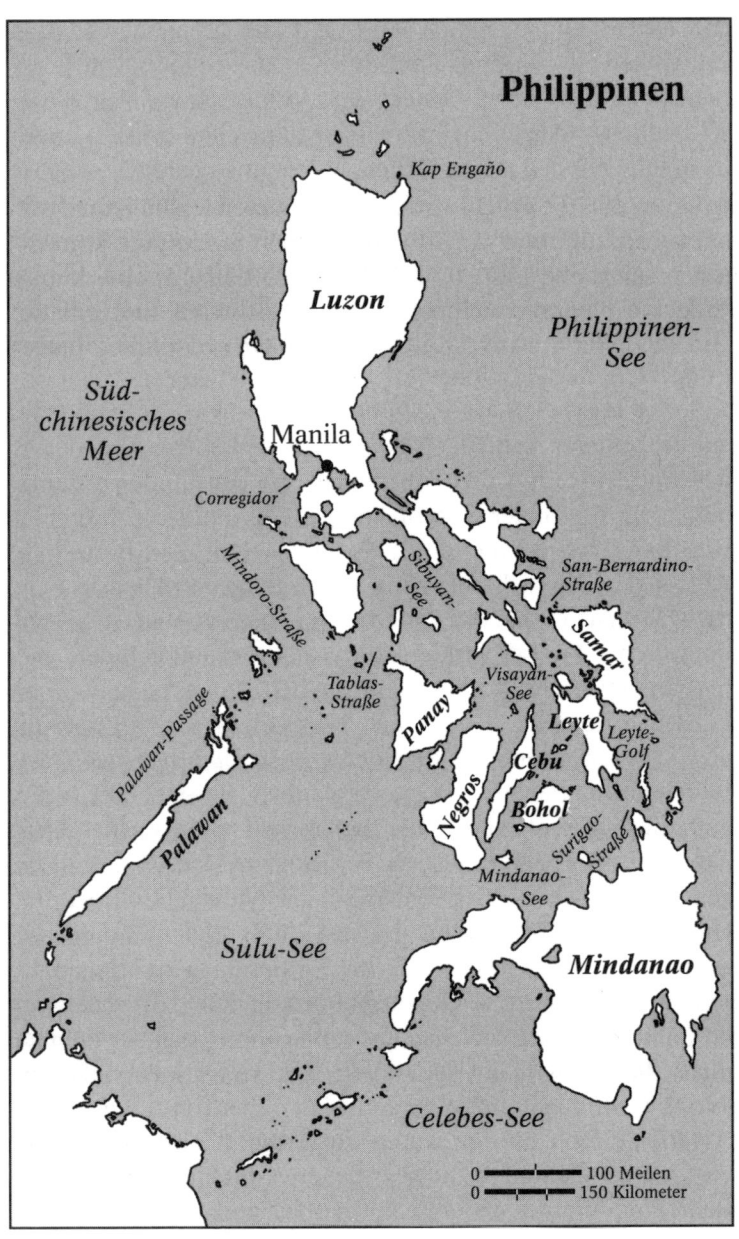

Philippinen

Kap Engaño

Luzon

Philippinen-See

Süd-chinesisches Meer

Manila

Corregidor

Mindoro-Straße

Sibuyan-See

San-Bernardino-Straße

Samar

Tablas-Straße

Visayan-See

Palawan-Passage

Panay

Leyte

Leyte-Golf

Cebu

Negros

Bohol

Palawan

Surigao-Straße

Mindanao-See

Sulu-See

Mindanao

Celebes-See

0 ———— 100 Meilen
0 ———— 150 Kilometer

der Verteidigung dienende Minenfeld und strebte den schwarzen Wellen der Mindoro-Straße zu, wo, wie bekannt war, feindliche Schiffe kreuzten. General MacArthur schwor sich, diesen schändlichen Augenblick vergessen zu machen und die unvermeidliche Niederlage zu rächen, indem er so bald wie möglich mit einer Streitmacht zurückkehrte, die groß genug sein würde, um die Japaner zu vertreiben und die amerikanische Ehre – und seine eigene – wiederherzustellen. Wenige Tage später sollte er seine Entschlossenheit vor aller Welt kundtun und mit drei Worten, die sich in den Köpfen aller Amerikaner und Filipinos festsetzten, das Ziel vorgeben: »Ich komme wieder.«

Sechs Tage nach MacArthurs Aufbruch von Corregidor bat auf der anderen Seite der Welt ein Gast bei einem Abendessen des Weißen Hauses den Präsidenten, die Umstände preiszugeben, unter denen der General von den Philippinen entkommen war. Roosevelt erwiderte mit einem schelmischen Blinzeln in den Augen, das nicht von allen am Tisch bemerkt wurde: »General MacArthur hat ein Ruderboot genommen und ist, als philippinischer Fischer verkleidet, nach Australien gerudert – direkt an den Japsen vorbei. Ganz einfach. Es waren ja nur viertausend Kilometer.« Nicht alle Anwesenden lachten über die abwegige Erklärung des Präsidenten. Zumindest einige Gäste schienen durchaus bereit, sie zu glauben. Im nachhinein mag man dies für naiv halten, aber damals schien ein solcher Kraftakt keineswegs außerhalb der Fähigkeiten MacArthurs zu liegen. Eltern gaben ihren Babys seinen Namen; Colleges und Universitäten überhäuften ihn mit Ehrengraden; Mütter beschworen seinen Namen, um ihre Kinder dazu zu bringen, ihren Spinat aufzuessen; Organisationen jeglicher Art ernannten ihn zum Ehrenmitglied; sogar die Blackfoot-Indianer nahmen ihn in ihren Stamm auf – als »Häuptling Weiser Adler«. Anstekker mit seinem Konterfei und ein Film über ihn mit dem Titel *America's First Soldier* waren Publikumserfolge. Nach einer von vielen Zeitungen aufgegriffenen Geschichte erhielt ein Lehrer in Atlanta, als er seine Schüler aufforderte, ihm eine amerikanische Besitzung im Fernen Osten zu nennen, von einem Schüler die stolze Antwort: »General MacArthur.«

Trotz dieser Bewunderung gab es jedoch nicht wenige, die Douglas MacArthur in einem anderen Licht sahen. Seine Leistungen – einschließlich der heldenhaften Einsätze im Ersten Weltkrieg und eines meteorhaften Aufstiegs in der Army, in dessen Verlauf er häufig der Jüngste war, der Schlüsselpositionen wie die des Direktors von West Point oder des Stabschefs der Army eingenommen hatte – wurden von einem maßlosen Ego aufgewogen, das sich regelmäßig in olympischen Deklarationen und pompöser Rhetorik manifestierte. Er war selten freiwillig bereit, die Aufmerksamkeit der Öffentlichkeit mit anderen zu teilen, und seine Benutzung der ersten Person Singular war legendär. Seine Führung während der japanischen Invasion der Philippinen war von Fehlern behaftet gewesen, und sein starker Wille und seine alles andere ausschließende Zielstrebigkeit brachten ihn oft an den Rand der Insubordination. Denjenigen, die diese Mängel sahen, stand allerdings die Mehrheit derer gegenüber, die ihn feierten und idealisierten. Welche Haltung man MacArthur gegenüber auch einnahm, eines war sie selten – gemäßigt.

Wegen dieser konträren Einschätzung MacArthurs mußten Präsident Roosevelt und die Vereinigten Stabschefs* sehr vorsichtig abwägen, welchen Posten sie ihm gaben. Manche seiner Anhänger traten dafür ein, ihm den Oberbefehl über den ge-

---

* Die Vereinigten Stabschefs waren zusammen mit Kriegsminister Henry L. Stimson und Marineminister W. Franklin »Frank« Knox während des Zweiten Weltkriegs Roosevelts wichtigste Militärberater. Zu ihnen gehörten: General George C. Marshall, Stabschef der US Army; General Henry H. Arnold, Oberbefehlshaber und Generalstabschef der US Army Air Force; Admiral Ernest J. King, Oberbefehlshaber der US Navy und Chef der Marineoperationen; und Admiral William D. Leahy, der aus dem Ruhestand zurückgeholt und zum Stabschef des Präsidenten und Vorsitzenden der Vereinigten Stabschefs berufen worden war.

samten Pazifikkrieg anzuvertrauen. Es gab sogar eine nicht unbedeutende Fraktion, die ihn als Oberbefehlshaber *aller* amerikanischen Streitkräfte weltweit sehen wollte. MacArthurs Gegner sprachen sich natürlich mit Nachdruck dagegen aus. Darüber hinaus führten hohe Marineoffiziere das überzeugende Argument an, daß der Krieg im Pazifik aufgrund der riesigen Ausdehnung des Ozeans und der vielen strategisch wichtigen Inseln überwiegend ein Seekrieg sei, der von einem Admiral geführt werden sollte, und nicht von einem General. MacArthur völlig aus diesem Krieg herauszuhalten, kam jedoch ebenfalls nicht in Frage. Neben den offenkundigen Problemen mit seiner mächtigen Gefolgschaft gibt es genügend Belege dafür, daß Roosevelt ihn als General schätzte. Der Leibarzt des Präsidenten, Dr. Ross T. McIntire, erklärte nach dem Krieg, daß Roosevelt »ab und zu über die gestelzten Kommuniqués des Generals geschmunzelt« habe, »aber er war immer voller Anerkennung für sein militärisches Genie, das angesichts haarsträubend geringer Chancen geradezu Wunder vollbracht hatte«. Einer der engsten Berater Roosevelts, Admiral William D. Leahy, schrieb über MacArthur: »Ich habe immer eine extrem hohe Meinung von seinen Fähigkeiten gehabt.« Und Roosevelt selbst sagte einmal zu MacArthur, als dieser Stabschef der Army war: »Douglas, ich halte Sie für unseren besten General, aber ich glaube, Sie wären unser schlechtester Politiker.« Diese Bemerkung enthält vielleicht den tieferen Grund, aus dem sich Roosevelt für den populären General einsetzte, daß er nämlich MacArthurs Interessen, indem er sie bis zu einem gewissen Grad förderte, unter Kontrolle behalten konnte. Es gibt deutliche Belege dafür, daß Roosevelt in MacArthur einen potentiellen politischen Rivalen sah, und den manchmal schwierigen General in seinem Lager zu haben, war allemal besser, als ihn zu einem mächtigen Widersacher außerhalb der eigenen Einflußsphäre zu machen.

Das leidige Problem, was man mit MacArthur anfangen sollte, wurde wie die meisten politischen Dilemmas durch einen Kompromiß gelöst: Er erhielt weder das Kommando über den gesamten pazifischen Kriegsschauplatz noch wurde er abgeschoben. Der Pazifik wurde vielmehr aufgeteilt. MacArthur erhielt den Posten des Supreme Commander of the Southwest Pacific Area (SWPA), zu der Australien, die Salomon-Inseln, das Bismarck-Archipel, Neuguinea, Niederländisch-Indien (außer Sumatra) und die Philippinen gehörten. Für den Rest des Pazifiks war Admiral Chester W. Nimitz zuständig, der seinem bisherigen Titel – Commander in Chief Pacific Fleet (CINCPACFLT oder, gebräuchlicher, CINCPAC) – umgehend den neuen des Commander in Chief Pacific Ocean Area (CINCPOA) hinzufügte und fortan als CINCPAC/CINCPOA firmierte. MacArthur war zwar gegen die Aufteilung des Kommandos im Pazifik, aber pragmatisch genug, um den Kompromiß zu akzeptieren. Er bestand jedoch darauf, seinen Titel (Supreme Commander) dem von Nimitz (Commander in Chief) anzugleichen.

So begann der frisch ernannte Commander in Chief of the Southwest Pacific Area (CINCSOWESPAC) im Sommer 1942 die Verwirklichung seines den Philippinen gegebenen Versprechens zu planen. Aber seine Prophezeiung, er werde zurückkehren, sollte sich nicht kurzfristig erfüllen lassen. Der Kriegsverlauf sorgte dafür, daß über zwei Jahre verstrichen, bevor diese Rückkehr möglich wurde. Und selbst dann war das Versprechen eines einzelnen Mannes nicht notwendigerweise mit der Politik seiner Regierung gleichzusetzen.

Es wurde bald offenbar, daß die Operationen in MacArthurs SWPA unter einigen ernsten Einschränkungen zu leiden haben würden. Die erste wurde ihnen von den britisch-amerikanischen Kombinierten Stabschefs[*] auferlegt, die an der auf einer

---

[*] Am 14. Januar 1942 kamen Briten und Amerikaner auf der Arcadia-Konferenz in Washington überein, das strategische Planungsgremium der Kombinierten Stabschefs zu bilden. Es setzte sich aus den amerikanischen Vereinigten Stabschefs und den britischen Stabschefs (dem Chef des Empire-Generalstabs, dem Ersten Seelord und dem Chef des Luftstabs) zusammen.

vor dem Kriegseintritt der Vereinigten Staaten abgehaltenen Geheimkonferenz beschlossenen Politik festhielten.* Damals hatten sie sich darauf verständigt, daß Deutschland eine größere Bedrohung darstelle als Japan, so daß dem Krieg in Europa die oberste Priorität eingeräumt werden müsse, was bedeutete, daß die Masse der amerikanischen Ressourcen bis zum Sieg über Deutschland auf den europäischen Kriegsschauplatz fließen würde.

Darüber hinaus war MacArthur nach der Aufteilung des Pazifiks zwar für ein ansehnliches Gebiet zuständig, verfügte aber nur über wenige Aktivposten, die er für seine Offensive nutzen konnte. Am schwersten wog, daß Nimitz die Kontrolle über die Pazifikflotte behalten hatte, so daß MacArthur mit den Überresten der Asiatischen Flotte vorliebnehmen mußte, die – völlig veraltet und in den Jahren vor Pearl Harbor kaum instand gehalten – in den ersten Kriegsmonaten zusammen mit dem Großteil der britischen, holländischen und australischen Marinekräfte in dieser Region von den Japanern buchstäblich aufgerieben worden war.

Trotz dieser Einschränkungen setzte MacArthur eine Offensive in Gang, die ihn in den nächsten zwei Jahren auf der von ihm so genannten »Neuguinea-Mindanao-Achse« der Rückkehr auf die Philippinen näherbringen sollte. Nimitz stieß unterdessen über den Mittelpazifik vor und nahm zuerst die Gilbert-Inseln, dann die Marshall-Inseln, die Karolinen und die Marianen.

Vergleicht man das Bild, das sich die Öffentlichkeit bis heute von Nimitz und MacArthur macht – der eine still, reserviert und öffentlichkeitsscheu, der andere extravagant und theatralisch –, ist es bemerkenswert, daß Nimitz' zentralpazifische Offensive stärker im Gedächtnis haften geblieben ist als MacArthurs

---

* Konferenz der Kombinierten Stabschefs in Washington, Februar-März 1941.

Kampagne im Südwestpazifik. Tarawa, Guam, Saipan und Peleliu sind Namen, die die meisten Amerikaner mit dem Pazifikkrieg in Verbindung bringen, während Buna, Lae, Aitape, Biak und Noemfoor zwar Meilensteine auf MacArthurs Vormarsch an der Nordküste von Neuguinea waren, aber nur wenigen Amerikanern geläufig sind.

Von seinen Kritikern wurde MacArthur vorgeworfen, daß der Feldzug in Neuguinea extrem viel Zeit in Anspruch genommen habe, aber dieses Argument verliert viel von seiner Kraft, wenn man bedenkt, daß Neuguinea die zweitgrößte Insel der Welt ist, die, wenn man sie auf eine Karte der Vereinigten Staaten projiziert, von der Atlantikküste bis zu den Ausläufern der Rocky Mountains reicht. Anfangs kam die Offensive tatsächlich nur langsam in Fahrt, und die ersten Gefechte wurden von einigen kostspieligen Fehlern beeinträchtigt, aber sobald die anfängliche Trägheit überwunden war und man aus den Fehlern gelernt hatte, wurde die südwestpazifische Offensive durch die kluge Führung MacArthurs und durch die Zähigkeit und den Mut der Truppen, die ihm unterstanden, zu einem Musterbeispiel strategischer und taktischer Brillanz. Mit knappen Ressourcen und beeindruckend geringen Verlusten kämpften sich die SWPA-Truppen an der Küste von Neuguinea voran – über eine Strecke von mehr als dreitausend Kilometern in einem der schlimmsten Dschungelgebiete der Welt.

Nimitz' zentralpazifische und MacArthurs südwestpazifische Offensive waren sehr unterschiedlich. Während erstere ein extrem mobiler, von Insel zu Insel hüpfender Vormarsch über gewaltige Entfernungen war, der unter dem Schutz einer selbständigen Luftstreitmacht in Gestalt der ständig anwachsenden Flugzeugträgerflotte stattfand,* war letztere eher ein Landfeld-

---

* Da der Krieg in Europa vorwiegend an Land stattfand und die Atlantikschlacht vor allem ein Kampf von U-Booten gegen Geleitzüge war, wurden dort kaum Flugzeugträger benötigt, so daß sie von dem Augenblick an, als sie in amerikanischen Werften vom Stapel zu laufen begannen, in den Pa-

zug, bei dem die wenigen Schiffe, über die MacArthur verfügte, hauptsächlich als Truppentransporter dienten und der nie über die Reichweite der landgestützten Luftwaffe hinaus vorangetrieben wurde. Trotz dieser Unterschiede ergänzten sich die beiden Offensiven; sie ließen die Japaner nie zur Ruhe kommen, da sie ständig Kräfte von einem Kriegsschauplatz zum anderen verlegen mußten, um dem vermuteten nächsten Schritt der Amerikaner zu begegnen. Und sie hatten noch etwas gemein: Sowohl Nimitz als auch MacArthur kamen den Mutterinseln des japanischen Kaiserreichs immer näher.

zifik geschickt wurden, wo sie Nimitz' Flotte vergrößerten. MacArthur versuchte zwar, seit er sein Kommando übernommen hatte, die Vereinigten Stabschefs davon zu überzeugen, daß auch er Flugzeugträger brauchte, aber seine Bitten trafen auf taube Ohren. Die inselreichen Gewässer des Südwestpazifiks hätten die Beweglichkeit der Flugzeugträger eingeschränkt und sie für Angriffe der dort in erheblichem Umfang stationierten landgestützten japanischen Luftwaffe verwundbar gemacht.

COMINCH

Die klobigen grauen Rümpfe der Marine-LCIs* hoben und senkten sich mit dem sanften pazifischen Wellengang, während sie langsam auf die Nordküste der Insel zufuhren. Die Männer an Bord blickten auf die über dreißig Meter hohen Klippen von Marpi Point, aus deren Höhlen das sporadische Gewehrfeuer japanischer Scharfschützen zu hören war, das die unvermeidliche Landung der von allen Seiten anrückenden amerikanischen Marineinfanteristen verzögerte.

»Oh, Gott, da kommen noch mehr«, stieß ein junger Matrose, der von einem der LCIs ins grelle Licht der Nachmittagssonne blinzelte, hervor und wandte den Kopf ab. Oben auf den Felsen war trotz des Gewehrfeuers eine Frau ins Blickfeld getreten, die zögernd zum Rand der Klippen ging. Sie trug ein regloses Kind in den Armen und schwankte vor und zurück, während sie zu den zerklüfteten Felsen hinabblickte, die bedrohlich aus der Brandung ragten. Von einem der LCIs erscholl die Stimme eines gefangenen japanischen Soldaten. Obwohl die meisten Amerikaner, die sie hörten, die Worte nicht verstanden, war der Ton der Verzweiflung doch unmißverständlich.

Plötzlich sprang die Frau, das Kind fest an sich gedrückt, von der Klippe und stürzte sich dreißig Meter tief in die Brandung. Kurz darauf war ein dumpfes Geräusch zu hören, das die amerikanischen Matrosen zusammenfahren ließ. Es wurde nicht vom Aufprall auf die Felsen verursacht, sondern vom Zusam-

---

* LCI – Landing Craft, Infantry, ein fünfzig Meter langes, seetüchtiges Landungsboot, das knapp zweihundert Männer mit einer Geschwindigkeit von rund fünfzehn Knoten befördern konnte.

menstoß mit anderen menschlichen Körpern. Das Wasser war mit Hunderten von Leichen übersät. Es waren so viele, daß die LCIs und andere amerikanische Schiffe manchmal gezwungen waren, über sie hinwegzufahren und die bereits aufgeblähten Körper mit ihren Schrauben noch weiter zu verstümmeln. Der Anblick sollte die Matrosen und Marineinfanteristen ihr Leben lang verfolgen. Sogar abgehärteten Veteranen des Pazifikkrieges schlug es auf den Magen, mitansehen zu müssen, wie Mütter und Väter ihre schreienden Kinder von den Klippen warfen und sich dann selbst hinunterstürzten. Wer zögerte, wurde von den japanischen Scharfschützen, die sich in den Höhlen verschanzt hatten, erschossen. Ein Marineleutnant, der sich an Bord eines Minensuchers in der Nähe befunden hatte, berichtete später, er habe einen nackten Frauenkörper im Wasser gesehen, aus dem der Kopf eines teilweise geborenen Kindes hervorschaute.

Es war das Nachbeben einer amerikanischen Invasion, die »Säuberungsphase« der bis dahin verlustreichsten Schlacht des Pazifikkrieges. Über vierzehntausend Amerikaner waren getötet oder verwundet worden, und die japanischen Verteidiger – gut dreißigtausend Mann – waren fast vollzählig gefallen, manche von ihnen bei fanatischen Himmelfahrtskommandos, die niemals die Chance gehabt hatten, das Blatt zu wenden. Ein japanischer General und ein Admiral hatten Selbstmord begangen. Und jetzt, während sich der letzte Vorhang senkte, unternahm die japanische Zivilbevölkerung der Insel diesen letzten, unheimlichen Schritt und stürzte sich die Klippen von Marpi Point hinunter, weil der japanische Gouverneur der Insel eine Botschaft aus Tokio erhalten hatte, die jedem, der es tat, denselben Ruhm versprach, den sich die Soldaten verdienten, die für den Kaiser in den Tod gingen. Der vorher schon schreckliche Blutzoll der Schlacht wurde durch diese tragische Orgie der Selbstzerstörung um Tausende zusätzliche Opfer vergrößert. Die Insel hieß Saipan, und man schrieb den Sommer 1944.

Saipan ist eine der fünfzehn Inseln der Marianen, denen im Pazifikkrieg von beiden Seiten eine überragende strategische Bedeutung beigemessen wurde. Die amerikanischen Militärplaner brauchten sie als Stützpunkt für die Luftwaffe, von dem aus die neu entwickelten Langstreckenbomber B-29* zum ersten Mal die japanischen Heimatinseln würden erreichen können. Für die Japaner waren die Marianen ein lebenswichtiger Riegel für die Verteidigung des Kaiserreichs.

Der fanatische, verlustreiche Widerstand, den die Japaner auf Saipan leisteten, war nicht nur für diesen strategischen Punkt im Pazifik von Bedeutung, sondern in vielerlei Hinsicht auch für den Krieg insgesamt. Zum einen war er für die Japaner ein Symbol für die Unvermeidlichkeit ihrer Niederlage; sie hatten ihr Bestes gegeben, um die Marianen zu halten, und es hatte nichts genutzt. Zweitens war er ein Vorzeichen für das, was kommen sollte: Der Fanatismus, den nicht nur die Soldaten auf dem Schlachtfeld an den Tag legten, sondern auch die auf den Inseln lebenden Zivilisten, gab den Amerikanern eine Ahnung von dem, was die Invasionstruppen erwartete, die, wie sie glaubten, eines Tages die Küsten der japanischen Heimatinseln erstürmen würden. Diese schreckliche Vision wurde niemals Wirklichkeit, aber die erbitterte Entschlossenheit der Japaner sollte bald im Einsatz einer neuen, unerwarteten Waffe – ihrem »göttlichen Wind«, wie sie sie nannten – offenbar werden. Die japanische Niederlage mochte unabwendbar sein, doch daraus folgte nicht, daß der amerikanische Sieg leicht zu erringen sein würde. Ein tödlich verwundetes Tier kann furchtbaren Schaden anrichten, ehe es verendet.

---

* Die »Superfestung« Boeing B-29 war der größte und modernste Bomber des Zweiten Weltkriegs. Die schwere, viermotorige Maschine, die seit Mitte 1944 zur Verfügung stand, erreichte eine Höchstgeschwindigkeit von fünfhundertachtzig Kilometern pro Stunde und besaß, bei einer Bombenlast von zehn Tonnen, eine Reichweite von rund neuntausendsechshundert Kilometern.

Der dritte Aspekt von weitreichender Bedeutung bestand in den Auswirkungen der Schlacht auf das Denken (und Handeln) der amerikanischen Admiralität. Die Marianen waren für die Japaner von solcher Bedeutung, daß sie in dem, was als Schlacht in der Philippinen-See in die Geschichte einging, den Großteil ihrer Marine eingesetzt hatten, und das Vorgehen eines amerikanischen Admirals in dieser Schlacht sollte mehrere Monate später eine gravierende Nachwirkung auf die Handlungsweise eines anderen Admirals haben und zu einer der größten Auseinandersetzungen der amerikanischen Seekriegsgeschichte führen.

Der mit der Führung des Angriffs auf die Marianen beauftragte Kommandeur war Admiral Raymond A. Spruance, ein stiller, öffentlichkeitsscheuer Mann, der in sich auf ideale Weise den Soldaten mit dem Intellektuellen vereinigte. Seine beeindruckenden Geistesgaben manifestierten sich nicht in philosophischen Exkursen, sondern in der Fähigkeit, die taktische Situation nüchtern einzuschätzen, aus den vorhandenen Informationen auf den wahrscheinlichen Ausgang zu schließen und auf der Grundlage militärischer Erwägungen, die von einem gesunden Respekt vor dem Gegner gemäßigt wurden, das weitere Vorgehen festzulegen. Sein moralisches Rückgrat offenbarte sich in seiner Unbestechlichkeit und in der Konsequenz, mit der er Entscheidungen aufgrund dessen fällte, was er für richtig hielt, ohne daran zu denken, ob es ihm selbst oder seiner Karriere nutzen würde. Sein Mut im Kampf war legendär. Wie sein Biograph, Thomas B. Buell, selbst Marineoffizier, schreibt, schien er »gegen persönliche Gefahren blind zu sein. Er sah gelassen zu Bombern hoch, die auf ihn herabstießen, und nahm es mit Gleichmut hin, wenn die Geschosse von Küstenbatterien sein Schiff umschwirrten.«

Spruance war keine schillernde Figur, was jedoch nicht heißen soll, daß er langweilig oder uninteressant war. In seiner Zeit als Nimitz' Stabschef waren die Besucher, die ihn in seinem Büro im CINCPAC-Hauptquartier aufsuchten, ziemlich überrascht, ihn an einem Stehpult arbeitend vorzufinden, und da es in seinem Büro auch sonst keine Stühle gab, blieben nur wenige länger als nötig. Solcher Anflüge von Eigenwilligkeit ungeachtet, verhinderten sein Mangel an Aplomb und seine Öffentlichkeitsscheu, daß Spruance einen ähnlichen Bekanntheitsgrad erlangte wie Admiral »Bull« Halsey oder die Generale MacArthur und Patton. Der Titel von Buells Biographie ist durchaus passend gewählt: Spruance war *The Quiet Warrior* – der stille Krieger.

Aber Raymond Spruance war auch derjenige, der die Flugzeugträgerflotte kommandierte, die im Juni 1942 den spektakulären Sieg in der Schlacht bei Midway errang, der den Verlauf des Krieges umkehrte. Und er hatte den südpazifischen Vorstoß über die Gilbert- und die Marshall-Inseln geleitet und dabei Tarawa, Kwajalein und Eniwetok genommen. Zur Zeit des Angriffs auf die Marianen war er Kommandeur der Fünften Flotte, des größten maritimen Kampfverbandes, den es bis dahin gegeben hatte. Nach den Befehlen des CINCPAC hatte er die Aufgabe, die Landungstruppen durch Luftunterstützung und Geschützfeuer zu decken und sie zu verteidigen, falls die japanische Marine versuchen sollte, die Invasion zu stören. Da die japanische Flotte sowohl bei der Landung auf den Gilbert- als auch bei der auf den Marshall-Inseln untätig geblieben war, rechneten jedoch weder Nimitz noch Spruance damit, daß sie den Angriff auf die Marianen stören würde. Sie irrten sich.

1944 hatte sich das Blatt im Pazifik gewendet. Nach dem verheerenden Verlust von vier Flugzeugträgern bei Midway und dem furchtbaren Aderlaß von Guadalcanal waren die Japaner in die Defensive gedrängt. Die große Expansionswelle, die die erste Phase des Krieges gekennzeichnet hatte, war einem verlustreichen Rückzug gewichen, während Nimitz in seiner zentralpazifischen Operation Tarawa, Kwajalein und Eniwetok einnahm und MacArthur unaufhaltbar an der Nordküste von Neuguinea vorrückte. Schon vor dem Krieg hatte Admiral Isoroku Yamamoto,* der Oberbefehlshaber der japanischen Flotte und wahrscheinlich größte Marinestratege Japans, die Vereinigten Staaten mit einem »schlafenden Riesen« verglichen, der verwundbar war, solange er schlief, aber eine furchtbare Macht darstellte, sobald er erwachte.

1944 war der Riese voll erwacht. Die amerikanische Kriegsproduktion hatte schwindelerregende Höhen erreicht, und das menschliche Potential des Landes war voll mobilisiert. Die Belege dafür waren im Juni 1944 überall zu finden. In Europa marschierte eine amerikanische Armee am 4. Juni triumphal in Rom ein, und am 6. Juni, heute allgemein als D-Day bekannt, überquerte eine alliierte Streitmacht von atemberaubender Größe den Ärmelkanal und erstürmte die Küste der Normandie. Im Südwestpazifik landeten MacArthurs Truppen am 15. Juni auf Biak, und im Zentralpazifik begann am selben Tag die Operation »Forager« (Plünderer).

»Forager« war der Deckname für die Invasion der Marianen. Spruances Fünfte Flotte ging mit einhundertzwölf Kampfschiffen in die Offensive, darunter fünfzehn Flugzeugträger. Die japanische Flotte, die am 15. Juni aus philippinischen Gewässern auslief, bestand aus fünfundfünfzig Schiffen, einschließlich neun Flugzeugträgern. Die numerische Überlegenheit der Amerikaner wurde allerdings durch mehrere die Japaner begünstigende Faktoren teilweise ausgeglichen.

Um Saipan angreifen zu können, wurden die amerikanischen Verbände tausend Seemeilen weit auseinandergezogen, so daß sie, was die Luftunterstützung betraf, vollständig auf die Flugzeugträger angewiesen waren. Die Japaner dagegen verfügten auf mehreren in Reichweite von Saipan liegenden Inseln, die sie ihre »unsinkbaren Flugzeugträger« nannten, über eine land-

---

* In der japanischen Kultur werden die Vornamen nachgestellt. Da dies für westliche Leser jedoch verwirrend wäre, sind die japanischen Namen in diesem Buch dem europäischen Gebrauch angepaßt worden. Yamamoto Isoroku (wie es in Japan korrekt hieße) wird also zu Isoroku Yamamoto.

gestützte Luftflotte. Außerdem besaßen die japanischen Flugzeuge, da sie im Gegensatz zu den amerikanischen durch keine Panzerung beschwert wurden, einen Reichweitenvorteil. Und weil Flugzeugträger in den Wind drehen, damit die Flugzeuge starten und landen können, bedeutete der in diesem Teil des Pazifiks vorherrschende westliche Passatwind einen weiteren Vorteil für die Japaner. Sie lagen aufgrund ihrer Position im Verhältnis zu den Amerikanern bereits im Wind, während die Amerikaner jedesmal, wenn sie eine Luftoperation unternehmen wollten, vom Gegner abdrehen mußten.

Das heißt jedoch nicht, daß die Japaner alle Trümpfe in der Hand hielten. Ein schwerwiegender Nachteil bestand in ihrer Kriegermentalität, die in der Tradition des *Bushido** wurzelte, einem Verhaltenskodex, der absoluten Gehorsam, Waffentüchtigkeit und Todesverachtung forderte. Er war für die japanischen Krieger früherer Zeiten, als Schlachten im wesentlichen Nahkämpfe waren und technische Hilfsmittel nur in begrenztem Umfang genutzt wurden, durchaus von Nutzen gewesen, aber im modernen Krieg, in dem das Töten eher eine Wissenschaft als eine Kunst ist und Zermürbung einen entscheidenden Faktor darstellt, wirkte sich *Bushido* für das japanische Militär nachteilig aus. Der blinde Gehorsam und die Gleichgültigkeit dem Tod und Gefahren gegenüber hatten zur Folge, daß japanische Kapitäne mit ihren Schiffen untergingen und Heereskommandeure als Buße für ihr Versagen rituellen Selbstmord begingen, was für sich genommen noble Gesten sein mochten, aufs Ganze gesehen aber eine Schwächung bedeutete. Schiffskapitäne und Generale sind nicht so leicht zu ersetzen.

Was den Reichweitenvorteil der japanischen Flugzeuge aufgrund der fehlenden Panzerung betrifft, so wurde er durch eine größere Verwundbarkeit erkauft. Die amerikanischen Flugzeuge waren außerdem mit selbstdichtenden Treibstofftanks ausge-

---

* Zusammengesetzt aus *bushi* (= Krieger) und *do* (= Lehre).

rüstet, einem zusätzlichen Gewicht, das die Reichweite weiter verringerte. Diese Maßnahme konnte zwar gegen die japanische Todesverachtung nichts ausrichten, aber sie bewirkte, daß nur wenige amerikanische Flugzeuge mitten im Gefecht explodierten, während bis 1944 bereits viele japanische Piloten auf diese Weise umgekommen waren.

Dieses Problem verschärfte sich noch durch einen grundsätzlichen Unterschied in der Ausbildung. Amerikanische Piloten erhielten abwechselnd Kampf- und Ausbildungsaufträge, während japanische Flieger im Kampf blieben, bis sie ausfielen. Das bedeutete zwar, daß japanische Piloten in der Regel erfahrener waren als ihre amerikanischen Gegner, aber es hieß auch, daß altgediente amerikanische Piloten ihre Erfahrungen zum Nutzen ihrer künftigen Kameraden in die Ausbildung einbrachten. Außerdem wurde ihnen auf diese Weise eine Ruhepause gegönnt, in der sie sich von den Strapazen des Kampfs und des Lebens auf See erholen konnten. Ein anderer Faktor mit nachteiliger Wirkung für die japanische Luftwaffe war die Tatsache, daß rund die Hälfte der an Land stationierten Piloten, die über die Pazifikinseln verstreut waren, von der Malaria geschwächt war.

Als die japanische Flotte ostwärts über die Philippinische See auf die Marianen und die amerikanische Fünfte Flotte zufuhr, hätten Buchmacher deshalb vermutlich darauf gesetzt, daß die Amerikaner die bevorstehende Schlacht gewinnen würden. Aber sie hätten zwei Jahre vorher, als die Zahlen und das Kräfteverhältnis eindeutig für die Japaner sprachen, wahrscheinlich auch gewettet, daß diese die Schlacht bei Midway gewinnen würden.

Um 0959 Uhr am 19. Juni 1944 erfaßte das Radar der amerikanischen Luftüberwachung in einer Entfernung von hundertfünfzig Seemeilen eine große Anzahl sich nähernder Objekte. Die amerikanischen Flugzeugträger drehten in den Wind, und ihre Jäger stiegen auf, um den japanischen Angriff abzuschlagen. Das anschließende Luftgefecht überstanden nur vierundzwanzig von neunundsechzig japanischen Flugzeugen, und der zweiten Angriffswelle an diesem Vormittag erging es nicht besser – von hundertdreißig Flugzeugen blieben achtundneunzig auf der Strecke. Unterdessen bombardierten Spruances Angriffsflugzeuge die nahegelegenen Inseln und machten die Vorteile dieser »unsinkbaren Flugzeugträger« zunichte, indem sie die japanischen Flugzeuge am Boden zerstörten. Um das Maß für die Japaner voll zu machen, gelang es den in der Philippinen-See operierenden U-Booten auch noch, zwei ihrer Flugzeugträger zu versenken.

Und so ging es weiter. Als die barmherzige Dunkelheit dem Gemetzel ein Ende setzte, war die größte Trägerschlacht der Geschichte mit einem so eindeutigen Ergebnis entschieden worden, daß sie sich als das »große Truthahnschießen der Marianen« in die Erinnerung einprägte. Während die Amerikaner nur dreißig Flugzeugverluste und einen Bombentreffer auf einem Schlachtschiff zu verzeichnen hatten, mußten die Japaner den Verlust von sage und schreibe dreihundertsechsundvierzig Flugzeugen und zwei Flugzeugträgern verschmerzen. Die Schlacht war mit einer Einseitigkeit verlaufen, wie sie im Krieg selten anzutreffen ist, und sie sollte bei den Japanern eine unauslöschliche Spur hinterlassen.

Aber während sich die Nacht über den Pazifik senkte und die Luft nicht länger vom Rattern der Maschinengewehre und dem Wimmern abstürzender Flugzeuge widerhallte, und während Tausende junger Männer sich an Bord der Schiffe für ein paar Stunden in ihre Kojen legten oder für immer im Grab der Tiefe ruhten, gab es für Admiral Spruance keine Atempause. Er mußte eine schwerwiegende Entscheidung fällen, bevor die Morgendämmerung das Klirren der Waffen auf die Philippinen-See zurückbringen würde. Er war bereits dafür kritisiert worden, daß er seine Flotte nicht sofort, als die anrückenden Japaner entdeckt worden waren, aggressiv nach Westen dirigiert hatte, um den Feind zu stellen. Jetzt mußte er entscheiden, ob er dem unterlegenen Feind nachsetzen sollte, um einen vollständigen

Sieg sicherzustellen. Für Spruance ergab sich daraus jedoch ein Problem: Er wußte, daß die Japaner eine Vorliebe für komplizierte Schlachtpläne hatten und ihre Kräfte häufig teilten. Wenn er also Saipan verließ, um einen Feind zu verfolgen, der keine unmittelbare Gefahr mehr darstellte, und dann eine bisher unentdeckte japanische Flotte vor dem ungeschützten amerikanischen Brückenkopf auftauchte, könnte dies katastrophale Folgen haben. Andererseits bot sich eine einzigartige Gelegenheit, die japanische Trägerflotte endgültig zu vernichten.

Spruance war kein Flieger, und es gab in der US Navy einige, denen es nicht paßte, daß Nichtfliegern das Kommando über Flugzeugträgerverbände übertragen wurde. Viele Luftwaffenangehörige meinten, daß »Schiffsführer« nicht aggressiv genug wären, um schnelle Flugzeugträger wirkungsvoll einzusetzen. Manch anderer hätte sich von solchen Äußerungen beeinflussen lassen, nicht aber Raymond Spruance. Er ließ die Flugzeugträger während der langen Nacht nach dem »Truthahnschießen« *ostwärts* fahren, um Saipan decken zu können. Erst am nächsten Tag, als klar war, daß keine weiteren japanischen Kräfte anrückten, gestattete er den Flugzeugträgern, dem Feind nachzusetzen. Am späten Nachmittag des 20. Juni fügten Flugzeuge der amerikanischen Träger der sich zurückziehenden japanischen Flotte weitere Schäden zu, aber sie zerstörten sie nicht. Manche Navy-Offiziere glaubten damals, daß Spruance dem Feind erlaubt hatte zu entkommen.

Am 17. Juli näherte sich ein großes Flugzeug der US Navy nach einem fast tausend Kilometer langen Flug von Eniwetok der Insel Saipan. Neben ihm rasten als Geleitschutz mehrere Jäger über den Himmel, eine Vorsichtsmaßnahme, die man für notwendig erachtete, weil mehrere Nachbarinseln immer noch von den Japanern kontrolliert wurden. Saipan selbst war als sicher erklärt worden, obwohl es noch einige Widerstandsnester gab, was einen GI zu der sarkastischen Bemerkung veranlaßte: »Wenn du jetzt erschossen wirst, dann trifft es dich von hinten.«

An Bord des großen Flugzeugs befanden sich Admiral Chester Nimitz, CINCPAC genannt, und sein Boß, Admiral Ernest J. King, seines Zeichens COMINCH. Diese Bezeichnung, ein unvollständiges Akronym seines Titels Commander in Chief United States Fleet (Oberbefehlshaber der Flotte der Vereinigten Staaten), war in Gebrauch gekommen, nachdem King kurz nach dem Überfall auf Pearl Harbor sämtliche operativen Verbände der US Navy unterstellt worden waren. King bestand auf dem Kürzel COMINCH, weil CINCUS so klang wie »Sink us« (Versenkt uns), was, soweit es Ernie King betraf, niemals geschehen würde. Sein Motto lautete eher: »Sink *them*« (Versenkt *sie*).

Einige Wochen zuvor hatte Präsident Roosevelt im Gespräch mit seinem Stabschef, Admiral Leahy, gesagt, daß er es gern sehen würde, wenn die Navy die Bezeichnung »Commander in Chief« aus ihren Titeln streiche, so daß Nimitz nicht mehr »Commander in Chief Pacific Fleet«, sondern einfach »Commander Pacific Fleet«, und King nicht mehr »Commander in Chief United States Fleet«, sondern »Commander United States Fleet« wäre. Roosevelt fand, daß es nur einen »Commander in Chief« geben sollte – den Präsidenten, der laut Verfassung zugleich »Commander in Chief of the Army and Navy« war. Leahy gab Roosevelts Wunsch pflichtschuldig an King weiter, der erwiderte, daß er ihn erfüllen werde, wenn der Präsident ihn darum bitte oder einen entsprechenden Befehl erteile. Roosevelt ließ King daraufhin – wiederum über Leahy – wissen, daß er es nicht befehlen wolle, sich aber freuen würde, wenn es trotzdem geschähe. King blieb COMINCH.

King hatte sich am Anfang seiner Laufbahn geschworen, daß man ihn allein aufgrund seiner Fähigkeiten zum Admiral befördern würde. Er wollte das politische Spiel der Intrigen und Cliquenbildung, das andere für den Aufstieg an die Spitze für notwendig hielten, nicht mitmachen, und er hatte sich daran gehalten. Als der Zweite Weltkrieg, von Amerika aus gesehen, noch hinter dem Horizont stattfand, hatte er das Ziel, Admiral zu werden, erreicht, aber er blieb ein Außenseiter unter seinen Kollegen. Der Traum, an die Spitze der US Navy zu treten, schien ausgeträumt zu sein. Er zählte nur noch die Tage bis zu seiner 1942 anstehenden Pensionierung. Doch der Krieg veränderte seine Situation grundlegend. Roosevelt erkannte in King die Fähigkeiten, die notwendig waren, um einer nach dem Desaster von Pearl Harbor demoralisierten und entkräfteten Navy neues Leben einzuhauchen. Zu diesen Fähigkeiten gehörten ein scharfer Verstand mit einem wachen Sinn für Strategie, ein Kampfgeist ohnegleichen und ein enormer Schatz an Erfahrungen als Offizier auf Überwasserschiffen, als U-Boot-Fahrer und Flieger. Es spricht für Roosevelt, daß er in der Lage war, den dichten Rauchvorhang negativer Einschätzungen zu durchdringen und dahinter Kings positive Eigenschaften wahrzunehmen. King galt als kalt, arrogant, grob, hitzköpfig, ohne jede Bescheidenheit und unfähig zu Takt und Diskretion. Seine Schwächen waren, laut Robert W. Love, »die Frauen anderer Männer, Alkohol und Intoleranz«, und eine seiner Töchter meinte, er sei »der ausgeglichenste Mann in der Navy. Er ist immer in Rage.«

Das große Flugzeug mit King und Nimitz an Bord landete auf der Südseite von Saipan. Das Begrüßungskomitee bestand aus Spruance und einigen anderen Offizieren, die eine Schlüsselrolle bei der Eroberung der Insel gespielt hatten. King ging direkt auf Spruance zu und sagte ihm, daß er in der Schlacht in der Philippinen-See »genau das richtige« getan habe. »Ganz egal, was die andern sagen«, wiederholte King, »Ihre Entscheidung war richtig.« Das war, vom COMINCH kommend, keine geringe Bestätigung, aber sie stand allein in der Brandung der Kritik, von der die Offiziersmessen und Bereitschaftsräume der Flotte widerhallten. Spruances Entscheidung, die Landungstruppen auf Saipan zu decken, anstatt die fliehende japanische Flotte zu verfolgen, war unter den wirklichen und den vermeintlichen Strategen der US Navy höchst umstritten. Einige sprachen verächtlich von der »Spruance-Nuance«, während andere den

Kommandeur der Fünften Flotte eisern verteidigten. Sogar Admiral Nimitz, einer seiner hartnäckigsten Verteidiger, konnte sich nicht enthalten, im CINCPAC-Operationsbericht für Juni 1944 darüber nachzudenken, was geschehen wäre, wenn sich Spruance anders entschieden hätte:

> Für manche mag es eine gewisse Enttäuschung gewesen sein, daß es zusätzlich zur Erreichung unseres Ziels – der Okkupation der südlichen Marianen – nicht auch eine entscheidende ›Flottenaktion‹ gab, die wir natürlich zu gewinnen gehofft hätten, wodurch der Krieg erheblich verkürzt worden wäre.
>
> Es könnte argumentiert werden, daß die Japaner nie die Absicht hatten, mit einem Teil oder der Gesamtheit ihrer Kräfte [der Fünften Flotte] auszuweichen und den Hauptangriff gegen unsere Landungsoperation auf Saipan zu führen. Unter dieser Voraussetzung ließe sich sagen, daß der Großteil unserer Träger und Kampfschiffe ohne Gefährdung der Expeditionstruppen nach Westen hätte vorstoßen können und daß, wenn dies geschehen wäre, eine entscheidende See-Luft-Operation hätte ausgefochten werden können, durch die die japanische Flotte zerstört und das Ende des Krieges beschleunigt worden wäre.

Kein Wunder, daß sich die höheren Kommandeure der Navy in der Folgezeit veranlaßt sahen, anders zu handeln als Spruance. Er selbst blieb von dem nachträglichen Hickhack allem Anschein nach unbeeinflußt – seine Führung in den verbleibenden Kriegsmonaten war makellos –, aber bei einem anderen amerikanischen Befehlshaber hatte es einen tiefen Eindruck hinterlassen, wie sich in der nächsten in der Philippinen-See ausgetragenen Schlacht zeigen sollte.

In Nimitz' Bericht wird neben der offensichtlichen Enttäuschung noch etwas anderes deutlich, die Tatsache nämlich, daß er selbst und, wie zu vermuten ist, auch andere hochrangige

Planer der US Navy die Auswirkungen der Schlacht in der Philippinen-See auf die Japaner nicht in vollem Umfang erfaßt hatten. Jene, die an der Schlacht teilgenommen hatten, besaßen zwar, wie sich an dem Vergleich mit einem Truthahnschießen ablesen läßt, eine gewisse Vorstellung von den verheerenden Verlusten der japanischen Marineluftwaffe, aber das ganze Ausmaß des Schadens, den der Feind erlitten hatte, war auch ihnen nicht klar. Tatsächlich hatte die japanische Marineluftwaffe einen Schlag erhalten, von dem sie sich nie wieder erholen sollte. Die entkommenen Flugzeugträger kehrten mit gerade mal fünfunddreißig Flugzeugen an Bord ins Japanische Meer zurück, wo sie für die nächsten vier Monate blieben, während man sich verzweifelt bemühte, neue Piloten auszubilden, um die in der Philippinen-See verlorenen zu ersetzen.

Als COMINCH und Chef der operativen Führung der Navy (sein zweiter Posten) gehörte Admiral King beiden Stabsgremien, den amerikanischen Vereinigten Stabschefs und den alliierten Kombinierten Stabschefs, als Vertreter der US Navy an.[*] Die Historiker stimmen im allgemeinen darin überein, daß er der fähigste Stratege der Vereinigten Stabschefs war, dem von den Kombinierten Stabschefs nur der Chef des britischen Luftstabes, Luftmarschall Sir Charles Portal, das Wasser reichen konnte. King erkannte zwar die Vernünftigkeit der »Europa zuerst«-Strategie, sah aber auch die Notwendigkeit einer begrenzten Offensive im Pazifik. Er wies darauf hin, daß man es den Japanern gestatten würde, ihre Eroberungen zu festigen und ihr

---

[*] Admiral Leahy war zwar als Vorsitzender der Vereinigten Stabschefs King übergeordnet, hatte sich aber selbst von der Navy abgesondert, indem er eine Geisteshaltung annahm, die manchmal als »Purpuranzug«-Mentalität bezeichnet wird. Gemeint ist damit die Vermischung der Uniformfarben als Sinnbild eines militärischen Universalismus, dessen Prioritätensetzung ohne Rücksichtnahme auf die Sonderinteressen der eigenen Waffengattung erfolgt.

pazifisches Imperium unangreifbar zu machen, wenn man sie in Ruhe ließ, solange der Feldzug gegen Hitler-Deutschland anhielt. Er glaubte außerdem – zu Recht, wie sich herausstellen sollte –, daß die amerikanische Wirtschaft, sobald sie für diesen Zweck mobilisiert war, in der Lage sein würde, einen Krieg auf beiden Ozeanen zu tragen. King sah manchmal Dinge, die andere nicht bemerkten. Roosevelt hatte dies erkannt und verließ sich in strategischen Fragen stärker auf Kings Rat als auf den aller anderen Stabschefs.

King war in den Pazifik gereist, um bei einem seiner regelmäßigen Treffen mit Nimitz die weitere Strategie zu besprechen, Einrichtungen der Navy zu inspizieren und generell seine Präsenz zu demonstrieren. Er war am 13. Juli in Pearl Harbor eingetroffen, hatte sich einige dortige Einrichtungen angesehen und war dann zusammen mit Nimitz nach Kwajalein und Eniwetok gereist, um schließlich nach Saipan weiterzufliegen, wo er am 17. Juli ankam.

Nach einem Mittagessen in dem stark zerstörten Dorf Charan-Kanoa an der Westküste der Insel, wo General der Marineinfanterie Holland Smith sein Hauptquartier aufgeschlagen hatte, stiegen King, Nimitz, Spruance und Smith in einen Jeep, um trotz der von den Resten der japanischen Besatzung ausgehenden Gefahr eine Fahrt über die Insel zu unternehmen. Begleitet wurden sie von einem Jeep mit Marineinfanteristen, die jeden Höhleneingang, jeden Schluchtrand und jedes der vielen Zuckerrohrfelder, an denen sie vorbeikamen, mit argwöhnischen Blicken absuchten; überall konnten Heckenschützen lauern. Als die King-Nimitz-Gruppe das Nordende der Insel erreichte, hielt sie am Marpi Point an, und General Smith beschrieb den lemmingähnlichen Massenselbstmord, der vor kurzem dort stattgefunden hatte. Die Leichen waren inzwischen verschwunden, aber der Schrecken lag immer noch über dem Ort.

Später am Nachmittag ging die Gruppe an Bord eines Landungsbootes und setzte zu dem Schweren Kreuzer *Indianapo-*

lis über, auf dem sie von Spruances Stabschef, Kapitän zur See Carl Moore, empfangen wurde. Da es drückend schwül war, freute sich keiner von ihnen darauf, auf einem »zugeknöpften« Schiff zu Abend zu essen. Aber die Kriegsbedingungen – insbesondere so tief in einem Gebiet, das vor wenigen Wochen noch feindliches Territorium gewesen war – zwangen dazu, bei Einbruch der Dunkelheit alle Luken zu schließen, damit kein Licht hinausdrang, das gegnerische U-Boote anlocken konnte. Man beschloß, vor dem Dunkelwerden zu Abend zu essen, so daß die Luken offen bleiben konnten und die Luftzirkulation besser war. Das erwies sich als schwerer taktischer Fehler. Als man sich zu Tisch setzte, fielen Schwärme großer, schwarzer Fliegen über die Essenden her, die Moore so beschrieb: »Es war die Art von Fliegen, die man nicht verscheuchen kann. Man mußte sie zerquetschen. Sie setzten sich einem auf die Nase, und man mußte sie praktisch abpflücken ... Es war schrecklich: Sie ließen sich auf dem Essen nieder [und] man mußte ständig daran denken, daß die Fliegen vorher alle an toten Japsen gesaugt hatten und zum Schiff herausgekommen waren, um frische Luft zu schnappen.«

Während die von Sternen strotzende Offiziersrunde vor den Marianen, gut fünftausend Kilometer von Pearl Harbor und halb so weit von Tokio entfernt, beim Essen saß und Fliegen fing, war jedem bewußt, daß man sich an einem Meilenstein des Krieges befand. Wie es weitergehen sollte, war dagegen weitaus weniger klar. King favorisierte einen Schlag gegen die Insel Formosa, unmittelbar vor der chinesischen Küste. Er argumentierte, daß für eine Invasion Japans – Mitte 1944 wies alles darauf hin, daß es zu ihr kommen würde – eine intensive Bombardierung aus der Luft erforderlich wäre, die am besten von China aus durchzuführen sei, weshalb die Alliierten mindestens einen Hafen an der chinesischen Küste kontrollieren müßten, um den benötigten Nachschub heranschaffen zu können. Ohne die Kontrolle über das Südchinesische Meer wäre jedoch keiner der in Frage kommenden Häfen sicher, und dieses Ziel sei am besten durch die Eroberung Formosas zu erreichen. Die Planer der Vereinigten Stabschefs hatten dieser Marianen-Formosa-China-Strategie den Decknamen »Granite II« gegeben.

Nimitz dagegen sprach sich dafür aus, in einem vorbereitenden Schritt zunächst die südlichen oder zentralen Philippinen zu erobern. Er hielt es für unmöglich, die alliierten Verbindungswege nach Formosa aufrechtzuerhalten, ohne vorher Luftstützpunkte auf den südlichen Philippinen einzurichten, von denen aus die japanische Luftwaffe auf der nordphilippinischen Insel Luzon neutralisiert werden konnte.

Und dann war da noch MacArthur. Obwohl er an dem Essen vor den Marianen nicht teilnahm, wußte doch jeder der Anwesenden, welchen Standpunkt er einnahm. Für ihn gab es keine Alternative zur Befreiung der *gesamten* Philippinen. Einen knappen Monat vor Kings Reise nach Saipan hatte er den Vereinigten Stabschefs eine Botschaft übermittelt, in der er seine Sache vertrat:

Es ist meine Überzeugung, daß die Rückeroberung der Philippinen aus rein militärischen Überlegungen heraus erforderlich ist, um dem Feind die Verbindungswege nach Süden abzuschneiden und einen Stützpunkt für unser weiteres Vorgehen zu gewinnen. Aber selbst wenn dies nicht der Fall wäre, ... wäre es meiner Ansicht nach notwendig, die Philippinen zurückzuerobern.

Die Philippinen sind ein amerikanisches Territorium, auf dem unsere ungedeckten Streitkräfte vom Feind vernichtet wurden. Praktisch alle siebzehn Millionen Filipinos stehen weiterhin loyal zu den Vereinigten Staaten und erdulden die größten Entbehrungen und Leiden, weil wir nicht in der Lage sind, ihnen beizustehen. Es ist unsere nationale Pflicht, einzugreifen.

Darüber hinaus hätte es ernste psychologische Folgen, wenn die Vereinigten Staaten die Philippinen vorsätzlich umgingen und unsere Gefangenen, die dort lebenden US-

Bürger und die loyalen Filipinos in der Hand des Feindes ließen und nicht zum frühestmöglichen Zeitpunkt befreiten. Wir gäben damit der japanischen Propaganda recht, die behauptet, wir hätten die Filipinos aufgegeben und würden kein amerikanisches Blut vergießen, um sie zu retten; wir zögen uns zweifellos die offene Feindschaft dieses Volkes zu und würden wahrscheinlich bei allen Völkern des Fernen Ostens einen Prestigeverlust erleiden, der sich noch auf Jahre hinaus nachteilig auf die Vereinigten Staaten auswirken würde.

MacArthurs Truppen hatten inzwischen den größten Teil ihres Vormarschs entlang der Küste von Neuguinea hinter sich gebracht und waren weniger als tausendfünfhundert Kilometer von der Südspitze der Philippinen entfernt. Nach MacArthurs Plan, der den Decknamen »Reno V« erhalten hatte, war für den 25. Oktober als erster Schritt die Landung in der Sarangani-Bucht an der Südküste von Mindanao, der südlichsten Insel der Philippinen, vorgesehen, um einen Stützpunkt für den Luftwaffeneinsatz von Land aus zu gewinnen. Am 15. November sollte dann mit dem Angriff auf Leyte, eine große Insel am Ostrand der Inselgruppe, der Hauptvorstoß auf die Philippinen beginnen. Dieses Ziel war zum einen deshalb ausgewählt worden, weil es im Zentrum der Philippinen lag, was den Amerikanern die Möglichkeit gab, die japanischen Streitkräfte auf den Inseln zu teilen; zum anderen eignete sich der Leyte-Golf besonders gut als Liegeplatz für eine große Invasionsflotte. Der Einnahme von Leyte sollte, laut Reno V, im April 1945 schließlich der Angriff auf die philippinische Hauptinsel Luzon folgen.

Zu diesem Zeitpunkt, als die Initiative so deutlich auf seiten der Alliierten lag, hatten sich die Vereinigten Stabschefs noch nicht entschieden, ob sie den Plan des CINCSOWESPAC annehmen oder sich den Wünschen des COMINCH beugen sollten. Sie waren auf der Suche nach Mitteln und Wegen, um den Krieg im Pazifik zu verkürzen, und MacArthurs Plan schien ihnen allzu zeitraubend zu sein; sogar Kings Vorschlag, die Philippinen links liegen zu lassen und nach Formosa vorzustoßen, würde einige Zeit in Anspruch nehmen, mehr, als die meisten Planer damals bereit waren, ihm einzuräumen.

Die Beschleunigung des Krieges war allerdings der einzige Punkt, in dem alle übereinstimmten. Die unterschiedlichen Ansichten darüber, welchen Weg man einschlagen sollte, hatten in den mit der Planung des Pazifikkrieges beschäftigten Hauptquartieren zu Fraktionsbildungen geführt. An überzeugenden Argumenten herrschte kein Mangel, aber ein Konsens konnte nicht erreicht werden. Die Lösung dieses Problems sollte sich dann auf recht unorthodoxe Weise ergeben. Der Anfang wurde gemacht, als Admiral King seine Pazifikreise beendete und nach Washington zurückkehrte. Während sein Flugzeug ostwärts über den Pazifik flog, war der Schwere Kreuzer USS *Baltimore* tief unter ihm in entgegengesetzter Richtung unterwegs. An Bord hatte er den Schlüssel für die Entscheidung über den weiteren Verlauf des Pazifikkrieges.

CINCPAC

Im September 1942, als das Schicksal des Pazifikkrieges in einem gottverlassenen Winkel der Welt namens Guadalcanal in der Schwebe hing, traf eines Nachts gegen 0300 Uhr ein sonderbarer Funkspruch im CINCPAC-Hauptquartier in Hawaii ein. Der diensthabende Offizier rief sofort Leutnant Hal Lamar an, Nimitz' Flaggleutnant, und teilte ihm den Inhalt des Funkspruchs mit: General der Marineinfanterie A. Archer Vandegrift, der Befehlshaber der Landungstruppen in Guadalcanal, bat um die Lieferung von tausendzweihundert Dutzend des medizinischen Artikels 75–177. Dann fragte er, ob er es für notwendig halte, den Admiral zu wecken.

»Was ist das für ein Artikel?« erkundigte sich Lamar.

»Es sind Präservative«, lautete die zögernd vorgebrachte Antwort.

Eine seltsame Anforderung. Die einzigen Frauen auf Guadalcanal waren Eingeborene, die sich sicherlich nicht in der Nähe der Marineinfanteristen aufhielten, während diese in einen erbittert geführten blutigen Kampf mit einem zum äußersten entschlossenen Feind verwickelt waren. Die Berichte aus Guadalcanal malten ein Bild von Männern, die unter entsetzlichen Bedingungen ständig vom Feind bedroht wurden; bei tropischer Hitze, alles aufweichendem Regen, Insektenbefall und fast ununterbrochenem Beschuß waren sogar die Grundbedürfnisse nach Schlaf und Essen ständig in Frage gestellt. Es waren kaum der Ort und die Zeit, die nach vierzehntausendvierhundert Kondomen verlangten.

Lamar rief trotz seiner Verwirrung beim Stabsarzt der Flotte, Kapitän zur See Gendreau, an und erkundigte sich, ob er die

»medizinischen Artikel« vorrätig habe. Gendreau erwiderte, daß es auf ganz Oahu nicht so viele Präservative gebe, und wollte wissen, wofür, zum Teufel, die Marineinfanteristen sie brauchten. Lamar hatte keine Antwort darauf. Nachdem er seine Uniform angelegt hatte, ging Lamar zu Nimitz' Unterkunft und weckte den Admiral. Nimitz las sich den Funkspruch durch, lächelte und sagte: »General Vandegrift will sie wahrscheinlich benutzen, um die Gewehrläufe vor dem Regen zu schützen.«

Er hatte recht. Wie sein Boß, Admiral King, konnte auch Chester Nimitz häufig Dinge sehen, die andere nicht bemerkten. Dies war einer der Gründe, weshalb er und nicht einer der achtundzwanzig dienstälteren Admirale, die bei seiner Beförderung übergangen wurden, zum Befehlshaber der Pazifikflotte ernannt worden war und zusammen mit General MacArthur die Aufgabe erhalten hatte, den Pazifikkrieg zu gewinnen. Trotz der gewaltigen Verantwortung, die diesen beiden Männern übertragen worden war, konferierten sie fast nie miteinander, und um ihren gemeinsamen Vorgesetzten aufzusuchen, mußten sie auf die andere Seite der Welt, zum Präsidenten selbst. Nimitz' unmittelbarer Vorgesetzter war Admiral King, während MacArthur dem Stabschef der Army, General George C. Marshall, unterstand. King und Marshall waren als Mitglieder der Vereinigten Stabschefs zwar bis zu einem gewissen Grad deren Vorsitzendem, Admiral Leahy, rechenschaftspflichtig, aber der wahre Herr und Gebieter, der in allem, was die Kriegführung betraf, das letzte Wort hatte, war Franklin Delano Roosevelt.

Diese umständliche Kommandostruktur, die stärker auf politischen Erwägungen als auf militärischer Effizienz beruhte, hatte zur Folge, daß Nimitz und MacArthur gelegentlich aneinandergerieten, wie im Fall der Salomon- und der Admiralitäts-Inseln, wo sich ihre Kompetenzbereiche berührten und überlappten. Meistens waren sie jedoch in der Lage, ihre Operationen unabhängig voneinander und mit erstaunlich wenig Reibungen durchzuführen.

Was sie voneinander hielten, ist nicht ganz klar. Beide waren nicht leicht zu ergründen, Nimitz aufgrund seiner Verschlossenheit und MacArthur wegen seiner Widersprüche. MacArthurs Verhalten bei verschiedenen Gelegenheiten deutet auf eine gewisse Verärgerung darüber hin, daß der ihm im Rang nachgeordnete Nimitz mit einer Befehlsgewalt ausgestattet wurde, die der seinen gleichkam. Nimitz andererseits war bemüht, Animositäten von vornherein zu vermeiden. Er erlaubte es den Angehörigen seines Stabes nicht, MacArthur zu kritisieren, und als ihm einmal ein Marineoffizier, der auf dem Weg zu MacArthurs Stab war, von den negativen Dingen erzählte, die er in Washington über den General gehört hatte, sprang er auf und erwiderte scharf: »Junger Mann, das ist nicht aus *diesem* Büro gekommen. Das möchte ich unmißverständlich klarstellen.«

Nimitz scheint ehrlich geglaubt zu haben, daß es ihm gelungen war, das Entstehen einer Kluft zwischen ihm und MacArthur zu verhindern. In einem Brief, den er an seine Frau schrieb, heißt es: »Drew Pearson hat in seiner gestrigen Kolumne im *Star Bulletin* versucht, Probleme zwischen MacArthur und mir aufzuwühlen, wo *keine* vorhanden sind ... Was für ein Unruhestifter! Es gibt offenbar viele Leute, die solchen Mist gerne lesen.«

Ein Hinweis auf das, was Nimitz im Innersten dachte, war vielleicht das Bild, das auf seinem Schreibtisch im CINCPAC-Hauptquartier stand. Es war ein gerahmtes Zeitungsfoto von MacArthur. Als ihn ein Freund einmal darauf ansprach, vertraute ihm Nimitz an, daß ihm das Foto als Mahnung diene, »keine jupiterhaften Erklärungen, mitsamt Blitzen und allem, abzugeben«.

»Blitze« und »jupiterhafte Erklärungen« waren ganz gewiß nicht Nimitz' Sache. Er war für seine ruhige Art bekannt und wurde deshalb oft als »weich« oder allzu gelassen mißverstanden. Wohl auch deshalb dauerte es eine ganze Weile, bis Admiral King ihm volles Vertrauen schenkte. Aber Nimitz war we-

sentlich härter, als seine blaßblauen Augen und sein Großvater-
lächeln verrieten. Er wußte, wie man seine Stellung hält, selbst
so hitzigen Leuten wie King gegenüber, und obwohl er niemanden überstürzt hinauswarf, entledigte er sich schließlich jedes
Offiziers, der seinen Ansprüchen nicht genügte.

Daß Nimitz während der Nachwehen des Angriffs auf Pearl
Harbor an vielen ranghöheren Admiralen vorbei als Nachfolger
von Admiral Husband Kimmel zum CINCPAC ernannt worden
war, bedeutet nicht, daß er ein rücksichtsloser Karrierist war.
Ein Jahr zuvor hatte er den ihm angebotenen Posten des Oberbefehlshabers der gesamten US Navy ausgeschlagen, weil er
sich für zu untergeordnet hielt. Als er das Kommando im Pazifik antrat, verkündete er umgehend, daß er den Stab des abge-
setzten Admiral Kimmel übernehmen werde, ein Schritt, durch
den der Navy eine große Anzahl äußerst fähiger Offiziere erhalten blieb und der dazu beitrug, die Hysterie des Köpferollens,
die sich breitgemacht hatte, während der Rauch über Pearl Harbor langsam verflog, etwas zu dämpfen.

Nimitz war bekannt dafür, daß er die Stabssitzungen kurz
hielt, mit bestem Beispiel voranging und sich die Ideen anderer
anhörte. Er drängte sich nicht in den Vordergrund und war,
obwohl ein zäher Kämpfer, als Sieger großmütig. Anders als in
bezug auf MacArthur drehte sich der Streit um seine Person
sowohl bei seinen Zeitgenossen als auch bei den nachgeborene-
nen Historikern nicht um die Frage, ob er gut oder schlecht,
sondern darum, ob er gut oder *groß* war.

Mitte 1944 hatten diese beiden höchst unterschiedlichen
Kommandeure dem Feind die Glieder amputiert. Mit der doppelten Taktik des direkten Frontalangriffs auf einige japanische
Stützpunkte und der logistischen Strangulation anderer, die sie
umgingen und »am Weinstock vertrocknen« ließen, hatten Nimitz und MacArthur Neuguinea, die Gilbert-, die Salomon-, die
Admiralitäts- und die Marshall-Inseln sowie die Karolinen und
die Marianen vom japanischen Reich abgetrennt. Jetzt war es
an der Zeit, sich den inneren Organen zuzuwenden, die Arte-

rien abzuschnüren, durch die der lebenserhaltende Ölstrom von Niederländisch-Indien zu den japanischen Mutterinseln floß, und eine Ausgangsbasis zu gewinnen, von der aus der letzte Schlag gegen das Herz des Reichs geführt werden konnte. Und es war an der Zeit, daß Nimitz und MacArthur zusammenkamen.

Vom natürlichen Motor des Nordostpassats angetrieben, rollte ein leichter Seegang über die endlose Weite des Pazifiks. Auf dem etwas geneigten Deck des Schweren Kreuzers *Baltimore* spähte ein zweiundsechzigjähriger Mann mit einem Kneifer auf der Nase auf das in der Sonne glitzernde blaue Wasser. Schiffe und Meer waren eine alte Liebe von ihm, und jetzt atmete er die warme salzige Luft ein, als wäre sie ein Heilmittel, das die Farbe in seine blassen Wangen zurückbringen und die tiefen Schatten ausradieren konnte, die sich unter seinen klugen, aber müden Augen eingegraben hatten. Was er in diesem Moment noch nicht wissen konnte, war, daß er binnen eines Jahres sterben würde. Aber bis der Tod nach ihm griff, hatte Franklin Delano Roosevelt noch viel Arbeit vor sich. Wichtige Arbeit. Und genau deshalb befand sich der Kriegspräsident auf dem Weg nach Pearl Harbor.

Ob diese Arbeit strategischer oder politischer Natur war, wußte nur Roosevelt selbst. Der offizielle Zweck der Reise des Oberbefehlshabers der Army und Navy war ein Treffen mit den beiden Männern, die den Krieg im Pazifik führten. Es gab jedoch Kritiker, die behaupteten, die Reise sei politisch motiviert; es sei nicht notwendig, sagten sie, daß Roosevelt persönlich mit Nimitz und MacArthur konferiere; er überspringe die Befehlskette und übergehe seine Hauptberater, die Vereinigten Stabschefs, wenn er sich mit diesen untergeordneten Frontkommandeuren bespreche; seine eigentliche Absicht bestehe darin, sich mit General MacArthur zusammen zu zeigen (und fotografieren zu lassen). Immerhin war 1944 ein Wahljahr, und Roosevelt war nur einen Tag, bevor er sich am 21. Juli auf der *Baltimore* einschiffte, auf dem Konvent der Demokraten als Kandidat für eine beispiellose vierte Amtszeit nominiert worden.

James MacGregor Burns traf den Kern, als er in seiner Biographie Roosevelts anmerkte, daß der Präsident, kurz bevor das Schiff in San Diego die Anker lichtete, erfahren hatte, daß der japanische Premierminister General Tojo infolge des Falls von Saipan zum Rücktritt gezwungen worden und Hitler nur knapp einem Attentat entgangen war. Roosevelt konnte zwar, wie Burns folgerte, »nicht von einem Kaiser entlassen oder von Ministern oder Generalen abgesetzt werden«, war aber »der einzige militärische Befehlshaber, der von den Wählern in die Wüste geschickt werden konnte«.

Roosevelt mag tatsächlich den Wunsch gehabt haben, mit seinen Frontkommandeuren fotografiert zu werden, damit die Wähler ihn in seiner Rolle als Oberbefehlshaber und als Boß des potentiellen Rivalen Douglas MacArthur sehen konnten. Vielleicht fuhr er aber auch nach Pearl Harbor, um die Meinungsverschiedenheit unter seinen Hauptberatern zu klären und zu entscheiden, welchem Ziel sich die amerikanischen Streitkräfte als nächstes zuwenden sollten. Schließlich erhielt er in Washington widersprüchliche Ratschläge. Möglicherweise war es Zeit, sich ohne die Filter und die Verwässerungen der Befehlskette anzuhören, was die Kommandeure vor Ort zu sagen hatten.

Tatsache war jedenfalls, daß sich Roosevelt in Begleitung seines Stabschefs, Admiral Leahy, und seines kleinen Hundes Fala an Bord eines Kriegsschiffes befand, das nach Pearl Harbor fuhr. Die Reise verlief ereignislos und gab dem Präsidenten die willkommene Gelegenheit, etwas Schlaf nachzuholen und zu lesen, ohne ständig unterbrochen zu werden. Fala dagegen wurde solcher Luxus nicht zuteil. Der berühmte Scotchterrier sah sich regelmäßig von Matrosen belästigt, die ihm auf der Jagd nach einem Souvenir, das sie nach Hause schicken konnten, eine Locke aus dem Fell schnitten.

Wie fast jeder mit diesem Vornamen hatte auch Weldon E. Rhoades den Spitznamen »Dusty« erhalten. Er war Hauptmann der Reserve des Luftwaffenkorps der Army und erfüllte als Zivilpilot Regierungsaufträge für die United Air Lines, als ihn Douglas MacArthur im Oktober 1943 fragte, ob er nicht sein persönlicher Pilot werden wolle. Nachdem er mit seiner Frau gesprochen hatte, nahm Dusty Rhoades das Angebot an und wurde bald »von einem unbeteiligten Bewunderer zu einem treuen Jünger« MacArthurs. Mittlerweile hatte er den General über den gesamten Südpazifik geflogen, meistens in einem umgebauten B-17-Bomber, den MacArthur *Bataan* getauft hatte, und erfüllte gelegentlich die Rolle eines Vertrauten, was – wie Rhoades selbst eingestand – bedeutete, daß MacArthur lange Monologe hielt, ohne zu erwarten, daß er etwas erwiderte.

Am 10. Juli 1944 rief General Richard Sutherland, MacArthurs Stabschef, Rhoades in sein Büro und teilte ihm unter dem Siegel der Verschwiegenheit mit, daß MacArthur Australien noch in diesem Monat verlassen werde, um an einer »weltwichtigen« Konferenz teilzunehmen. Fünf Tage später kündigte ihm MacArthur selbst die bevorstehende Reise an. Rhoades wußte inzwischen, daß es nach Honolulu gehen würde, wo am 26. ein Treffen mit Nimitz und Roosevelt stattfinden sollte. Er requirierte für diese besondere Reise eine für den Passagierverkehr ausgestattete schwere Frachtmaschine der Pan American Airways vom Typ C-54, die im Militärauftrag nach Australien geflogen war. Das Passagierabteil der *Bataan* war zu klein und hatte nicht genug Kopffreiheit, um es MacArthur zu ermöglichen, auf und ab zu gehen. Rhoades wußte, daß der General in seinem Büro fast ständig herumwanderte, und nahm an, daß er dies auch während des sechsundzwanzigstündigen Fluges nach Haiwaii tun wollte. Rhoades entfernte außerdem drei Sitzreihen und stellte statt dessen ein bequemes Feldbett auf, damit sich der vierundsechzigjährige MacArthur während der anstrengenden Reise ausruhen konnte.

Was das Herumlaufen betraf, behielt Dusty Rhoades recht, aber in bezug auf das Feldbett hatte er sich geirrt. MacArthur schlief während des gesamten Fluges keine Minute, sondern ging die meiste Zeit wie ein Tiger in seinem Käfig auf und ab. Als Rhoades auf halber Strecke das Cockpit verließ, um etwas zu essen und Kaffee zu trinken, fiel ihm auf, daß der General kaum aß und angespannt und gereizt wirkte. Nach dem Essen sagte MacArthur zu Rhoades, er solle bleiben, wenn er nicht im Cockpit gebraucht werde, und sich noch einen Kaffee einschenken. Das war das Signal dafür, daß er sich aussprechen wollte.

Rhoades setzte sich neben ihn und nippte schweigend an seinem Kaffee, während MacArthur seinen Monolog mit dem Geständnis begann, daß er nicht wisse, warum Roosevelt ihn sehen wolle. Es mache ihm Sorgen. Warum hatte ihn Roosevelt zu einem Zeitpunkt von seinem Kommando weggeholt, als sich die Japaner in Neuguinea in der Defensive befanden? War es möglich, daß seine Truppen verringert werden sollten, so daß er im Südwestpazifik zur Hinhaltetaktik verdammt wäre, während Nimitz den Vorstoß über den Zentralpazifik fortsetzen würde? Oder sollte er sein Kommando ganz verlieren? Vielleicht erwarteten ihn aber auch gute Neuigkeiten, und man wollte ihm grünes Licht für seine langersehnte Rückkehr auf die Philippinen geben.

Nach einer kurzen Pause fuhr MacArthur mit gerunzelter Stirn fort, daß Roosevelt möglicherweise nur Pressefotos haben wolle, die ihm im Wahlkampf nutzen würden. Er hoffe es allerdings nicht, denn er habe Besseres zu tun, als mitten im Krieg sein Kommando zu verlassen und Tausende von Kilometern zu reisen, nur um an einem Fototermin teilzunehmen.

Als sie sich viele Stunden später Honolulu näherten, füllte sich der Himmel mit Flugzeugen. Sie waren zu einer feierlichen Begrüßung für den Präsidenten aufgestiegen, der sich auf dem Schweren Kreuzer *Baltimore* in Sichtweite von Diamond Head befand.

Der Hawaiibesuch des Präsidenten war aus Sicherheitsgründen als streng geheim behandelt worden. Aber manche Dinge sind nicht geheimzuhalten. Tausende von Menschen verfolgten die Ankunft der *Baltimore*, um, wenn möglich, einen Blick auf den Oberbefehlshaber zu erhaschen. Auf den im Hafen liegenden Schiffen hatten Matrosen in strahlend weißer Paradeuniform Aufstellung genommen; Musikgruppen spielten Militärmusik; das normalerweise unablässig zu hörende Geräusch der Hämmer, mit denen alte Farbe und Rost von den Schiffsrümpfen geklopft wurde, war vorübergehend verstummt; und Flugzeugformationen donnerten über den Himmel. Während die *Baltimore* den berühmtesten Hafen der Welt durchquerte, fiel Admiral Leahy auf, daß »kein ins Auge fallendes Zeichen von der schrecklichen Zerstörung zurückgeblieben« war, »die der heimtückische Angriff der Japaner verursacht hatte, als unsere Flotte am Sonntag, dem 7. Dezember 1941, arglos vor Anker lag«.

Admiral Nimitz war mit einigen anderen in Pearl Harbor stationierten höheren Offizieren mit dem Lotsenschlepper hinausgefahren und befand sich während der triumphalen Einfahrt der *Baltimore* bereits an Bord. Am Hauptmast wurde die Flagge des Präsidenten aufgezogen, und der frühere Unterstaatssekretär für die Marine war ganz in seinem Element. Auf dem Pier warteten einige höhere Offiziere mit in der Nachmittagssonne blitzenden silbernen und goldenen Schulterstücken. Sie hatten sich in einer Reihe aufgestellt, und als das Schiff vertäut wurde, gab der ranghöchste Admiral für den Gang an Bord den Befehl: »Rechts um!« Die Männer, auf deren Schultern nicht nur goldfarbenes Schmuckwerk lastete, sondern auch die Verantwortung für die Entscheidung über den Kriegsverlauf, hatten die Sonne zigmal untergehen gesehen, seit sie das letzte Mal exerziert hatten, und zwei der Admirale wandten sich irrtümlicherweise nach *links,* was unter den Matrosen der *Baltimore* lautstarke Heiterkeit auslöste.

Aber der Vorfall war nicht nur komisch, sondern auch symbolisch. Ein Verhalten wie das der Mannschaft der *Baltimore* wäre in der Marine der Feinde Amerikas nie vorgekommen. In Deutschland hätte ein undisziplinierter Ausbruch dieser Art höchstwahrscheinlich die Bestrafung der Übeltäter nach sich gezogen, während in Japan nicht nur niemand gelacht hätte, sondern die beiden Admirale, die sich in die falsche Richtung gewandt hatten, vermutlich selbst bestraft worden wären, weil sie auf unentschuldbare Weise das Gesicht verloren hatten. Dieser augenscheinliche Unterschied der disziplinarischen Maßstäbe enthüllte nicht unbedingt eine Schwäche der Amerikaner. Die Vereinigten Staaten waren damals dabei, den Krieg zu gewinnen, und zwar nicht nur durch die Produktion riesiger Mengen an Kriegsmaterial. Diese Matrosen, die über ihre Vorgesetzten gelacht hatten, waren von der gleichen Art wie jene, die vor über zwei Jahren in demselben Hafen trotzig, wenn auch sinnloserweise mit Schraubenschlüsseln nach den im Tiefflug angreifenden japanischen Jägern geworfen hatten. Sie waren von der gleichen Art wie die Männer, die sich bei Midway geopfert und den Lauf des Krieges verändert hatten. Und sie unterschieden sich nicht von jenen, die in wenigen Monaten die Welt durch den Mut in Erstaunen setzen sollten, den sie an einem bis dahin wenig bekannten Ort namens Samar bewiesen.

MacArthurs Befürchtungen wurden zumindest teilweise bestätigt, als man ihn bat, zusammen mit Nimitz, Leahy und dem Präsidenten auf dem Hauptdeck der *Baltimore* für die Fotografen zu posieren. Am Abend schäumte er darüber, daß man ihn für solch einen Zweck nach Hawaii geholt hatte, und seine Stimmung besserte sich auch nicht, als er später eine Nachricht des Präsidenten erhielt, in der für den nächsten Vormittag eine Inspektionsfahrt durch die militärischen Einrichtungen auf Oahu angekündigt wurde. Der Präsident wollte, daß ihn der General zusammen mit Leahy und Nimitz auf der Fahrt begleitete.

Die präsidiale Besichtigungstour wurde von General Robert C. Richardson vorbereitet, dem (bis zur Ankunft MacArthurs) höchsten Army-Offizier in Hawaii, und eines der schwierigeren

Probleme, auf das er dabei stieß, bestand in der Beschaffung eines angemessenen Fahrzeugs für die hochrangigen Gäste. Die einzigen Autos, die er auftreiben konnte, waren ein hellroter Fünfsitzer, der dem Feuerwehrchef von Honolulu gehörte, und eine größere, weniger auffällig lackierte Limousine, den die Besitzerin eines Hauses von zweifelhaftem Ruf fuhr. Aus Furcht, der letztere könnte von zu vielen, die die Fahrzeugkolonne sahen, erkannt werden, entschied sich Richardson für das kleinere, aber besser beleumdete Auto.

Am Abend trafen sich die vier Männer zum Essen in der cremefarbenen Stuckvilla am Strand von Waikiki, die der Millionär Christopher Holmes dem Präsidenten zur Verfügung gestellt hatte. Die Unterhaltung bei Tisch drehte sich entweder um streng geheime Dinge, oder sie war so belanglos, daß keinerlei Berichte über sie existieren. Aber das, was nach dem Essen gesagt wurde, ist festgehalten worden, und es war, wie aus den heute nicht mehr der Geheimhaltung unterliegenden Akten hervorgeht, alles andere als belanglos.

Roosevelt, Nimitz, Leahy und MacArthur begaben sich nach Tisch in den riesigen Wohnraum der Villa, an dessen Wänden Karten des Pazifiks aufgehängt worden waren. Nimitz und MacArthur standen nacheinander vor dem Präsidenten und zeigten mit einem langen Bambusstock auf die Karten, während sie ihre Vorstellungen über die einzuschlagende Strategie im Pazifik erläuterten. Nimitz hatte sich inzwischen Kings Ansicht angeschlossen und sprach sich jetzt dafür aus, die Philippinen zugunsten der Invasion Formosas zu umgehen. Leahy, der mehr als Beobachter denn als aktiver Teilnehmer anwesend war, schrieb später: »Nach so viel lockerem Gerede in Washington, wo der Name MacArthur mehr Hitze als Licht erzeugte, war es sowohl angenehm als auch sehr informativ, wie diese beiden Männer, die als Gegner angesehen wurden, dem Oberbefehlshaber in aller Ruhe ihre unterschiedlichen Standpunkte darlegten. Für Roosevelt war es eine ausgezeichnete Lektion in Geographie, einem seiner Lieblingsgebiete.« Wie Leahy hinzufügte, zeigte sich der Präsident »von seiner besten Seite, während er die Diskussion taktisch geschickt von einem Punkt zum nächsten steuerte und das Gebiet der Meinungsverschiedenheiten zwischen MacArthur und Nimitz verkleinerte«. MacArthur hatte es ebenso erlebt und notierte später, daß sich Roosevelt »bei der Leitung der Diskussion völlig neutral« verhalten habe. Leahy fand es darüber hinaus »höchst angenehm und ungewöhnlich, zwei Kommandeure zu erleben, die keine Verstärkungen forderten«; sowohl Nimitz als auch MacArthur hatten erklärt, daß sie ihre jeweiligen Pläne mit den im Pazifik vorhandenen Truppen durchführen könnten.

Nimitz' Vortrag war strategisch gut begründet. Formosa lag geographisch günstig, um die Öllieferungen nach Japan zu unterbinden, und es war von dort nicht weit nach China, wo die amerikanischen Planer schon lange Luftstützpunkte für die strategische Bombardierung der japanischen Mutterinseln zu errichten hofften. Die Insel eignete sich außerdem, wenn und sobald es dazu kommen sollte, als Ausgangspunkt für eine Invasion Japans. Aber die von Nimitz vorgebrachten Argumente waren fast ausschließlich *militärischer* Natur, während MacArthur auch *politische* Motive anführte, indem er bezweifelte, daß die asiatische Bevölkerung Formosas bereit sei, die amerikanischen Streitkräfte zu unterstützen. Möglicherweise würde sie sogar offen feindselig reagieren, während die Filipinos fast bis zum letzten Mann Amerika treu ergeben seien. Ein Beleg dafür sei der ständige Strom an Informationen, den er seit der japanischen Okkupation von philippinischen Guerillas erhalte, was für diese kein geringes Risiko darstelle.

Darüber hinaus betonte MacArthur, daß es die moralische Pflicht der Vereinigten Staaten sei, die Bevölkerung der Philippinen so bald wie möglich von der japanischen Unterdrückung zu befreien. Er scheute sich nicht, die alten Wunden von Bataan und Corregidor wieder aufzureißen, indem er darauf hinwies, daß Amerika dort nicht nur die loyalen Filipinos, sondern auch Tausende von Amerikanern preisgegeben hatte, und er fügte hinzu, daß in diesem Augenblick amerikanische Männer, Frauen und Kinder in japanischen Konzentrationslagern auf den Philippinen eingesperrt seien und unter unvorstellbaren Entbehrungen zu leiden hätten. Er warnte davor, daß die Filipinos den Amerikanern zwar verzeihen würden, daß es ihnen nicht gelungen war, sie vor der japanischen Okkupation zu bewahren, und daß sie sogar einen fehlgeschlagenen Befreiungsversuch nachsehen würden. Nicht verzeihen würden sie aber, wenn nicht einmal der Versuch unternommen würde, sie zu befreien. Zudem verfolge ganz Asien aufmerksam, wie sich Amerika den Philippinen gegenüber verhalte. Es gehe um das Ansehen der Vereinigten Staaten in diesem Teil der Welt.

MacArthur war in Hochform. Er benutzte weder Notizen noch eigene Karten und zweifelte nicht im geringsten daran, daß er recht hatte. Er setzte seine beachtliche Überredungskunst mit großem Geschick ein, und um Mitternacht sah es so aus, als hätte sich die Waagschale zu seinen Gunsten geneigt. Allem Anschein nach hatte er nicht nur Roosevelt überzeugt. Auch Nimitz meldete selten Widerspruch an, und Leahy schien sich ebenfalls seiner Ansicht angeschlossen zu haben. Als man sich kurz nach Mitternacht vertagte, war dennoch nur eine einzige klare Entscheidung gefällt worden, nämlich die, am nächsten Vormittag erneut zusammenzukommen, um die Diskussion fortzusetzen.

MacArthur konnte am nächsten Morgen unter vier Augen mit Roosevelt sprechen, und er nutzte die Gelegenheit für die Voraussage, daß das amerikanische Volk über die Umgehung der Philippinen derart verärgert wäre, »daß es mit außerordentlichem Mißmut Ihnen gegenüber zu den Wahlen im Herbst gehen würde«. Es war ein sicherer Schuß. Zumindest hatte er das politische Tier in Roosevelt geweckt, indem er ihn mit dem Alptraum jedes Politikers konfrontierte, dem Verlust von Wählerstimmen. Einige Historiker sind sogar noch weiter gegangen und haben aus MacArthurs Worten die Drohung herausgehört, daß er in den anstehenden Wahlen seinen Einfluß unter den

Politikern gegen Roosevelt geltend machen werde, wenn die Entscheidung des Präsidenten nicht zu seinen Gunsten ausfallen sollte. Ob MacArthur diese Drohung tatsächlich im Sinn hatte und ob er über den nötigen politischen Einfluß verfügte, um sie wahrzumachen, ist fraglich. Sicher ist jedoch, daß Roosevelt, aus welchen Gründen auch immer, zu dem Schluß kam, daß die Vereinigten Staaten die Philippinen nicht umgehen dürften. MacArthur erhielt eine gute Woche nach der Konferenz in Honolulu einen Brief von Roosevelt, in dem es hieß:

Douglas –
ich befinde mich auf der letzten Etappe meiner Rückreise nach Washington. Es war ein äußerst erfolgreicher, wenn auch viel zu kurzer Besuch, und sein Höhepunkt waren die drei Tage, die wir in Honolulu miteinander verbracht haben. Ich erhielt ein ausgezeichnetes Bild des ganzen riesigen Gebiets – ein weit besseres, als ich bei meiner Abreise aus Washington hatte. Sie haben trotz der großen Schwierigkeiten, die uns das Klima und gewisse menschliche Tiere bereitet haben, wirklich Großartiges geleistet. Sobald ich zurück bin, werde ich Ihren Plan voranbringen, denn ich bin überzeugt, daß er logisch ist und verwirklicht werden kann.
Und als besonderes Glück habe ich es empfunden, Sie wiederzusehen. Insgeheim habe ich mir in Honolulu sehr gewünscht, wir beide könnten die Plätze tauschen, aber ich habe den leisen Verdacht, daß Sie sich als Präsident besser machen würden als ich als General bei der Rückeroberung der Philippinen.

Der Oberbefehlshaber der Army und Navy war also überzeugt, und er war kein geringer Verbündeter. Vor MacArthur lagen noch viele Hürden, aber er hatte in Hawaii einen wichtigen Sieg errungen, der ihn der versprochenen Rückkehr auf die Philippinen einen Riesenschritt näherbrachte.

Vor dem großen Holzhaus auf dem Makalapa-Hügel oberhalb von Pearl Harbor, in dem Admiral Chester Nimitz wohnte, hatten sich Hunderte von Männern eingefunden. Sie hatten Schaufeln, Hämmer, Nägel, Sägen und einen großen Bulldozer mitgebracht, der mit tuckerndem Dieselmotor am Rand des Rasens stand und die bis dahin unverdorbene Luft mit blauen Rauchwolken verpestete. Auf ein Signal hin fiel diese Truppe über die wehrlose Unterkunft des Admirals her und begann damit, Türen auszuhängen, Palmen umzupflanzen, Notlandematten auszulegen, Malerarbeiten auszuführen und die Farbe mit Gebläsen zu trocken, eine Auffahrt hinter das Haus zu bauen und die Toilette im Haus um zwölf Zentimeter anzuheben. Dies alles war die Folge eines Besuchs von Mike Reilly, einem der mächtigsten Männer der Welt, dessen Befehl genügte, um ganze Gebäude zu räumen, den Straßenverkehr einer Stadt umzuleiten, Fahrpläne umzustoßen und die Toilette eines Admirals anzuheben. Er war der Chef der für das Weiße Haus zuständigen Secret-Service-Abteilung, und seine Aufgabe war es, Nimitz' Haus für ein Mittagessen vorzubereiten, das am 28. Juli dort stattfinden sollte. Die Umbauten spiegelten nicht zuletzt das besondere Handicap des Präsidenten wider. Türen mußten geändert werden, um genügend Platz für dessen Rollstuhl zu schaffen; die Auffahrt mußte bis hinters Haus verlängert werden, weil Roosevelt in jenen peinlichen Augenblicken, wenn er mit fremder Hilfe aus dem Auto stieg oder ihm hineingeholfen wurde, nicht gesehen werden wollte, und die Toilette mußte erhöht werden, damit sich der Präsident von seinem Rollstuhl aus hinüberschieben konnte.

Während des Essens, das von den Eingeweihten als MacArthurs »Siegesmahl« bezeichnet wurde, versicherte der General Roosevelt, daß er und Nimitz alle Meinungsverschiedenheiten, die sie vor der Konferenz gehabt haben mochten, beigelegt hätten. »Wir befinden uns in völligem Einklang«, erklärte er. Roosevelt war es im Verlauf seines Besuchs auf Hawaii gelungen, die Differenzen zwischen den beiden Befehlshabern im

Pazifik auszuräumen. Er hatte sich als fähiger Oberbefehlshaber der Army und Navy erwiesen. Aber während er dort auf Oahu mit all diesen Flaggoffizieren und Generalen zu Mittag aß, warteten in den vor ihm liegenden unerforschten Gewässern noch viele Klippen und Untiefen auf ihn. Seine Berater in Washington mußten überzeugt werden, und nach ihnen die Alliierten. Ein Problem, das ungelöst bleiben sollte – das Roosevelt als Oberbefehlshaber hätte aus der Welt schaffen können, das er als Politiker aber auf sich beruhen ließ –, war die Tatsache, daß es immer noch keinen Oberkommandierenden für den gesamten Pazifik gab. Solange der CINCPAC und der CINCSOWESPAC auf getrennten Schauplätzen agierten, die sich nur gelegentlich geringfügig überlappten, konnte es vernachlässigt werden, aber wenn sie sich in naher Zukunft voll überschneiden würden, lag darin ein erhebliches Konfliktpotential.

Für den Augenblick jedoch wurden die zukünftigen Probleme von dem Ereignis überstrahlt, zu dem Roosevelt in Nimitz' Haus geladen hatte. Es war ein großer Moment für den Präsidenten. Hal Lamar sagte, als er später an das Essen zurückdachte, daß er sich an die genaue Zahl der Gäste nicht erinnern könne, »aber wenn ich mich nicht irre, habe ich auf den Kragenspiegeln der anwesenden Offiziere hundertdreiundzwanzig Sterne gezählt«. Vier dieser Sterne, in denen sich die versammelte militärische Macht symbolisierte, gehörten einem Mann mit ledernem Gesicht und schiefem Lächeln, der in dem bevorstehenden Drama um die Philippinen eine Schlüsselrolle spielen sollte. Er war gerade von einem Genesungsurlaub aus den Vereinigten Staaten zurückgekehrt, um das Kommando über die mächtigste Flotte der Welt zu übernehmen. Sein Name war Admiral William F. »Bull« Halsey.

COMTHIRDFLT

Am 27. November 1941 – neun Tage vor dem japanischen Angriff auf Pearl Harbor, zehn vor der amerikanischen Kriegserklärung an das japanische Kaiserreich und dreizehn vor der deutschen und italienischen Kriegserklärung an die Vereinigten Staaten – wurde den Piloten im Staffelbereitschaftsraum des Flugzeugträgers *Enterprise* ein vervielfältigtes Blatt mit dem Titel »Kampfbefehl Nummer Eins« ausgehändigt. Die Direktive begann mit den verblüffenden Worten: »Die *Enterprise* operiert von jetzt an im Kriegszustand. Wir müssen Tag und Nacht zu jeder Zeit bereit sein, sofort in Aktion zu treten.« Der Befehl schloß mit dem Appell: »Es gehört zur Tradition unserer Navy, daß alle Mann, wenn es darauf ankommt, ruhig bleiben, den Kopf bewahren und KÄMPFEN. Es braucht jetzt Nerven und mutige Herzen.«

Fregattenkapitän William H. Buracker, der Operationsoffizier des Verbandskommandeurs, starrte einen Augenblick ungläubig auf das Papier in seiner Hand. Dann rannte er mehrere Treppen hoch zur Brücke der *Enterprise*, wo er, wie er wußte, seinen Boß finden würde.

»Admiral, haben Sie das hier autorisiert?« stieß er, vom Treppensteigen außer Atem, hervor.

»Ja«, wurde ihm ruhig geantwortet.

»Ist Ihnen klar, daß das Krieg bedeutet?« fragte Buracker.

»Ja«, erwiderte der Admiral lakonisch.

Zur gleichen Zeit wurden die Flugzeuge auf dem Hangardeck der *Enterprise* mit Bomben, Torpedos und Maschinengewehrmunition ausgestattet. Und auf den anderen zwölf Schiffen der Task Force 8, die mit dem Auftrag, Flugzeuge nach Wake Island zu bringen, von Pearl Harbor aus nach Südwesten dampfte, wurden die Torpedos mit Sprengköpfen versehen und die Kanonen mit Munition versorgt.

»Gott verdammt, Admiral«, sagte Buracker aufgebracht. »Sie können doch keinen Privatkrieg vom Zaun brechen! Wer soll die Verantwortung dafür übernehmen?«

Die unter dicken Brauen liegenden Augen des Admirals funkelten. »Ich übernehme sie«, sagte er. »Wenn uns etwas in die Quere kommt, werden wir erst schießen und hinterher diskutieren.«

Neun Tage später hagelten die Bomben auf Pearl Harbor, die Amerikas letzte Periode der Unschuld beendeten und das Land kopfüber in den größten Krieg stürzten, den die Menschheit jemals erlebt hatte. Die US Navy als Ganzes war auf das, was an diesem Tag geschah, nicht vorbereitet, doch die Task Force 8 unter dem Kommando von Vizeadmiral William F. Halsey war es.

»Bull«* Halsey war wahrscheinlich die schillerndste Figur unter den Admiralen der US Navy. Sein wettergegerbtes Gesicht sah genauso aus, wie man es sich bei einem alten Seebären vorstellt, und es wurde während des Krieges zigmal in Zeitungen und Zeitschriften abgebildet. Die Presse zitierte ihn ein ums andere Mal, weil seine Äußerungen fast immer humorvoll, anregend, kontrovers oder mehreres davon auf einmal waren. Ein Beispiel dafür gab er, als die *Enterprise* kurz nach dem Angriff langsam in Pearl Harbor einfuhr. Er schaute sich die unglaubliche Zerstörung eine Weile schweigend an, bis er schließlich wütend knurrte: »Wenn wir mit ihnen fertig sind, wird man Japanisch nur noch in der Hölle sprechen!«

---

* Der Spitzname »Bull« war eine Erfindung der Presse. Seine Freunde nannten ihn »Bill«, und von seinen Untergebenen wurde er häufig »Admiral Bill« genannt. In seiner Autobiographie schrieb Halsey: »Ich möchte nicht, daß man sich an mich als ›Bull Halsey‹ erinnert.« Aber der Name wurde zu einem Teil der Halsey-Legende, und er wird, entgegen seinem Wunsch, wohl immer »Bull« Halsey bleiben.

Einem heutigen Leser erscheinen manche seiner Bemerkungen kindisch oder sogar rassistisch, aber Anfang der vierziger Jahre entsprachen sie dem Zeitgeist. Am Anfang des Krieges waren die Japaner für ihn »Ratten«. »Tötet die Japse, sie sind Ratten«, pflegte er zu sagen. Später bezeichnete er sie eine Zeitlang als »Bastarde« und dann als »Affen«. Am Ende des Krieges schließlich waren sie zu »lausigen gelben rattenhaften Affenbastarden« geworden.

Aber Halseys Beliebtheit war nicht nur in seiner deftigen Sprache und seiner kampfgestählten Erscheinung begründet. Sein aggressiver Geist war ansteckend und wurde in jenen frühen Tagen des Krieges, als es mit der US Navy nicht zum besten stand, dringend gebraucht. Als der dunkle Schatten von Pearl Harbor noch über der Navy lag, führte Halsey im Januar 1942 einen Flugzeugträgerverband tief in den von den Japanern gehaltenen Zentralpazifik und ging gegen japanische Einrichtungen auf den Marshall-Inseln vor. Der angerichtete Schaden war zwar gering, aber Halsey wurde über Nacht zum Helden. Zwei Monate später befehligte er den Flottenverband, der den taktisch bedeutungslosen, aber psychologisch überaus wertvollen Angriff auf Tokio unternahm. Als nächstes schickte man ihn nach Guadalcanal, um einen gescheiterten Marinekommandeur abzulösen, und es gelang ihm tatsächlich, das Blatt zu wenden, allerdings eher aufgrund des schieren Gewichts seiner Persönlichkeit als durch besondere strategische oder taktische Maßnahmen.

Halsey war ein risikofreudiger Mann und ein Führer ersten Ranges. Es ist schwer vorstellbar, daß jemand einem Mann nicht hätte folgen wollen, der sich beim Abhören einer japanischen Radiosendung auf die verächtliche Frage des Sprechers: »Wo ist die amerikanische Marine?« an einen seiner Adjutanten wandte und sagte: »Senden Sie ihnen unsere Länge und Breite!« Admiral Arleigh Burke, selbst ein Seeheld des Zweiten Weltkriegs von nicht geringen Graden, schrieb über Halsey: »Ich wäre Admiral William Halsey an jeden Ort der Welt und darüber hinaus gefolgt. Und Tausende von Seeleuten, von den niedrigsten Rekruten die Leiter hinauf, hätten dasselbe getan.« Halsey war im Gegensatz zu Spruance kein Intellektueller. Wie einer seiner Biographen, James M. Merrill, schreibt, enthüllen »seine Reden, seine private Korrespondenz und seine Berichte ..., daß er oft in Klischees dachte und daß sein Wortschatz begrenzt war«. Halseys mit Hilfe eines Schriftstellers verfaßte Memoiren beginnen mit den Worten: »Dies ist keine Autobiographie, sondern ein Bericht. Berichte sind das einzige, von dem ich weiß, wie man es schreibt«, und an späterer Stelle fügte er hinzu, er meide »Felder wie die Philosophie und die Politik, auf denen ich rasch verloren wäre«.

Nimitz schätzte Halsey sehr und verteidigte ihn oft, wenn er in Bedrängnis war. Als man Halsey später im Krieg vorwarf, er hätte zugelassen, daß seine Flotte mitten in einen schweren Taifun geriet, und viele seine Bestrafung verlangten, erinnerte Nimitz an die erste Kriegsphase, in der Halseys Angriffslust dem Defätismus, der sich in der Navy breitgemacht hatte, entgegenwirkte. »Bill Halsey«, erklärte Nimitz, »ist mir zu Hilfe gekommen und hat mir angeboten, den Angriff zu führen. Ich werde mich an keinem Unternehmen beteiligen, das den Ruf eines solchen Mannes schädigt.«

Nimitz hielt sowohl von Halsey als auch von Spruance sehr viel und betrachtete sie beide auf taktischer Ebene als derart befähigte Kommandeure, daß er sich nicht zu entscheiden vermochte, wer von ihnen die Pazifikflotte befehligen sollte. Das Problem wurde schließlich so gelöst, daß sie sich abwechselten. Wenn Spruance das Kommando über die »Big Blue Fleet« innehatte, wurde sie offiziell Fünfte Flotte genannt, und wenn Halsey und sein Stab an die Spitze traten, wurde sie zur Dritten Flotte. Es waren dieselben Schiffe und dieselben Mannschaften, nur unter einem anderen Befehlshaber. Halsey beschrieb dies so: »Anstatt wie beim Postkutschensystem die Pferde zu wechseln und die Kutscher zu behalten, wechselten wir die Kutscher und behielten die Pferde.« Dieses Arrangement hatte den Vorteil, daß der eine Admiral und sein Stab eine künftige Operation planen konnten, während der andere die gegenwärtige ausführte. Es diente außerdem dazu, den Feind zu verwirren, indem man ihm weismachte, er hätte es mit zwei Flotten zu tun, während es in Wirklichkeit nur eine gab.

Aber was für eine Flotte war das! Als Halsey im Juli 1944, kurz bevor er Spruance als Flottenkommandeur ablöste, in Nimitz' Haus mit Roosevelt zu Mittag aß, stellte die Big Blue Fleet die größte Zusammenballung maritimer Kampfkraft dar, die jemals über die Weltmeere gefahren war. Ihre Hauptschlagkraft konzentrierte sich in der Task Force 38 (unter Spruance Task Force 58),* zu der nicht weniger als vierzehn Flugzeugträger mit über tausend Flugzeugen gehörten. Dazu kamen sieben Schlachtschiffe, acht Schwere und dreizehn Leichte Kreuzer sowie siebenundfünfzig Zerstörer, die als Geleitschiffe zum Schutz der Flugzeugträger vor Luft- oder U-Boot-Angriffen eingesetzt oder zu einzelnen Verbänden aufgeteilt werden konnten, die bei Landungsoperationen Feuerschutz gaben oder ähnlich zusammengesetzte japanische Verbände im Gefecht banden.

---

* Die taktische Gliederung der US Navy folgt einem einzigartigen System: Die größten taktischen Verbände sind die Flotten, die mit einer einzigen Zahl gekennzeichnet werden, wie die Dritte oder die Siebente Flotte. Sie sind in Task Forces unterteilt, die mit zwei Zahlen kenntlich gemacht werden, wie die (zur Dritten Flotte gehörende) Task Force 38 und die (zur Siebenten Flotte gehörende) Task Force 77. Task Forces können ihrerseits in Task Groups aufgeteilt sein, die – hinter einem Punkt – durch eine weitere Zahl gekennzeichnet sind, zum Beispiel TG 38.1, TG 38.2, TG 77.1 und so weiter. Eine weitere Unterteilung wäre die Task Unit, in deren Bezeichnung wiederum hinter einem Punkt eine vierte Zahl folgt: TU 38.1.1 oder TU 77.1.3 und so weiter. Wird eine noch kleinere Unterteilung benötigt, bildet man Task Elements, denen eine weitere Zahl mit vorangestelltem Punkt zugeordnet wird, so daß sie als TE 38.1.1.1 oder TE 77.1.3.1 firmieren. Die Anzahl der Schiffe dieser Unterverbände wird immer kleiner, je länger die Zahlenfolge ist, und ihre Aufgaben werden dementsprechend immer spezieller.

Diese Kampfflotte wurde von einer »Seelogistikgruppe« unterstützt, die aus einer Vielzahl von Öltankern, Munitionsschiffen, Geleitflugzeugträgern mit Ersatzflugzeugen, Schleppern, um bewegungsunfähige Schiffe abzuschleppen, und einer großen Abschirmflotte aus Zerstörern und Geleitzerstörern bestand. Diese Unterstützungsgruppe bewegte sich selbständig und kam nur an festgelegten Punkten mit dem Hauptverband zusammen, um dessen Schiffe aufzutanken und mit Munition, Ersatzteilen, neuen Flugzeugen, Lebensmitteln, Arzneimitteln, Post und Ersatzpersonal zu versorgen.

Diese phänomenale mobile Streitmacht wurde am 26. August 1944 von Spruance an Halsey übergeben, wodurch die Fünfte Flotte im Handumdrehen zur Dritten Flotte und Halsey zum Commander Third Fleet (COMTHIRDFLT) wurde. Keinen Monat später tauchte die Task Force 38 vor der Westküste der Philippinen in Sichtweite der dunkelgrünen Berghänge von Samar auf. In wenigen Tagen sollte die Invasion der Palau-Inseln beginnen, und Halsey dachte, er könnte die Landungsoperation am besten dadurch unterstützen, daß er die japanischen Luftstützpunkte auf den zentralen Philippinen angriff, um zu verhindern, daß aus dieser Gegend Vergeltungsschläge geführt wurden.

Am 12. und 13. September 1944 flogen die Flugzeuge von den Trägern der Dritten Flotte eine Reihe von Angriffen, die nur vereinzelt auf Widerstand stießen, aber erstaunliche Ergebnisse erzielten. An beiden Tagen wurden jeweils tausendzweihundert Einsätze geflogen, und Halsey berichtete später, daß ihm die Luftkampfaufklärung, nachdem das letzte Flugzeug zurückgekehrt war, eine Aufstellung gezeigt habe, »die mich pfeifen ließ. Wir hatten, neben erheblichen Schäden an Einrichtungen, 173 Flugzeuge abgeschossen, weitere 305 am Boden zerstört, neunundfünfzig Schiffe versenkt und weitere achtundfünfzig wahrscheinlich versenkt. Unsere Verluste? Acht Flugzeuge im Kampf, eines durch technisches Versagen und zehn Männer!«

Zusätzlich zu diesen Zahlen beeindruckte Halsey der Bericht

eines Piloten der *Hornet,* der bei einem Einsatz über Leyte abgeschossen worden war und mit Hilfe von Filipinos der Gefangennahme entgehen konnte. Wie er nach seiner Rückkehr berichtete, gab es auf der Insel keine japanischen Truppen. Dies stand im Widerspruch zu den bisherigen Erkenntnissen, nach denen auf Leyte starke japanische Kräfte stationiert waren, wurde aber durch Aufklärungsflüge bestätigt, bei denen als einzige sichtbare militärische Einrichtungen einige Landebahnen entdeckt wurden, die verlassen zu sein schienen.

Halsey saß in einer Ecke der Brücke seines Flaggschiffs und dachte über die neue Lage nach. Die Japaner waren auf den Philippinen offenbar wesentlich schwächer, als man bisher angenommen hatte – zumal nach den letzten Luftangriffen, durch die die japanische Luftwaffe in diesem Gebiet erheblich dezimiert worden war. Der südpazifische Vorstoß, ging es Halsey durch den Kopf, »hatte uns alle von der Notwendigkeit überzeugt, auf Anzeichen für eine Schwäche des Feindes zu achten und bereit zu sein, sie auszubeuten«. Seiner Ansicht nach stellten die zentralen Philippinen die »verwundbare Unterseite des kaiserlichen Drachens« dar, eine »hohle Schale mit schwacher Verteidigung und dürftigen Einrichtungen«, und er fragte sich, ob er es wagen sollte, den naheliegenden Schluß daraus zu ziehen. Er wußte, daß die große Strategie des Pazifikkrieges nicht sein Gebiet war, daß solche Dinge eine Angelegenheit des CINCPAC und der Vereinigten Stabschefs waren. Sich einzumischen, würde »eine Menge Pläne über den Haufen werfen, wahrscheinlich bis hinauf zu Mr. Roosevelt und Mr. Churchill«. Aber sein Dilemma währte nicht lange. Das nachdenkliche Stirnrunzeln machte bald einer Miene unerbittlicher Entschlossenheit Platz. Er gehörte schließlich nicht zu jenen, die ein Risiko scheuten.

Zur selben Zeit, als die Dritte Flotte die Philippinen unter Beschuß nahm, kamen auf der anderen Seite der Welt Präsident Roosevelt und Premierminister Churchill im kanadischen Quebec in Begleitung ihrer militärischen Stäbe zu einer Konferenz mit dem Decknamen »Oktagon« zusammen, auf deren Tagesordnung unter anderem die pazifische Strategie stand. Roosevelt hatte die Vereinigten Stabschefs seit seiner Rückkehr aus dem Pazifik über Admiral Leahy gedrängt, MacArthurs Plan für die Invasion der Philippinen anzunehmen, und sie hatten schließlich ohne große Begeisterung einem Kompromiß zugestimmt, der die Philippinen-Formosa-Kontroverse dadurch löste, daß MacArthur als Zwischenschritt Ende Dezember auf Leyte landen sollte. Danach würde man entscheiden, ob man, wie MacArthur es wünschte, mit der Befreiung der Philippinen fortfahren oder statt dessen nach Formosa gehen sollte, wofür sich Admiral King seit langem einsetzte.

Am 13. September, während die Oktagon-Konferenz noch im Gang war, traf eine Botschaft von Admiral Nimitz ein, in der er einen Vorschlag weitergab, der ihm soeben von Halsey unterbreitet worden war. Er sah vor, die nächsten drei geplanten Operationen abzublasen und statt dessen die Landung auf Leyte vorzuziehen. Halsey ging in seinem Schreiben genauer auf die Zerstörungen ein, die seine Angriffe auf den zentralen Philippinen angerichtet hatten, und fügte hinzu, das »unaggressive Verhalten des Feindes war unglaublich und phantastisch«. Wie sich später zeigen sollte, überschätzte er die vorliegenden Informationen, wenn er Leyte als »weit offen« bezeichnete. Aber die Grundidee war vernünftig und stieß bei den Teilnehmern der Oktagon-Konferenz auf keinen nennenswerten Widerstand. Sie hatten allesamt genug von der seit langem anhaltenden Unentschiedenheit, und da die Ereignisse in China* die Formosa-Alternative nicht ratsam erscheinen ließen, gab sogar Admiral King seinen Widerstand gegen den Vorschlag auf.

---

* Die Japaner hatten im Mai 1944 in China eine Offensive begonnen, durch die die dort stationierten Einheiten der Luftwaffe der US Army schließlich gezwungen wurden, ihre vorgeschobenen Stützpunkte aufzugeben. Damit war die von den Alliierten geplante Landung an der chinesischen Küste, eines der Hauptmotive für die Eroberung von Formosa, ausgeschlossen.

Eines der wichtigsten Teile des Puzzles war natürlich MacArthur, und die Vereinigten Stabschefs wollten sich nicht endgültig festlegen, bevor sie nicht seine Meinung gehört hatten. So wurde in aller Eile ein Funkspruch ans CINCSOWE-SPAC-Hauptquartier in Hollandia auf Neuguinea abgesetzt, um MacArthurs Einverständnis einzuholen. Wie es der Zufall wollte, war der General zu diesem Zeitpunkt auf See und hielt wegen des bevorstehenden Angriffs auf Morotai Funkstille. Für seinen Stabschef, General Sutherland, war es nicht immer leicht zu entscheiden, wie sein unberechenbarer Boß reagieren würde, aber diesmal war er sich ziemlich sicher, was MacArthur sagen würde. Der Vorschlag für MacArthurs vorgezogene Rückkehr auf die Philippinen, wie er dem CINCSOWESPAC von den Vereinigten Stabschefs unterbreitet wurde, beinhaltete als Bedingung, daß Nimitz' Truppen die Landungsoperation unterstützen sollten; Sutherland fand, daß dadurch alle Schwierigkeiten, die sich aus der Beschleunigung des Zeitplans ergaben, ausgeglichen würden. Seine Antwort, in der er dem Vorschlag im Namen MacArthurs zustimmte, aber davor warnte, daß Halsey die Stärke der japanischen Kräfte auf Leyte unterschätzte, traf am Abend des 15. Septembers in Quebec ein, als die Vereinigten Stabschefs gerade an einem von ihren kanadischen Gastgebern veranstalteten formellen Abendessen teilnahmen. Sie entschuldigten sich und zogen sich zu einer Beratung in ein Nebenzimmer zurück, ein gesellschaftlich unannehmbares Verhalten, das nur in Kriegszeiten verzeihlich war. Neunzig Minuten später hatten Nimitz und MacArthur die Anordnung der Vereinigten Stabschefs in der Hand, unverzüglich mit der Planung der Invasion der Philippinen zu beginnen, die am 20. Oktober in Leyte stattfinden sollte, zwei Monate früher, als ursprünglich vorgesehen. General Marshall von den Vereinigten Stabschefs schrieb später: »Da höchstes Vertrauen in General MacArthur, Admiral Nimitz und Admiral Halsey bestand, fiel die Entscheidung nicht schwer.«

Bull Halsey hatte also eine entscheidende Rolle in der Folge der Ereignisse gespielt, die die Amerikaner zurück auf die Philippinen brachten. Aber die Rolle des ergrauten alten Admirals in dem sich anbahnenden Drama war noch lange nicht ausgespielt. Etwas mehr als einen Monat, nachdem er eine grundlegende Änderung der pazifischen Strategie angeregt hatte, war er in die größte Seeschlacht der Geschichte verwickelt, und nach ihrem Ende, als die Matrosen noch nicht einmal die Zeit gehabt hatten, die Kanonen zu reinigen, sollte er im Mittelpunkt einer der größten Kontroversen der amerikanischen Marinegeschichte stehen.

»Wir werden euch alle schlagen!«

Vizeadmiral Matome Ugaki, Kommandeur der Ersten Schlacht-schiffdivision der Kaiserlichen Japanischen Marine, blickte von der Brücke seines Flaggschiffs auf den ruhig daliegenden Ozean. Das saphirgrüne Wasser der Philippinen-See glitzerte im Sonnenlicht, und das Blau des Himmels war nur von einigen wenigen Wolkenfetzen gesprenkelt. Es war einer jener Tage, die den Seeleuten den Glauben eingeben, sie seien die Hüter eines Reichs, das andere Menschen nicht verdient haben. Der Admiral beugte sich jedoch trotz des schönen Tages über das Tagebuch, das er schon vor dem Krieg begonnen hatte, und schrieb:

> Endgültig aus dem Traum vom Sieg erwacht,
> fand ich den Himmel düster und voll Regen.
> Die Wolken werden nicht vertrieben,
> nicht aus meinem Herzen,
> wenn die Zeit der Schlacht vorüber ist.

Es war der 21. Juni 1944, und die Kakophonie der Schlacht war erst vor wenigen Stunden verklungen. Die japanische Flotte zog sich aus dem Gebiet zurück, in dem das stattgefunden hatte, was als Schlacht in der Philippinen-See in die Geschichte eingehen sollte. Zurück blieben die gesunkenen Wracks dreier Flugzeugträger und die Überreste Hunderter von Flugzeugen. Die Flotte hatte den Verlust von Saipan nicht verhindern können, und es konnte keinen Zweifel daran geben, daß die restlichen Marianen bald ebenso verlorengehen würden. Der Admiral schrieb weiter: »Zu Hause ist Regenzeit, doch hier ist es schön. Nur nicht in meinem Herzen.«

Er wußte, daß dies ein kritischer Augenblick des Pazifikkrieges war. Als er fortfuhr: »Das Ergebnis der Entscheidungsschlacht, auf die wir so viel gesetzt hatten, war extrem schlecht«, enthüllte er ein Verständnis der japanischen Seekriegsstrategie, das von Intelligenz und der Erfahrung eines zweijährigen Dienstes als Stabschef von Admiral Yamamoto, des Oberbefehlshabers der Vereinigten Flotte während der ersten beiden Kriegsjahre, geprägt war. Die Planer der japanischen Marine hatten, wie Ugaki wußte, schon lange vor dem Krieg der Überzeugung angehangen, daß der Weg zum Sieg über die amerikanische Navy darin bestand, ihre Hauptkräfte in eine große, entscheidende Schlacht zu verwickeln. Als er entworfen wurde, hatte der Plan einiges für sich gehabt, da die Japaner ihrem amerikanischen Widersacher numerisch überlegen waren. Aber im Verlauf des Krieges hatte sich dieser Vorteil im Wasser des Pazifiks aufgelöst. Immer mehr japanische Kampfschiffe und Flugzeugträger waren im Einsatz verlorengegangen, und in den amerikanischen Werften und Fabriken war eine wahre Orgie fieberhafter Produktivität entfesselt worden, durch die die eigenen Verluste mehr als ausgeglichen und die industrielle Kapazität der Japaner um Längen überflügelt wurde. Als die beiden Flotten im Kampf um Saipan aufeinandertrafen, hatte die japanische Hoffnung auf den Sieg in einer Entscheidungsschlacht bereits erheblich gelitten. Das Zahlenverhältnis hatte sich derart drastisch verändert, daß der Vorteil jetzt eindeutig auf seiten der US Navy lag.

Aber nicht nur die Zahlen hatten sich geändert. Von kaum jemandem in vollem Umfang wahrgenommen, hatte sich auch das Gesicht des Seekrieges gewandelt. Die Flugzeugträger mit ihren in weitem Umkreis ausschwärmenden Flugzeugen hatten die Schlachtschiffe und Kreuzer in den großen Seeschlachten buchstäblich außer Gefecht gesetzt. Deren Ausgang wurde nicht mehr von den feuerspeienden Kanonen dieser Kolosse bestimmt, in die vor dem Krieg so viel Geld investiert worden war, sondern von den kleinen, aber wirkungsvollen Flugzeugen, die Tausende Tonnen Schiffsraum auf den Grund des Ozeans bombten. Den majestätischen Schlachtschiffen blieb nichts übrig, als frustriert über das Meer zu dampfen und wie ein Tier, das von den Bissen und Stichen winziger Insekten geplagt wird, mit kleinkalibrigen Waffen nach den anfliegenden Gegnern zu schlagen, während ihre einst machtvollen Hauptbatterien zu Erinnerungsstücken eines versunkenen Zeitalters verkümmerten. Diese gewaltigen Monster, die noch vor kurzem versprochen hatten, die Meere zu beherrschen, und in deren Bau Japan führend gewesen war, dienten nur noch als Geleit für die unbeholfen wirkenden Flugzeugträger, die ihnen den Ruhm gestohlen hatten.

Japan hatte mit seiner kurzsichtigen Schwerpunktsetzung auf Großkampfschiffe nicht allein dagestanden. In den zwanziger und dreißiger Jahren waren alle bedeutenden Seenationen diesem Holzweg gefolgt, indem sie sich auf den Bau von Schlachtschiffen und Kreuzern konzentrierten und sich nur nebenbei, gewissermaßen als »Hobby«, mit diesen experimentellen und ziemlich unmöglichen Neulingen mit den kurzen Rollbahnen an Deck beschäftigten. Die Vereinigten Staaten konnten sich diese Torheit leisten. Ihre riesige industrielle Basis war flexibel genug, um sich von einer Fehleinschätzung solchen Ausmaßes erholen zu können. Aber als die Japaner beschlossen, die größten Schlachtschiffe der Welt zu bauen, trafen sie eine Entscheidung, die aufgrund der nur beschränkt vorhandenen Zeit und Ressourcen nicht wiedergutzumachen war.

So war die »Entscheidungsschlacht, auf die wir so viel gesetzt hatten«, gekommen und gegangen, und Admiral Ugaki blieb nach ihrem Ende nur die Klage, »daß sich mein Herz verdüstert wie der Himmel während der Regenzeit«. Was dieser Schlachtschiffkommandeur nicht voraussehen konnte, war, daß die Großkampfschiffe noch nicht bereit waren, von der Bühne abzutreten. In wenigen Monaten sollten sie ihren letzten Auftritt haben, und die großen Kanonen sollten, zumindest auf amerikanischer Seite, noch einmal sprechen.

Das »Truthahnschießen der Marianen« hatte der japanischen Luftwaffe einen schweren Schlag zugefügt, den Admiral Ugaki mit den Worten kommentierte: »Es wird äußerst schwer sein, sich von dieser Katastrophe zu erholen und wieder aufzusteigen.« Aber die Japaner waren noch lange nicht geschlagen. Mit etwas Glück waren sie immer noch in der Lage, den Amerikanern große Verluste beizubringen. Da Spruance die japanische Flotte nicht verfolgt hatte, als sie sich aus der Philippinen-See zurückzog, besaß sie noch genügend Flugzeugträger, um erheblichen Schaden anzurichten, falls es ihr gelang, rechtzeitig zur nächsten Konfrontation eine ausreichende Anzahl neuer Piloten auszubilden und genug Flugzeuge zu erhalten. Und ihre Großkampfschiffe stellten weiterhin eine potente Streitmacht dar – sofern sie dicht genug an die amerikanische Flotte herangeführt werden konnte, um diese Potenz zum Tragen zu bringen.

Der Oberbefehlshaber der japanischen Streitkräfte in der Schlacht in der Philippinen-See war Vizeadmiral Jisaburo Ozawa gewesen, einer der erfahrensten Offiziere der Kaiserlichen Marine, der seit 1935 hochrangige Stabs- und Kommandoposten innegehabt hatte. Er hatte seit Mitte der dreißiger Jahre an der japanischen Marineakademie gelehrt und verfügte über einen scharfen Verstand, mit dem er seinen Ansichten überall in der Marine Respekt verschafft hatte. Sobald seine Flotte nach der Schlacht in sichere Gewässer gelangt war, begann Ozawa mit den Vorbereitungen für die nächste Auseinandersetzung mit der US Navy. Die auf den Flugzeugträgern angerichteten Schäden und der furchtbare Aderlaß an Piloten bewogen ihn dazu, mit den Trägern ins Japanische Meer zu fahren, wo sie repariert und neue Piloten ausgebildet werden konnten. Den Hauptverband der Flotte, die unter dem Kommando von Vizeadmiral Takeo Kurita stehenden Kreuzer und Schlachtschiffe, schickte er zu den im Süden des Reichs, nahe dem japanisch besetzten Singapur gelegenen Lingga-Inseln. Dies war notwendig, weil der Erdölnachschub zu den Mutterinseln durch das Vorgehen der amerikanischen U-Boote gegen japanische Handelsschiffe* empfindlich gestört war, und Ozawa sagte sich, daß die Treibstoffversorgung der Schiffe am besten gesichert werden konnte, wenn er sie in der Nähe der Nachschubquelle stationierte.

Die Reparatur der Flugzeugträger wurde in aller Eile ausgeführt, aber die Piloten waren nicht so leicht zu ersetzen. Das verfügbare Menschenpotential war in dieser Phase des Krieges bereits stark ausgedünnt, so daß die strengen Maßstäbe für den Eintritt in die Luftwaffe gelockert werden mußten, und die Hast, mit der die neuen Piloten ausgebildet wurden, bedeutete einen zusätzlichen Nachteil. Während der amerikanische Nachwuchs zu dieser Zeit erst nach einer zweijährigen Ausbildung in den Kampf geschickt wurde, mußten sich die japanischen Nachwuchspiloten schon nach wenigen Monaten dem Ernstfall stellen.

Daneben gab es eine weitere Schwierigkeit. Als Hauptmann Mitsuo Fuchida, der Luftwaffenstabsoffizier des Oberbefehlshabers der Vereinigten Flotte, nach dem Krieg gefragt wurde, was für die Japaner schlimmer gewesen sei, der Mangel an Piloten oder der an Flugzeugen, antwortete er: »Das größte Problem war der Treibstoff. Wir hatten jede Menge Piloten, konnten sie aber nicht ausbilden, weil es an Treibstoff fehlte.« Die Folge war, daß sich die japanischen Piloten glücklich schätzen konnten, wenn sie mit mehr als ein paar Stunden Flugerfahrung in den Kampf gingen, während ihre amerikanischen Gegner mit der Erfahrung von über dreihundert Flugstunden auf dem pazifischen Kriegsschauplatz eintrafen.

---

* Daß die U-Boot-Angriffe so erfolgreich waren, lag zum Teil an der japanischen Kriegermentalität *(Bushido)*. Japanische Marineoffiziere hielten es als Krieger für unter ihrer Würde, Handelsschiffe zu eskortieren; ihre Aufgabe bestand vielmehr darin, die feindliche Kampfflotte aufzuspüren und zu vernichten. Daher beeilten sich die Japaner nicht sonderlich damit, ein Konvoisystem zu etablieren, wie es die Amerikaner im Atlantik so erfolgreich zur Abwehr deutscher U-Boote anwandten.

Die Piloten waren aber nicht das einzige Flugpersonal, das die Auszehrung der japanischen Marine zu spüren bekam. Als die Inseln im Pazifik eine nach der anderen fielen, konnten sich die Piloten mit ihren Flugzeugen zurückziehen und über die schrumpfenden Grenzen des Kaiserreichs retten. Das Bodenpersonal jedoch besaß diese Möglichkeit nicht. Es blieb zurück, darbte angesichts der unterbrochenen Nachschublinien oder geriet in Kriegsgefangenschaft. Auch dies trug schließlich zur Abnahme der materiellen Kampfbereitschaft der japanischen Luftwaffe bei. Hinzu kam, daß die Flugzeugfabriken ebenfalls unter Personalmangel litten, was dazu führte, daß die Qualität der japanischen Flugzeuge, die einst als die besten der Welt galten, merklich nachließ.

Bei Lingga im Süden war Admiral Kurita fieberhaft damit beschäftigt, die Besatzungen seiner Schlachtschiffe, Kreuzer und Zerstörer zu trainieren, um den Abstand zum Feind wenigstens zu verringern. Dabei konzentrierte er sich besonders auf Nachtkämpfe, weil sich die Japaner nachts stets besser geschlagen hatten als ihre Gegner. In Erkenntnis der Probleme der japanischen Luftwaffe ließ er die Kanoniere außerdem Luftabwehrübungen durchführen und zusätzliche kleinkalibrige Waffen auf den Schiffen installieren, um die Feuerkraft der Luftabwehr zu erhöhen. Aber da diese Übungen so weit von Japan entfernt stattfanden, sah sich Kurita einem ähnlich gelagerten Problem gegenüber wie Ozawa im Norden: Die japanischen Munitionsfabriken befanden sich im Mutterland, und die amerikanischen U-Boot-Aktivitäten hatten zur Folge, daß Kurita reichlich Treibstoff und wenig Munition hatte, während Ozawa genügend Munition, aber kaum Treibstoff besaß.

Ozawa wollte die Flotte so bald wie möglich wieder vereinen. Nach seinem Zeitplan sollte dies Mitte November am Liegeplatz vor Lingga geschehen, sobald eine ausreichende Anzahl neuer Piloten ausgebildet war. Die japanischen Marineplaner waren inzwischen mit dem Operationsmuster ihres Gegners vertraut, und sie zogen aus den Erfahrungen der Vergangenheit und den gegenwärtigen Umständen den Schluß, daß die US Navy Ende November gegen die Philippinen vorrücken würde. Damit hatten sie allerdings nur so lange recht, bis Admiral Halsey »eine Menge Pläne über den Haufen warf«, indem er vorschlug, den Zeitplan zu straffen und die Landung auf Leyte schon im Oktober durchzuführen. Im Rückblick wird deutlich, wie bedeutsam die von Halsey vorgeschlagene Beschleunigung der Operation war, denn sie hatte zur Folge, daß die Japaner nicht annähernd so gut darauf vorbereitet waren, wie es der Fall gewesen wäre, wenn sie zum ursprünglich vorgesehenen Zeitpunkt stattgefunden hätte. Indem sie die Landung schon im Oktober und nicht erst im November in Gang setzten, kamen die Amerikaner der geplanten Wiedervereinigung der japanischen Flotte zuvor.

Nach der Schlacht in der Philippinen-See war klar, daß die beiden Flotten erneut aufeinandertreffen würden. Angesichts des unvermeidlichen amerikanischen Vorstoßes ins innere Heiligtum des japanischen Kaiserreichs gab es keine Alternative dazu. Trotz aller Probleme, mit denen die Japaner zu kämpfen hatten, und der zunehmenden Stärke der US Navy war die japanische Marine noch nicht bereit, sich geschlagen zu geben.

Zur gleichen Zeit, als Präsident Roosevelt in Hawaii mit General MacArthur und Admiral Nimitz zusammenkam, griff Admiral Ugaki nach seinem Pinsel und hielt seine Reaktion auf den Massenselbstmord in Marpi Point und anderswo auf den Marianen fest:

Es kann erwartet werden, daß Soldaten im Kampf fallen, aber daß auf einer hilflosen, einsamen Insel Frauen, Kinder und alte Männer in solch großer Zahl den Tod der Gefangennahme durch den Feind vorziehen ... Was für eine Tragödie! Kein Volk außer dem der Yamato [dem japanischen] würde so etwas tun. Ich glaube, wenn hundert Millionen Japaner der Krisis ebenso [entschlossen] begegneten wie diese Menschen, wäre es nicht schwer, einen Weg zum Sieg zu finden.

Diese Worte wiederlegen das Vorurteil, das den Weißen als Entschuldigung für viele ihrer Aktionen im Fernen Osten diente, die Behauptung nämlich, Orientalen würden dem menschlichen Leben nicht denselben Wert beimessen wie Abendländer. Die schwarze Tinte der Schriftzeichen auf den Seiten dieses einst privaten Tagebuchs scheint von den Tränen eines empfindsamen Mannes verdünnt zu sein, der nicht für andere schrieb, sondern seine innersten Gedanken und Gefühle festhielt. Dennoch hätten sie, in Anbetracht der grimmigen Entschlossenheit, die sich in ihnen ausdrückte, auch mit Blut geschrieben worden sein können. Das Gewissen, das sich hier ausspricht, wird fast gänzlich überdeckt von der Intensität des tiefen Stolzes und der Hingabe, die es dem Schreiber ermöglichten, der wachsenden Unbill standzuhalten und trotz der bedrohlichen Brise, die ihm als Warnung vor dem kommenden Mahlstrom ins Gesicht blies, unerschütterlich weiterzumachen. Ugaki war nicht naiv. Sein Tagebuch belegt die pragmatische Erkenntnis dessen, was mit ihm und seinem »Volk der Yamato« geschah. Vor den Folgerungen dieser Erkenntnis aber schreckte er zurück.

Einige Seiten weiter kam er auf die sich versammelnden Kräfte zu sprechen, die ihn und seine Art zu leben bedrohten: »Roosevelt besuchte Attu und Hawaii und traf sich mit den Kommandeuren. In Feindnachrichten ist von einer baldigen großen Offensive gegen Japan und ähnlichem die Rede. Das Vereinigte Königreich scheint seine Fernostflotte ebenfalls zu verstärken.«

Und dann schrieb er: »Kommt nur! Wir werden euch alle schlagen!«

TEIL II
DIE RÜCKKEHR

»King Two«

Mit den Planungen für die Landung im Leyte-Golf, die den Decknamen »King Two« erhielt, wurde sofort begonnen, nachdem die Vereinigten Stabschefs die von Halsey empfohlene Raffung des Zeitplans abgesegnet hatten. Diese Entscheidung fiel Mitte September, so daß bis zum vorgesehenen Termin, dem 20. Oktober, nur fünf Wochen blieben. Da die Schiffe, die an der Operation teilnehmen sollten, so zahlreich und so weit verstreut waren, mußte man allein für die Verteilung des Plans einen Zeitraum von zwei Wochen veranschlagen, so daß für seine Ausarbeitung ganze drei Wochen zur Verfügung standen, und das bei einem amphibischen Landungsvorhaben von einer Größe und Komplexität, wie es sie im Pazifik und darüber hinaus, von der D-Day-Invasion in der Normandie einige Monate zuvor abgesehen, noch nicht gegeben hatte.

Eine Schlüsselrolle bei King Two sollte ein Kapitän zur See namens Charles Adair spielen, für den die Landung auf den Philippinen wie für MacArthur eine Rückkehr sein würde, und auch er hatte die Inseln unter recht ungewöhnlichen Umständen verlassen.

Als der Krieg im Pazifik ausbrach, diente Adair als Adjutant und Flaggleutnant beim Oberbefehlshaber der amerikanischen Asienflotte, dieser überalterten und zum Untergang verdammten Ansammlung antiquierter Schiffe, die jahrzehntelang die pazifischen Grenzen der USA »geschützt« hatte. Adair war aus Corregidor entkommen, nicht wie MacArthur mit einem PT-Boot und auch nicht in einem U-Boot wie der Präsident der Philippinen. Adair war mit drei anderen amerikanischen Marineoffizieren, einem niederländischen Offizier und einer Mannschaft aus sechs amerikanischen und zwölf philippinischen Matrosen auf einer Zweimast-Yacht mit Schonertakelage gesegelt. Dieser seltsame, auf den Namen *Lanikai* getaufte Repräsentant der US Navy verdrängte hundertfünfzig Tonnen, war sechsundzwanzig Meter lang und mit zwei Maschinengewehren vom Kaliber 30 sowie einer Dreipfundkanone, einem Museumsstück aus dem spanisch-amerikanischen Krieg, bewaffnet. Nach einer Odyssee über tausend Seemeilen, auf der Adair und seine Kameraden nachts gesegelt waren und das Boot tagsüber dicht unter Land versteckt hatten, war die *Lanikai* schließlich in Australien angekommen.

Adair wurde als Planungs- und Operationsoffizier zum Stab des Befehlshabers des Siebten Amphibienverbandes versetzt, wo er die Marineplanung für MacArthurs amphibische Angriffe leitete. Am 18. September 1944 begab er sich zusammen mit seinem Chef, Vizeadmiral Daniel E. Barbey, zu einer Konferenz nach Sydney. Eingeladen dazu hatte General MacArthur, und zu den Konferenzteilnehmern zählten viele der ihm untergebenen Kommandeure und Stabsangehörigen. Admiral Nimitz war aus Pearl Harbor angereist und hatte ebenfalls zahlreiche Mitglieder seines Stabes sowie mehrere zentralpazifische Kommandeure mitgebracht. Als Adair eintraf, war der Sitzungssaal bereits voll, und er fragte sich, »wie um alles in der Welt man so viele Leute aufgetrieben hatte, die nicht arbeiten«. Wie er später sagte, hatte er das Gefühl, »daß es genug Leute waren, um einen Angriff zu starten, und daß wir in der Zeit, die es dauerte, bis sie den Saal verlassen hatten, bequem einen Angriffsplan hätten entwerfen können«.

Die Konferenz war einberufen worden, um die Planung für die Invasion von Leyte in Gang zu bringen und die umfassenden Fragen der Operation zu klären. Nach der Sitzung gingen dann Planer wie Charles Adair daran, die Myriaden von Details auszuarbeiten. Dabei waren einige schwerwiegende logistische Probleme zu bewältigen. Wegen der großen Anzahl der benötigten Schiffe war es unmöglich, sie in einem einzigen Hafen zusammenzuziehen. Sie mußten also an verschiedenen Orten im Pazifik in Bereitstellung gebracht und dann nach einem präzisen Zeitplan in den Leyte-Golf dirigiert werden. Ein Teil der Schiffe sollte sich in Hollandia an der Nordküste von Neuguinea versammeln, gut tausendzweihundert Seemeilen von Leyte entfernt. Eine zweite Gruppe sollte von Manus auf den Admiralitätsinseln aus in See stechen, tausendfünfhundertsechzig Seemeilen vom Zielgebiet entfernt, und eine dritte, die in Finschhafen an der Südküste von Neuguinea zusammengezogen werden sollte, würde mehr als zweitausend Seemeilen zurückzulegen haben. Diese großen Entfernungen bedeuteten, daß die einzelnen Gruppen lange vor dem A-Day* zeitversetzt aus ihren Ausgangshäfen auslaufen mußten. Da die Höchstgeschwindigkeit der LSTs (»Large Slow Targets« – große, langsame Ziele –, wie sie von den Besatzungen genannt wurden) nur acht bis neun Knoten betrug, sie also nur rund zweihundert Seemeilen am Tag zurücklegen konnten, würden sie für die Fahrt von Hollandia, dem nächstgelegenen Ausgangshafen, ganze sechs Tage benötigen. Von Finschhafen war es eine Reise von zehn Tagen. Die Zeit wurde rasch zu einem Gut, das nicht vergeudet werden durfte, und die Planer arbeiteten rund um die Uhr, um die schnell näherrückenden Termine einzuhalten. Glücklicherweise besaßen sie in dieser Phase des Krieges bereits einige Übung darin, in relativ kurzer Zeit funktionierende Angriffspläne aufzustellen. Erfahrung ist der beste Lehrmeister, und der Marsch nach Tokio hatte ihnen bisher eine Menge davon verschafft.

Der Plan, den Adair und die anderen schließlich vorlegten, war ein drei Zentimeter dickes Konvolut. Allein die Liste der-

---

* Der Tag des Beginns einer amphibischen Operation wurde normalerweise D-Day genannt. Da aber diese Bezeichnung in der Öffentlichkeit mit der Landung in der Normandie assoziiert wurde, bestand General MacArthur darauf, den Angriffstag für die Invasion der Philippinen als A-Day zu bezeichnen, um jede Verwechslung auszuschließen.

jenigen, die eine Kopie von ihm erhalten sollten, füllte vier Seiten. Auf sechs weiteren Seiten wurde den Kommandeuren und Besatzungen der Schiffe mitgeteilt, an welcher Stelle der Organisation sie standen; die Beschreibung ihrer Aufgaben und Funktionen nahm sieben Seiten in Anspruch, und die Erörterung des Zeitplans der Manöver aller beteiligten Einheiten fünfundzwanzig. Es gab einen Plan für die Ausbringung von Bojen und das Setzen der Navigationslichter, um den Verbänden das Eindringen in den Leyte-Golf zu erleichtern, und schließlich eine fünfundzwanzigseitige Darstellung der Kommunikationswege mit einer Liste aller zu benutzenden Frequenzen und Rufzeichen. Dieser gewaltige Plan würde bei der Invasion der Philippinen mehr amerikanische Matrosen zusammenführen, als es 1938, keine drei Jahre vor dem Angriff auf Pearl Harbor, in der gesamten Marine der Vereinigten Staaten gegeben hatte.

Fast drei Jahre vorher und nur fünf Tage, nachdem die Japaner den Krieg begonnen hatten, war ein dreiundfünfzigjähriger Marineoffizier mit zerfurchtem Gesicht und buschigen schwarzen Augenbrauen im verwüsteten Pearl Harbor eingetroffen. Wie er auf die Szenerie reagierte, ist nicht bekannt, aber der Anblick der zerstörten Schlachtschiffe mit den aufgerissenen Rümpfen, aus denen immer noch Motoröl sickerte, und den zersplitterten Holzdecks, auf deren einst so gepflegten Bohlen noch die Glut des plötzlich ausgebrochenen Krieges schwelte, muß Thomas Cassin Kinkaid im Herzen weh getan haben. Er hatte einen großen Teil seiner Laufbahn auf Großkampfschiffen wie diesen verbracht. Aber was immer ihm durch den Kopf gegangen sein mag, die Vorstellung, daß er eines Tages beim großen Showdown bei Leyte fünf dieser Schiffe befehligen würde, war sicherlich nicht darunter.

Kinkaid hatte, wie schon sein Vater, die Marineakademie in Annapolis durchlaufen und 1908 abgeschlossen. Nachdem er die historische Weltumrundung von Teddy Roosevelts »Great

White Fleet« mitgemacht hatte, war er an die Postgraduiertenschule der Navy gegangen, um an einem Artilleriekurs teilzunehmen, und als Experte für Schiffskanonen hatte er anschließend seine gesamte Zeit auf See auf Schiffen verbracht, deren Hauptwaffe Kanonen waren, von Zerstörern bis hin zu Schlachtschiffen.

Nach Pearl Harbor hatte Kinkaid als Kommandeur einer Kreuzerabteilung an einem fruchtlosen Vorstoß gegen Wake Island teilgenommen und eine untergeordnete Rolle in den Schlachten in der Korallensee und bei Midway gespielt. Erst auf den Salomon-Inseln konnte er sich als Kriegskommandeur beweisen, indem er sich in drei größeren Gefechten hervortat – ironischerweise, obwohl Artillerist, als Befehlshaber einer Task Force, die um den Flugzeugträger *Enterprise* herum gruppiert war. Anschließend wurde er als Kommandeur der vor Alaska operierenden Task Force 8 in den nördlichen Pazifik versetzt, wo er wiederum einen erfolgreichen Angriff führte. Sein Ruf wurde weiter gestärkt, als er im Juni 1943 in den Südwestpazifik geschickt wurde, um den Befehlshaber der Siebenten Flotte abzulösen, der mit seinem unmittelbaren Vorgesetzten, General MacArthur, nicht auskam. Kinkaid hatte mit ihm keine Schwierigkeiten; er vertrug sich bestens mit MacArthur, und so blieb er auf seinem Posten und wurde als Befehlshaber der Siebenten Flotte schließlich derjenige, der den General und seine Truppen auf die Philippinen zurückbrachte.

Unter seinem Foto im *Lucky Bag* von 1908, dem Jahrbuch der Abgänger der Marineakademie, wird Thomas Kinkaid als »schwarzäugiger, rotwangiger, lärmender Ire« beschrieben, »der wüste Schlägereien liebt«. Bei Leyte stand ihm eine »wüste Schlägerei« von höllischen Ausmaßen bevor.

Da bei der Invasion der Philippinen der Hauptteil der amerikanischen Seestreitkräfte im Pazifik zum Einsatz kommen sollte, würden sich die MacArthur und Nimitz unterstehenden Verbände in Leyte begegnen, die südwestpazifischen Verbände in Gestalt der jetzt unter dem Kommando von Kinkaid stehenden

Siebenten Flotte und die zentralpazifischen Kräfte mit Halseys Dritter Flotte als Kernverband.

Als die Siebente Flotte im März 1943 geschaffen worden war, gab es sie eher auf dem Papier als in Wirklichkeit. Sie war von Admiral King gebildet worden, um MacArthur zu beschwichtigen, der nach Schiffen verlangt hatte, die er zur Unterstützung seines südwestpazifischen Vormarschs einsetzen konnte. Damals bestand die »Flotte« aus nicht mehr als einer Handvoll U-Boote und deren Begleitschiff. Im Lauf der Zeit wurden ihr dann noch einige Schiffe zugeschlagen, die auf anderen Kriegsschauplätzen entbehrlich waren, hauptsächlich Truppentransporter und Geleitzerstörer. »MacArthurs Navy«, wie sie genannt wurde, war während des größten Teils des Vormarsches dennoch alles andere als eine furchterregende Streitmacht. In Vorbereitung auf die Landung in Leyte sollte sich dies ändern.

Die Siebente Flotte erhielt für die Invasion eine ganze Reihe von Schiffen zugeteilt, darunter einen Überwasserkampfverband aus sechs Schlachtschiffen, acht Kreuzern und mehreren Zerstörern. Die Schlachtschiffe waren allerdings nicht die neuesten Modelle, da Halsey die neueren »Dreadnoughts« als Geleitschutz für die Task Force 38 zurückbehalten hatte. Sie waren allesamt vor mehr als zwanzig Jahren gebaut worden, und die *Mississippi* hatte als einzige an jenem berüchtigten 7. Dezember nicht in Pearl Harbor gelegen. Kinkaid hatte bei seiner Ankunft im Pazifik mit eigenen Augen gesehen, daß sowohl die *Maryland* als auch die *Tennessee* und die *Pennsylvania* bei dem Angriff starke Schäden davongetragen hatten. Die *West Virginia* und die *California* waren sogar gesunken und später wieder gehoben worden.

Daneben erhielt die Siebente Flotte für die Invasion der Philippinen achtzehn Flugzeugträger, allerdings keine von dem Typ, der unter Halsey und Spruance den Pazifik unsicher machte, sondern neuentwickelte, »Geleitträger« oder »CVE« genannte Schiffe. Die große Schlagkraft der Task Force 38 war den »Flottenträgern« (CVs) und ihren kleineren Brüdern, den

Leichten Trägern (CVLs), zu verdanken. Die zweihundertzehn bis zweihundertsechzig Meter langen CVs waren mit ihren einhundert Flugzeugen und einer Besatzung von annähernd dreitausend Mann das Kraftzentrum der Marineluftwaffe. Die kleineren CVLs besaßen einen Rumpf, der ursprünglich für Kreuzer bestimmt war, dann aber mit anderen Aufbauten versehen wurde, als sich abzeichnete, daß mehr Flugzeugträger gebraucht wurden. Sie waren nur hundertachtzig Meter lang, hatten eine Besatzung von rund tausendfünfhundert Mann und verfügten über halb so viele Flugzeuge wie die CVs. Die CVEs schließlich wurden auf den Rumpf von Handelsschiffen aufgesetzt und hatten, bei rund hundertfünfzig Meter Länge, nur siebenundzwanzig Flugzeuge an Bord.

Der Anstoß zum Bau von Geleitträgern war schon vor dem amerikanischen Kriegseintritt gegeben worden, als Präsident Roosevelt und Admiral Halsey gleichzeitig auf dieselbe Idee kamen. Roosevelt schlug im Oktober 1940 vor, einen gewöhnlichen Handelsschiffsrumpf als Grundlage für einen kleinen Flugzeugträger zu nehmen, der als Geleitschiff im Atlantik Dienst tun und mit seinen acht bis zwölf Flugzeugen Jagd auf U-Boote machen sollte. Admiral Halsey, damals Befehlshaber einer Trägergruppe im Pazifik, regte zur selben Zeit an, eine neue Klasse von Hilfsträgern zu entwickeln, die für die Pilotenausbildung und den Transport von Flugzeugen ins Kampfgebiet genutzt werden könnten. Nach einigen anderen Modellen kam schließlich die Produktion der CVEs in Gang, und von da an lief alle paar Monate ein neuer Träger vom Stapel, so daß ihre Zahl ständig zunahm. Bis zum Ende des Krieges wurden hundertfünfzehn Stück gebaut. Diese Miniträger – die den Spitznamen »Jeepträger« erhielten und deren Kürzel von den Besatzungen mitunter als »Combustible, Vulnerable, Expendable« (leichtentzündlich, verwundbar, entbehrlich) interpretiert wurde – dienten als Geleitschiffe im Atlantik, wie Roosevelt es sich vorgestellt hatte, und als Flugzeugtransporter im Pazifik, wie von Halsey gewünscht. Aber sie nahmen auf beiden Kriegsschauplätzen auch an amphibischen Operationen teil, in denen sie den Marine- und Heereseinheiten an Land Luftunterstützung gaben, und in dieser Rolle wurden sie der Siebenten Flotte für die Invasion von Leyte zugeteilt.

Außerdem erhielt die Siebente Flotte die Amphibieneinheiten der Dritten Flotte. Damit unterstanden Kinkaid sämtliche in der Operation eingesetzten amphibischen Kräfte, während die Dritte Flotte zu einem mobilen Stoßverband wurde, der sich ganz auf die japanische Flotte konzentrieren konnte, falls diese in das Geschehen eingreifen sollte. Die Siebente Flotte war dadurch zu einer der mächtigsten Angriffsverbände der Welt geworden. Das »arme Stiefkind« von einst verfügte jetzt über mehr als siebenhundert Schiffe: hundertsiebenundfünfzig Kampfschiffe, vierhundertzwanzig Amphibienfahrzeuge, vierundachtzig Patrouillenboote, Minensucher und hydrographische Schiffe sowie dreiundsiebzig Versorgungsschiffe.

Für den Angriff sollte die Siebente Flotte in drei Gruppen aufgeteilt werden, von denen zwei für die Landungsoperation selbst und eine für deren Unterstützung vorgesehen war. Der unter dem Befehl von Konteradmiral Barbey stehende nördliche Angriffsverband, Task Force 78 genannt, setzte sich aus Schiffen zusammen, die schon die ganze Zeit mit »MacArthurs Navy« operiert hatten. Der südliche Angriffsverband, Task Force 79, wurde von Vizeadmiral Theodore S. Wilkinson befehligt und bestand aus den von der Dritten Flotte transferierten Amphibieneinheiten. Die unmittelbare Unterstützung der Landung – vor allem in Form des Küstenbombardements und koordinierter Luftangriffe – war Aufgabe der Task Force 77, in der die Schlachtschiffe, Kreuzer, Zerstörer und Geleitträger zusammengefaßt waren, die jetzt zur Siebenten Flotte gehörten. Das Kommando über die Task Force 77 hatte der Flottenkommandeur persönlich, Vizeadmiral Thomas C. Kinkaid.

Die Task Force 77 war ihrerseits in zahlreiche Unterverbände aufgeteilt, von denen die wichtigsten die Task Groups 77.2 und 77.4 waren. Erstere, die Feuerschutz- und Bombardierungsgruppe, setzte sich aus den sechs alten Schlachtschiffen, fünf Kreuzern sowie fünfzehn Zerstörern zusammen und stand unter dem Kommando von Konteradmiral Jesse B. Oldendorf. Letztere verfügte über achtzehn CVEs und ihre Geleitzerstörer und wurde von Konteradmiral Thomas L. Sprague befehligt.

Zu dieser gewaltigen Streitmacht kam die Schlagkraft von Halseys Dritter Flotte hinzu. Nach Abgabe der amphibischen Einheiten an die Invasionsflotte bestand sie in der Hauptsache aus der Flottenträgergruppe Task Force 38 unter dem Befehl von Vizeadmiral Marc A. Mitscher. Dieser kampfstarke Verband war in vier Task Groups unterteilt, die typischerweise über zwei CVs und zwei CVLs verfügten. Der Geleitschutz dieser Träger bestand aus sechs Schlachtschiffen, fünfzehn Kreuzern und achtundvierzig Zerstörern, die in unterschiedlicher Anzahl auf die vier Gruppen aufgeteilt waren.

Diese Anhäufung von Flottenverbänden schien eine Garantie für die erfolgreiche Rückkehr General MacArthurs und der Vereinigten Staaten auf die Philippinen zu sein. Aber die Militärgeschichte bietet genügend Beispiele dafür, daß man sich im Krieg nie sicher sein kann. Tatsächlich gab es einen bereits sprichwörtlichen Riß in der amerikanischen Rüstung. Was den Ausgang der bevorstehenden Schlacht gefährden sollte, war weder eine falsche Strategie noch eine mangelhafte Taktik, und ganz sicher nicht das »Verlangen nach einer Nagelprobe«. Der gewaltige Vorteil, den die Amerikaner bei Leyte besaßen, wurde vielmehr durch eine Schwäche der Befehlsstruktur zunichte gemacht, die ihren Ursprung in der Politik hatte und durch das Gewicht einzelner Personen verstärkt wurde.

Die Bildung zweier Fronten im Pazifik hatte sich als strategisch vorteilhaft herausgestellt, da die Japaner abwechselnd auf die Bewegungen an beiden Fronten reagieren mußten und nie zur Ruhe kamen. Jetzt aber fielen beide Kriegsschauplätze zusammen, so daß ein koordiniertes Vorgehen erforderlich war. Das einfachste Mittel, militärische Anstrengungen, ganz gleich welcher Größenordnung, zu koordinieren, besteht darin, sie dem Befehl eines einzigen Kommandeurs zu unterstellen. Um einen Befehlshaber zu finden, der sowohl MacArthur als auch Nimitz übergeordnet war, mußte man jedoch, wie schon erwähnt, ins ferne Washington reisen.

Der Einsatzplan für beide Teilstreitkräfte schien durchführbar zu sein. Kinkaids Siebente Flotte, in der die amphibischen Einheiten der Dritten und der Siebenten Flotte zusammengefaßt waren, hatte die Aufgabe, den eigentlichen Angriff auf die Philippinen auszuführen, und die auf die Task Force 38 geschrumpfte Dritte Flotte sollte ihn taktisch unterstützen. Laut Nimitz' Befehl an Halsey hatte dieser »die Kräfte aus dem Südwestpazifik zu decken und zu unterstützen, um die Einnahme und Besetzung der Ziele auf den Zentralphilippinen zu fördern«, und »feindliche See- und Luftkräfte zu vernichten, die sich im Gebiet der Philippinen befinden oder dieses bedrohen«. Dieser Auftrag war klar genug, und man hätte erwarten können, daß er, trotz des Fehlens eines übergeordneten Befehlshabers, problemlos auszuführen war. Aber in Nimitz' Instruktion stand auch ein Satz, der in seinen bisherigen Einsatzbefehlen nicht vorgekommen war, und dieser Satz sollte Folgen haben.

Vermutlich infolge des Streits, der unvermindert anhielt, seitdem sich Spruance entschlossen hatte, in der Nähe des Landegebiets auf den Marianen zu bleiben, anstatt die japanische Flotte zu verfolgen, hatte Nimitz die folgende Anweisung in seinen Befehl aufgenommen: »Falls eine Gelegenheit für die Vernichtung eines großen Teils der feindlichen Flotte vorhanden ist oder herbeigeführt werden kann, wird diese Vernichtung zur vorrangigen Aufgabe.« Wie dieser Satz zustande kam, ist nicht bekannt. Admiral King erklärte nach dem Krieg in einem Interview, er habe Nimitz angewiesen, ihn einzufügen, doch in einem später verfaßten Brief an E. B. Potter war er sich darüber nicht mehr so sicher. Potter bemerkt in seiner Halsey-Biographie, daß der grammatikalische Aufbau des Satzes weder für Nimitz noch für King typisch sei, und stellt die Vermutung an, daß er von einem Angehörigen des Stabes eingefügt worden sein könnte. Alle anderen Sätze des Einsatzbefehls sind entweder numeriert oder mit Buchstaben versehen, nur dieser eine nicht, was den Gedanken nahelegt, daß er möglicherweise tatsächlich im nachhinein eingefügt wurde. Von wem, bleibt unklar.

Aber wer die Anweisung auch geschrieben haben mag, sie war da, und Halsey stützte sich darauf. Für ihn war die Rolle der Siebenten Flotte im wesentlichen *defensiv*, während seine eigene *offensiver* Natur war, und er machte keinen Hehl aus seinen Absichten. Ende September schrieb er an Nimitz:

> Ich beabsichtige, dem Feind, wenn möglich, keine Gelegenheit zu geben, mir in einem Luftduell zu entkommen, und ebensowenig werde ich zulassen, daß er eine Luftbrücke (Träger-Ziel-Land) gegen mich nutzt … Insofern die Vernichtung der feindlichen Flotte die Hauptaufgabe ist, muß jede Waffe ins Spiel gebracht werden, und die Koordination dieser Waffen sollte in den Händen eines taktischen Befehlshabers liegen, der für den Ausgang der Schlacht verantwortlich ist … Mein Ziel ist dasselbe wie Ihres – die Japs-Flotte vollständig auszulöschen, wenn sich eine Gelegenheit dafür ergibt.

Nimitz legte nie Widerspruch dagegen ein. Tatsächlich spricht einiges dafür, daß man Halseys Angriffslust bei der Planung der Operation einkalkuliert und daß Nimitz ihn absichtlich in eine Position gebracht hatte, die es ihm erlaubte, gegen die japanische Flotte vorzugehen, falls sie in Leyte auftauchen sollte. Bei allen bisherigen Operationen, bei denen Spruance das Kommando über die Fünfte Flotte[*] gehabt hatte, war er für die ge-

---

[*] Es sei daran erinnert, daß die Dritte und die Fünfte Flotte im wesentlichen identisch waren und nur verschiedene Befehlshaber und Stäbe besaßen.

samte Operation verantwortlich gewesen. Die Fünfte Flotte war intakt gewesen und hatte sowohl die amphibische Landung durchgeführt als auch mit ihren Flugzeugträgern die doppelte Aufgabe erfüllt, den Angriff direkt zu unterstützen und gegen Störversuche der japanischen Flotte zu verteidigen. Für die Invasion der Philippinen waren jedoch die amphibischen Einheiten abgetrennt und der Siebenten Flotte angegliedert worden, so daß die Verantwortung für den Angriff selbst bei Admiral Kinkaid lag. Dies mag allein in der Zusammenführung der amerikanischen Streitkräfte begründet gewesen sein, aber es ist durchaus möglich, daß darüber hinaus auch die Überlegung eine Rolle spielte, daß Halsey auf diese Weise freie Hand bekommen würde, sich aggressiv gegen die japanische Flotte zu wenden, sofern sie in das Geschehen eingreifen sollte.

Nimitz jedenfalls hatte nicht vor, Halsey zurückzuhalten. In einem Brief, den er nur zwölf Tage vor der Landung auf Leyte an Halsey schrieb, machte er klar, daß er in taktischen Belangen nach eigenem Gutdünken handeln könne:

> Es steht Ihnen jederzeit frei, örtliche Entscheidungen in bezug auf den Einsatz der Ihnen unterstehenden Flotte zu treffen. Infolge der sich schnell ändernden örtlichen Lage und im Licht der Ihnen vorliegenden Informationen, die mir möglicherweise nicht bekannt sind, wird es häufig notwendig sein, auf nicht vorhergesehene Weise zu handeln. Das einzige, was ich in solchen Fällen von Ihnen erwarte, ist, daß ich so umfassend wie möglich und so rasch, wie es die Lage erlaubt, darüber informiert werde.

Ein weiteres potentielles Problem ergab sich aus der improvisierten Befehlsstruktur bei der Invasion der Philippinen. Da die Dritte Flotte jetzt im wesentlichen aus der Task Force 38 bestand, fiel Halseys Kommando weitgehend mit dem des Task-Force-Befehlshabers, Admiral Mitscher, zusammen. Die Task Force 38 hatte also im Grunde *zwei* Befehlshaber. Wenn Halsey das taktische Kommando seiner Flotte ausübte – was bei seiner aggressiven Natur unvermeidlich war –, gab es für Mitscher kaum noch etwas zu tun. Welche Auswirkungen dies haben würde, blieb abzuwarten.

»Im Dunkel der Nacht gen Osten«

Am 18. Oktober 1944 hallte kurz nach Mitternacht das Rattern von Ankerketten über die ruhige See am Liegeplatz von Lingga. Sieben Schlachtschiffe, fünfzehn Kreuzer und zwanzig Zerstörer der Kaiserlichen Japanischen Marine bereiteten sich darauf vor, in See zu stechen. Tief im Bauch der Stahlungetüme befeuerten junge Matrosen die Heizkessel und drehten riesige Ventilräder, um den Zufluß des Treibstoffs zu regulieren, der für das japanische Reich jetzt wertvoller war als Gold. Andere Matrosen, die als Wachen eingeteilt waren, standen auf den Laufbrükken und spähten angestrengt in die Nacht. Hinter ihnen lag eine monatelange Ausbildung in der drückenden Schwüle dieses äquatorialen Liegeplatzes. Jetzt, während sie fern der heimatlichen Gewässer zu einem letzten Kräftemessen mit der US Navy ausliefen, war die Stunde der Wahrheit gekommen.

Die Schiffe, auf denen sie dienten, waren zumeist kampferprobte Veteranen des Pazifikkrieges, oft voller Narben und gezeichnet von den Auswirkungen des Krieges und der langen Ozeanpassagen. Der Kreuzer *Mogami* hatte bei Midway furchtbare Treffer einstecken müssen; ein nach der Schlacht aufgenommenes Foto des zerfetzten Wracks war in den Vereinigten Staaten als Symbol des amerikanischen Sieges berühmt geworden. Dennoch war er jetzt, immer noch seetüchtig und immer noch fähig, großen Schaden anzurichten, auf dem Weg zu den Philippinen und der Chance, Rache zu nehmen. Mit ihm verließ das Schlachtschiff *Haruna*, das im Ersten Weltkrieg auf eine deutsche Mine gelaufen war und von dem es in diesem Krieg schon mehrmals geheißen hatte, es sei gesunken, den Liegeplatz von Lingga und dampfte wie ein vager, geisterhafter

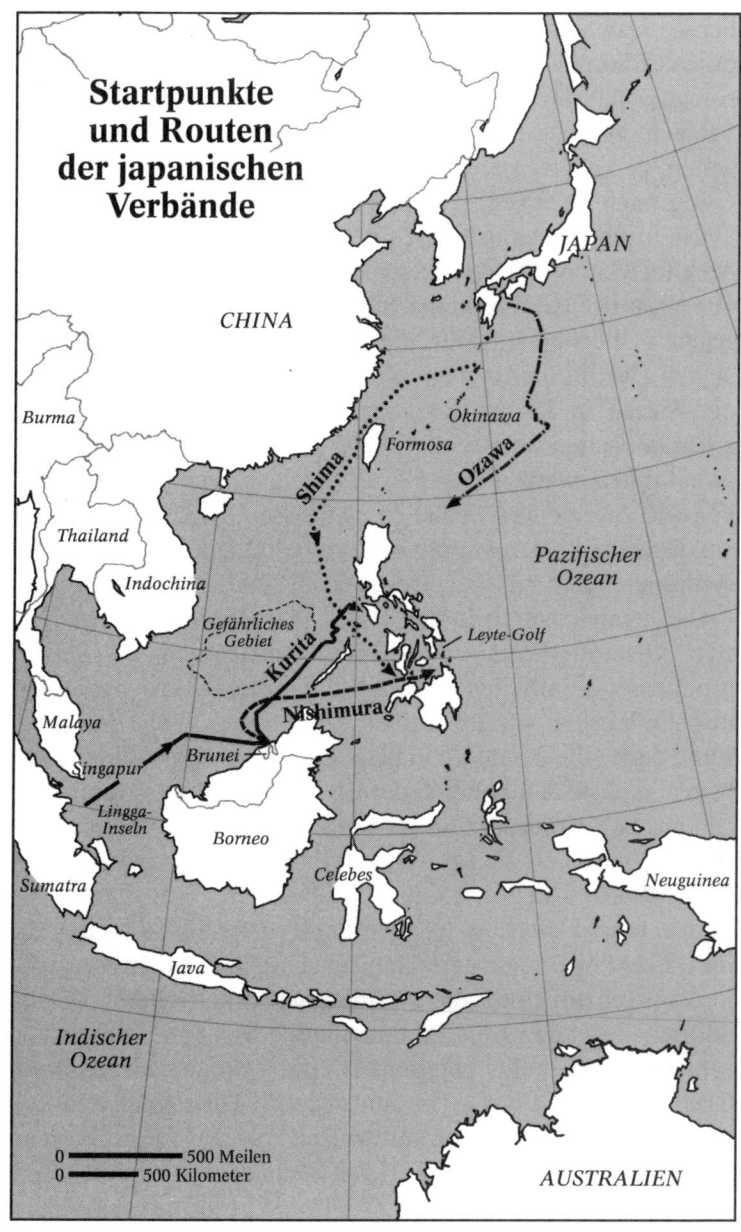

Startpunkte und Routen der japanischen Verbände

CHINA

Burma

Thailand

Indochina

Malaya

Singapur

Lingga-Inseln

Sumatra

Java

Indischer Ozean

JAPAN

Okinawa

Formosa

Shima

Ozawa

Pazifischer Ozean

Gefährliches Gebiet

Kurita

Leyte-Golf

Nishimura

Brunei

Borneo

Celebes

Neuguinea

0 ——— 500 Meilen
0 ——— 500 Kilometer

AUSTRALIEN

Schattenriß aufs Meer hinaus. Der Zerstörer *Shigure*, ein Veteran der Kämpfe in der Korallensee, um die Salomon-Inseln und Neuguinea, war der einzige japanische Überlebende der Schlacht im Vella-Golf, und einige der Matrosen, die jetzt dabei waren, den Anker zu lichten, werden sich gefragt haben, ob ihr Glück auch im bevorstehenden Gefecht anhalten würde.

Die furchterregendsten Schiffe der Flotte aber waren die zu Admiral Matome Ugakis Erster Schlachtschiffdivision gehörenden gigantischen Schlachtschiffe *Yamato* und *Musashi*, die größten Überwasserschiffe, die jemals gebaut wurden. Als diese beiden zweihundertsechzig Meter langen Siebzigtausend-Tonnen-Riesen in Dienst genommen wurden, nahmen sich die amerikanischen Schiffe der *North Carolina*-Klasse mit ihren zweihundertzwanzig Metern und vierzigtausend Tonnen plötzlich wie Zwerge aus. Selbst die deutsche *Bismarck*, die ihnen am nächsten kam, war nur zweihundertfünfzig Meter lang und verdrängte nicht mehr als knapp sechzigtausend Tonnen.

Die Japaner hatten in den ersten Jahrzehnten des zwanzigsten Jahrhunderts erkannt, daß sie es hinsichtlich der Zahl der produzierten Einheiten niemals mit der Kapazität der amerikanischen Werften würden aufnehmen können. Ihre Lösung bestand darin, die japanischen Schiffe der jeweiligen Klasse so zu bauen, daß sie den Schiffen der US Navy überlegen waren. Die japanischen Kreuzer, zum Beispiel, wurden mit Torpedos bewaffnet, wodurch sie im Vergleich mit ihren amerikanischen Gegenstücken deutlich im Vorteil waren. Aus demselben Grund beschlossen die Japaner, Schlachtschiffe zu bauen, die im Gefecht mit einem amerikanischen Schlachtschiff mit größter Wahrscheinlichkeit die Oberhand gewinnen würden. Neben der naheliegenden Absicht, einen taktischen Sieg davonzutragen, resultierten die übergroßen Dimensionen der *Yamato*-Klasse aber auch aus einer strategischen Überlegung. Zu der Zeit, als diese Schiffsklasse entwickelt wurde, schien die isolationistische Politik der Vereinigten Staaten zu garantieren, daß die US Navy nicht zu einer »Zweifronten-Marine« auf beiden

Ozeanen ausgebaut werden würde, mit der Folge, daß sie den Panamakanal als Verbindungsweg benötigte, wenn sie ihre Verbände, je nach der aktuellen Bedrohung, vom Atlantik in den Pazifik oder umgekehrt verlegen wollte. Das wiederum bedeutete, daß die Vereinigten Staaten keine Schiffe in der Größenordnung der *Yamato*-Klasse, deren Abmessungen für die Passage durch den Panamakanal viel zu groß waren, bauen konnten, ohne ihr Einsatzgebiet auf den einen oder den anderen Ozean zu beschränken.

Der Bau dieser Superschlachtschiffe war kein geringes Unterfangen. Die Militärhäfen mußten vertieft werden, um die riesigen Schiffe aufnehmen zu können, und ein erheblicher Teil des japanischen Staatsbudgets mußte in den Ausbau der Stahlfabriken gesteckt werden, in denen die für die *Yamato* und die *Musashi** benötigten Panzerplatten hergestellt werden sollten. Die Platten der Seitenpanzerung in kritischen Bereichen des Schiffs waren vierzig Zentimeter dick und wogen fast siebzig Tonnen.

Die Arbeiten an der *Yamato* und der *Musashi* verliefen unter strenger Geheimhaltung. Das Dock in Kure, in dem die *Yamato* gebaut wurde, war teilweise überdacht worden, um den Einblick von einem nahegelegenen Berg zu versperren. Außerdem waren riesige Vorhänge aus Sisalseilen aufgehängt worden, die jeden unbefugten Blick auf den entstehenden Giganten abhielten. Diese Vorhänge wogen rund vierhundert Tonnen, und ihre Herstellung hatte das Angebot an Sisal derart verknappt, daß sich die örtlichen Fischer, die es für ihre Netze und Taue benötigten, empört beschwerten.

Die über die Bauphase hinaus bestehende Geheimhaltung

---

* Die *Yamato* und die *Musashi* waren die einzigen Schiffe dieser Klasse, die gebaut wurden. Ein geplantes drittes Superschlachtschiff befand sich im Bau, als die Japaner begriffen, daß nicht die Schlachtschiffe, sondern die Flugzeugträger das entscheidende Element der modernen Seekriegführung darstellten. Das dritte Schiff wurde daher zu einem Flugzeugträger, dem 1944 fertiggestellten Superträger *Shinano*, umgebaut.

wurde derart ins Extrem getrieben, daß selbst Admiral Kurita, der Befehlshaber der Flotte, zu der die beiden Superschlachtschiffe gehörten, nicht wußte, welche Höchstgeschwindigkeit sie hatten und von welchem Kaliber die riesigen Kanonen der Hauptbatterie waren. Es waren die größten, die jemals auf einem Kriegsschiff eingesetzt wurden.* Sie hatten eine Laufbohrung von sechsundvierzig Zentimetern. Ein einziger Geschützturm wog unglaubliche zweitausendachthundert Tonnen, mehr, als ein Schwerer Kreuzer an Wasser verdrängte. Die von diesen Kanonen erzeugte Druckwelle war so stark, daß Besatzungsmitgliedern, die sich auf der Windseite an Deck befanden, die Kleider vom Leib gerissen wurden. Die Rettungsboote mußten in speziellen Hangars untergebracht werden, da sie im Freien zu Bruch gegangen wären, und auch die Plazierung der kleinkalibrigen Flugabwehrwaffen hatte die Konstrukteure vor ein schwieriges Problem gestellt, da sie einerseits das Schiff wirksam verteidigen sollten, andererseits aber verhindert werden mußte, daß sie von den Druckwellen der gigantischen Hauptbatterien beschädigt wurden.

Die Geschosse dieser Monster wogen fast anderthalb Tonnen, eine halbe Tonne mehr als die der 40,6-Zentimeter-Kanonen der Schlachtschiffe der *Iowa*-Klasse, der größten der US Navy. Es gab drei Geschoßtypen. Der erste war ein konventionelles Projektil für den Küstenbeschuß und nicht gepanzerte Ziele wie zum Beispiel Zerstörer. Für gepanzerte Großkampfschiffe war die panzerbrechende Granate vom Typ 91 entwickelt worden; mit ihrer hydrodynamischen Form sollte sie kurz vor dem Ziel ins Wasser eintauchen und das Ziel wie ein Torpedo unterhalb der Wasserlinie treffen. Am unkonventionellsten war der Typ *San Shiki* Modell 3, eine Luftabwehrgranate,

---

* Die britische Marine experimentierte mit verschiedenen Kanonen von knapp sechsundvierzig Zentimetern und setzte sie im Ersten Weltkrieg auch in begrenztem Umfang ein, aber es waren kurzlebige Improvisationen, die im übrigen von geringfügig kleinerem Kaliber waren.

die eine gewisse Ähnlichkeit mit einem ins Riesenhafte vergrößerten Brandgeschoß hatte. Mit tausendfünfhundert Metallsplittern und Thermitbrandröhrchen aus Gummi gefüllt, detonierte das Geschoß mittels eines Zeitzünders in einer vorher festgesetzten Höhe und hinterließ eine Wolke aus Feuer und Stahl, der ein Flugzeug besser nicht zu nahe kam.

Die in vieler Hinsicht ehrfurchtgebietende, in manchem aber auch der schnellebigen Zeit hinterherhinkende japanische Flotte fuhr mit Kurs auf Brunei im Nordwesten von Borneo durch die Meerenge zwischen Sumatra und der malayischen Halbinsel. Noch wußten die Männer auf den Schiffen nicht genau, worin ihr Auftrag bestand, obwohl es Anzeichen dafür gab, daß sie eine amerikanische Invasion der Philippinen abwehren sollten.

Am Ende der langen Schiffskolonne, an Bord der *Yamato*, schlug Admiral Ugaki wieder einmal sein Tagebuch auf und schrieb im Licht der roten Glühbirne: »Wir kamen am Anfang des Frühlings und fuhren mitten im Herbst wieder ab, aber da sich das Wetter und die Landschaft nicht änderten, mußte ich die Dauer unseres Aufenthalts an den Fingern abzählen. Wir fuhren im Dunkel der Nacht still gen Osten.«

In Japan gab Admiral Toyoda auf einer Sitzung der Stäbe von Armee und Marine bekannt, daß Befehl gegeben worden sei, Plan *Sho Ichi Go* auszuführen, etwa »Operation Sieg Eins«. Der Armee wurde mitgeteilt, daß es um »alles oder nichts« gehe und daß die Marine entweder die amerikanische Invasion der Philippinen vereiteln oder untergehen werde. General Kenyro Sato, der Chef der mächtigen Abteilung für Heeresangelegenheiten im Kriegsministerium, protestierte: Die Vergeudung der Flotte in einem gewagten Unternehmen vor den Philippinen würde die Mutterinseln ohne Schutz gegen eine Invasion zurücklassen. »Die Vereinigte Flotte gehört nicht der Marine allein, sondern dem Staat«, sagte er mit emotionsgeladener Stimme. »Nur das Vorhandensein der Flotte wird den Feind im Zaum halten. Also bitte, meine Herren, seien Sie vernünftig.«

Konteradmiral Tasuku Nakazawa, der Chef der Operationsabteilung der Marine, erwiderte darauf: »Es freut mich sehr, zu erfahren, daß die Vereinigte Flotte bei der Armee in so hohem Ansehen steht.« Das war keine sarkastische Bemerkung, sondern ernst gemeint. Nakazawa fuhr fort, die Philippinen könnten für die Kaiserliche Marine die letzte Gelegenheit sein, in Ehren unterzugehen. Tränen glitzerten in seinen Augen, als er sagte: »Bitte, geben Sie der Vereinigten Flotte die Chance, zu blühen wie Blumen des Todes.« Es war sehr still im Raum, als er hinzufügte: »Das ist der tiefe Wunsch der Marine.« Sato gab nach, und wenige Stunden später hatte der Kaiser den Operationsplan *Sho Ichi Go* abgesegnet.

In Japan wird seit Jahrhunderten ein Spiel gespielt, das als fernöstliches Gegenstück zum abendländischen Schachspiel angesehen werden kann. Es ist ebenfalls ein Brettspiel, und es gibt Organisationen, deren einzige Aufgabe es ist, das Spiel zu fördern und zu verbreiten. Die Steine, mit denen es gespielt wird, sind jedoch wesentlich zahlreicher als die Schachfiguren, und sie sind im Gegensatz zu diesen identisch und gleichwertig. Die in diesem Spiel angewandten Strategien sind in mancher Hinsicht einfacher, in anderer aber auch komplizierter als die des Schachspiels. Der Name dieses japanischen Spiels ist Go, was grob übersetzt »Schlachtplan« oder »Operation« bedeutet.

Ebenso, wie das Schachspiel mit seinen hierarchischen Figuren und den festen Regeln, nach denen sie sich bewegen dürfen, gewisse Aspekte der westlichen Kultur widerspiegelt, sind im Go Elemente des japanischen Denkens enthalten. Die Schachfiguren sind von Anfang an allesamt im Spiel, so daß es schwerfällt, ein Überraschungsmoment für sich zu nutzen. Beim Go dagegen befinden sich die Spielsteine zunächst nicht auf dem Brett, sondern werden erst nach und nach eingesetzt, was den Spielern die Möglichkeit gibt, ihre Strategie eine Zeitlang zu verschleiern. In den Manövern des Schachspielers spiegeln sich Mobilität und das Reagieren auf eine ständig im Fluß befindliche Situation wider, während der Meister des Go geduldig eine komplexe statische Struktur aufbaut, die seinen Gegner schließlich aufgrund der Plazierung der Steine und der sorgfältigen zeitlichen Abfolge überwältigt. Während beim Schach alle Figuren, außer den niedrigsten, den Rückzug antreten und sogar aus der Gefangenschaft befreit werden können, sind die Go-Steine, einmal gesetzt, auf Gedeih und Verderb im Spiel: Ein Rückzug ist nicht vorgesehen, und wenn sie vom Brett genommen werden, sind sie für immer verloren.

Der japanische Plan für die Verteidigung der Philippinen war ähnlich komplex, und sein Erfolg hing ebenfalls weitgehend von der zeitlichen Abstimmung und vom Überraschungsmoment ab. Er war jedoch nicht nur aus spezifisch japanischen Denkmustern geboren, sondern auch aus der von den Umständen diktierten Verzweiflung. In den früheren Phasen des Krieges, als das japanische Reich einen großen Teil des Pazifiks umspannte, hatten sich die japanischen Strategen den Luxus erlauben können, für einen Zeitgewinn Raum zu opfern. Zwar hatte die amerikanische Offensive die äußeren Verteidigungslinien eingedrückt, aber nicht mehr bewirkt als eine hinnehmbare Reduzierung eines Reichs von immenser Größe. Nach dem Fall der Marianen im Sommer 1944 waren die japanischen Planer jedoch gezwungen, ihr strategisches Denken zu ändern. Raum für Zeit zu opfern, kam jetzt nicht mehr in Frage. Die Amerikaner hatten eine Basis gewonnen, von der aus landgestützte Luftangriffe auf die japanischen Mutterinseln möglich waren, und jeder weitere Verlust würde lebenswichtige Teile des Reichs abtrennen und Wunden schlagen, die mit größter Wahrscheinlichkeit tödlich wären. Trotz der von den amerikanischen U-Booten angerichteten Schäden gab es im Schutz des Inselvorhangs, der sich von Japan über die Ryukyu-Inseln* und Formosa bis zu den Philippinen erstreckte, immer noch einen klei-

---

* Die Ryukyu-Inseln bilden eine tausendzweihundert Kilometer lange Kette zwischen den japanischen Mutterinseln und Formosa. Eine dieser Inseln ist Okinawa.

nen, aber wichtigen Zustrom von Erdöl und anderen Waren. Der Verlust eines einzigen Teils dieses Vorhangs hätte diesen letzten schwachen Nachschub unterbunden, die japanischen Mutterinseln isoliert und das Reich dem Untergang geweiht.

Wie wichtig diese letzte Bastion des Reichs aus japanischer Sicht war, geht aus dem hervor, was Generalleutnant Shuichi Miyazaki, der Chef der Operationsabteilung des Kaiserlichen Hauptquartiers, über die strategische Bedeutung der Philippinen sagte: »Die Philippinen waren der östliche Flügel der sogenannten Südlichen Sphäre, der japanischen Operationen in den südlichen Gebieten. Sie bildeten die Hauptverteidigungslinie gegen amerikanische Angriffe. Der westliche Flügel bestand aus Burma und Malaya, und beide zusammen schützten den japanischen Zugang zu den südlichen Gebieten. Vom Standpunkt der politischen und operativen Strategie war der Besitz der Philippinen die Grundvoraussetzung für die Kriegführung gegen Amerika und Großbritannien ... Der Verlust der Philippinen hätte dem Feind eine große Zahl von strategischen Stützpunkten für den Vorstoß gegen Japan eingebracht. Wenn sie erobert werden sollten, wäre der Feind mit zwei zu eins im Vorteil gewesen und hätte plötzlich einen großen Sprung vorwärts getan.«

Da die Japaner nicht wußten, ob die Philippinen tatsächlich das nächste Ziel der Amerikaner waren, arbeiteten sie unter dem gemeinsamen Decknamen *Sho* (»Sieg«) vier aufeinander abgestimmte Pläne aus, um die Gebiete abzudecken, in denen ein Angriff am wahrscheinlichsten war: *Sho Ichi Go* (»Operation Sieg Eins«) für die Philippinen; *Sho Ni Go* (»Operation Sieg Zwei«) für Formosa, die Ryukyu-Inseln und Kyushu, die südlichste Insel Japans; *Sho San Go* (»Operation Sieg Drei«) für die zentraljapanischen Inseln Honshu und Shikoku und *Sho Shi Go* (»Operation Sieg Vier«) für Hokkaido, die nördlichste der Mutterinseln.

Da die japanische Marine aufgrund des Treibstoffmangels und der Ausbildungserfordernisse gezwungen gewesen war, ihre Schiffe zwischen den Mutterinseln und dem Liegeplatz bei Lingga aufzuteilen, und da die verbliebenen landgestützten Flugzeuge – die immer noch sehr zahlreich waren – gleichfalls über das gesamte Reichsgebiet verstreut waren, sahen die *Sho Go*-Pläne im wesentlichen vor, die zersplitterten Kräfte zum richtigen Zeitpunkt an einem Ort zu vereinen, um sie in die letzte, allumfassende Schlacht zur Verteidigung des Kernreichs zu werfen. Obwohl die japanische Marine zu diesem Zeitpunkt bereits stark geschwächt war, konnte sie den vorrückenden Amerikanern immer noch eine schwere Schlappe zufügen. Die Voraussetzungen dafür waren ein guter Plan, der unter dem Druck des Augenblicks korrekt ausgeführt wurde, und etwas Glück.

Sofern die erforderliche Koordination und präzise zeitliche Abstimmung eingehalten wurden, waren die vorliegenden Pläne realistisch und durchführbar. Dann jedoch, zwei Wochen vor dem Beginn der Schlacht um die Philippinen, machten die Amerikaner den Japanern den sprichwörtlichen Strich durch die Rechnung, und wieder einmal war Halsey die Ursache dafür.

In Vorbereitung auf die Invasion der Philippinen hatte Admiral Halsey die Dritte Flotte hinter den inneren Verteidigungsschirm der Japaner geführt und seine beachtliche Luftmacht gegen eine Reihe von Zielen eingesetzt, zunächst am 10. Oktober gegen Okinawa und dann am 12., 13. und 14. Oktober im Süden gegen Luzon und Formosa. Mit den Angriffen auf Formosa verfolgte er drei Ziele. Erstens war die Insel, da sie nur etwa vierhundert Kilometer von Luzon entfernt lag, eine potentielle Nachschubbasis der Japaner. Zweitens waren dort bereits starke landgestützte Luftwaffenverbände zusammengezogen worden, die, wenn sie nicht neutralisiert wurden, eine ernste Bedrohung der amerikanischen Invasionskräfte darstellten. Drittens schließlich waren die Angriffe auf Formosa als Ablenkungsmanöver gedacht, das bei den Japanern Verwirrung darüber stiften sollte, welches das nächste Ziel der amerikanischen Invasionsflotte war.

Das Glück wollte es, daß Admiral Toyoda, der Oberbefehlshaber der Vereinigten Flotte, zur Zeit der amerikanischen Luftangriffe auf Formosa war. Er war damit zwar am Ort des Geschehens, aber weit weg von seinem Hauptquartier, wo ihm alle vorhandenen Informationen vorgelegen hätten. Die Entscheidung darüber, wie auf die jüngsten Angriffe reagiert werden sollte, lag daher bei seinem Stabschef, Konteradmiral Ryunosuke Kusaka, der beschloß, *Sho Ni Go* teilweise in Gang zu setzen und sämtliche verfügbaren Flugzeuge, einschließlich eines Großteils der verbliebenen Maschinen von Vizeadmiral Ozawas Trägerflotte, nach Formosa zu schicken, um Halseys Ansturm zurückzuschlagen.

Als die beiden Luftflotten über Formosa aufeinanderstießen und ein Flugzeug nach dem anderen brennend ins Meer stürzte, klatschte Vizeadmiral Shigeru Fukudome aufgeregt in die Hände. »Gut gemacht!« rief er aus. »Großartiger Erfolg!« Seine Freude währte allerdings nur kurz, denn es stellte sich bald heraus, daß es in der Mehrzahl seine eigenen Flugzeuge waren, die dort brennend vom Himmel fielen. Er schrieb später: »Unsere Jäger waren wie Eier, die gegen die Mauer unbezwingbarer Feindformationen geworfen wurden.« Der Aderlaß an Piloten und die mangelhafte Ausbildung ihrer Nachfolger machten sich jetzt schmerzlich bemerkbar. Einige Monate vor diesem Gefecht hatten die Japaner in ihrer Verzweiflung angesichts des Treibstoffmangels die Filmgesellschaft Toho beauftragt, einen künstlichen See zu bauen und knapp zwei Meter große Modelle amerikanischer Kriegsschiffe darauf schwimmen zu lassen, die dann von einem Kran aus gefilmt wurden, um verschiedene Anflugwinkel und -geschwindigkeiten zu simulieren. Solche Methoden waren zwar innovativ, aber kein Ersatz für wirkliche Flugstunden.

Die unerbittliche Wahrheit war, daß die japanische Luftwaffe hoffnungslos geschwächt war und den gut ausgebildeten amerikanischen Piloten, die jetzt in zunehmender Zahl im Pazifik eintrafen, nicht viel entgegenzusetzen hatte. Halseys Stabschef, Konteradmiral Robert B. »Mick« Carney, der die japanischen Gegenangriffe auf die Dritte Flotte von der Brücke des Flaggschiffs aus beobachtete, war verblüfft, wie schwach die gegnerische Luftwaffe war: »Die Japse warfen alles gegen uns, was sie für einen Luftangriff aufbieten konnten. Sie flogen in Formationen von sechzig bis achtzig Flugzeugen an, aber jene von uns, die die früheren Luftoperationen im Südpazifik gesehen hatten, stellten erstaunt fest, daß diese Formationen uneinheitlich waren, alle möglichen Flugzeugtypen enthielten und auf einem fliegerischen Niveau agierten, das nicht annähernd so hoch war wie früher.«

Als das dreitägige Luftgefecht von Formosa vorüber war, hatten die Japaner fünf- bis sechshundert der fast tausend Flugzeuge, die sie in den Kampf geschickt hatten, verloren. Für die bevorstehende Schlacht um die Philippinen war es von besonderer Bedeutung, daß die vorher schon ausgedünnte Luftmacht der Trägerflotte von Vizeadmiral Ozawa noch einmal um die Hälfte reduziert worden war. Er verfügte jetzt nur noch über hundertzehn Flugzeuge, die er auf die verbliebenen Träger aufteilen konnte. Mit dieser Schwächung von Ozawas Kräften war jede Hoffnung auf einen wirkungsvollen Einsatz der japanischen Flugzeugträger dahin. Durch die Schläge, die Halsey Anfang September gegen die Philippinen geführt hatte, war verhindert worden, daß Ozawa die Pilotenausbildung vollenden und seine Trägerflotte mit den im Süden liegenden Verbänden vereinigen konnte, und jetzt hatte er, indem er die Japaner zwang, so viele Flugzeuge in die Luftschlacht von Formosa zu schikken, erneut ihre Pläne durchkreuzt.

Darüber hinaus war Ozawa als Oberbefehlshaber der operativen Verbände der Japaner praktisch ausgeschaltet worden. Die Ohnmacht seiner Verbände bedeutete, daß in den kommenden Auseinandersetzungen nur noch die im Süden stehende Flotte einen Erfolg herbeiführen konnte. Aus der Erkenntnis dieser Lage heraus sah sich Ozawa genötigt, den taktischen Oberbefehl an deren Kommandeur, Vizeadmiral Takeo Kurita, zu übergeben. Über die Folgen dieses Kommandowechsels kann nur spekuliert werden, da niemand mit Sicherheit sagen kann, daß Ozawa anders gehandelt hätte als Kurita. Aber angesichts der tatsächlichen Ereignisse und der Schlüsselrolle, die Kurita in ihnen spielte, erhebt sich unausweichlich die Frage, was geschehen wäre, wenn Ozawa an seiner Stelle das Kommando innegehabt hätte. Wäre die Schlacht um Leyte anders verlaufen?

Beide Admirale hatten sich im bisherigen Verlauf des Krieges gut geschlagen. Ozawa, ein würdevoller Mann mit beeindruckkender Physis, der größer war als die meisten Japaner, hatte eine Reihe von Posten innegehabt, auf denen er umfangreiche Erfahrungen auf See und im Stabsdienst, unter anderem als Stabschef des Oberbefehlshabers der Vereinigten Flotte, gesammelt hatte. In den letzten Vorkriegsjahren hatte er sowohl eine Schlachtschiff- als auch eine Trägerdivision befehligt, was ihm in der bevorstehenden Schlacht zugute gekommen wäre, wenn es ihm die Umstände erlaubt hätten, den Befehl über alle operativen Verbände der Japaner zu behalten. Für die Leistung, die er im Juni in der Schlacht in der Philippinen-See vollbracht hatte, gebührt ihm angesichts des Kräfteverhältnisses und der außerordentlichen Fähigkeiten seines Gegenspielers, Raymond Spruance, trotz ihres Ausgangs höchste Anerkennung.

Takeo Kurita, dessen Schicksal es war, in der kritischsten Phase der bevorstehenden Schlacht um die Philippinen den Angriff auf die Amerikaner zu führen, war zwar kleiner gewachsen als Ozawa, aber eine Kämpfernatur par excellence. Er war ein wortkarger Mann mit ernstem, vom Wetter gegerbtem Gesicht, der den größten Teil seiner Laufbahn auf See verbracht hatte und dem Verwaltungsdienst weitgehend ausgewichen war. In den Dienstzeiten an Land war er an der Torpedoschule der Marine gewesen, wo er an der Weiterentwicklung der Taktik mitarbeiten konnte. Den Krieg hatte er auf See verbracht, zunächst als Kommandeur einer Kreuzerdivision, dann einer Schlachtschiffdivision und schließlich der Zweiten Flotte. Er wurde in der japanischen Marine als Torpedofachmann geschätzt und war in den erbitterten Kämpfen um die Salomon-Inseln verwundet worden.

Kurita hatte sich in einer Zeit, als Flugzeugträger und U-Boote die entscheidenden Elemente der Seekriegführung waren, entschlossen, seine Karriere auf Kreuzern, Zerstörern und Schlachtschiffen zu machen. Doch obwohl er offenbar den falschen Weg zum Ruhm eingeschlagen hatte, lag das Schicksal des Reichs in seinen Händen, als er mit einer ehrfurchtgebietenden Streitmacht aus Schlachtschiffen und Kreuzern zu einem letzten Schlag gegen den Feind ausholte – ein Schlag, der mit Glück und geschickter Planung durchaus zu einem Erfolg werden konnte.

Der Ausgang der Schlacht und die Gründe dafür, einschließlich Kuritas Rolle, blieben unter Marineoffizieren und Historikern noch jahrzehntelang ein heiß umstrittenes Thema.

Während Kuritas Flotte am südlichen Rand des Südchinesischen Meers entlangfuhr, flog über ihr in niedriger Höhe ein junger Falke. Die Flügel weit ausgebreitet, um auf den tropischen Luftströmungen zu schweben, kreiste er über dem Schlachtschiff *Yamato* und landete schließlich auf einem der turmhohen Masten des Schiffsgiganten. Vizeadmiral Matome Ugaki beobachtete von der Brücke aus, wie sich mehrere Matrosen an den Vogel anschlichen, ihn einfingen und als Maskottchen in einen Käfig sperrten. Ugaki lächelte und wandte den Blick ab. Über der ruhigen See lag, wie er später in sein Tagebuch schrieb, eine »matt leuchtende Schicht verheißungsvoller Luft«. Der Vogel und das schöne Wetter sind gute Vorzeichen, dachte er. Der Sieg wird unser sein.

Ugaki sah den kommenden Tagen, von guten Vorzeichen und einem unerschütterlichen Glauben bestärkt, mit Zuversicht entgegen. Aus Admiral Toyodas »erstem Schlachtgefechtsstand« in Hiyoshi bei Tokio war das Telegramm mit dem Einsatzbefehl Nummer 360 übermittelt worden, der die Ausführung von *Sho Ichi Go* anordnete. Die Schlachtschiffe aus Ugakis Division, einschließlich der bislang unbeschädigt gebliebenen *Yamato* und *Musashi,* würden endlich den Kampf erleben, von dem er so lange geträumt hatte. Wenn das, was sich abzeichnete, nicht trog, würden die amerikanischen und japanischen Überwasserverbände in einer Schlacht aufeinandertreffen wie in den Tagen von Guadalcanal, als die Kaiserliche Japanische Marine noch den Geschmack des Sieges kannte.

Ugaki war bereit, was immer auch kommen mochte. Als er später sein Tagebuch aufschlug, wurde das schwache Licht der roten Lampe noch einmal von seinem Optimismus überstrahlt: »Wir fürchten weder Millionen von Feinden noch Tausende von Flugzeugträgern, denn unsere ganze Truppe ist von demselben Geist beseelt.«

»Kämpft!«

Dusty Rhoades stand auf dem Vorderdeck der *Nashville* in der Nähe der riesigen Schlipphaken, die die Ankerkette sicherten, wenn das Schiff auf See war. Der Kreuzer glitt mit gerade einmal zwölf Knoten fast lautlos durchs Wasser, eine leichte Brise strich über das Deck, und der Himmel war mit funkelnden Sternen übersät. Vor einigen Stunden, in der Dämmerung, hatte Rhoades interessiert verfolgt, wie der Navigationsoffizier einen Sextanten auf diese himmlischen Wegzeichen ausgerichtet und dann im Schein einer Lampe, die rotes Licht verstreute, um die Nachtsicht der Seeleute nicht zu stören, die Position des Schiffs auf der Karte eingetragen hatte.

Rhoades konnte in dem schwachen Licht kaum noch die Schattenrisse der anderen Schiffe der Formation ausmachen. Sie fuhren alle abgedunkelt, um den tödlichen Absichten der feindlichen U-Boote, die hier in der Philippinen-See auf der Lauer liegen mochten, keinen Anhalt zu bieten. Er konnte sie zwar nicht sehen, wußte aber, daß dort draußen buchstäblich Hunderte von amerikanischen Schiffen waren, die alle auf demselben Kurs fuhren und demselben Ziel zustrebten.

Die vorüberfahrenden Stahlkolosse regten die winzigen phosphoreszierenden Tiere, die in tropischen Gewässern leben, zum Leuchten an, und Rhoades beobachtete fasziniert, wie ihr geisterhaftes grünes Licht die Bugwelle des Schiffs illuminierte und wie ein Miniaturfeuerwerk auf der Hecksee tanzte. Es war wie eine Traumwelt aus Disneys *Fantasia* und dennoch Wirklichkeit, und Dusty Rhoades war dabei. Als MacArthurs persönlicher Pilot hatte er nicht unbedingt erwarten dürfen, den General bei seiner historischen Rückkehr auf die Philippinen zu begleiten. Aber MacArthur tat selten das Erwartete, und Rhoades war froh, bei der Invasionsflotte zu sein.

Es war fast drei Monate her, seit er hinter MacArthur über das Flugfeld gegangen war, als der General nach dem Abschluß der Gespräche mit Präsident Roosevelt mit beschwingtem Schritt seinem Flugzeug zustrebte. Da sein Boß augenscheinlich guter Laune war, hatte sich Rhoades ermutigt gefühlt, zu ihm aufzuschließen und ihn zu fragen, ob er erreicht habe, was er wollte. MacArthur hatte sich umgeschaut, um zu sehen, ob jemand sie hören konnte, und dann geantwortet: »Ja, alles. Es geht weiter.«

»Zu den Philippinen?« hatte Rhoades gefragt.

»Ja. Es wird zwar erst in ein paar Tagen bekanntgegeben, aber wir sind auf dem Weg.«

Joseph St. John blickte von seinem Standort im Hochland von Leyte verwundert auf den Golf hinunter. Das in der frühen Morgendämmerung schiefergrau wirkende Wasser war über und über mit blauschwarzen Schiffssilhouetten gesprenkelt. Es waren Hunderte von Schiffen.

St. John ließ das Bild einen Augenblick auf sich wirken, dann endlich glaubte er es. Die Zeit der Prüfung, zweieinhalb Jahre voller Angst, Entbehrung und verzweifelter Hoffnung, war vorüber. Und er schrie es mit aller Kraft heraus: »Die *Americanos* kommen!«

Seine philippinischen Kameraden nahmen den Ruf auf: »Die *Americanos* kommen!« Auch sie hatten lange auf diesen Augenblick gewartet, und jetzt, nachdem ihr amerikanischer Freund bestätigt hatte, was sich unten im Golf abspielte, feierten sie ihn. Die Neuigkeit verbreitete sich wie ein Lauffeuer die Berghänge hinab, durch Dörfer und Täler, über Dschungelpfade und auf die Reisfelder hinaus. Ganz Leyte hallte von dem Jubelruf »Die *Americanos* kommen!« wider.

Dann verebbte der Ruf, und ein anderer trat an seine Stelle. In St. Johns Ohren klang es wie ein schwermütiger, dunkler

Gesang mit einem Rhythmus und einer Melodie, die fast primitiv wirkten. Der wilde Jubel war grimmiger Entschlossenheit gewichen, einem Gefühl, das lange Zeit unter Furcht und ohnmächtigem Sichfügen begraben gewesen, aber von glühendem Haß am Leben erhalten worden war. »Tötet die Japse«, hallte es über das Hochland. »Tötet die Japse, tötet die Japse, tötet die Japse ...«

Auf den Schiffen, die in den Golf von Leyte einfuhren, war hektische Aktivität ausgebrochen, um die gewaltige Armada an ihr vorläufiges Ziel zu bringen. Die Steuermänner manövrierten die Schiffe in die beengten Gewässer des Golfs, während Radarbeobachter vor ihren glühenden Kathodenstrahlröhren nach den elektronischen Hinweisen auf Feindflugzeuge Ausschau hielten. Ausgucks spähten auf der Suche nach einem feindlichen Periskop oder einer Mine, die von den Minensuchern übersehen worden war, angestrengt ins Halbdunkel der Dämmerung. Offiziere drängten sich zu einer letzten Besprechung der Karten und Befehle um Planungstische, während Stewards für ständigen Nachschub an Kaffee sorgten. Infanteristen reinigten ein letztes Mal ihre vorher schon blitzenden Waffen, und Bootsführer prüften zum hundertsten Mal die Motoren der Landungsfahrzeuge. Bei vielen war das einzige Anzeichen von Aktivität jedoch das Blinzeln ihrer Augen, während sie in die heller werdende Dämmerung starrten und sich fragten, was auf sie zukommen mochte. Die Insel, die sie erobern sollten, ragte als schwarzer Umriß vor ihnen aus dem Wasser, und man mußte schon besonders abgehärtet sein, um diese unförmige Masse nicht furchterregend zu finden. Die letzten Stunden vor der Schlacht, wenn die einzige Gewißheit die Nähe des Todes ist und der müßige Geist deren zersetzende Wirkung zu spüren bekommt, sind immer die schwierigsten. Die Ruhe vor dem Sturm.

Auf der Brücke des Leichten Kreuzers *Nashville* stand neben dem Kapitän ein in Khaki gekleideter Mann. Er hatte zwei Jahre, sieben Monate und drei Tage auf diesen Moment gewartet und suchte die in der Ferne liegende Küste von Leyte nach herausragenden Punkten ab. Vor einundvierzig Jahren hatte Douglas MacArthur als stolzer junger Leutnant, frisch aus West Point kommend, genau an dieser Küste gestanden, und jetzt würde er auf die Inseln zurückkehren, auf denen seine lange, ruhmreiche Laufbahn begonnen hatte, diesmal, um ein Versprechen zu erfüllen, einen demütigenden Augenblick zu rächen und die verlorene Ehre wiederzuerlangen.

Mit einem markerschütternden Donnern eröffneten die großen Kanonen der Schlachtschiffe und Kreuzer das Feuer auf die Küste. Die Ruhe war zu Ende, jetzt kam der Sturm. Joseph St. John sah das Feuer der Kanonen mehrere Sekunden, bevor er den Knall hörte. Von seinem Aussichtspunkt aus hatte er eine klare Sicht auf das, was unten im Golf vorging, zumindest so lange, bis sich große Schießpulverwolken über die Szenerie gelegt hatten und, vom Mündungsfeuer der Kanonen und den an der Küste um sich greifenden Bränden abgesehen, alles unter sich verbargen. Der Beschuß wurde stärker und stärker, bis die aufeinanderfolgenden Detonationen in ein fast gleichmäßiges Krachen übergingen, das sich anhörte wie ein in die Länge gezogenes Gewitterdonnern.

Einige Zeit darauf verfolgte St. John gebannt, wie kleinere Schiffe aus dem Qualm auftauchten und näher an die Küste heranfuhren. Dann stiegen plötzlich fast gleichzeitig Hunderte hellroter Nadeln von ihnen auf, die wie brennende Pfeile in hohem Bogen durch die Luft flogen und auf die Küste niederhagelten, Salve um Salve, bis der gesamte Küstenstreifen in Flammen stand. St. John hatte zwar von Raketen gehört, aber noch nie welche gesehen und nicht gewußt, wie wirkungsvoll sie waren.

Noch etwas war ihm unbekannt. Neben den vertrauten Silhouetten von rundlichen Transportern und schlanken Kampfschiffen waren ihm viele merkwürdig aussehende Schiffe mit weit hinten liegenden Aufbauten aufgefallen, die aussahen, als würden sie jede Minute nach hinten kippen und im Meer versinken. Es handelte sich um LSTs,* ungewöhnliche, aber sehr nützliche Amphibienfahrzeuge, die es noch nicht gegeben hatte, als er zuletzt ein Schiff der US Navy gesehen hatte.

St. John war im September 1941 als Obergefreiter der 14. Bombardment Squadron der Army in Manila eingetroffen, und als die Philippinen einige Monate später den Japanern in die Hände fielen, hatte er es geschafft, der Gefangennahme zu entgehen. Die nächsten dreißig Monate hatte er als Flüchtling und Guerillakämpfer verbracht, unter den harten Bedingungen des Dschungels und der ständigen Gefahr der Gefangennahme selbst mit der Unterstützung hilfsbereiter Filipinos aber nur knapp überlebt. Er hatte stark abgenommen, litt unter Haarausfall und hatte sich mit Malaria, Ruhr und einer Reihe weiterer Krankheiten infiziert, deren Namen er nicht kannte. Um am Leben zu bleiben, hatte er Heuschrecken, Affen und Hunde gegessen. Philippinische Banditen waren eine ständige Bedrohung gewesen, und mehr als einmal war er der Gefangennahme durch die Japaner nur knapp entkommen.

Einmal hatte er sich vor japanischen Soldaten, die die Gegend nach ihm absuchten, unter einem dicken Baumstamm in einem Graben versteckt. Als sie ihn nicht finden konnten, hatten sich die Soldaten nur wenige Meter von ihm entfernt hingesetzt, um abzuwarten, ob er wieder auftauchen würde. Stunden vergingen, in denen St. John nicht wagte, auch nur einen Muskel zu bewegen. Die ganze Zeit über krochen große Ameisen über seinen Körper und hinterließen von Kopf bis Fuß ihre Bißspuren, und als ob das noch nicht genug gewesen wäre, fanden sich bald auch Blutegel zu dem Festmahl ein. Stunden-

---

* Landing Ship (for) Tank – Landungsschiffe für Panzer. LSTs waren rund neunzig Meter lang, hatten, voll beladen, eine Wasserverdrängung von viertausend Tonnen und konnten achtzehn Panzer oder anderes Material in entsprechender Menge zu einem Landungsplatz transportieren. Dort schoben sie sich mit ihrem flachen Bug auf den Strand, so daß die Ladung durch ihre großen Bugtore herausfahren oder gelöscht werden konnte.

lang lag er so da, unfähig, sich zu bewegen, während sein Blut von einer der groteskesten Kreaturen der Natur ausgesogen wurde. Schließlich beendeten die japanischen Soldaten seine Leiden, indem sie ihre Wache aufgaben und weiterzogen, um die Suche woanders fortzusetzen. Kein Wunder, daß St. John verrückt vor Freude war, als er die amerikanische Flotte anrükken sah, um die Philippinen zurückzuerobern.

Dusty Rhoades hatte im Gegensatz zu Joseph St. John keinen guten Blick auf den Küstenbeschuß. Die *Nashville* beteiligte sich nicht daran und war zu weit weg, als daß Rhoades eine Gelegenheit gehabt hätte, den Angriff zu verfolgen. Dieser Nachteil wurde allerdings mehr als aufgewogen, als er seinen Boß später am Tag bei dessen triumphaler Rückkehr auf die Philippinen begleiten durfte. Die Mitteilung, daß er diesen historischen Augenblick miterleben würde, versetzte ihn in helle Aufregung. Um die Chance, mitgenommen zu werden, nicht zu gefährden, verschwieg er sogar, daß er krank war.

Gegen zwölf Uhr mittags bestieg er zusammen mit MacArthur, dem philippinischen Präsidenten Osmeña und einer Reihe weiterer Würdenträger ein Landungsfahrzeug. Die Fahrt verlief ohne Zwischenfälle, aber als sie sich dem Ufer näherten, schossen amerikanische Sturzkampfbomber aus den Wolken hervor und bombardierten das Bergland hinter der Küste, von wo aus japanische Kanonen immer noch auf die zu Tausenden an Land strömenden Invasoren feuerten. Von allen Seiten war das Krachen von Kanonen jeden Kalibers zu hören, und in der rauchgeschwängerten Luft hing der scharfe Geruch von Schießpulver. Die den Strand säumenden Palmen brannten wie riesige Kerzen, und die Druckwellen explodierender Granaten preßten den Menschen die Kleidung an den Körper.

Das Landungsfahrzeug lief knirschend auf Sand, und das Bugtor rasselte ins Wasser hinab. Es war noch ein Stück bis zum trockenen Strand, und so mußten MacArthur und sein Hofstaat ins knietiefe Wasser steigen und den Rest des Weges waten. Es war einer jener Augenblicke, die sich für immer ins Gedächtnis eingraben; die Fotos von ihm gingen um die Welt und fanden als unauslöschliche Symbole der wiederhergestellten nationalen Ehre Eingang in Tausende von Geschichtsbüchern.

Dusty Rhoades watete einige Meter hinter dem General durchs Wasser und folgte ihm über den Strand zu einem bereitstehenden Mikrofon. MacArthur nahm es vom Ständer und hielt es dicht vor den Mund. »Volk der Philippinen«, sagte er mit seiner volltönenden Stimme, »ich bin zurückgekehrt.«

In diesem Moment öffnete sich der Himmel, als wollte er den emotionsgeladenen Augenblick unterstreichen, und Regentropfen fielen aus den Wolken wie Tränen. »Durch die Gnade des allmächtigen Gottes«, fuhr MacArthur fort, »stehen unsere Truppen wieder auf philippinischem Boden – einem Boden, der mit dem Blut unserer beiden Völker getränkt ist.«

Der Schlachtenlärm hallte noch über den Golf, und nicht weit entfernt ließen Soldaten beider Seiten ihr Leben, als dieser Mann, den die einen für einen egozentrischen Demagogen hielten und andere als militärischen Heiligen verehrten, seine Stimme erhob, um sich an die Bewohner der philippinischen Inselwelt zu wenden, die so lange auf seine Rückkehr gewartet hatten. »Die Stunde eurer Erlösung ist gekommen«, verkündete er zur Freude zahlloser Filipinos. »Eure Patrioten haben eine unerschütterliche und entschlossene Hingabe an die Prinzipien der Freiheit bewiesen, die zum Besten gehören, das auf den Seiten der Geschichte der Menschheit geschrieben steht.«

In den folgenden Jahren wurde dieser Augenblick von MacArthurs Kritikern förmlich seziert. Sie warfen ihm Effekthascherei vor, was zweifellos zutraf, kritisierten den Gebrauch der ersten Person Singular, die sicherlich fragwürdig war, und einige bezeichneten die Rede sogar als abgedroschen und aufgeblasen, worüber sich streiten ließe. Aber ein objektiver Beobachter hätte kaum ableugnen können, welch tiefe Gefühle die Rückkehr der Amerikaner in vielen Filipinos auslöste, Gefühle, die sich in dem Ruf »Die *Americanos* kommen!« und dem ominösen »Tötet die Japse«-Gesang Luft machten, den St. Joseph im Hochland von Leyte gehört hatte.

»Schart euch um mich«, hatte MacArthur verlangt, und viele waren diesem Ruf gefolgt. In den Monaten nach der Landung auf Leyte verließen viele Filipinos ihr alltägliches Leben und kämpften als Guerillas gegen die Japaner, während die Amerikaner unaufhaltbar von Insel zu Insel vorstießen. Sie alle hatten MacArthurs Worte vernommen: »Laßt euch von dem unbeugsamen Geist von Bataan und Corregidor leiten. Erhebt euch und kämpft, während die Fronten voranrücken, um euch ins Operationsgebiet einzubeziehen. Kämpft bei jeder sich bietenden Gelegenheit. Kämpft für Haus und Herd! Kämpft für die künftige Generation eurer Söhne und Töchter! Im Namen eurer geheiligten Toten, kämpft!«

TEIL III

ERSTE VERLUSTE

Von Ausfahrten,
U-Booten und Kaffee

Die amerikanischen U-Boote spielten im Pazifikkrieg von Beginn an eine große Rolle. Mit einem von ihnen war der philippinische Präsident Osmeña Anfang 1942, kurz vor dem Fall seines Landes, in Sicherheit gebracht worden, und in den Jahren danach hatten sie einen ständigen Austausch von Männern, Material und Informationen mit den Philippinen und anderen Gebieten des Pazifiks aufrechterhalten, wo Küstenbeobachter und Guerillas gegen die japanischen Eroberer kämpften. Selbst zu Anfang des Krieges, als ihnen aufgrund der Mängel der amerikanischen Torpedos viel von ihrer Schlagkraft genommen war, hatten die U-Boote als Aufklärungseinheiten, die die Bewegungen der japanischen Flotte im Auge behielten, wertvolle Dienste geleistet. Als das Torpedoproblem gelöst war, hatten sie dann auch ihren Zoll von den Einheiten der Kaiserlich Japanischen Marine eingefordert und, was noch bedeutsamer war, einen immer wirkungsvolleren Krieg gegen Handelsschiffe geführt, durch den das japanische Reich schließlich wirtschaftlich stranguliert wurde.

1944 waren die amerikanischen U-Boote längst zum Schrekken der japanischen Marine geworden. Obwohl es immer noch nicht genug von ihnen gab, um alle von japanischen Schiffen befahrenen Gebiete nachhaltig abzuschirmen, machten sie doch den Transport von Truppen und Nachschub und jede Flottenbewegung zu einem riskanten Unternehmen. Die Operationsgebiete, in denen die U-Boote patrouillierten, wurden mit teilweise recht farbigen Decknamen bezeichnet: Die Gewässer zwischen den Philippinen und Formosa waren das »Konvoi-College«; das Gebiet um die Ryukyu-Inseln südwestlich von

Japan hieß »Maru-Friedhof«*, und die Gewässer vor der Ostküste von Kyushu und der Südküste von Honshu und Shikoku, einschließlich der Zufahrten zur Japanischen Inlandsee und der Bucht von Tokio, wurden »Hitparade« genannt. In der zweiten Oktoberwoche wurden mehrere amerikanische U-Boote ins Hitparadengebiet geschickt, um zu beobachten, ob japanische Kriegsschiffe aus den Binnengewässern ausliefen. Während einige andere Boote die Zufahrten zur Bucht von Tokio anliefen, trafen die U-Boote *Besugo*, *Ronquil* und *Gabilan* am 10., 11. und 12. Oktober nacheinander vor der Bungo-Straße, einem der beiden Verbindungswege zwischen der Inlandsee und dem Pazifik, ein.

Sie blieben tagsüber unter Wasser und patrouillierten nachts an der Oberfläche. Ihre Hauptaufgabe war die Aufklärung, die Beobachtung und Meldung der Schiffsbewegungen in ihrem Gebiet, aber der Einsatzbefehl enthielt auch eine Angriffsoption, falls die Situation es erforderte. Am 16. Oktober sichtete die *Besugo* im westlichen Teil des Patrouillengebiets zwei Schiffe, die als Schwere Kreuzer ohne Geleit identifiziert wurden. Für die U-Boot-Fahrer des Zweiten Weltkriegs waren Kreuzer, Schlachtschiffe und Flugzeugträger besonders wertvolle Ziele, und so brachte sich die *Besugo* in Position und feuerte einen Fächer von sechs Torpedos auf die beiden Schiffe ab. Das U-Boot verzeichnete einen Treffer, und die japanischen Schiffe zogen sich in die Bungo-Straße zurück. Bei der Aufarbeitung der japanischen Akten nach dem Krieg wurden der Angriff und der Treffer bestätigt, es wurde aber auch festgestellt, daß es sich bei den Schiffen nicht um Kreuzer, sondern um die Zerstörer *Wakatsuki* und *Suzutsuki* handelte. Dies war kein ungewöhnlicher Irrtum. Wer jemals auf See war, kann nachvollziehen, wie schwer es für Ausgucks und Wachoffiziere war, bei Wind und Wellengang auf große Entfernungen fremde Schiffe zu identifizieren, und in Kriegszeiten wird diese Schwierigkeit

---

* *Maru* ist das japanische Wort für »Schiff«.

zudem durch die Notwendigkeit erhöhter Sicherheit und die Auswirkungen massiver Adrenalinstöße erschwert. Solche Irrtümer sollten in den bevorstehenden Ereignissen eine große Rolle spielen.

Die nächsten Tage verliefen für die Männer an Bord der drei vor der Bungo-Straße operierenden U-Boote ereignislos. Sie konnten nicht wissen, daß auf der Inlandsee mit Hochdruck daran gearbeitet wurde, Admiral Ozawas Trägergruppe für den Einsatz vorzubereiten. Sobald sie bereit waren, würde die Gruppe durch die Bungo-Straße in den Pazifik auslaufen, und die neun Schiffe, aus denen sie bestand, wären von den U-Boot-Fahrern als Ziele erster Güte begrüßt worden. Aber Fregattenkapitän T. L. Wogan, der taktische Befehlshaber des Dreier-Wolfsrudels, hatte den Schiffsverkehr in dieser Gegend jetzt mehrere Tage lang beobachtet und den Schluß gezogen, daß der Feind mehr auf Sicherheit bedacht war als auf eine Schlacht, da wesentlich mehr Schiffe in die Inlandsee gefahren als aus ihr gekommen waren. Wogan beschloß, sich dem zweiten Punkt seines Auftrags, der Zerstörung japanischer Handelsschiffe, zuzuwenden, und verlegte die *Besugo* und die *Ranquil* in der Hoffnung, vor der Ostküste von Kyushu einige fette Handelsschiffe abfangen zu können, weiter nach Westen.

Am 19. Oktober befahl Wogans unmittelbarer Vorgesetzter, der Kommandeur der Task Force 17, die *Gabilan* nach Osten vor die zweite Zufahrt zur Japanischen Inlandsee, die Kii-Straße zwischen Shikoku und Honshu, zu verlegen, eine fatale Entscheidung, denn dadurch blieb die östliche Ausfahrt der Bungo-Straße unbewacht, so daß am Nachmittag des 20. Oktober, ungefähr zur gleichen Zeit, als General MacArthur im Triumph auf die Philippinen zurückkehrte, kein amerikanisches U-Boot zur Stelle war, als eine Kolonne japanischer Schiffe aus der Bungo-Straße auftauchte. Der Kreuzer *Isuzu* und vier Zerstörer, die an der Spitze fuhren, bildeten sofort einen U-Boot-Abwehrschirm, während in ihrer Hecksee der Rest von Admiral Ozawas Trägergruppe in den Pazifik einfuhr:

der Flottenträger *Zuikaku,* die Leichten Träger *Zuiho, Chitose* und *Chiyoda,* zwei weitere Kreuzer *(Oyodo* und *Tama)* sowie die ungewöhnlichen Schlachtschiffe *Ise* und *Hyuga.*

Diese beiden Schlachtschiffe, von den Marineanalytikern »Hermaphroditen« genannt, waren der greifbare Beweis für die Entwicklung, die sich in den Kriegsmarinen der Welt vollzog. Ursprünglich als konventionelle Schlachtschiffe gebaut, waren sie kurz nach der Schlacht bei Midway in den Werften von Kure und Sasebo weitgehend umgebaut worden. Da die Japaner in der Schlacht vier Flugzeugträger verloren und schließlich eingesehen hatten, daß das Schlachtschiff die Rolle der Hauptwaffe der Kriegsmarine an den Flugzeugträger abgegeben hatte, wurden vier der zwölf großkalibrigen Kanonen vom hinteren Teil der Schiffe entfernt, um einem Flugdeck Platz zu machen. Diese merkwürdige Anordnung ermöglichte zwar den Start von Flugzeugen, aber keine Landung, weshalb sie mit einer Mischung aus Wasserflugzeugen und normalerweise landgestützten Maschinen bestückt waren, die als Aufklärungs- beziehungsweise Angriffsflugzeuge dienten.

Die Flugzeuge der *Ise* und der *Hyuga* waren jedoch allesamt abgezogen und in den Kampf geschickt worden, um Halseys Angriff gegen Formosa abzuwehren, so daß die »Hermaphroditen«, als sie Kurs auf die Philippinen nahmen, wieder zu bloßen Schlachtschiffen geworden waren – nur mit weniger Kanonen, als sie ursprünglich besessen hatten.

Admiral Ozawa war also den amerikanischen Wachhunden entkommen und dampfte mit seiner ungewöhnlichen Zusammenstellung von Schiffen südwärts in Richtung Leyte. Noch ungewöhnlicher als die Schiffe war allerdings sein Auftrag.

Leutnant Andy Kerr hatte eine wichtige Entscheidung zu treffen, möglicherweise die wichtigste seines ganzen Lebens. Es war ungefähr 1600 Uhr am 20. Oktober, und die 15,24-Zentimeter-Kanonen von Kerrs Schiff, dem Leichten Kreuzer USS *Honolulu,* von seiner Besatzung »Blue Goose« (Blaugans) genannt, hatten zur Unterstützung der Landung auf Leyte drei Tage lang fast ununterbrochen gefeuert. Die Schiffe der Siebenten Flotte waren seit Beginn der Landung sporadisch von landgestützten japanischen Flugzeugen angegriffen worden, so daß die Schiffe die meiste Zeit in Gefechtsbereitschaft gewesen waren. Kerrs Gefechtsstation befand sich tief im Schiffsbauch im Leitstand der Hauptbatterie, und er war müde.

Am Spätnachmittag trat endlich eine Feuerpause ein. Die allgemeine Gefechtsbereitschaft wurde aufgehoben und Alarmstufe zwei in Kraft gesetzt, was bedeutete, daß nur die Hälfte der Männer auf Gefechtsstation bleiben mußte, während die andere den dringend benötigten Schlaf nachholen konnte. Kerrs Dilemma trat ein, als ihm der Duft von frisch gebrühtem Kaffee in die Nase stieg.

Weder er noch sonst jemand an Bord der *Honolulu* wußte, daß in diesem Augenblick ein japanisches Flugzeug im Schutz der Berghänge von Leyte im Tiefflug auf den Golf zuflog. Es war eines der landgestützten Flugzeuge, die den Japanern nach der Luftschlacht von Formosa geblieben waren. Die meisten der übriggebliebenen Flugzeuge waren, zusammen mit Maschinen aus China und Japan, als Verstärkung der bereits dort stationierten Luftwaffeneinheiten auf die Philippinen verlegt worden, so daß sich die Zahl der dort verfügbaren landgestützten Flugzeuge auf knapp vierhundert erhöht hatte, und die siebzig Flugplätze verschiedener Größe, die sie über die Inseln verstreut besaßen, erlaubten es den Japanern, diese Luftmacht so zu verteilen, daß ihre vollständige Vernichtung unmöglich war.

Wie die meisten Seeleute der US Navy waren auch die aus der Gefechtsbereitschaft entlassenen Männer im Leitstand der Hauptbatterie der *Honolulu* schon lange immun gegen die aufputschende Wirkung von Koffein, und viele blieben auf ihren Stationen, um noch eine Tasse heißen Kaffee zu trinken, bevor sie zu ihren Kojen gingen. Leutnant Kerr war diese Angewohnheit nicht fremd, und er war sich einen Augenblick uneins, ob er bleiben solle, aber die Koje besaß für ihn mehr Anziehungskraft als eine Tasse Kaffee, und so begann er die aus dem Leitstand führende Leiter hinaufzuklettern. Er war der einzige, der den Raum verließ.

Als das japanische Flugzeug aus den Bergen von Leyte auftauchte, kam über TBS* eine Warnung herein. Gleichzeitig wurde es von mehreren Ausgucks der *Honolulu* gesichtet, die auch den großen dunklen Umriß an der Unterseite des Flugzeugs bemerkten, der selbst durch den über dem Golf hängenden Qualm zu erkennen war. Sie gaben Alarm: »Torpedoflugzeug! Backbord achtern!«

Leutnant Kerr hatte zwei oder drei Leitern im Einstiegsschacht hinter sich gebracht und befand sich mehrere Decks über den Kaffeetrinkern im Leitstand, als es plötzlich aus den Schiffslautsprechern bellte: »Schiff sichern! Unterwasserangriff!« Das bedeutete, daß alle wasserdichten Türen und Luke sofort geschlossen werden sollten. Kerr hatte gerade ein gepanzertes Luk passiert und drehte sich instinktiv um, um es zu schließen.

Oben an Deck traf Captain Harry R. Thurber, der kommandierende Offizier der *Honolulu,* der sich noch Sekunden vorher in seiner Kabine die Haare hatte schneiden lassen, gerade rechtzeitig auf der Brücke ein, um das aufspritzende Wasser unter dem anfliegenden Flugzeug zu sehen. Ihm war die Situation augenblicklich klar; er befahl volle Kraft zurück und riß das Ruder in dem verzweifelten Versuch, das Schiff parallel zur Bahn des heranschießenden Torpedos zu legen, scharf nach links. Rasch zu handeln, war alles, was er unter den gegebenen Umständen tun konnte. Er verhinderte damit wahrscheinlich noch verheerendere Schäden, aber ausweichen konnte er dem Torpedo nicht mehr.

Andy Kerr hatte das gepanzerte Luk gerade gesichert, als der

---

* TBS – »Talk Between Ships« (Gespräch zwischen Schiffen) – war das Funknetz, das im Zweiten Weltkrieg für die Kommunikation zwischen den Schiffen benutzt wurde.

Torpedo auf der Backbordseite der *Honolulu,* kurz vor der Brücke, einschlug. Kerr verspürte einen heftigen Stoß, dann gingen sämtliche Lampen aus. Das Schiff bebte und ächzte, während er in der Dunkelheit nach einem Bordtelefon tastete, um einen anderen Teil des Schiffs zu erreichen. Er spürte, wie der Kreuzer Schlagseite bekam, und fragte sich, ob er sinken würde. Aus Furcht vor Feuer oder hereinbrechendem Wasser zögerte er, ohne Befehl eines der Luke über oder unter ihm zu öffnen. Aber die Aussicht, in diesem dunklen Einstiegsschacht zu stecken, während die »Blaugans« sank, behagte ihm auch nicht besonders.

Die Sprengladung des Torpedos hatte ein klaffendes Loch in die Backbordseite des Kreuzers gerissen, und das hereinströmende Wasser stand im vorderen Drittel des Schiffs bald bis zur Wasserlinie. Unterdessen waren umfangreiche Gegenmaßnahmen eingeleitet worden, um die Schäden unter Kontrolle zu bekommen und das Schiff wieder aufzurichten.

Andy Kerr war nicht der einzige an Bord der *Honolulu,* der sich um sein Leben sorgte. Funker Leon Garsian hatte unter Deck im Funkraum geschlafen, als der Torpedo einschlug. Der Raum war glücklicherweise wasserdicht geblieben, denn die darüber liegenden Abschnitte wurden in wenigen Sekunden von Wasser und Öl überflutet. Garsian war sechzehn Stunden von der Außenwelt abgeschnitten, während der Raum über ihm ausgepumpt wurde und sich Azetylenflammen in die zehn Zentimeter dicke Panzerplatte fraßen, die ihn zeitweise eingeschlossen hatte.

Das Luk über Andy Kerr wurde aufgerissen, und eine Stimme rief herunter: »Ist da unten jemand?« Weder er noch die »Blaugans« sollten an diesem Tag das Zeitliche segnen. Andere hatten nicht so viel Glück. Andy Kerr erfuhr bald, daß die sechsundfünfzig Mann im Leitstand der Hauptbatterie allesamt ums Leben gekommen waren. Ihm war dieses Schicksal nur deshalb erspart geblieben, weil er seine Station früh genug verlassen hatte.

Die Leiden der *Honolulu* waren aber noch nicht vorüber. Die umliegenden amerikanischen Schiffe bewiesen in ihrem Bemühen, das im Tiefflug über den Golf rasende japanische Flugzeug abzuschießen, mangelnde Feuerdisziplin und zielten auf die Rauchwolke, die den Kreuzer einhüllte. Dabei wurden fünf weiter Männer getötet und elf verletzt. Die »Blaugans« schleppte sich schließlich, trotz ihrer durch die Schäden stark beeinträchtigten Manövrierfähigkeit, aus dem Leyte-Golf und erreichte dreizehn Tage später Manus auf den Admiralitätsinseln.

Leutnant Kerr stand noch eine weitere Prüfung bevor. Da er der einzige Überlebende der im Leitstand der Hauptbatterie diensttuenden Soldaten war, hatte er, als das Schiff in Manus im Trockendock lag, die traurige Pflicht, noch einmal in den verwüsteten Raum zurückzukehren, um bei der Identifikation seiner gefallenen Kameraden zu helfen, deren Leichen zu diesem Zeitpunkt bereits fast zwei Wochen im warmen tropischen Meerwasser schwammen.

Wie sich ironischerweise herausstellte, war die *Honolulu* möglicherweise das Opfer einer falschen Identifizierung geworden. Einige Stunden nach dem Torpedoangriff verbreitete Radio Tokio voller Stolz die Nachricht, daß bei den Philippinen General MacArthurs Schiff beschossen und versenkt worden sei. Die *Honolulu* war ein Schwesterschiff der *Nashville*, des Flaggschiffs von MacArthur.

Die japanische Armada lag unterdessen in Brunei und füllte ihre Treibstoffbunker mit dem fossilen Elixier, das einer der Hauptgründe für diesen Krieg im Pazifik war. Die über dreitausend Meter hohen, dicht bewaldeten Berge, die den Ankerplatz umgaben, schützten Kuritas Flotte vor visueller oder elektronischer Entdeckung. Aber das spielte keine Rolle, denn es gab in dieser Gegend keine alliierten Flugzeuge oder U-Boote, die hätten Alarm schlagen können. Die US Navy wußte zu diesem Zeitpunkt, am frühen Abend des 21. Oktober, weder, wo sich die Hauptkräfte der Kaiserlich Japanischen Marine befanden, noch, was sie vorhatten.

Wäre ein amerikanisches Aufklärungsflugzeug über den Liegeplatz geflogen, hätte seine Besatzung sicherlich voller Staunen auf die Kolosse der *Musashi* und *Yamato,* auf fünf weitere Schlachtschiffe, dreizehn Kreuzer und neunzehn Zerstörer herabgeblickt. Die Amerikaner hätten bestimmt auch gern gewußt, was die Ansammlung kleinerer Schiffe in der Nähe des Kreuzers *Atago* zu bedeuten hatte. Sie hätten vermutlich den Schluß gezogen, daß dieser das Flaggschiff der Flotte war und daß die Boote die Kommandeure zu einer letzten Einsatzbesprechung mit dem befehlshabenden Admiral zu dem Kreuzer gebracht hatten.

An Bord der *Atago* hörten Vizeadmiral Ugaki und die anderen versammelten Offiziere aufmerksam zu, während ihnen ein Mitglied von Admiral Kuritas Stab den Einsatzplan erläuterte. Nach der ursprünglichen Fassung des *Sho*-Plans sollte die Flotte die Invasion der Philippinen stören, indem sie feindliche Truppentransporter angriff. Jeder der anwesenden Offiziere war zwar bereit, diesen Befehl auszuführen, aber insgeheim hielten viele von ihnen diese Prioritätensetzung in bezug auf die Ziele für falsch. Ihnen erschien es unangemessen und taktisch unklug, solche relativ harmlosen Ziele anzugreifen, während in ihrer Reichweite feindliche Kreuzer und Schlachtschiffe operierten. Einige von ihnen sehnten immer noch die »Entscheidungsschlacht« herbei, die ihr Denken seit Beginn des Krieges beherrscht hatte. Andere teilten Konteradmiral Nakazawas Ansicht, daß dies für die Kaiserlich Japanische Marine die letzte Gelegenheit war, in Ehren zu sterben, und anstelle des Zentrums der Feindkräfte Truppentransporter anzugreifen, war kaum der Weg, »zu blühen wie Blumen des Todes«.

Zu den Kritikern gehörten auch Kurita selbst und sein Stabschef, Konteradmiral Tomiji Koyanagi. Während Kuritas Flotte bei Lingga Übungen abhielt, war Koyanagi in Manila mit Vertretern der Vereinigten Flotte zusammengekommen, wobei er

129

jedoch nicht versucht hatte, die Tokioter Planer zu einer völligen Umkehr zu überreden. Statt dessen hatte er sich für ein subtileres Vorgehen entschieden und sie gefragt: »Laut Befehl sind die Hauptziele der Ersten Stoßgruppe Feindtransporter. Wenn aber zufällig Flugzeugträger in Reichweite unserer Kräfte kommen, dürfen wir dann, in Kooperation mit landgestützten Flugzeugen, gegen die Träger vorgehen und uns anschließend wieder der Vernichtung der Transporter zuwenden?« Seine Vorsicht zahlte sich aus. Das Hauptquartier der Vereinigten Flotte akzeptierte seine Eventualklausel.

Trotz der Vorbehalte gegen den Auftrag selbst und der Hoffnung, daß die Umstände es erlauben würden, die Eventualklausel in Kraft zu setzen und anstelle der Truppentransporter gegen Flugzeugträger vorzugehen, bereitete sich Kuritas Stab beflissen auf die bevorstehende Schlacht vor. Man studierte nautische und geographische Karten, brütete über taktischen Doktrinen und hielt regelmäßig Besprechungen ab. Besondere Aufmerksamkeit widmete man drei neuralgischen Punkten der Philippinen, die als Ort der amerikanischen Invasion am wahrscheinlichsten waren: die Lamon-Bucht im Norden, der Davao-Golf im Süden und der Leyte-Golf in der Mitte.

Kurita und sein Stab waren also bereit, als die Meldung eintraf, daß die Amerikaner in den Leyte-Golf eingelaufen waren. Ihr Plan sah vor, zwei Gruppen zu bilden, die die Amerikaner in einer Art Zangenbewegung aus unterschiedlichen Richtungen angreifen sollten. Die größere der beiden Gruppen, zu der Ugakis Erste Schlachtschiffdivision gehörte, würde unter Kuritas taktischem Befehl bleiben und sich von Brunei aus nach Norden wenden, die Sibuyan-See und die San-Bernardino-Straße durchqueren und an der Küste von Samar entlangfahren, um die amerikanischen Landungstruppen im Leyte-Golf von Norden her anzugreifen.

Die kleinere Gruppe, die aus den Schlachtschiffen *Yamashiro* und *Fuso*, dem Schweren Kreuzer *Mogami* und vier Zerstörern bestand, wurde Vizeadmiral Shoji Nishimura unterstellt.

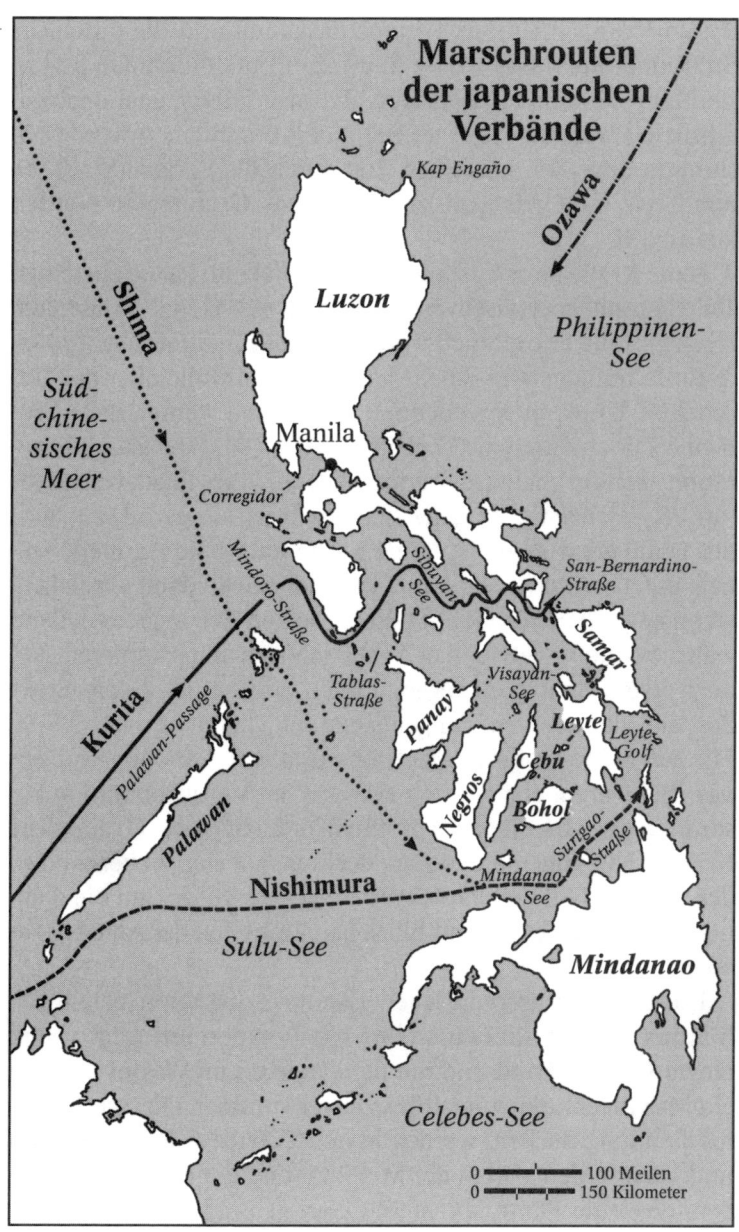

Marschrouten der japanischen Verbände

Kap Engaño

Luzon

Ozawa

Philippinen-See

Shima

Manila

Süd-chine-sisches Meer

Corregidor

Mindoro-Straße

Sibuyan-See

San-Bernardino-Straße

Samar

Kurita

Palawan-Passage

Tablas-Straße

Panay

Visayan-See

Leyte

Leyte-Golf

Cebu

Negros

Bohol

Surigao-Straße

Nishimura

Palawan

Mindanao-See

Sulu-See

Mindanao

Celebes-See

0 ▬▬▬ 100 Meilen
0 ▬▬▬ 150 Kilometer

131

Sie würde nach Kuritas Gruppe auslaufen und die durch die Sulu- und die Mindanaosee führende Route durch den philippinischen Archipel einschlagen, die zwar kürzer, aber auch gefährlicher war. Bei richtiger zeitlicher Abstimmung würde Nishimura ungefähr zur selben Zeit durch die Surigao-Straße in den Leyte-Golf gelangen, zu der Kuritas Gruppe von Norden aus angriff.

Seine Kräfte aufzuspalten, ist immer riskant, da die einzelnen Teile logischerweise schwächer sind als das Ganze. Außerdem erschwert die erforderlich werdende Koordination über größere Entfernungen dem Befehlshaber die Kontrolle über das Geschehen. Unter entsprechenden Umständen werden diese Probleme jedoch durch die Vorteile aufgewogen. Eine Zangenoperation, bei der mehrere Truppenteile aus verschiedenen Richtungen gleichzeitig angreifen, kann sehr wirkungsvoll sein, weil der Feind gezwungen ist, seine Kräfte und seine Aufmerksamkeit aufzusplittern. Sie kann ihr Ziel selbst dann erreichen, wenn zwei Gruppen nicht exakt zur selben Zeit angreifen, denn während die angegriffenen Verbände sich umgruppieren, um dem ersten Schlag entgegenzutreten, wird eine andere Seite, das Ziel der zweiten Zangenbacke, möglicherweise entblößt. Für den Leyte-Golf, wo ans Ufer stürmende Landungstruppen das Ziel waren, eignete sich eine solche Angriffsoperation besonders gut. Die Japaner hofften, daß die eine Gruppe die Kriegsschiffe, die die Landung deckten, auf sich ziehen und so der zweiten Gruppe den Weg frei machen würde, um die dann höchst verwundbaren amphibischen Einheiten der Amerikaner anzugreifen.

Die an einer amphibischen Landungsoperation beteiligten Marineeinheiten sind durch ihre relativ exponierte Lage – »mit einem Bein an Land und mit dem anderen im Wasser«, wie es ein Marinehistoriker ausdrückte – verwundbar. Die Schiffe, die die Landung decken, werden in eine defensive Rolle gedrängt und müssen den Vorteil der Mobilität und der Offensive aufgeben, den eine Flotte, die nicht derart gebunden ist, normalerweise hat, und für die Japaner – die fast während des gesamten Krieges in der Defensive gewesen waren und vor kurzem erst die verheerenden Auswirkungen der Mobilität und Offensivkraft von Bull Halsey zu spüren bekommen hatten – war selbst die kleinste Hoffnung darauf, einen taktischen Vorteil zu erlangen, ein gewichtiges Argument.

Das größte Problem, dem sich die Japaner gegenübersahen, war die Tatsache, daß sie den Amerikanern hinsichtlich der verfügbaren Kräfte hoffnungslos unterlegen waren. Das japanische Nachrichtenmaterial gab zwar kein vollständiges, aber doch ein hinreichendes Bild dessen, was sie bei Leyte erwartete. Sie wußten von der großen amphibischen Flotte (Kinkaids Siebenter), der Speerspitze der Invasion. Wäre sie der einzige Verband gewesen, hätte Kuritas Zangenoperation gute Aussichten auf Erfolg gehabt. Aber den Japanern war auch bekannt, daß Halseys Flotte ebenfalls in der Nähe war und mit ihrer gigantischen Ansammlung maritimer Kampfkraft auf eine Kraftprobe mit ihnen brannte. Halsey und Kinkaid hatten zusammen mehr als genug Kräfte, um es mit jeder beliebigen Anzahl von Zangenverbänden aufzunehmen, ganz gleich, aus welchen Richtungen sie kamen. Wie konnten die Japaner hoffen, gegen einen so überwältigenden Vorteil der Gegenseite anzukommen?

Die Antwort war eine jahrhundertealte Waffe, die unterlegenen Truppen gedient hat, seit es Kriege gibt. *List* war das ausgleichende Moment, das die amerikanische Überlegenheit zumindest teilweise zunichte machen konnte. Obwohl ihre Trägerflotte aufgrund des Mangels an ausgebildeten Piloten keine nennenswerte Schlagkraft mehr besaß, mochte dies, so der Gedankengang der Japaner, den Amerikanern nicht im vollen Umfang bekannt geworden sein, so daß sie diese immer noch als ernstzunehmende Streitmacht betrachteten. Ozawas Trägerflotte sollte sich daher in der bevorstehenden Schlacht von Norden her auf direktem Weg dem Kampfgebiet nähern, um, so hoffte man, einen Teil der amerikanischen Verbände aus dem Gebiet von Leyte auf sich zu ziehen. Mit etwas Glück würde man auf diese Weise die amerikanischen Trägergruppen weglocken und es Kuritas Flotte ermöglichen, ihre Aufgabe gegen die amphibischen Einheiten zu erfüllen. Der Erfolg des Plans hing davon ab, wie groß der Anteil der amerikanischen Luftwaffe war, der für die Jagd auf Ozawa abgezweigt wurde, denn abgesehen von dem Schutz, den ihm die auf den Philippinen stationierten Flugzeuge geben konnten, war Kurita, sobald er in Reichweite der amerikanischen Luftwaffe kam, aus der Luft höchst verwundbar.

Die Operation Sieg Eins war ein kühnes Unternehmen mit bestenfalls vagen Erfolgsaussichten. Dennoch war es ein realistischer Plan. Bei guter zeitlicher Abstimmung und mit etwas Glück konnte die japanische Marine den vorrückenden Amerikanern einen empfindlichen Schlag versetzen. Daß die Japaner den Krieg gewinnen würden, war zu diesem Zeitpunkt bereits ausgeschlossen, aber ein Rückschlag der USA auf den Philippinen hätte einen für Japan günstigen Einfluß auf die in wenigen Tagen stattfindenden amerikanischen Präsidentschaftswahlen haben können. Präsident Roosevelt wäre möglicherweise nicht wiedergewählt oder zumindest erheblich geschwächt worden, was vermutlich zu einer Änderung der amerikanischen Politik geführt hätte. Die Vereinigten Staaten hätten sich genötigt sehen können, die Forderung nach bedingungsloser Kapitulation fallenzulassen und über einen für Japan annehmbaren Friedensschluß zu verhandeln.

Am Ende der Einsatzbesprechung auf der *Atago* stand Admiral Kurita auf und wandte sich, was für ihn völlig untypisch war, mit einer Ansprache an die ihm untergebenen Offiziere. Seine Botschaft war pragmatisch und fatalistisch, aber auch von der aufopferungsvollen Begeisterung geprägt, die für japanische Krieger vom Schlage eines Matome Ugaki, der nur wenige Meter von Kurita entfernt andächtig zuhörte, so charakteristisch war. Nach dem Eingeständnis, daß der Krieg schlecht verlief, fuhr Kurita fort: »Wäre es nicht eine Schande, wenn unsere Flotte unversehrt bliebe, während das Vaterland untergeht?« Er sagte den Männern, daß eine »ruhmreiche Gelegenheit« vor ihnen liege, und mahnte sie: »Sie müssen daran denken, daß es so etwas wie Wunder gibt. Wer wollte sagen, daß unsere Flotte keine Chance hat, das Blatt des Krieges in einer Entscheidungsschlacht zu wenden?«

Ugaki und die anderen quittierten die Rede mit lauten »*Banzai!*«-Rufen und machten sich auf den Weg zu ihren Schiffen, um die Abfahrt von Brunei vorzubereiten.

Gefährliches Gebiet

Der 25. Oktober sollte ihr letzter Tag im Einsatzgebiet sein, und die Besatzung des amerikanischen U-Boots *Dace* war damit beschäftigt, alles für die Rückfahrt in freundlichere Gewässer vorzubereiten. Der Navigator und seine Steuermänner arbeiteten an den Karten, an Hand deren sie aus den unsicheren Gewässern westlich der Philippinen nach Australien zurückfahren würden. Die Vorratsverwalter inspizierten die Bestände, und die Ingenieure prüften den Treibstoff- und Schmierölstand. Diejenigen, die frei hatten, beendeten die langen Briefe, die sie bald würden abschicken können.

Wie die meisten U-Boot-Patrouillen im Zweiten Weltkrieg hatte auch die der *Dace* aus endlosen Stunden der Langeweile bestanden, die nur gelegentlich von Augenblicken höchster Erregung unterbrochen worden war. Die *Dace* hatte bei Borneo einen Tanker und einen Frachter versenkt, bevor sie vor drei Tagen vergeblich einen Zerstörer beschoß, der mit einem ebenso erfolglosen Wasserbombenangriff zurückschlug. Es hatte noch einige andere vielversprechende Augenblicke gegeben, in denen ein Angriff auf Einheiten der japanischen Kriegsmarine unmittelbar bevorzustehen schien, aber sie hatten nur zu Enttäuschungen geführt, weil sich die Sichtmeldungen als Irrtum herausstellten oder weil die potentielle Beute entkam. Verglichen mit früheren Fahrten – Transporten in feindliches Territorium, einem Beinahe-Zusammenstoß mit einem japanischen Zerstörer und einer kühnen Aufklärungsfahrt in die Sarangani-Bucht im Süden der Philippinen – war die Patrouille nicht gerade zufriedenstellend verlaufen. So kann es nicht überraschen, daß der Kapitän der *Dace*, Fregattenkapitän Bladen D. Claggett, die Rückkehr nach Australien aufschob, als gegen Mittag die Nachricht eintraf, daß sich ein japanischer Konvoi von Norden her auf seine Position zubewegte.

Die *Dace* und ein zweites U-Boot, die *Darter* unter Fregattenkapitän David H. McClintock, operierten zu diesem Zeitpunkt östlich der Insel Palawan, in der Nähe einer Zone, die auf ihren Seekarten als »Gefährliches Gebiet« gekennzeichnet war.

Vizeadmiral Ugaki spürte durch den Stahlboden unter seinen Füßen das Stampfen der mächtigen Maschinen der *Yamato*, während er in sein Tagebuch schrieb: »Was den Einsatz der Fünften Flotte betrifft, gab es einigen Streit, aber schließlich wurde beschlossen, sie am frühen Morgen des 25. nach der Zweiten Gruppe durch die westliche Einfahrt der Surigao-Straße in den Liegeplatz vorstoßen zu lassen. Manchmal ist es besser, sich einen Teil seiner Kräfte aufzuheben.«

Was Ugaki als »Fünfte Flotte« bezeichnete, war ein Verband aus zwei Schweren Kreuzern, einem Leichten Kreuzer und vier Zerstörern, der, als *Sho Ichi Go* in Gang gesetzt wurde, nicht bei Kuritas Flotte in Lingga gewesen war, sondern bei Formosa und vor der chinesischen Küste operiert hatte. Wie Ugakis Tagebucheintragung andeutet, war man sich zunächst unschlüssig gewesen, was man mit diesen unter dem Befehl von Vizeadmiral Kiyohide Shima stehenden Schiffen anfangen sollte, hatte dann aber entschieden, daß sie im Anschluß an Nishimuras Gruppe durch die Surigao-Straße in den Leyte-Golf einlaufen sollten. Damit strebten vier japanische Flottenverbände dem Landungsplatz der US Navy zu: Ozawa von Norden, Kurita durch die San-Bernardino- und Nishimura und Shima durch die Surigao-Straße.

Ugakis Erklärung, es sei manchmal »besser, sich einen Teil seiner Kräfte aufzuheben«, ist unbefriedigend, denn es erhebt sich sofort die Frage, warum die Japaner Shimas Gruppe nicht mit derjenigen Nishimuras vereinigten, anstatt sie getrennt eintreffen zu lassen. Zusammen wären sie eine weit schlagkräftigere Streitmacht gewesen. Sich »Kräfte aufzuheben«, entspricht nicht gerade einer Strategie des »Alles oder nichts«.

Die Gründe für diesen Widerspruch sind möglicherweise persönlicher Natur. Shima und Nishimura waren sehr unterschiedliche Charaktere, und es gibt Belege dafür, daß sie nicht gut miteinander auskamen. Während Nishimura ein seefahrender Admiral war, der sich von der Politik fernhielt und sich seinen Ruf und seine Beförderungen auf Schiffen verdient hatte, war Shima größtenteils auf dem Weg über Stabsposten und Lehranstalten aufgestiegen, wobei er eher administrative als operative Fähigkeiten bewiesen und zugleich vorteilhafte Beziehungen zur japanischen Admiralität geknüpft hatte. Es gibt zwar keinen aktenkundigen Beweis dafür, aber die Entscheidung, diese beiden Männer – und ihre Gruppen – getrennt operieren zu lassen, könnte auf der zwischen ihnen herrschenden Antipathie und auf der Überlegung beruht haben, daß bei einer Verschmelzung ihrer Verbände der weniger erfahrene, aber im Dienstrang höher stehende Shima das Kommando erhalten hätte. Der für gewöhnlich freimütige Ugaki übte in diesem Fall Zurückhaltung. Sein Tagebuch bestätigt nur, daß die beiden Gruppen unabhängig voneinander im Leyte-Golf eintreffen sollten.

Auch in einer anderen Frage äußerte sich Ugaki ungewöhnlich lakonisch. Die von Kurita angeordnete Formation seines Verbandes für die Fahrt nach Norden bestand aus zwei Abteilungen, die jeweils zwei Hauptsäulen mit den Schlachtschiffen und den Schweren Kreuzern sowie auf beiden Seiten der Hauptsäulen und zwischen ihnen zwei beziehungsweise drei Säulen aus Leichten Kreuzern und Zerstörern bildeten. Merkwürdig an dieser Formation war, daß sie in Gewässern, die bekanntermaßen von U-Booten unsicher gemacht wurden, zwar einen guten Flankenschutz bot, aber gegen einen Angriff von vorn ungeschützt war. An der Spitze fuhren Seite an Seite zwei Zerstörer, der Leichte Kreuzer *Noshiro,* der Schwere Kreuzer *Myoko* und Kuritas Flaggschiff, die *Atago,* ebenfalls ein Schwerer Kreuzer. Solche wertvollen Ziele ohne einen Schirm aus

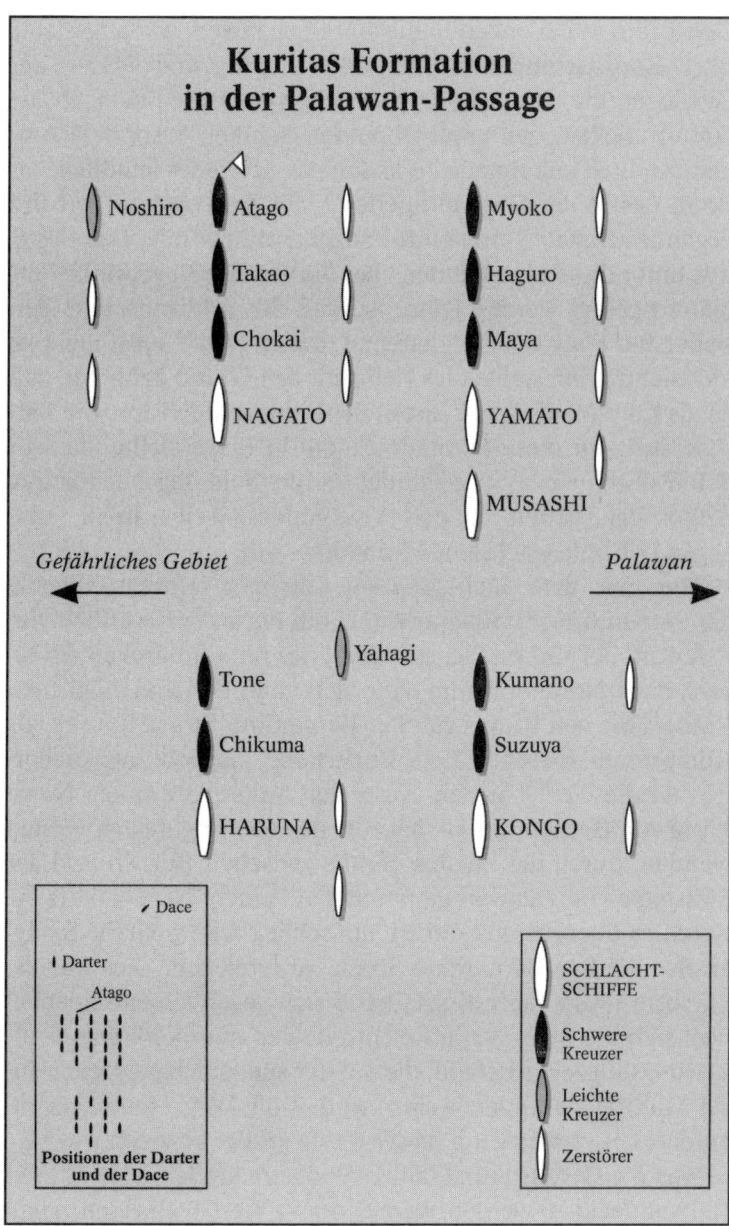

Kuritas Formation
in der Palawan-Passage

Noshiro Atago Myoko

Takao Haguro

Chokai Maya

NAGATO YAMATO

MUSASHI

Gefährliches Gebiet *Palawan*

Yahagi

Tone Kumano

Chikuma Suzuya

HARUNA KONGO

Dace

Darter

Atago

**Positionen der Darter
und der Dace**

SCHLACHT-
SCHIFFE

Schwere
Kreuzer

Leichte
Kreuzer

Zerstörer

139

Zerstörern in der ersten Reihe fahren zu lassen, war angesichts der U-Boot-Gefahr alles andere als vernünftig, und die Enge der Gewässer, die der Verband passierte, verstärkte nur noch die Notwendigkeit, den voranfahrenden Schiffen besondere Aufmerksamkeit zukommen zu lassen, da sich jedes feindliche U-Boot, das in der Gegend operierte, auf die vor dem Verband liegende schmale Durchfahrt konzentrieren würde. Das Beste, was unter diesen Umständen über die von Kurita gewählte Formation gesagt werden kann, ist, daß die Schlachtschiffe den sichersten Platz erhalten hatten. Obwohl Ugaki sonst nicht so kurzsichtig war, stellte dies vielleicht den Grund dafür dar, daß er, als Kommandeur der Ersten Schlachtschiffdivision, die Entscheidung für diese Formation nicht in Frage stellte, da *sein* Schiff durch sie nicht gefährdet wurde. Sein Tagebucheintrag deutet sogar darauf hin, daß er sie guthieß, weil er in ihr »eine gegen U-Boote wachsame Formation« sah.

Aber wie dem auch gewesen sein mag, Kuritas Armada dampfte in dieser und keiner anderen Formation westlich von Palawan, der südwestlichsten Insel des philippinischen Archipels, nach Norden. Kurita hatte sich unter den drei möglichen Routen, die von Brunei zur San-Bernardino-Straße führten, als Kompromiß zwischen Zeit, Entfernung, Logistik und Sicherheit für diese entschieden. Als er den Ankerplatz an der Nordküste von Borneo verließ, hätte er sich ebensogut nach Westen wenden, durch die Balabac-Straße zwischen Borneo und der Südspitze von Palawan fahren und auf einem Nordostkurs die Sulu-See überqueren können, um schließlich durch die Sibuyan-See die San-Bernardino-Straße zu erreichen. Dies war die kürzeste Route, aber Kurita hatte sich gegen sie entschieden, weil sich die Sulu-See in Reichweite der amerikanischen Aufklärungsflugzeuge befand, die auf der südöstlich gelegenen Insel Morotai stationiert waren, so daß die Wahrscheinlichkeit, entdeckt zu werden, auf dieser Route größer gewesen wäre.

Was die Gefahr betraf, auf U-Boote zu stoßen oder aus der Luft entdeckt zu werden, wäre es am sichersten gewesen, wenn sich Kurita von Brunei aus nach Nordwesten gewendet und nach einem weiten Bogen durch das Südchinesische Meer, von Norden kommend, durch die Mindoro-Straße in die Sibuyan-See gefahren wäre. Aber diese Route war wesentlich länger, und die Schiffe hätten auf See aufgetankt werden müssen, was zuviel Zeit gekostet hätte und im übrigen aufgrund der Knappheit an Tankern eine logistische Unmöglichkeit darstellte. Also hatte sich Kurita für einen Kompromißkurs entschieden, der nordostwärts an der Westseite der Insel Palawan entlang und dann durch die Mindoro- und die Tablas-Straße in die Sibuyan-See führte. Diese Route lag außerhalb der Reichweite der auf Morotai stationierten Flugzeuge und konnte ohne Auftanken bewältigt werden, führte aber auch durch ein Nadelöhr, an dem die Wahrscheinlichkeit von U-Boot-Aktivitäten sehr hoch war.

Kuritas Flotte schwenkte also in die Palawan-Passage ein. Auf der Steuerbordseite lag die langgezogene, schmale Insel Palawan, auf der seit Kriegsbeginn amerikanische Gefangene unsägliche Entbehrungen und Grausamkeiten erlitten, und auf der Backbordseite erstreckte sich eine riesige Wasserfläche voller Riffs und Untiefen, die auf den Seekarten schlicht als »Gefährliches Gebiet« bezeichnet wurde.

Kurz nach Mitternacht kamen die aufgetauchten U-Boote *Darter* und *Dace* in der Palawan-Passage zu einem Rendezvous zusammen. Der Knall eines Gewehrs hallte über das dunkle Wasser, und eine Leine schoß von Boot zu Boot. Kurz darauf tauschten die beiden Kapitäne Kopien der eingegangenen Funksprüche aus, um zu sehen, ob ihnen etwas entgangen war, und während Claggett und McClintock unter Deck gingen, um die Funksprüche durchzusehen, unterhielten sich die Brückenwachen über den schmalen Wasserstreifen zwischen den beiden Booten hinweg per Megaphon miteinander.

Um 0016 Uhr meldete der Radarbeobachter der *Darter* südwestlich des U-Boots einen Kontakt. Zuerst hielt er das Radarbild für einen die Passage entlangtreibenden Regenschauer, doch kurz darauf hatte auch der Radarbeobachter der *Dace* den Kontakt, und das verschwommene Bild nahm schärfere Konturen an. Es waren ohne Zweifel Schiffe. *Viele* Schiffe.

An Bord der U-Boote brach Jubel aus, während sie sich voneinander trennten und Geschwindigkeit aufnahmen, um den Abstand zu den Zielen zu verringern. Da die Nacht sehr dunkel war, konnten sie sich über Wasser an ihre Beute anpirschen. Als dienstälterer Kommandant setzte McClintock mehrere Funkberichte ab, um seine Vorgesetzten auf die Anwesenheit des massiven Flottenverbandes in der Passage aufmerksam zu machen. Dann beschäftigte er sich mit dem geometrischen Problem der Bestimmung der Positionen, an denen die beiden U-Boote den besten Angriffswinkel haben würden und gleichzeitig auf jeden plötzlichen Kurswechsel des Feindes reagieren könnten.

Während die Nacht verging und ihre Boote die günstigste Feuerposition ansteuerten, legte sich die anfängliche Hochstimmung der Männer und machte ernsteren Gedanken über das Platz, was da auf sie zukam. Die Witze verstummten, und auch die Gespräche verebbten nach und nach, während sich die beiden Davids dem Goliath näherten.

Auf der *Yamato* war der allmorgendliche Befehl »Alle Mann auf Gefechtsstation!« erklungen, und über zweitausend Mann hasteten im Innern des großen gepanzerten Rumpfs, der sich seinen Weg durch die Gewässer vor Palawan pflügte, auf ihre Posten. Admiral Ugaki stieg in den turmartigen Aufbauten zur Brücke hinauf und blickte auf das dunkle Meer hinaus. Auf der Steuerbordseite konnte er vor dem violetten Schein der Morgendämmerung den vagen Umriß eines der Zerstörer erkennen. Es war ein friedliches Bild.

Der Bug der *Yamato* begann sich, dem angeordneten Zickzackplan folgend, nach Backbord zu drehen, um auf den letzten Abschnitt einzuschwenken. Diese von allen Schiffen der Formation ausgeführten regelmäßigen Kursänderungen sollten die Zielpeilung feindlicher U-Boote erschweren, die in dem Gebiet lauern mochten. Sie hatten schon häufig Torpedierungen vereitelt. Aber nicht an diesem schönen Oktobermorgen.

Ugaki betrachtete gerade das Heck des vor der *Yamato* fahrenden Kreuzers *Maya,* als er backbord voraus in einiger Entfernung etwas bemerkte, das aussah wie eine aus dem Wasser schießende Flamme. In ihrem Schein konnte er eine große Wasserfontäne sehen, und er wußte sofort, daß die Amerikaner den Kampf eröffnet hatten.

Fast im selben Augenblick vollführte die Formation auf das Signal »Grün, grün« synchron einen Notschwenk nach Steuerbord, und während Ugaki spürte, wie die *Yamato* leicht nach Backbord krängte, sah er in derselben Richtung, in der die erste erfolgt war, eine zweite Explosion. Nachdem ein Ausguck gemeldet hatte, daß tatsächlich ein Schiff getroffen worden war, eilte Ugaki auf die Backbordseite der Brücke, von wo er einen besseren Blick hatte. Seine Hoffnung, das Opfer möge ein Zerstörer sein, wurde enttäuscht, als er im heller werdenden Tageslicht sah, daß in Wirklichkeit zwei Schiffe getroffen worden waren, beides Kreuzer. Der eine hatte schwere Schlagseite, und von dem anderen stieg eine große weiße Rauchwolke auf. Ugaki identifizierte einen der Kreuzer als die *Takao,* das zweite Schiff der Backbordsäule. Er hatte jedoch kaum einen Blick für sie übrig, denn das zweite Schiff – das offenbar schwerer beschädigt worden war und mit großer Wahrscheinlichkeit sinken würde – war die *Atago,* Kuritas Flaggschiff.

Um 0510 Uhr war die *Darter* getaucht, um in der aufkommenden Dämmerung nicht gesichtet zu werden, und die *Dace* war ihr wenige Minuten später unter Wasser gefolgt. Die *Darter,* die den Angriff eröffnen würde, hatte sich vor der nächstgelegenen Säule der japanischen Formation in Bereitschaft gelegt, während die *Dace* auf Anweisung McClintocks fünf Seemeilen nordöstlich Stellung bezog, falls sich die Feindformation nach Steuerbord wenden sollte.

Um 0532 Uhr, als er das an der Spitze fahrende Schiff in einer

Entfernung von wenig mehr als einer Seemeile im Fadenkreuz hatte, feuerte McClintock aus seinen Bugrohren sechs Torpedos ab. Dann ließ er das Ruder hart nach links legen, um die Heckrohre auf die japanische Formation auszurichten, und nahm, nachdem er das Periskop entgegen der Drehrichtung des Boots nach rechts geschwenkt hatte, das zweite Schiff der Säule ins Visier. Als sich das Boot auf dem Gegenkurs stabilisierte, bestätigte das Krachen von fünf aufeinanderfolgenden Explosionen, daß die Torpedos der *Darter* ihr Ziel gefunden hatten. McClintock schoß rasch aus allen vier Heckrohren auf den zweiten Kreuzer und drehte das Periskop zu dem ersten zurück.

In seinem Patrouillenbericht schilderte er später, was er sah: »schwenkte das Periskop zum ersten Ziel, das einen einmaligen Anblick bot. (Der Kreuzer war so nah, daß er in dem auf Hochleistung eingestellten Periskop nicht als Ganzes zu sehen war.) Das Schiff war vom ersten Schornstein bis zum Heck in Rauchschwaden gehüllt. Die Aufbauten waren nicht zu sehen. Zwischen Bug und hinterem Schornstein schossen hellrote Flammen aus den Seiten des Hauptdecks. Der Kreuzer hatte sich nach vorn geneigt, und der Bug lag bereits im Wasser; der erste Schornstein befand sich auf Wasserniveau. Er war eindeutig erledigt. Fünf Treffer hatten ihn in Brand gesetzt und versenkt. Vermutlich gab es, wenn überhaupt, nur wenige Überlebende.«

Jetzt hatte Ugaki das Kommando. Die Verbindung zu Kurita war abgebrochen, und die *Atago* lag fraglos in den letzten Zügen. Mehrere Zerstörer waren den beschädigten Kreuzern zu Hilfe geeilt, während andere auf der Suche nach Vergeltung ausgeschwärmt waren. Aus dem, was er den hereinkommenden Meldungen über Periskopsichtungen und Sonarkontakte entnahm, zog Ugaki den irrigen Schluß, daß mindestens vier Feind-U-Boote in dem Gebiet operierten. Während sich die Formation ins Chaos auflöste, starrte Ugaki auf die Berggipfel von Palawan, die sich dunkel vor der Glut der aufgehenden Sonne abhoben, und schätzte rasch die Lage ein. Die Palawan-

Passage war am Ort des Angriffs nur etwa zwanzig Seemeilen breit, so daß radikale Manöver nicht in Frage kamen. Das heraufdämmernde Tageslicht war in Ugakis Augen sowohl ein Vorteil als auch eine Verpflichtung, und der Verlust von zwei Kreuzern war zwar schmerzlich, aber keineswegs entscheidend. Der Auftrag mußte ausgeführt werden.

Er beschloß, die Geschwindigkeit des Verbandes zu erhöhen, um aus diesem Gebiet herauszukommen und die U-Boote abzuhängen, die unter Wasser keine Chance hatten, mitzuhalten, und es tagsüber nicht wagen würden, aufzutauchen. Ugaki entwarf eine improvisierte Formation, durch die wieder Ordnung in den Verband kommen würde, und wollte gerade die entsprechenden Befehle geben, als zwei bedeutsame Ereignisse eintraten. Zum einen meldete der Zerstörer *Kishinami,* daß er Admiral Kurita in der Nähe des sinkenden Kreuzers aus dem Wasser gefischt hatte, und zum anderen gab es direkt vor dem Bug der *Yamato* eine weitere Explosion.

An Bord der *Dace,* die im Nordosten in Stellung lag, hatte Claggett die erfolgreichen Angriffe der *Darter* durch das Periskop verfolgt. »Da draußen geht es zu wie am 4. Juli«, sagte er zu seiner Besatzung und bestätigte damit, was sie bereits vermutet hatte, als der Widerhall mehrerer Explosionen durch die Bootshülle drang. »Die Japse irren herum und feuern wild um sich«, fuhr Claggett fort. »Was für eine Show!«

Er beschrieb weiter, was er sah, bis er nach einigen Minuten plötzlich ausrief: »Da kommen sie!« Die derangierte japanische Formation hatte abgedreht und fuhr genau auf die *Dace* zu. McClintock hatte die beiden U-Boote perfekt aufgestellt.

»Bereit für Eingabe!« sagte Claggett, förmlich am Periskop klebend. »Peilung, markieren!« bellte er. »Entfernung, markieren!« Der Feuerleitoffizier und sein Stellvertreter rechneten in Windeseile, während die japanischen Schiffe unaufhörlich näherkamen. »Vorhaltewinkel, zehn backbord.« Die Skalen des mechanischen Computers drehten sich auf der Suche nach der tödlichen Lösung. »Sehrohr einfahren!« befahl Claggett, und die Männer in der Zentrale sahen mit stummer Erleichterung zu, wie das verräterische Rohr herabglitt, so daß über Wasser nichts mehr auf ihre Anwesenheit hindeutete.

Die Minuten vergingen, und bald wurde das Periskop wieder ausgefahren. Neue Entfernungen, Peilungen, Vorhaltewinkel. Die Männer der *Dace* warteten, jeder mit seinen eigenen Gefühlen beschäftigt. Bis auf einen konnte sich keiner von ihnen ein Bild davon machen, was oben vorging.

Claggett beobachtete die in Kiellinie fahrenden japanischen Schiffe, die in seinem begrenzten Blickfeld riesige Ausmaße annahmen. Er hätte gewünscht, mehr Torpedos zur Verfügung zu haben. »Laßt die ersten beiden vorbei«, sagte er und fügte dann etwas hinzu, was jeden U-Boot-Kommandanten vor Neid hätte erblassen lassen: »Es sind nur Schwere Kreuzer.« Er hätte nicht so wählerisch zu sein brauchen. In dem Glauben, das dritte Schiff der Säule sei ein Schlachtschiff, ließ er die Schweren Kreuzer *Myoko* und *Haguno* aus, nur um einen weiteren Schweren Kreuzer, die *Maya*, als Ziel auszuwählen. Bei einer nahezu perfekten Feuerlösung stieß er schließlich fast singend hervor: »Eins – Feuer! Zwei – Feuer! Drei – Feuer!«

Vizeadmiral Takeo Kurita war verschont geblieben. Er hatte die Torpedierung seines Flaggschiffs überlebt, war aber gezwungen gewesen, ins Wasser zu springen, um nicht mit der *Atago* auf den Grund der Palawan-Passage zu sinken. Sie war binnen achtzehn Minuten untergegangen und hatte dreihundertsechzig Männer mit sich genommen. Kurita wurde zwischen den herumschwimmenden Trümmern aus dem Wasser gezogen und ohne großes Zeremoniell an Bord des Zerstörers *Kishinami* willkommen geheißen. Als er mit durchnäßter, ölverschmierter Uniform an Deck stand, sah er, wie in der Nähe der *Yamato* mehrere Blitze aufflammten. Kurz darauf donnerte das Krachen von Explosionen über das Wasser und bezeugte, daß das Werk von Tod und Zerstörung noch nicht beendet war.

Auf der Brücke der *Yamato* starrte Vizeadmiral Ugaki über den Bug nach vorn, dorthin, wo Sekunden zuvor noch der Kreuzer *Maya* zu sehen gewesen war. Jetzt gab es dort nur noch eine Wolke aus Gischt und Rauch und Trümmer, die vom Himmel fielen, während die Überreste der *Maya* vom Meer verschluckt wurden.

Ein altes Sprichwort der Marine besagt, daß Abrechnungen die Hölle seien, und Claggett hatte nicht die Absicht, so lange zu warten, bis es sich bestätigte. Deshalb befahl er, kaum daß der sechste Torpedo das Rohr verlassen hatte, tiefer zu tauchen, und legte das Ruder herum, um ins Heckwasser des nächsten heranfahrenden Schiffs zu kommen. Während das U-Boot in die Tiefe vorstieß, waren zwei Detonationen zu vernehmen. Nach dem Bericht des Horchers klang es, »als wäre der Meeresboden explodiert«, und Claggett schrieb später, daß »außer explodierenden Magazinen ... nichts einen solchen Lärm verursachen« konnte. Als das Donnern verhallte, trat ein merkwürdiges Knistern an seine Stelle, das klang, als würde jemand Cellophan zusammenknüllen. Zuerst war das Geräusch kaum zu hören, doch dann wurde es immer lauter, bis sich die Männer an Bord der *Dace* mit aufgerissenen Augen fragend anstarrten. So etwas hatte noch keiner von ihnen gehört. Claggett befürchtete, daß das Boot, obwohl es seine Höchsttiefe noch lange nicht erreicht hatte, dem zunehmenden Außendruck nicht standhielt. Er fragte alle Stationen nach dem Zustand ihres Abschnitts und wartete ungeduldig auf die Antworten. Nach einigen angespannten Minuten stand jedoch fest, daß das Boot intakt war. Claggett schloß daraus, daß sie offenbar akustisch miterlebten, wie ihr Opfer auseinanderbrach, und während er verblüfft dem lauschte, was er später als das »grauenhafteste Geräusch, das ich jemals gehört habe«, bezeichnete, bemerkte er, daß es aus allen Richtungen zu hören war, und ein erschreckender Gedanke schoß ihm durch den Kopf. Konnte es sein, daß das untergehende Schiff direkt über der *Dace* war? Die Vorstellung, von dem sinkenden Wrack gerammt oder, noch schlimmer, an den Meeresboden genagelt zu werden, war nicht gerade angenehm. In diesem Augenblick meinte der Tauchoffizier, als hätte er Claggetts Gedanken gelesen: »Wir sollten zusehen, daß wir hier wegkommen!«

Die Elektromotoren nahmen einen tiefen Zug aus dem begrenzten Energievorrat der Batterien, während die *Dace* mit voller Kraft aus der Gefahrenzone floh. Durch die Bootshülle drangen immer noch die beunruhigenden Geräusche ihres verendenden Opfers herein, und die Männer erlebten einige ungemütliche Augenblicke, während sie dem Klang des Todes lauschten. Dann endlich hatten sie die schrecklichen Geräusche hinter sich gelassen, und Claggett und seine Besatzung atmeten auf.

Ihnen war jedoch nur eine kurze Ruhepause vergönnt, denn bald darauf verkündete eine Reihe von Wasserbomben, die in beängstigender Nähe detonierten, die Ankunft japanischer Zerstörer. Die *Dace* wurde heftig durchgerüttelt; Glühlampen explodierten, Schranktüren krachten. Der Stellvertreter des Kommandanten, Korvettenkapitän R. C. Benitz, meinte später: »Die Japaner waren wütend – und wir hatten Angst.«

Das Krachen dauerte einige Minuten, dann war alles ruhig. Die Männer begannen sich zu entspannen, und Claggett schickte einen Melder in den vorderen Batterieraum, der ihm eine Tasse Kaffee holen sollte. Als der Matrose den Batterieraum erreichte, detonierte dicht am Boot eine neue Kette von Wasserbomben, und ein U-Boot-Fahrer, der trotz seiner Jugend schon eine ganze Reihe von Fahrten mitgemacht hatte, sprang in die Luft und rief: »Um Gottes willen, laßt den Mann doch endlich rein!«

Wieder und wieder wurde das U-Boot von den Explosionen der Sprengstofffässer, die von den nach Vergeltung trachtenden japanischen Zerstörern ins Meer gekippt wurden, durchgeschüttelt. Doch schließlich hörte der Angriff auf, und nach einer weiteren an den Nerven zerrenden Zeit, in der alle darauf warteten, daß der Hammer auf sie niedersauste, wußten die Männer an Bord der *Dace*, daß diese Runde vorbei war und sie ohne einen K.-o.-Schlag davongekommen waren.

Claggett blieb noch einige Stunden in der Tiefe, bevor er vorsichtig auftauchte. Noch ehe das Boot Sehrohrtiefe erreichte, war es an Bord totenstill geworden. Das Periskop der *Dace* stieß um 1100 Uhr durch die Wasseroberfläche, und Claggett drehte es einmal im Kreis herum. Das Meer war leer.

Ugaki behielt das Kommando über die japanische Armada bis in den Nachmittag hinein. Der größte Teil der Schiffe fuhr im Eiltempo nordwärts, während zwei Zerstörer als Schutz für den beschädigten Kreuzer, die *Takao,* zurückgeblieben waren. Die *Takao* hatte das Steuerruder und zwei Schiffsschrauben verloren, und drei Kesselräume standen völlig unter Wasser, aber im Vergleich mit ihren Schwesterschiffen *Atago* und *Maya,* deren Überreste jetzt am östlichen Rand des »Gefährlichen Gebiets« auf dem Meeresboden lagen, hatte sie noch Glück gehabt.

Um 1540 Uhr, als die Palawan-Passage schon ein gutes Stück zurücklag, fuhr der Zerstörer *Kishinami* längsseits der *Yamato,* um Admiral Kurita und die anderen Überlebenden von der *Atago* überzusetzen, und um 1700 Uhr übernahm Kurita wieder das Kommando über seine kleiner gewordene Streitmacht.

Der Tag war kostspielig gewesen. Kuritas Verband war jetzt schon um fünf Schiffe geschrumpft, und die Fahrt war noch lang. Als Ugaki am Abend die Ereignisse des Tages in seinem Tagebuch resümierte, schloß er den Eintrag, nachdem er die Torpedierung eines weiteren japanischen Kreuzers einige hundert Meilen nordöstlich vermerkt hatte,[*] mit den Worten: »Ein schlechter Tag bleibt bis zum Ende ein schlechter Tag.«

---

[*] Dabei handelte es sich um den Kreuzer *Aoba*, der von den Hauptkräften der Flotte abgestellt worden war, um einen Konvoi zu begleiten, der Truppenverstärkungen von Luzon nach Leyte brachte. Das amerikanische U-Boot *Bream* hatte einen Fächer aus sechs Torpedos abgeschossen, von denen zwar nur einer traf, der die *Aoba* aber so stark beschädigte, daß sie für den Rest des Krieges ausfiel.

Dennoch verfügte Kurita immer noch über eine furchterregende Streitmacht, und er hatte den Einsatz schließlich in dem Wissen angetreten, daß er kostspielig werden würde. Ihm war von Anfang an klar gewesen, daß er Schiffe verlieren würde. Die eigentliche Frage war, ob er das Zielgebiet – den amerikanischen Landungsplatz im Leyte-Golf – mit einer ausreichenden Anzahl von Schiffen erreichen konnte, um dem Feind einen empfindlichen Schaden zuzufügen. Mit einem Verband, der immerhin noch aus fünf Schlachtschiffen – einschließlich der Giganten *Yamato* und *Musashi* –, neun Kreuzern und dreizehn Zerstörern bestand, war Kurita nicht willens, das Handtuch zu werfen. Als die Dunkelheit hereinbrach, wandte sich seine Flotte nach Osten und nahm Kurs auf die Mindoro-Straße. Morgen würde sie die Sibuyan-See durchqueren, wo sie eine Herausforderung ganz anderer Art erwartete.

Das »Gefährliche Gebiet« ist ein Teil des Südchinesischen Meers, das voller Riffe und Untiefen ist – von denen viele nach den unglücklichen Schiffen benannt wurden, die ihnen zum Opfer gefallen waren –, und jeder vernünftige Kapitän macht einen weiten Bogen um dieses Gebiet. Die Notwendigkeiten des Krieges sind manchmal allerdings stärker als die Vernunft. Sowohl die *Darter* als auch die *Dace* hatten seit Tagen in den an das »Gefährliche Gebiet« angrenzenden Gewässern operiert, was keine großen Folgen gehabt hatte, solange sie allein in der Palawan-Passage gewesen waren und regelmäßig auftauchen konnten, um an Hand herausragender Punkte auf Palawan und mit Hilfe des Sextanten ihre Position zu bestimmen. Sie wußten also jederzeit, wo sie sich in bezug auf die westlich von ihnen lauernden Gefahren befanden, und konnten sich von ihnen fernhalten. Aber sobald die japanische Flotte in Sicht gekommen war, hatte sie ihre ganze Aufmerksamkeit in Anspruch genommen und verhindert, daß sie exakte Positionsbestimmungen durchführen konnten. Die beiden U-Boote waren gezwungen gewesen, auf der Grundlage von Schätzungen zu navigieren, was Seeleute in der Regel erst dann tun, wenn ihnen nichts anderes übrigbleibt.

Nachdem die *Dace* aufgetaucht war und die See leer vorgefunden hatte, war sie nordwärts in der allgemeinen Richtung des Angriffs gefahren. Nach dreieinhalb Stunden, um 1425 Uhr, wurden am Horizont Mastspitzen sichtbar. Claggett fuhr vorsichtig näher heran, und eine halbe Stunde später konnte er einen beschädigten Kreuzer erkennen, der bewegungslos im Wasser lag. Da sich zwei Zerstörer in der Nähe aufhielten, beschloß Claggett, bis zum Einbruch der Dunkelheit abzuwarten.

Inzwischen war auch die *Darter* herangekommen, und McClintock versuchte, sich dem Kreuzer zu nähern, um ihm den Rest zu geben. Doch als er sich bis auf gut zweitausend Meter angeschlichen hatte, schienen die beiden Zerstörer ihn bemerkt zu haben. Jedenfalls liefen sie auf ihn zu, und als der erste von ihnen nur noch tausend Meter entfernt war, besann sich McClintock darauf, daß der bessere Teil der Tapferkeit die Vorsicht ist. Er ging in den Keller und beschloß, den Abend abzuwarten, um im Schutz der Dunkelheit mit der *Dace* gemeinsam anzugreifen.

Bei Sonnenuntergang trug McClintock einen verhängnisvollen Satz ins Logbuch ein: »Zu nah am Kreuzer, um zur Positionsbestimmung aufzutauchen.« Das bedeutete nichts anderes, als daß sich das Kriegsglück gegen die *Darter* gewendet hatte.

Als die Palawan-Passage erneut von der Dunkelheit eingehüllt war, tauchten die *Darter* und die *Dace* auf, planten ihren Angriff und begannen, das Ziel anzulaufen. Die *Takao* hatte es inzwischen geschafft, sich in Bewegung zu setzen, und fuhr mit gerade einmal fünf Knoten in Richtung Brunei zurück. Die *Darter* setzte dazu an, den Kreuzer zu überholen, um ihn von Westen anzulaufen, während die *Dace* eine Position ansteuerte, aus der sich die *Takao* vor dem östlichen Horizont, der trotz der Dunkelheit vage zu erkennen war, abheben würde. Doch um 0007 Uhr erhielt die *Dace* einen ebenso kurzen wie verblüffenden Funkspruch der *Darter:* »Wir liegen auf Grund.«

Als die *Dace* bei der *Darter* eintraf, ragte diese so hoch aus dem Wasser, daß es aussah, als läge sie im Trockendock. Ihre Schrauben hingen in der Luft, und es war völlig ausgeschlossen, daß sie von dem Riff herunterkommen könnte. Blieb nur noch, die Besatzung zu retten und das Boot zu zerstören, damit es nicht dem Feind in die Hände fiel.

Während ein Teil der Besatzung Papiere vernichtete und Geräte unbrauchbar machte, kletterten die anderen den Rumpf hinunter, um mit Schlauchbooten zur *Dace* überzusetzen, was recht zeitraubend war, da die Schlauchboote nur sechs Mann faßten. Als McClintock mit dem letzten Boot zur *Dace* hinüberfuhr, war es bereits nach 0430 Uhr.

Die Selbstzerstörungsladungen der *Darter* waren an Bord verteilt worden, und die beiden Besatzungen, die sich jetzt auf der *Dace* befanden, erwarteten eine gewaltige Explosion. Statt dessen war jedoch, mit den Worten des Ersten Offiziers der *Dace,* nur »ein lächerlich leiser und wirkungsloser Knall« zu hören. Die Sprengladungen waren nicht explodiert.

Jetzt saßen sie in der Klemme. Noch einmal an Bord des lahmgelegten U-Boots zu gehen, wäre nicht klug gewesen. Es aber für die Japaner liegen zu lassen, wie es war, kam ebensowenig in Frage. McClintock und Claggett beschlossen, einige Torpedos der *Dace* zu benutzen, um die *Darter* von ihrem Leid zu erlösen. Claggett schoß aus kürzester Entfernung nacheinander vier Torpedos ab, die alle mit fürchterlichem Getöse detonierten, aber nicht mehr erreichten, als kleine Teile des störenden Riffs abzusprengen. Die *Darter* ragte zu weit aus dem Wasser, als daß die Torpedos ihr etwas anhaben konnten. Also versuchte man es mit dem Deckgeschütz der *Dace.* Zweiundzwanzig Granaten später war die *Darter* zwar beschädigt, aber nicht zerstört. Die Männer an Bord der *Dace* kamen langsam zu der Überzeugung, daß sie unverwundbar war, und ein altgedienter U-Boot-Fahrer meinte scherzhaft, es wäre für sie alle vielleicht sicherer, wenn sie an Bord der *Darter* gingen.

Als der Himmel im Osten hell zu werden begann, wurde die

Lage prekär. Ein aufgetauchtes U-Boot ist wie ein Ritter ohne Schild, und eines mit über zwanzig Mann auf dem Vordeck ähnelt einer Armee in offenem Terrain. Je länger man sich damit aufhielt, mit dem Deckgeschütz um sich zu schießen, desto größer wurde die Wahrscheinlichkeit, daß man entdeckt und angegriffen wurde. Und es kam, wie es kommen mußte. Um 0558 Uhr erschien ein japanisches Flugzeug über den U-Booten. Die Männer flohen, die Munition für das Deckgeschütz an Deck zurücklassend, in aller Eile ins Bootsinnere. Einige stürzten sich auf ebenso unkonventionelle wie zeitsparende Weise sogar kopfüber in eins der Luke. Dennoch war ihnen allen klar, daß die *Dace* kaum eine Chance hatte, sich unter Wasser in Sicherheit zu bringen, bevor das Flugzeug seinen Angriff begann.

Da klinkte der japanische Pilot auch schon seine Bomben aus. Es war wie beim Übungsschießen. Zu seiner Verwunderung verharrte das Zielschiff regungslos an Ort und Stelle.

»Dieser dämliche Arsch von Pilot!« rief einer der Männer an Bord der *Dace* aus. »Er hat die *Darter* bombardiert!«

Dem japanischen Piloten war daraus, daß er sich für das leichtere Ziel entschieden hatte, kein Vorwurf zu machen. Er konnte nicht wissen, daß es ein aufgegebenes U-Boot war, das nur darauf wartete, zerstört zu werden. Für die Amerikaner an Bord der *Dace* war es jedoch die Rettung, und es gab viel Jubel, als ihr Boot unbehelligt in der Tiefe verschwand. Wie sich dann herausstellte, hätte es kaum eine Rolle gespielt, wenn der japanische Pilot das bewegliche Ziel gewählt hätte. Er hätte es vermutlich genauso verfehlt wie die *Darter*, die weiterhin fast unversehrt auf dem Riff thronte.

Claggett und McClintock beschlossen, in dem Gebiet zu bleiben und in der Nacht noch einmal an Bord der *Darter* zu gehen, um sie zu zerstören, diesmal mit den Sprengladungen der *Dace*. Während des Tages beobachteten sie durch das Periskop, wie ein japanischer Zerstörer eintraf, von dem offenbar eine Entergruppe zu der hartnäckig am Leben festhaltenden *Darter* übersetzte, um sie zu untersuchen.

Der japanische Zerstörer war vor Einbruch der Dunkelheit wieder abgedampft, und die *Dace* näherte sich wieder der *Darter*. Als sie nur noch knapp zweitausend Meter entfernt war, war das »Ping« eines Ultraschallortungsgeräts zu hören. Die *Dace* war nicht mehr allein. Irgendwo in der Nähe trieb sich ein weiteres U-Boot herum, und da sie sicher waren, daß kein anderes amerikanisches U-Boot in diesem Gebiet operierte, beschlossen Claggett und McClintock, die *Darter* ihrem Schicksal zu überlassen. Die Gegend wurde allzu unsicher, und es war ein weiter Weg bis nach Australien, insbesondere wenn sich zwei Besatzungen die Rationen, die für eine bestimmt waren, teilen mußten.

Nachdem er die Erlaubnis seiner Vorgesetzten eingeholt hatte, wies McClintock Claggett an, Kurs auf Australien zu nehmen, und die *Dace* machte sich auf die lange Reise zurück in freundlichere Gewässer. Die Bedingungen an Bord waren alles andere als ideal. In einem Raum, der schon unter normalen Umständen unglaublich beengt und überfüllt war, drängten sich jetzt doppelt so viele Männer. Lebensmittel, Schlafplätze, die Möglichkeit, die Toilette zu benutzen, das alles war auf ein Minimum reduziert. Die Männer saßen tagelang auf demselben Fleck, und das Essen bestand bald nur noch aus Erdnußbuttersandwiches und Pilzsuppe.

Während die *Dace* die Palawan-Passage verließ, blieb die *Darter* wie ein sonderbares, aber passendes Denkmal für das, was dort geschehen war, auf dem Bombay-Riff zurück. Die Eröffnungsschüsse der Schlacht um Leyte waren gefallen, und nach der ersten Runde lagen zwei Schwere Kreuzer der Japaner und mit ihnen Hunderte von Männern im Grab der Tiefe. Ein weiterer Schwerer Kreuzer dampfte, von zwei Zerstörern geleitet, schwer angeschlagen nach Brunei zurück. Der Befehlshaber der japanischen Flotte war gezwungen gewesen, sein Schiff zu verlassen und um sein Leben zu schwimmen, ein physisch wie psychisch nicht wenig belastendes Erlebnis. Die Kommandeure der amerikanischen Flotte im Leyte-Golf hatten eine

Warnung vor dem anrückenden Feind erhalten und kannten seine Position. Und die US Navy hatte das U-Boot *Darter* verloren, aber nicht seine Besatzung.

Für die Wertung das Geschehenen sind mehrere Aspekte von Bedeutung. Der erste ist die von Kurita angeordnete Formation, die ihn bei einem Frontalangriff so verwundbar machte. War es der bewundernswerte, aber nachteilige Kodex des *Bushido*-Kriegers gewesen, der ihn veranlaßt hatte, an der Spitze seiner Streitmacht zu fahren und sich nicht hinter dem Schutzschirm einer Zerstörerkette zu verstecken? Oder war es der Fatalismus eines Mannes gewesen, der offen zugab, daß er bei seinem kühnen Unternehmen den Verlust mindestens der Hälfte seiner Schiffe erwartete, und der sich in den vorbestimmten Ausgang der Schlacht ergeben hatte? Oder war es einfach die Fehleinschätzung eines Offiziers gewesen, der allzu lange schon die Last von Befehl und Kampf getragen hatte? Da Kurita selbst die Gründe für sein Handeln nie offenbart hat, müssen diese Fragen unbeantwortet bleiben, aber die Spekulationen darüber werden zweifellos andauern.

Der zweite Aspekt ist Kuritas Entscheidung, zwei Zerstörer als Geleit der *Takao* zurückzulassen. Ihm war bekannt, daß sein Auftrag auf dem Prinzip »Alles oder nichts« basierte, und er wußte um die Notwendigkeit, so viele Schiffe wie möglich durchzubringen. Trotzdem löste er, kurz nachdem auf schmerzliche Weise demonstriert worden war, wie dringend sie aufgrund ihrer Fähigkeit zur U-Boot-Abwehr gebraucht wurden, zwei Zerstörer aus seinem Verband heraus. Seine Entscheidung war zweifellos humanitär begründet, denn die *Takao* ohne Schutz zurückzulassen, hätte höchstwahrscheinlich ihren Untergang bedeutet und die Zahl der Menschenleben, die das Gefecht bereits gefordert hatte, um einige hundert erhöht. Aber er traf sie zu einer Zeit, als die japanische Marine eingestandenermaßen einen Sieg zu erzwingen versuchte, der einem Wunder gleichgekommen wäre, oder, wenn er ihr versagt bleiben sollte, darauf hoffte, »zu blühen wie Blumen des Todes«. Kurita selbst hatte in Brunei rhetorisch gefragt: »Wäre es nicht eine Schande, wenn unsere Flotte unversehrt bliebe, während das Vaterland untergeht?« Und dennoch stellte er einen Tag darauf zwei Zerstörer ab, um ein nutzloses Wrack zu schützen, während für ihn selbst und seine Marine der Augenblick der Wahrheit näherrückte. Über die Gründe, die ihn dazu bewogen, kann jedoch wiederum nur spekuliert werden, da von ihm selbst keine Stellungnahme vorliegt.

Aber nicht nur Kuritas Handlungsweise in diesem Gefecht wirft Fragen auf. Die Hartnäckigkeit, mit der die amerikanischen U-Boote *Darter* und *Dace* der *Takao* nachsetzten, verlangt ebenso nach einer Erklärung. Die *Takao* war nach dem Torpedoangriff nicht mehr in der Lage, amerikanische Schiffe zu gefährden, und durch die Entscheidung Kuritas, ihr zwei Zerstörer als Geleit mitzugeben, stellte sie in ihrem versehrten Zustand für die Japaner genaugenommen einen größeren taktischen Verlust dar, als wenn sie mit ihren Schwesterschiffen *Atago* und *Maya* auf dem Grund der Palawan-Passage gelegen hätte. Dennoch kam es, und zwar aufgrund der Besessenheit, mit der die U-Boote ihre Beute verfolgten, zu dem navigatorischen Irrtum, der zum Verlust der *Darter* führte.

Die Verantwortung dafür trug als dienstälterer Offizier vor Ort Fregattenkapitän McClintock, auch wenn es keinen Beleg dafür gibt, daß Claggett oder McClintocks unmittelbarer Vorgesetzter, Konteradmiral Ralph W. Christie, Kommandeur der im australischen Freemantle stationierten Task Group 71.1, seine Entscheidung jemals in Frage stellten. Es liegt nahe, anzunehmen, daß sich McClintock, und vermutlich auch Claggett, zumindest zum Teil von dem Gedanken an die Abschußstatistik leiten ließen. Ein versenkter Kreuzer macht sich auf dem Papier – und beim Bier – wesentlich besser als ein beschädigter Kreuzer.

Gerechterweise muß allerdings hinzugefügt werden, daß die beiden U-Boote kaum etwas anderes tun konnten. Nachdem Kuritas Verband weitergefahren war, herrschte ein akuter Mangel an Zielen. Sowohl die *Darter* als auch die *Dace* hatten noch Torpedos an Bord, und ihre einzige Alternative war die Rückkehr nach Australien. Im nachhinein läßt sich leicht sagen, daß sie dem, was dann geschah, vorzuziehen gewesen wäre, insbesondere, was die *Darter* betraf. Aber unter den gegebenen Umständen und in Anbetracht der Aggressivität, die ein U-Boot-Kommandant notwendigerweise besitzen muß, war McClintocks Entscheidung, zu bleiben und den Versuch zu unternehmen, der *Takao* den Rest zu geben, zumindest verständlich, wenn nicht sogar gerechtfertigt.

Als Ganzes gesehen, war das erste Gefecht der Schlacht um Leyte zweifellos ein taktischer Erfolg für die Amerikaner. Drei Kreuzer gegen ein U-Boot, das war alles andere als ein knappes Ergebnis. Außerdem ist es als strategischer Erfolg der US Navy zu werten, weil Kinkaid und Halsey aus den Funkberichten der beiden U-Boote die Anmarschroute eines bedeutenden Teils der japanischen Marine erfahren hatten.

Andererseits war es angesichts der fast suizidalen Strategie der Japaner und ihres Bestrebens, mit genügend Feuerkraft im Leyte-Golf einzutreffen, um den dort versammelten amerikanischen Streitkräften einen schweren Schlag zuzufügen, kein großer Sieg. Kurita besaß immer noch eine potente Streitmacht, und er befand sich immer noch auf dem Weg zum Leyte-Golf.

TEIL IV
24. OKTOBER 1944

TG 38.3

Im Morgengrauen des 24. Oktober 1944 befanden sich sechs Marineverbände im Leyte-Golf selbst, in seiner Umgebung oder auf dem Anmarsch zu ihm. Vier davon waren japanische Verbände,* die aus verschiedenen Richtungen auf den Golf zufuhren. Vizeadmiral Takeo Kurita würde mit den ihm verbliebenen fünf Schlachtschiffen, neun Kreuzern und dreizehn Zerstörern binnen kurzem die Sibuyan-See erreichen und sie in Richtung San-Bernardino-Straße durchqueren. Vizeadmiral Shoji Nishimura war nach Kurtia aus Brunei ausgelaufen und befand sich mit zwei Schlachtschiffen, einem Kreuzer und vier Zerstörern auf dem Weg über die Sulu-See. Vizeadmiral Kiyohide Shima

---

* Der Einfachheit halber werden die japanischen Verbände hier mit dem Namen ihres Befehlshabers bezeichnet, obwohl sie formellere Bezeichnungen trugen, die jedoch nur Verwirrung stiften würden. Ozawas Gruppe wurde von den Japanern Erste Mobile Flotte, Dritte Flotte oder Hauptkraft genannt, während sie bei den Amerikanern später schlicht Nordgruppe hieß. Kuritas Gruppe bezeichneten die Japaner als Zweite Flotte oder Gruppen »A« und »B« beziehungsweise Erste und Zweite Abteilung der Ersten Ablenkungsstoßgruppe; auf amerikanischer Seite wurde sie einfach Mittelgruppe genannt. Nishimuras Verband war für die Amerikaner die Südgruppe und für die Japaner Gruppe »C« oder Dritte Abteilung der Ersten Ablenkungsstoßgruppe. Shimas Schiffe wurden Fünfte Flotte oder Zweite Ablenkungsstoßgruppe genannt. Die Bezeichnungen stimmten teilweise nicht mit den tatsächlichen Aufgaben der jeweiligen Verbände überein. So wurde Ozawas Köderverband als »Hauptkraft« bezeichnet, während Kuritas machtvolle Streitmacht als »Ablenkungsgruppe« etikettiert wurde. Diese Unstimmigkeiten waren darin begründet, daß die Bezeichnungen vor der Aktivierung des *Sho*-Plans vergeben worden waren und die den einzelnen Gruppen damals zugedachten Aufgaben widerspiegelten.

war mit drei Kreuzern und vier Zerstörern, aus chinesischen Gewässern kommend, an der Nordspitze von Palawan vorbei in die Sulu-See eingelaufen und strebte nach Südosten, um auf Nishimuras Spuren in die Surigao-Straße einzuschwenken. Vizeadmiral Jisaburo Ozawa schließlich lief mit seiner bunt zusammengewürfelten Flotte aus einem Schweren und drei Leichten Flugzeugträgern, zwei Schlachtschiffträgern oder »Hermaphroditen«, drei Kreuzern, neun Zerstörern, sechs Geleitzerstörern und zwei Tankern von Norden an, um sich den Amerikanern als Angriffsziel anzubieten.

Erwartet wurden diese Verbände – überwiegend allerdings, ohne es zu wissen – von Vizeadmiral Thomas C. Kinkaids Siebenter und Admiral William F. Halseys Dritter Flotte. Die Siebente Flotte befand sich größtenteils im Leyte-Golf, wo ihre Transporter und Amphibienfahrzeuge damit beschäftigt waren, Truppen und Material an Land zu bringen, während die Schlachtschiffe, Kreuzer und Zerstörer ihnen mit ihren Kanonen Feuerschutz gaben. Die restlichen Einheiten der Siebenten Flotte, die Geleitträger (CVEs) und ein kleines Kontingent von Zerstörern und Geleitzerstörern, deren Aufgabe es war, die Träger gegen U-Boot- und Luftangriffe zu schützen, kreuzten außerhalb des Golfs, wo sie mehr Platz für Luftoperationen hatten. Die achtzehn Miniträger und ihr Geleitschutz waren der Siebenten Flotte als Task Force 77.4 unter dem Kommando von Konteradmiral Thomas L. Sprague angegliedert worden. Sie bestand aus drei Gruppen mit je sechs CVEs und mehreren Zerstörern, die offiziell TG 77.4.1, 77.4.2 und 77.4.3 hießen, für gewöhnlich aber mit ihren Funksprechzeichen – Taffy 1, 2 und 3 – bezeichnet wurden. Das Kommando über Taffy 1 behielt Admiral Sprague selbst; Taffy 2 unterstellte er Konteradmiral Felix B. Stump und Taffy 3 Konteradmiral Clifton A. F. Sprague, der trotz seines Namens nicht mit seinem Boß verwandt war. Diese »Taffy«-Verbände hatten die Aufgabe, den Truppen an Land Luftunterstützung zu geben und U-Boot-Patrouillen durchzuführen, um beutelüsterne japanische U-Boote abzuschrecken, die versucht sein könnten, in den Golf zu schlüpfen, um sich an den Hunderten von Schiffen, die dort versammelt waren, schadlos zu halten.

Noch weiter vom Landungsplatz im Golf entfernt waren die kampfstarken Task Groups von Halseys Dritter Flotte. Konteradmiral Ralph E. Davisons TG 38.4, die östlich des Leyte-Golfs operierte, war der Siebenten Flotte am nächsten. TG 38.2 unter Konteradmiral Gerald F. Bogan stand nördlich von Davisons Gruppe, östlich der San-Bernardino-Straße. Und Konteradmiral Frederick C. Shermans TG 38.3 hatte, noch weiter im Nordwesten, östlich der philippinischen Hauptinsel Luzon Stellung bezogen.

Trotz der gewaltigen Macht, die diese Flotte, die größte der Welt, darstellte, hatte sie mit allen militärischen Verbänden einen Schwachpunkt gemein: Sie bestand aus gewöhnlichen Sterblichen, und diese Sterblichen waren müde. Die Praxis, »die Pferde zu behalten und die Kutscher zu wechseln«, wie Halsey das System zwischen Dritter und Fünfter Flotte beschrieben hatte, war für die Pferde ausgesprochen hart. Vizeadmiral Marc Mitscher, der Kommandeur der Task Force 38, war wegen des rigorosen Einsatzes seiner Trägergruppe besorgt und merkte an, daß »an die 10 000 Mann … in dieser Zeitspanne von zehn Monaten nie einen Fuß an Land gesetzt« hatten. »Kein anderer Verband der Welt hatte eine solche Periode ständiger Operationen ohne jede Ruhepause oder Erholungsmöglichkeit durchzustehen.« Aus diesem Grund, und weil während der ersten Tage der Landungsoperation keine nennenswerte Reaktion der Japaner erfolgt war, hatte Halsey Vizeadmiral John S. McCains TG 38.1, die schlagkräftigste der vier Task Groups, nach Ulithi geschickt, um ihr Gelegenheit zu geben, ihre Vorräte aufzufüllen und den Männern nach dem ununterbrochenen Einsatz auf See eine Ruhepause zu gönnen. Darüber hinaus hatte er Davison angewiesen, sich darauf vorzubereiten, am nächsten Tag mit seiner Gruppe ebenfalls nach Ulithi zu fahren.

Damit war die Bühne für die größte Seeschlacht der Geschichte bereitet. Die erste Phase sollte in den frühen Morgenstunden des 24. Oktober beginnen.

Nachdem in der Nacht von der *Darter* die Meldung über Kuritas Anmarsch eingetroffen war, hatte Halsey umgehend die geplante Abfahrt von Davisons Task Group gestrichen und eine umfassende Aufklärung der östlichen Zufahrtswege zum Golf angeordnet. Den Trägergruppen wurden Suchabschnitte zugewiesen, die sich über gut dreihundert Seemeilen erstreckten und sämtliche schiffbaren Durchfahrten zwischen den philippinischen Inseln abdeckten. Darüber hinaus suchten Gruppen, die aus einem Helldiver-Bomber und zwei Hellcat-Jägern bestanden, jeweils zehn Bogengrad des Suchgebiets ab, während hundert Meilen von den Trägern entfernt weitere Bomber kreisten, die den Funkverkehr über die großen Entfernungen aufrechterhielten.

Auf dem Flugzeugträger *Essex*, dem Flaggschiff der Task Group 38.3, verfolgte Vizeadmiral Frederick C. Sherman besorgt den Einsatz derart vieler Flugzeuge für Aufklärungsaufgaben. Er befürchtete, daß die an Bord der Träger verbliebenen Flugzeuge, sobald die japanische Flotte entdeckt war, nicht ausreichen würden, um wirkungsvolle Angriffe zu fliegen und gleichzeitig einen angemessenen Schutz der Schiffe der Task Force zu gewährleisten.

Sein Pessimismus gründete auf mehreren ominösen Vorzeichen. Erstens war seine Task Group, die nördlichste der drei Gruppen, die östlich der Philippinen patrouillierten, die ganze Nacht hindurch von Feindflugzeugen beschattet worden. Er hatte Nachtjäger hinaufgeschickt, um sie sich vom Leib zu halten, und um 0227 Uhr war eines der Flugzeuge »gewassert« worden. Aber fünf andere waren in der Nähe geblieben und hatten die Bewegungen der Task Group die ganze Nacht über im Auge behalten. Dann, als es hell wurde, hatte das Radarbild gezeigt, daß von den Flugplätzen bei Manila eine ganze Reihe von Flugzeugen aufstiegen, und Sherman hatte zwanzig Jäger starten lassen, um sie anzugreifen. All diese Feindaktivitäten sagten ihm, daß man es in den nächsten Stunden vermutlich nicht nur mit der anrückenden japanischen Flotte zu tun bekommen würde.

Er sollte recht behalten. Wie im *Sho*-Plan vorgesehen, hatten die Japaner auf den Philippinen mehrere hundert Flugzeuge zusammengezogen. Der Idealfall wäre gewesen, wenn sie Kuritas und Nishimuras Gruppe während der Durchquerung der Sibuyan- beziehungsweise Sulu-See Luftunterstützung gegeben hätten. Aber die ungenügend ausgebildeten Piloten besaßen nicht die Fähigkeiten für einen Luftkampf, und so war beschlossen worden, die Mehrzahl der Flugzeuge für Angriffe auf die amerikanische Flotte einzusetzen.* Durch die Konzentration auf die amerikanischen Flugzeugträger würde man Kurita und Nishimura wenigstens indirekt unterstützen, indem man ihre potentiellen Angreifer attackierte. Als er nach dem Krieg verhört wurde, erklärte Fregattenkapitän Moriyoshi Yamaguchi, der Operationsoffizier des Zweiten Luftgeschwaders: »Unser Ziel war, Ihren Verband anzugreifen und Kurita auf diese Weise indirekt Deckung zu geben. Aber«, fügte er hinzu, »es trifft zu, daß immer zehn Flugzeuge über der Flotte waren.« Admiral Kurita konnte sich nicht daran erinnern: »Ich forderte

---

* Bei allem Respekt für die Piloten, die im Zweiten Weltkrieg Bomben- oder Torpedoangriffe flogen, trifft es doch zu, daß Piloten mit geringen Fähigkeiten, wie es die japanischen in dieser Phase des Krieges waren, beim Angriff auf schwimmende Ziele größere Erfolgsaussichten haben als im Luftkampf. Die dreidimensionalen Luftkampfmanöver sind kompliziert und erfordern blitzschnelle Reaktionen sowie eine kräftige Dosis Raffinesse, wie sie ein Neuling selten besitzt. Aber ein Pilot mit rudimentären Fähigkeiten ist durchaus in der Lage, einen Angriff auf ein Schiff oder ein Ziel an Land erfolgreich abzuschließen, da sich die dazu nötigen Manöver auf zwei Dimensionen beschränken und wesentlich langsamer auszuführen sind. Deshalb waren die frisch ausgebildeten japanischen Piloten eher für Bombardements geeignet als für den komplexeren Luftkampf.

Jäger von den Stützpunkten an Land an, aber sie schickten keinen einzigen ... und ließen meine Flotte ohne die erwartete Deckung.«

Auf den Philippinen waren auch viele Flugzeuge der Heeresluftwaffe stationiert, und Heer und Marine kamen in einem untypischen Akt der Kooperation zwischen den Waffengattungen überein, ihre Kräfte für den Kampf gegen die amerikanische Invasion zu vereinen. Diese beispiellose Übereinkunft, die eher aus Verzweiflung als aus echtem Gemeinschaftsgeist getroffen worden war, erwies sich allerdings weitgehend als bloßes Lippenbekenntnis. Kurita gab später zu, daß er die Heeresluftwaffe selbst nie um Hilfe gebeten, sondern seine Gesuche an den Befehlshaber des Ersten Luftgeschwaders, Vizeadmiral Takajiro Onishi, gerichtet hatte. »Wenn man um Flugzeuge bat«, erklärte er, »wurden sie von der Marine geschickt, falls welche verfügbar waren; wenn nicht, forderte die Marine sie vor Ort vom Heer an.«

Als der Tag dämmerte, stieg trotz dieser Probleme eine große Zahl japanischer Flugzeuge auf, und ihre Piloten waren entschlossen, für den Kaiser zu töten oder zu sterben.

An Bord der *Intrepid*, dem Flaggschiff von Admiral Bogans Task Group 38.2, bereitete die Deckmannschaft die morgendlichen Starts vor. Es war eine merkwürdige Welt, in der diese Matrosen lebten und arbeiteten, einerseits ein Gigant unter den Schiffen, andererseits ein Winzling unter den Rollbahnen. Im Gegensatz zu ihren Kameraden an Bord der »Schlachtwagen« und »Konservendosen« arbeiteten diese Seeleute unter den Flügeln mechanischer Vögel. Wer nicht aufpaßte, konnte von herumwirbelnden Propellern zerfetzt werden. Kleider und Haut waren vom Geruch des Flugbenzins getränkt. Wenn die Sonne einmal nicht brannte, war eines der urplötzlich aufkommenden heftigen Sommergewitter ausgebrochen, oder es herrschte die faulige Schwüle des Monsunregens. Sprengstoffe und leichtentzündliche Stoffe waren ständige, unberechenbare

Begleiter. Das Röhren der Motoren und der Lärm der Werkzeuge ließen das Ohr zu einem verkümmerten Organ werden. Die Tage unterschieden sich nur durch die Anzahl der geflogenen Einsätze, und der alltägliche Trott wurde nur durch den regelmäßigen Ruf zu einem Trauergottesdienst für gefallene Schiffskameraden unterbrochen.

Oberleutnant Max Adams bahnte sich zwischen den Maschinen auf dem Flugdeck der *Intrepid* einen Weg durch das Gewühl der hin und her eilenden Männer. Das Schiff fuhr vor dem Wind und nahm der frischen östlichen Brise, die der Wetterbeobachter in der morgendlichen Einsatzbesprechung versprochen hatte, ihre Wirkung, so daß die Luft an Deck fast stillstand. Adams stieg auf dem Weg zu seiner eigenen Maschine über Brennstoffschläuche und wich dem ausfahrenden Flügel eines Hellcat-Jägers aus. Er war Sturzbomberpilot der Bomberstaffel 18, einer der drei Staffeln der Luftgruppe 18, der fliegenden Bewaffnung der *Intrepid*. Diese Triade aus Sturzbombern, Jägern und Torpedoflugzeugen operierte seit dem 10. August 1944 auf dem Träger und hatte über den Palau-Inseln, den Philippinen, den Ryukyu-Inseln und Formosa diverse Kampfaufträge erfüllt. Viele der Piloten hatten im Juli widerstrebend an dem zeremoniellen Überflug zur Begrüßung von Präsident Roosevelt in Pearl Harbor teilgenommen. Jetzt gehörten sie wie die meisten dem CINCPAC und dem CINCSOWESPAC unterstehenden Kampfeinheiten zu der gewaltigen Armada, die den Auftrag hatte, die Philippinen zurückzuerobern.

Adams hatte seine Helldiver erreicht und ging zur routinemäßigen Inspektion vor dem Flug einmal um sie herum, bevor er ins Cockpit kletterte. Er prüfte die interne Funkverbindung zu seinem Hintermann, der die Aufgabe hatte, den Radarschirm zu beobachten, die Heckgeschütze zu bedienen und ganz allgemein die Augen offenzuhalten. Kurz nach 0600 Uhr rollte Adams in Position, und wenige Minuten darauf hoben die Räder der Helldiver von den Holzplanken des Flugdecks der *Intrepid* ab. Als sich Adams nach Westen wandte und die

Sonne hinter sich ließ, sah er backbord voraus die große Landmasse der Insel Samar, deren Berggipfel schon in der Sonne glänzten, während das Meer zu ihren Füßen immer noch im Schatten lag.

Die Helldiver und die vier Hellcats der Jägergruppe 18, die sie begleiteten, flogen in südwestlicher Richtung zu dem ihnen zugewiesenen »Sektor drei« des Suchgebiets. Auf halbem Weg über der Sibuyan-See trennten sich zwei Hellcats von der Gruppe, um dort als Funkrelaisstationen zu kreisen, während die anderen drei Maschinen weiterflogen. Es gab viel zu sehen, während sie über die Sibuyan-See und die Tablas-Straße hinwegdonnerten. Im Gegensatz zur monotonen Weite des offenen Ozeans, die Marineflieger üblicherweise unter sich sehen, führte diese Aufklärungsmission über Gewässer, die von unterschiedlich getönten blauen und grünen Flächen gesprenkelt waren, aus denen sich Inseln erhoben – flache Korallenbauten, aber auch Vulkaninseln von beträchtlicher Höhe. Es war eine Landschaft, die eher auf eine Postkarte als auf eine Gefechtskarte gehörte.

Als sich die drei Flugzeuge der Südspitze von Mindoro näherten, der großen Inseln auf der Westseite der Tablas-Straße, erschienen auf Adams' Radarschirm in fünfundzwanzig Meilen Entfernung mehrere verdächtige Punkte. Nachdem er über Funk die beiden Jäger informiert hatte, drehten sie alle nach Süden ab, um der Sache nachzugehen. Sie flogen in rund zweitausendsiebenhundert Metern Höhe, als sie in Gestalt winziger weißer Striche auf dem türkisblauen Meer unter sich das Kielwasser von Schiffen entdeckten. Als sie auf sie zuflogen, um sie näher in Augenschein zu nehmen, wurden die Striche, da die Schiffe abdrehten, zu Kommas. Wenige Minuten später konnten Adams und die anderen Piloten die Schiffe selbst erkennen.

In den Kopfhörern von Bill Millar, der mit seiner Hellcat als Funkrelaisstation über der Sibuyan-See kreiste, begann es zu knistern. Es war einer der Jägerpiloten aus Adams' Gruppe, der das Rufzeichen »Five Fox Lucky« sendete. Die lakonische Meldung war elektrisierend: »13 DD, 4 BB, 8 CA* vor der Südspitze von Midoro. Kurs 050, Geschwindigkeit 10 bis 12 Knoten. Keine Versorgungs- oder Transportschiffe.« Das Fehlen dieser Schiffe konnte nur eins bedeuten: Die japanische Flotte fuhr in die Schlacht. Millar gab die Nachricht weiter, und Minuten später hatte sie Admiral Halsey erreicht.

Bull Halsey sehnte sich nach dem Kampf. Anders als Mitscher, der in seiner Zeit als Befehlshaber der Task Force 58 unter Spruance genügend Gefechte miterlebt hatte und sich mehr Sorgen über die Müdigkeit seiner Männer machte, hatte Halsey durch Pech und ungünstiges Timing die großen, entscheidenden Schlachten, nach denen es ihn schon so lange verlangte, versäumt, und er war heiß darauf, in Aktion zu treten.

Halseys Geschichte war eine der Enttäuschungen. Er hatte zu Beginn des Krieges zwar ein Kommando auf See gehabt, aber seine Kräfte waren im Vergleich zu den japanischen so schwach gewesen, daß er nur zu einigen moralisch aufbauenden, strategisch jedoch unbedeutenden Vorstößen in der Lage war. Als er einige Zeit später in der Hoffnung auf ein großes Kräftemessen mit der japanischen Marine auf dem Weg in den Südwestpazifik war, wurde östlich von Australien die Schlacht in der Korallensee ausgefochten, während er noch tausend Meilen entfernt war. Kommandeur der amerikanischen Trägerflotte in dieser ersten großen See-Luft-Schlacht des Krieges war Admiral Frank Jack Fletcher. Als ihn die Musen der Geschichte dann im Juni 1942 an die Schwelle der entscheidenden Schlacht geführt hatten, bekam Halsey einen derart starken

---

* DD, BB und CA sind die amerikanischen Marinebezeichnungen für Zerstörer, Schlachtschiffe und Schwere Kreuzer. Die Meldung war nicht ganz korrekt. Neben den richtig gemeldeten dreizehn Zerstörern bestand Kuritas Verband aus fünf Schlachtschiffen sowie sieben Schweren und zwei Leichten Kreuzern.

Hautausschlag, daß er gezwungen war, ein Krankenhauszimmer in Pearl Harbor zu beziehen, so daß Raymond Spruance den Ruhm von Midway davontrug. Während die »Big Blue Fleet« zu einem immer gigantischeren Verband heranwuchs und die Bastionen des japanischen Reichs erstürmte, brauchte Nimitz Halseys Kampfgeist, um die nachlassende Moral der Kräfte im Südpazifik neu zu beleben. So war es wiederum Spruance, der mit der Flotte auslief, während Halsey in einem Hauptquartier an Land festsaß und sich bemühte, den bedeutenden, aber weniger glanzvollen Kampf um die Salomon-Inseln zu einem guten Ende zu bringen. Kein Wunder, daß dieser Admiral, der für seine kämpferischen Äußerungen bekannt war, nach einer Gelegenheit lechzte, seine Flotte »längsseits derjenigen des Feindes« zu bringen.*

Sofort nachdem er im Leyte-Golf eingetroffen war, hatte Halsey die Funkstille gebrochen, um Admiral Kinkaid zu fragen, ob die San-Bernardino- und die Surigao-Straße von Minen geräumt worden seien. Seiner Ansicht nach würde sich die japanische Flotte wegen der Landung auf Leyte nicht auf eine Schlacht einlassen, sondern westlich der Philippinen in Stellung gehen, um den »durch die Hintertür« von Luzon nach Leyte gelangenden Nachschub an Material und Truppen zu sichern. Sollte sich diese Annahme als richtig erweisen, beabsichtigte Halsey, durch das Archipel zu fahren, um den Feind zu stellen; deshalb hatte er bei Kinkaid wegen der Minen angefragt. Dieses Vorhaben als Himmelfahrtskommando abzustempeln, mag zuviel gesagt sein, aber es ist kaum zu bestreiten, daß die Absicht, seine Flotte in die engen Gewässer der philippini-

---

* Diese verbale Anleihe beim größten britischen Seehelden, Admiral Horatio Nelson, stammt aus Halseys Autobiographie. Dort zitiert er Nelsons schriftlichen Befehl an seine Offiziere vor der Schlacht von Trafalgar: »Ein Kapitän kann nicht viel falsch machen, wenn er seine Schiffe längsseits derjenigen des Feindes bringt.« Dieses Prinzip der Kriegführung, fügte Halsey hinzu, habe sich ihm »ins Gedächtnis eingebrannt«.

schen Binnenmeere zu führen, zumindest riskant, wenn nicht sogar leichtsinnig und ganz sicher unnötig war.

Admiral Nimitz, der die Fortschritte der Landungsoperation von seinem Hauptquartier in Pearl Harbor aus verfolgte, war über Halseys Anfrage bei Kinkaid beunruhigt. Halsey besaß unzweifelhaft die nötige Aggressivität, um die Eventualklausel des Einsatzbefehls in die Tat umzusetzen, das heißt »für die Vernichtung eines großen Teils der feindlichen Flotte« zu sorgen. Ebenso klar war jedoch, daß er kaum Bedenken hatte, den anderen Teil des von Nimitz ausgegebenen Befehls zu mißachten, nach dem er »die Kräfte aus dem Südwestpazifik zu decken und zu unterstützen« hatte, »um die Einnahme und Besetzung der Ziele auf den Zentralphilippinen zu fördern«.

Nimitz schickte ihm unverzüglich ein Schreiben, in dem er ihn an seine Pflicht erinnerte, die Landungsoperation zu dekken, und darüber hinaus ordnete er an, daß »Bewegungen von großen Einheiten der Dritten Flotte durch die Surigao- und die San-Bernardino-Straße ... nicht ohne entsprechenden Befehl des CINCPAC in Gang zu setzen« seien. Nachdem ihn Nimitz derart in die Schranken gewiesen hatte, schien es, als würde Halseys Verlangen nach einem Frontalzusammenstoß mit dem Feind wieder einmal unerfüllt bleiben.

Die in der Nacht hereingekommene Meldung der *Darter* über die Anwesenheit einer japanischen Flotte in der Palawan-Passage hatte Halsey neue Hoffnung schöpfen lassen, aber erst, als der Bericht der Flugzeuge der *Intrepid* aus dem Suchsektor drei eintraf, wußte er mit Sicherheit, daß die Japaner kamen. Um 0822 Uhr hob Halsey den TBS-Hörer ab und gab, ohne hörbare Erregung in der Stimme, seiner Flotte bekannt, was er soeben erfahren hatte. Fünf Minuten später befahl er seinen Verbänden, sich zu vereinen, indem er Shermans TG 38.3 im Norden und Davisons TG 38.4 im Süden anwies, zu der mittleren Task Group, Bogans TG 38.2, aufzuschließen. Und um 0837 Uhr benutzte Halsey erneut das gemeinsame Rufzeichen der Task Groups und sprach die Worte, mit denen die Schlacht um Leyte offiziell eröffnet wurde, ins Mikrofon: »Schlagt los! Wiederhole: Schlagt los! Viel Glück!«

Im Norden, vor der Ostküste von Luzon, bereitete sich Konteradmiral Sherman darauf vor, dem Befehl Folge zu leisten. Doch während seine Flugzeugträger in den Wind drehten, meldeten die Radarbeobachter aufgeregt eine große Anzahl von Westen näherkommender Luftkontakte. Bald darauf erschien hinter der ersten eine zweite große Welle, und dann im Südwesten, rund sechzig Meilen entfernt, eine dritte, die noch größer war als die beiden anderen.

Shermans Befürchtungen angesichts der von Halsey angeordneten großangelegten Suchaktion schienen sich zu bestätigen. Von seinen Jägern befanden sich derart viele auf Aufklärungsmission, daß die Befolgung von Halseys Angriffsbefehl die Verteidigungsfähigkeit von TG 38.3 stark beeinträchtigt und die Schiffe durch die anfliegenden Feindflugzeuge ernsthaft gefährdet hätte. Sherman blieb keine andere Wahl, als den Angriffsbefehl für den Augenblick zu ignorieren und der heraufziehenden Bedrohung zu begegnen. Er gab für alle verfügbaren Jäger der Gruppe Befehl zum Alarmstart.

David McCampbell war schon einmal aus der Navy entlassen worden. 1929, im ersten Jahr der Großen Depression, an die Marineakademie gegangen, waren 1933, als er seinen Abschluß machte, buchstäblich alle Bereiche des Lebens durch die wirtschaftliche Talfahrt in Mitleidenschaft gezogen, und das Militär hatte keine Ausnahme gebildet. Die Folge war, daß McCampbell nach dem Abschluß der Akademie aufgrund von Etatkürzungen nicht als Offizier in die Navy eintreten konnte, sondern in Ehren entlassen und nach Hause geschickt wurde. Ein Jahr später hatte sich die fiskalische Lage so weit gebessert, daß er reaktiviert und zum Offizier befördert wurde – ein kaum erwähnenswertes Ereignis, das jedoch ein Jahrzehnt später keinen geringen Einfluß auf den Verlauf der Schlacht um Leyte haben sollte.

David McCampbell blieb in der Navy, erwarb 1938 in Pensacola das Pilotenabzeichen und war von 1940 bis zu dessen Versenkung bei Guadalcanal im September 1942 als Pilot auf dem Flugzeugträger *Wasp* stationiert. Er war ein fähiger Pilot mit einer beneidenswerten Erfolgsbilanz, und als die amerikanische Flotte den Leyte-Golf anlief, war er zum Kommandeur der Luftgruppe 15 aufgestiegen, die vom Deck der *Essex* aus operierte.

Am Morgen des 24. Oktober stand McCampbell um 0530 Uhr auf, zog seinen Fluganzug an und ging zum Frühstück in eine der beiden Offiziersmessen der *Essex*. Während der nächsten beiden Stunden schaute er im Bereitschaftsraum der Jägerstaffel vorbei, um sich über die Wettervorhersage zu informieren, beobachtete die morgendlichen Starts und wandte sich schließlich dem Kampf mit dem ärgsten Feind des Soldaten zu – der Büroarbeit. Kurz nach 0730 Uhr verließ er sein Büro, um dabei zuzusehen, wie weitere Jagdflieger zu einer Patrouille über den Flugplätzen bei Manila aufstiegen. Als das letzte Flugzeug abgehoben hatte, rechnete McCampbell rasch nach: Jetzt waren nur noch sieben Jäger an Bord.

Er kehrte in sein Büro zurück, konnte aber nicht mehr viel von dem Papierberg abtragen, denn wenig später wurde über die Lautsprecheranlage der Anflug japanischer Flugzeuge bekanntgegeben, und dann kam die Anweisung: »Alle Jägerpiloten in die Flugzeuge!« Als McCampbell ihr nachkommen wollte, wurde er jedoch von einem Offizier aufgehalten, der ihn mit der Mittteilung überraschte, der Stabschef wünsche, daß er an Bord bleibe; also begab er sich widerstrebend in den Bereitschaftsraum. Wenige Minuten darauf wurden erneut alle Jägerpiloten zum Einsatz gerufen, diesmal mit dem Zusatz »unverzüglich«. McCampbell schloß daraus, daß der Stabschef es sich anders überlegt haben mußte, und wenige Minuten später saß er angeschnallt im Cockpit seiner Hellcat, die er nach einer Freundin aus Milwaukee *Minsi III* getauft hatte.

Das Deckpersonal pumpte immer noch Brennstoff in die Tanks, als sein Flugzeug schon zum Startkatapult gerollt wurde.

Wegen des unerwarteten Alarmstarts hatte man nicht die Zeit gehabt, alle Maschinen aufzutanken. McCampbell prüfte gerade seine Meßinstrumente, als er den Flugoffizier aus der Hauptflugleitung über das Deck brüllen hörte: »Wenn die Maschine des Luftgruppenkommandeurs nicht bereit ist, bringt sie nach unten!« McCampbells Außentank war voll, aber die beiden Haupttanks waren noch halb leer. Sechshundertsechzig Liter. Das mußte reichen. Er winkte die Männer mit dem Treibstoffschlauch fort und signalisierte, daß er bereit sei. Im nächsten Augenblick schleuderte das hydraulische Katapult die *Minsi III* über das Flugdeck, und die aufheulende Hellcat erhob sich in die Luft. Sie sackte, nachdem sie das Deck verlassen hatte, kaum ab – ein Zeichen dafür, wie leicht das Flugzeug mit halbleeren Tanks war.

Während er in den klaren Himmel aufstieg, feuerte McCampbell einige Salven aus seinen Maschinengewehren ab. Alle sechs funktionierten einwandfrei. Sobald die anderen sechs verbliebenen Jäger der *Essex* in knapp zweitausend Metern Höhe zu ihm aufgeschlossen hatten, wandte sich die Gruppe nach Norden, dorthin, wo das Radar des Trägers eine große Formation anfliegender Flugzeuge geortet hatte.

Die Japaner flogen in einer Höhe von fünftausendfünfhundert Metern, und so begannen die Amerikaner steil aufzusteigen, während sie den Abfangvektor anflogen, den sie vom zuständigen Flugleitoffizier der *Essex* erhalten hatten (einem jungen Kapitänleutnant namens John Connally, der es später zum Marineminister und Gouverneur von Texas bringen sollte*). Der einzige, der trotz seiner vollen Tanks mit der leichteren *Minsi III* mithalten konnte, war Leutnant Roy Rushing; die anderen fünf Jäger fielen zurück.

---

* Wie es der Zufall wollte, war einer seiner engsten Mitarbeiter in seiner Zeit als Marineminister Andy Kerr, der einzige Überlebende aus dem Leitstand der Hauptbatterie der *Honolulu*, dessen Geschichte im neunten Kapitel erzählt wurde.

McCampbell und Rushing sichteten bald eine große Formation, die ihnen in größerer Höhe entgegenkam. McCampbell funkte an die *Essex:* »Rebel, hier ist Niner-Niner. Sind Befreundete in der Gegend?« Als die *Essex* verneinte, sagte McCampbell: »Nun, in dem Fall habe ich den Feind in Sicht.«

Die beiden Amerikaner schätzten, daß die Formation aus »60 Ratten, Falken und Fischen«* bestand. Die feindlichen Jäger flogen über den Bombern und Torpedoflugzeugen, und da McCampbell und Rushing höher flogen als die anderen Hellcats, beschloß McCampbell, sich zusammen mit seinem Nebenmann den Ratten zu widmen und die Falken und Fische den anderen zu überlassen.

Während er weiter aufstieg, ging es McCampbell durch den Kopf, daß zwei amerikanische Hellcats gegen vierzig japanische Jäger nicht gerade das gesündeste Kräfteverhältnis war, und er fragte bei der *Essex* an, ob sie Hilfe bekommen könnten, aber es waren keine Maschinen verfügbar. Die auf den ersten Blick gewaltige Überlegenheit der Japaner war allerdings trügerisch. Auf dem Rumpf von *Minsi III* prangten unterhalb der Kanzelhaube einundzwanzig japanische Flaggen, die McCampbells bestätigte Abschüsse im bisherigen Verlauf des Krieges repräsentierten.

Beide Hellcats gelangten offenbar unentdeckt über die Feindformation und verfolgten von oben, wie die japanischen Jäger langsam nach rechts abdrehten und einen Bogen von ungefähr zweihundertsiebzig Grad flogen. Jetzt befanden sich McCampbell und Rushing in einer nahezu perfekten Angriffsposition nicht nur über, sondern auch hinter den Japanern.

Als einer der japanischen Jäger hinter die Formation zurückfiel, schlug McCampbell wie ein Löwe, der sich auf den Nachzügler der Herde stürzt, zu. Er tauchte zu dem nichtsahnenden Jäger hinab, bis er den Piloten erkennen konnte. Dann zog er

---

* »Ratten« waren Jäger, »Falken« Sturzbomber und »Fische« Torpedoflugzeuge.

den Steuerknüppel zurück, um den Winkel seines Sturzflugs zu verringern, holte den Jäger ins Fadenkreuz seines Zielgeräts und drückte auf den Auslöser. Die *Minsi III* erzitterte merklich, während die Maschinengewehre ihre panzerbrechenden Brandpatronen vom Kaliber .50 ausspuckten. Leuchtpatronen markierten den Weg zum Ziel, und Sekunden später explodierten die unweit des Ansatzes der Tragflächen sitzenden Treibstofftanks des japanischen Jägers. Hellgelbe Flammen und schwarzer Qualm quollen aus der getroffenen Maschine, während sie vornüber kippte und in die Tiefe zu stürzen begann. Ein Fallschirm wurde nicht sichtbar, und bald darauf hatte das Meer Pilot und Maschine verschluckt.

McCampbell sah sich um und bemerkte, daß sein Abschuß nicht der einzige war. Auch Rushing hatte einen der Jäger aus der Formation herausgefischt, und eine zweite Rauchspur zeigte an, wo der Japaner ins Meer gestürzt war. Bis jetzt hatten die Japaner erstaunlicherweise noch keine Reaktion gezeigt, und McCampbell und Rushing setzten zu einem zweiten Anlauf an. Die anderen Hellcats der *Essex* hatten inzwischen die Bomber und Torpedoflugzeuge ins Visier genommen und waren weiter unten in ein heftiges Gefecht verwickelt.

Nachdem McCampbell einen zweiten japanischen Jäger vom Himmel geholt hatte, reagierten die Japaner. Sie bildeten eine kreisförmige Formation, die von den Amerikanern »Lufberry« genannt wurde und eine gewisse Ähnlichkeit mit den Wagenburgen des »Wilden Westens« hatte. Es war ein rein defensives Manöver, was angesichts der numerischen Überlegenheit der Japaner erstaunlich war, aber möglicherweise wußten sie nicht, wie viele Jäger sie angriffen.

In eine solche Formation einzubrechen, war kein leichtes Unterfangen. Besser gesagt, es war höchst riskant. Jägerpiloten halten nicht viel davon, sich vor einem Feindflugzeug, das heißt in dessen Schußfeld wiederzufinden, und wenn man sich einem Jäger, der in einer kreisförmigen Formation fliegt, von hinten nähert, gerät man zwangsläufig ins Visier der nachfolgenden

Maschine. Ein weniger erfahrener Pilot als McCampbell hätte sich angesichts des Kräfteverhältnisses von zwanzig zu eins, des knappen Treibstoffs und der japanischen »Lufberry« vermutlich entschlossen, zur *Essex* zurückzukehren. Aber die *Minsi III* war nicht deshalb mit einundzwanzig Sonnenemblemen geschmückt, weil David McCampbell die Gewohnheit hatte, den Schwanz einzuziehen, wenn es mulmig wurde. Er drückte die Nase seines Jägers nach unten und raste mit fast dreihundert Knoten im Sturzflug abwärts, um den Feind frontal anzugreifen. Wenige Sekunden später beendete er den Sturzflug, kurvte auf die japanische Formation zu und feuerte aus allen Rohren, während er auf den am nächsten fliegenden Japaner zuschoß. Aber diesmal hatte er es nicht mit einem wehrlosen Opfer zu tun, sondern mit einem Gegner, der zurückschlug, wie die Leuchtspuren, die an ihm vorbeischossen, bewiesen. Bei einer relativen Geschwindigkeit von vierhundert Knoten dauerte das Feuergefecht nicht lange, und die beiden Widersacher jagten einen Wimpernschlag später aneinander vorbei. Keiner von ihnen fiel vom Himmel.

Auch der zweite Angriff blieb erfolglos. Diesmal bemerkte McCampbell jedoch dort, wo der Japaner Treffer gelandet hatte, häßliche schwarze Löcher in den Tragflächen. Er kreiste mehrere Minuten oberhalb der japanischen Formation und überlegte, was er tun sollte. Die Frontalangriffe waren augenscheinlich sinnlos, und je häufiger er sie versuchte, desto größer wurde die Gefahr, einen tödlichen Treffer abzubekommen. Rushing hatte auch nicht mehr Glück als er.

Das Problem löste sich von selbst, als die Japaner – möglicherweise, weil ihnen der Treibstoff ausging oder weil ihnen die Situation nicht behagte – die Kreisformation aufgaben und wieder Kurs auf Luzon nahmen. Damit waren McCampbell und Rushing zurück im Geschäft. Minuten später hatte McCampbell sein drittes Opfer abgeschossen, und Nummer vier ließ nicht lange auf sich warten, und dann kam Nummer fünf an die Reihe.

Ein Jägerpilot, der in seiner Dienstzeit fünf Feindflugzeuge abgeschossen hat, wird als »As« bezeichnet, und der Mehrzahl der Piloten gelingt es nie, sich mit diesem Titel zu schmücken. McCampbell war bereits vierfaches As gewesen, als er an diesem Morgen in den Himmel über der Philippinen-See aufstieg, und jetzt hatte er sich diesen Titel erneut verdient – bei einem einzigen Einsatz.

Nach Abschuß Nummer sechs warf McCampell einen Blick auf die Treibstoffanzeige. Sie stand bedenklich weit unten, und er und Rushing entfernten sich bei der Verfolgung der Japaner immer weiter von der *Essex*. Rushing, der bis zu diesem Zeitpunkt vier Abschüsse verbuchen konnte, hatte zwar noch genügend Treibstoff, aber kaum noch Munition. Dennoch machten sie weiter, und bald stürzte das nächste Flugzeug ins Meer. Wenig später war McCampbell auf die unglaubliche Zahl von sieben Abschüssen gekommen, und Rushing hatte sich mit fünf Abschüssen ebenfalls den Ehrentitel »As« verdient. Vor ihnen lag Luzon, und McCampbell war klar, daß die Gefahr, auf andere japanische Jäger zu stoßen, mit jeder Meile, die sie weiterflogen, größer wurde. Aber sie kehrten nicht um.

Als McCampbell Opfer Nummer neun beschoß, hörte er, daß mehrere Maschinengewehre aussetzten, weil die Munition ausgegangen war. Rushings Munitionsvorrat war inzwischen vollständig aufgebraucht, und McCampbell hatte kaum noch Treibstoff. Es war Zeit zurückzufliegen. Rushing hielt sich dicht hinter McCampbell, während sie tiefer gingen und mit sparsamster Drehzahl den Rückflug antraten. Nach einem angespannten Augenblick antwortete die *Essex* auf McCampbells Funkspruch, allerdings nicht wie erhofft. Das Flugdeck des Trägers war voller Flugzeuge, die sich auf den Start vorbereiteten. Für eine Landung war kein Platz, und es würde mindestens eine Viertelstunde dauern, bis die Landebahn frei wäre.

Schließlich sahen McCampbell und Rushing die amerikanische Flotte unter sich liegen. Aber ihre Probleme wurden dadurch nur noch vergrößert. Eines der Schiffe hielt die beiden

Hellcats für japanische Flugzeuge und eröffnete das Feuer. McCampbell und Rushing gingen dicht über die Wasseroberfläche und flogen hektische, treibstoffzehrende Manöver, um nicht vom Feuer der eigenen Seite getroffen zu werden. Der Beschuß hörte nach einiger Zeit auf, dafür aber mischten sich mehrere Jäger in den Kampf ein und stießen zu den beiden Hellcats herunter, die jetzt nur noch ins Wasser hätten abtauchen können.

Im allerletzten Augenblick erkannten die anfliegenden Jäger jedoch, daß sie es mit eigenen Maschinen zu tun hatten, und brachen den Angriff ab. Wenige Minuten später atmete McCampbell erleichtert auf, als er die *Essex* vor sich sah. Doch seine Erleichterung verflog gleich wieder: Das Flugdeck der *Essex* war immer noch voller Flugzeuge. Verzweifelt sah er sich um und entdeckte nicht weit entfernt die *Lexington*. Nach einem nervösen Blick auf die Treibstoffanzeige, die ziemlich hoffnungslos aussah, wandte er sich dem rettenden Hafen zu. Aber er wurde erneut enttäuscht, denn auch dieses Flugdeck war voll. Er flog den nächsten Träger an, USS *Langley,* fand aber wiederum nur ein überfülltes Flugdeck vor. Er war kurz davor, mit der *Minsi III* auf dem Wasser aufzusetzen, als ihm mitgeteilt wurde, daß die Flugzeuge der *Langley* dabei seien, zu starten, und in ein paar Minuten genügend Platz für eine Landung vorhanden sein müßte. Die Frage war nur, ob McCampbell noch ein paar Minuten Zeit hatte. Der Treibstoffanzeige nach zu urteilen, hatte er sie nicht. Aber er schaffte es, in der Luft zu bleiben, bis die Landebahn freigegeben wurde.

Als die Hellcat endlich über das Flugdeck der *Langley* rollte, begannen ihre Motoren zu stottern und blieben schließlich von allein stehen, bevor McCampbell Gelegenheit hatte, sie abzuschalten. In einem der Maschinengewehre waren noch sechs Patronen; die anderen waren leer. McCampbell bekam an Bord der *Langley* Sandwiches und Kaffee, und wenig später befand er sich schon wieder auf einem Patrouillenflug in der Luft. Nachdem er später am Tag endlich auf der *Essex* gelandet war, wurde er auf die Brücke gerufen, wo ihn Sherman anfuhr: »Verdammt noch mal, ich hatte Ihnen gesagt, daß Sie bei diesem Alarm nicht mitfliegen sollten!« McCampbell setzte zu einer Erklärung an, die jedoch nicht sonderlich überzeugend ausfiel, so daß Sherman ihn unterbrach: »Daß mir das nicht noch mal vorkommt!«

Und es kam nicht noch einmal vor. Mitten im Getümmel der Schlacht schien niemand wahrgenommen zu haben, daß McCampbell Geschichte geschrieben hatte. Er hatte in einem einzigen Gefecht neun Feindflugzeuge abgeschossen,* eine Leistung, die einzigartig war und bleiben sollte. Mit den sechs Flugzeugen, die Rushing vom Himmel geholt hatte, kamen beide Piloten zusammen auf die unglaubliche Zahl von fünfzehn bestätigten Abschüssen. Die Erkenntnis dieser Tatsache blieb jedoch nicht aus, und in Anerkennung dieses und eines weiteren Einsatzes, bei dem McCampbell sieben Flugzeuge abschoß, hieß es später in einer lobenden Erwähnung, die zusätzlich zur Verleihung der Tapferkeitsmedaille (Medal of Honor) erfolgte: »Während eines großen Luftgefechts mit dem Feind am 24. Oktober fing Fregattenkapitän McCampbell, von nur einem weiteren Flugzeug unterstützt, eine feindliche Formation von sechzig landgestützten Flugzeugen, die sich unseren Streitkräften näherte, ab und griff sie wagemutig an ... Er schoß neun Flugzeuge ab und zwang die Reste der in völliger Auflösung befindlichen Feindgruppe, ihren Angriff abzubrechen, bevor auch nur ein einziges Flugzeug die Flotte erreichen konnte.«

Es gab an diesem Tag noch einen anderen Lufthelden, der wie McCampbell und Rushing sein Leben in die Waagschale warf, um seine Pflicht zu erfüllen. Er tötete eine große Anzahl Feinde – weit mehr als McCampbell und Rushing – und eliminierte oder schwächte einen bedeutenden Teil der feindlichen Kampfkraft. Er flog allerdings keinen Jäger, sondern einen Bomber, und sein Name ist in der Anonymität versunken, dem einzigen

---

* Wahrscheinlich waren es sogar zwei mehr, die jedoch nicht bestätigt werden konnten.

Preis vieler, die in den gewaltigen Ereignissen des Krieges kämpften und litten, sich aufopferten und starben. Und er war im Gegensatz zu McCampbell und Rushing Japaner.

Die Bedeutung der Leistung, die McCampbell, Rushing und viele andere amerikanische Jägerpiloten an diesem Tag vollbrachten, tritt noch deutlicher zutage, wenn man sie im Licht dessen sieht, was dieser eine japanische Pilot in seiner Yokosuka D4Y – die von den Japanern »Komet« und von den Amerikanern »Judy« genannt wurde – erreichte. Er ließ sich bei der Ausführung seiner Mission weder von den Gegenangriffen der amerikanischen Jäger noch von dem schweren Luftabwehrfeuer der Zerstörer und Kreuzer der amerikanischen Task Group beirren. Um 0930 Uhr schlüpfte dieser unbekannte japanische Pilot, indem er sich an eine Gruppe zurückkehrender amerikanischer Jäger anhängte, durch die Verteidigung der Amerikaner und richtete, aus einer Wolke hervorstoßend, sein Zielgerät auf eine der größten »Prisen«, die es im Seekrieg gibt.

Der Flugzeugträger *Princeton* nahm die heimkehrenden Jäger in Empfang, ohne zu ahnen, daß ihnen ein japanisches Flugzeug folgte. Zwölf Maschinen waren bereits gelandet, als die Ausgucks die direkt auf ihr Schiff zufliegende Judy entdeckten. Das Ruder der *Princeton* wurde augenblicklich herumgeworfen, und die Zwanzig- und Vierzig-Zentimeter-Luftabwehrgeschütze eröffneten das Feuer, doch beide Maßnahmen erwiesen sich als unwirksam. Der japanische Bomber setzte seinen Anflug ungerührt fort und klinkte eine einzige Zweihundertfünfzig-Kilo-Bombe aus, die fast genau in der Mitte des Flugdecks, kurz vor dem hinteren Aufzug, auftraf. Es war offensichtlich eine panzerbrechende Bombe, denn sie explodierte nicht, sondern bohrte sich durch das Flugdeck und hinterließ dort, wo sie aufgeschlagen war, nur ein kleines Loch.

Der Pilot zog seine Maschine hoch und verschwand in den Wolken. Er entkam allerdings nur für den Augenblick, denn später wurde gemeldet, daß er von einer Luftpatrouille der *Lexington* abgeschossen worden war.

Kommandierender Offizier der *Princeton* war Kapitän zur See William H. Buracker, der zu Beginn des Krieges Halseys Operationsoffizier gewesen war.* Er machte sich keine großen Sorgen, als er von der Brücke aus den Schaden auf dem Flugdeck begutachtete: »Ich sah das Loch, das ziemlich klein war, und dachte, wir könnten es schnell abdecken und den Einsatz wieder aufnehmen.« Doch das war nicht der Fall. Die Bombe hatte nicht nur das Flug-, sondern auch das Hangardeck durchschlagen und war in der Schiffsbäckerei detoniert, wobei alle Männer, die dort arbeiteten, ums Leben kamen. Die Explosion riß das Hangardeck auf, und die Flammen hatten rasch sechs Torpedobomber ergriffen, die gerade aufgetankt und munitioniert wurden. Der Treibstoff fing Feuer, und bald darauf begannen die Sprengköpfe der Torpedos zu explodieren.

Einer der Flieger, die kurz vorher auf der *Princeton* gelandet waren, war Leutnant Paul Drury, ein Jägerpilot der Staffel VF-27. Als die Explosionen einsetzten, erhielten Drury und die anderen gerade zurückgekehrten Piloten den Befehl, bei ihren Flugzeugen zu bleiben, die zu diesem Zeitpunkt auf dem vorderen Teil des Flugdecks standen. Drury stand hilflos neben seiner Hellcat, während er die Erschütterungen der Explosionen im Schiffsinnern spürte und überlegte, was er und die anderen Piloten tun konnten. »Ich wußte, daß wir unter diesen Umständen keinesfalls starten konnten«, sagte er später, »und ich hielt es für unwahrscheinlich, daß jemand mein Flugzeug stehlen wollte.«

Die Situation verschlimmerte sich rasch. Die Feuerlöschtrupps waren nicht in der Lage, die Brände unter Kontrolle zu bekommen, und es dauerte nicht lange, bis eine Reihe heftiger Explosionen große Löcher ins Flugdeck sprengte. Drury beobachtete ebenso gebannt wie entsetzt, wie einer der massiven Flugzeugaufzüge komplett aus seinem Schacht geschleudert wurde und merkwürdig verdreht auf dem Flugdeck liegen blieb.

* Siehe Kapitel 4.

182

Um 1010 Uhr setzte Kapitän Buracker die Rettungsphase I in Kraft, was bedeutete, daß gut zwei Drittel der eintausendfünfhundertsiebzig Mann zählenden Besatzung das Schiff zu verlassen hatten. Die vierhundertneunzig Mann, die an Bord blieben, waren Feuerlöschtrupps, die weiter versuchen würden, die *Princeton* zu retten, und Geschützbedienungen, die sie vor Luftangriffen schützen sollten.

Leutnant Drury sah, wie ein Zerstörer an Steuerbord längsseits kam, um der Besatzung der *Princeton* bei der Bekämpfung des sich ausbreitenden Feuers und beim Verlassen des Schiffs zu helfen. Die See war rauh, und jedesmal, wenn die beiden Schiffsrümpfe gegeneinander geworfen wurden, war ein gräßliches Kreischen zu hören. Drury dachte daran, auf den Zerstörer hinüberzuspringen, überlegte es sich aber anders, als er sah, daß sich ein anderer beim Sprung über die Kluft zwischen den schaukelnden Schiffen offenbar ein Bein gebrochen hatte.

Als die Munition in den Bereitschaftslagern zu explodieren begann, ordnete Buracker die Rettungsphase II an, in der auch die Geschützbedienungen von Bord zu gehen hatten, so daß nur noch die Schadensbekämpfer zurückblieben. Kapitän zur See John M. Hoskins, der Buracker in wenigen Tagen als kommandierender Offizier der *Princeton* ablösen sollte, schloß sich in der Hoffnung, bei der Rettung seines designierten Kommandos mithelfen zu können, den Feuerlöschtrupps im hinteren Teil des Schiffs an.

Paul Drury ging weiter nach vorn und überlegte, ob er die Ankerkette hinunterklettern sollte. Aber dann sah er einen Mann, der es bereits versucht hatte und jetzt mit dem Fuß in der Kette feststeckte. Der Unglückliche vermochte sich nicht selbst zu befreien und wurde von dem schaukelnden Schiff in regelmäßigen Abständen unter Wasser gezogen. Drury hastete nach hinten, wo er einige Leinen fand, die ins Wasser hinabgelassen worden waren. Er ließ sich an einer von ihr in die aufgewühlte See hinab und begann zu schwimmen.

Die an Bord verbliebenen Männer versuchten bis in den

Nachmittag hinein verzweifelt, die Brände einzudämmen, und um 1330 Uhr war das Feuer auf einen Bereich in der Nähe des Heckmagazins begrenzt worden. Die *Princeton* lag immer noch mit geradem Kiel im Wasser und war nicht in Gefahr zu sinken. Man schöpfte wieder Hoffnung, und es schien möglich, daß Buracker in ein paar Tagen immer noch ein Schiff hatte, das er Kapitän Hoskins übergeben konnte.

Die *Birmingham*, ein zur TG 38.8 abgestellter Leichter Kreuzer, wurde längsseits gewunken, um bei der Bekämpfung der restlichen Brandherde zu helfen und eine Trosse hinüberzuspannen, um die manövrierunfähige *Princeton* ins Schlepptau zu nehmen. Die Decks der *Birmingham* waren ziemlich bevölkert, als der Kreuzer an die Backbordseite des Flugzeugträgers heranfuhr. Die Oberdecks lagen voller Material zum Abschleppen und zur Brandbekämpfung, und dazwischen standen Hunderte von Besatzungsmitgliedern. Man brauchte mehrere Versuche, bevor die beiden Schiffe durch einen verbunden waren, und der Kreuzer mußte einmal sogar abdrehen, als wegen eines befürchteten kombinierten Luft- und U-Boot-Angriffs Alarm gegeben wurde. So konnte das Verhängnis seinen Lauf nehmen.

Es war 1530 Uhr, als die Katastrophe eintrat. Ohne Vorwarnung entzündete sich das hintere Munitionslager. Die gewaltige Explosion sprengte einen großen Teil des Hecks der *Princeton* ab, und ein entsetzliches metallisches Stakkato hallte über das Wasser, während Schrapnelle jeder Form und Größe – Stücke des zerfetzten Flugzeugträgers – auf den Decks der *Birmingham* einschlugen wie Kartätschen aus den Kanonen der Segelschiffe längst vergangener Zeiten. Hunderte von Männern wurden auf der Stelle getötet oder erlitten furchtbare Verletzungen. Innerhalb von Sekunden färbten sich die Speigatts rot von dem Blut[*] aus Tausenden von grotesken Wunden, und auf dem blutverschmierten Deck lagen wie Abfälle auf dem Boden eines

---

[*] In dem offiziellen Bericht über den Vorfall heißt es: »Die Decks wurden rot von Blut, nicht im übertragenen Sinn, sondern buchstäblich.«

Schlachthauses abgetrennte Gliedmaßen herum. Der leitende Sanitätsoffizier assistierte bei einer Operation auf dem Kreuzer *Santa Fe,* und der Zahnarzt gehörte zu den ersten Todesopfern, so daß die Versorgung der Verwundeten auf den Schultern eines einzigen Arztes lastete. Viele Besatzungsmitglieder leisteten, obwohl selbst schwer verwundet, erste Hilfe bei jenen, für die noch Hoffnung bestand, und halfen, das Leiden derer zu lindern, für die es keine Hoffnung mehr gab.

Trotz alledem sah der Erste Offizier des Schiffs, wie er später berichtete, inmitten des Grauens um ihn herum etwas Positives und Erhebendes: »Mir fehlen die Worte, um das wahrhaft hochherzige Verhalten der Männer angemessen zu beschreiben, der verwundeten wie der nicht verwundeten. Männer mit fehlenden Armen oder Beinen, mit klaffenden Wunden in den Seiten, mit Splitterspuren am Kopf beharrten: ›Ich bin in Ordnung. Kümmern Sie sich lieber um Joe da drüben‹, oder: ›Vergeuden Sie das Morphium nicht an mich, Sir. Geben Sie mir einfach eins auf den Kopf.‹ So furchtbar die Zerstörung war, ist es doch eine Quelle höchster Genugtuung zu wissen, zu welchem Mut und welcher Selbstlosigkeit seine Schiffskameraden fähig sind.«

Und die Zerstörung war furchtbar. Die Verluste an Bord der *Birmingham* beliefen sich auf zweihundertneunundzwanzig Tote, vier Vermißte und zweihundertelf Schwer- sowie fünfundzwanzig Leichtverwundete. Das Schiff selbst hatte mehr Glück gehabt. Obwohl die Steuerbordseite von Hunderten von Löchern übersät und kaum eines der Deckgeschütze unbeschädigt geblieben war, war es immer noch seetüchtig. Es dampfte aus eigener Kraft in friedlichere Gewässer, wurde repariert und kehrte gerade rechtzeitig in den Krieg zurück, um an der Schlacht um Okinawa teilzunehmen.

Die *Princeton* kam weniger glimpflich davon. Die Verluste unter der Besatzung waren mit hundertacht Toten und hundertneunzig Verwundeten zwar geringer, aber in vielen Fällen nicht weniger grauenhaft. Kurz nach der großen Explosion mußte Kapitän Hoskins feststellen, daß einer seiner Füße nur noch mit einigen wenigen Sehnen und Fleischfetzen am Bein hing. Er griff sofort nach einer Leine und legte sich eine Aderpresse an, um die Blutung zu stoppen. Als bald darauf der Sanitätsoffizier zu ihm kam, genügte ihm ein Blick, um zu sehen, daß der Fuß nicht zu retten war. Er schnitt die restlichen Sehnen und Hautstücke durch, bestäubte den Stumpf mit Schwefelpuder und gab Hoskins eine Morphiumspritze, bevor er ihn zwei Matrosen anvertraute, die ihn über das brennende Schiff zum Vorderdeck trugen, wo die Verwundeten in Rettungsboote hinabgelassen wurden. Als Hoskins und die beiden Matrosen aus dem dichten Qualm auf das Vordeck hinaustraten, stießen sie auf Kapitän Buracker. Hoskins sah von der Trage, auf der er zum Rettungsboot hinabgelassen werden sollte, zu ihm hoch und fragte ihn lächelnd: »Habe ich die Erlaubnis, das Schiff zu verlassen, Sir?«

Buracker verließ wenig später ebenfalls das Schiff. Angesichts des abgesprengten Hecks und des Feuers, das sich langsam nach vorn fraß, wo sich ein weiteres Munitionsmagazin befand, war es Zeit, das alte Mädchen von ihren Leiden zu erlösen. Um 1600 Uhr befahl Buracker, das Schiff aufzugeben, und um 1638 Uhr ging er als letzter von Bord.

Leutnant Paul Drury war inzwischen schon eine ganze Weile durch das aufgewühlte Meer geschwommen. Sein Ziel war die *Irwin*, ein in der Nähe liegender Zerstörer. Drury war an der Universität von Pennsylvania in der Schwimmannschaft gewesen, aber selbst der beste Schwimmer wird irgendwann müde, zumal bei rauher See im offenen Meer. Als er die *Irwin* erreichte, stand er kurz vor dem Zusammenbruch und war froh, als ihm ein Matrose an dem am Rumpf hängenden Ladenetz entgegenkam, um ihm an Bord zu helfen. Drury hatte eine Menge Salzwasser geschluckt, und jetzt bewirkte es, zusammen mit der körperlichen Überanstrengung, daß er sich übergeben mußte. Er war nicht der einzige. An Bord der *Irwin* befanden sich bereits viele Überlebende von der *Princeton*, denen es ebenso erging wie ihm.

186

Als die *Irwin* am späten Nachmittag Befehl erhielt, der *Princeton* den Rest zu geben, drängten sich über sechshundert Besatzungsmitglieder des Flugzeugträgers auf ihren Decks. Wie einige andere Schiffe, die während der Hilfsaktion dicht neben dem Träger gelegen hatten, war auch die *Irwin* durch die Zusammenstöße mit dem heftig schwankenden Schiff in Mitleidenschaft gezogen worden. Bei einer dieser Kollisionen war das Torpedoleitgerät schwer beschädigt worden, so daß der erste Torpedo vom Kurs abkam und gerade noch den Bug der *Princeton* erwischte, aber keinen nennenswerten Schaden anrichtete. Der nächste »Fisch« kurvte nach achtern und verfehlte sein Ziel völlig. Der dritte Torpedo sprang auf seinem Weg weit aus dem Wasser und ging schließlich sogar auf Gegenkurs – zurück zur *Irwin*. Leutnant Drury verfolgte entsetzt, wie er geradenwegs auf den Zerstörer zuschoß. Es schien, als hätte er die Katastrophe der *Princeton* nur überlebt, um jetzt auf diese schmähliche Art sein Leben zu verlieren. Der Kapitän der *Irwin* befahl: »Alle Maschinen sofort volle Kraft voraus!« Drury spürte, wie der Zerstörer vorwärts schlingerte, und verfolgte mit angehaltenem Atem, wie die Torpedospur leicht nach links abbog. Im nächsten Augenblick schoß der Torpedo knapp zehn Meter hinter dem Heck an der *Irwin* vorbei.

Die Torpedos Nummer vier und fünf verfehlten ihr Ziel ebenfalls, und der sechste Torpedo schlug unglaublicherweise denselben haarsträubenden Kurs ein wie Nummer drei, nur daß er den Zerstörer diesmal in noch größerer Nähe passierte. Es ist nur zu verständlich, daß den Männern an Bord der glücklosen *Irwin* der Gedanke an Meuterei durch den Kopf ging.[*] Drury jedenfalls hatte die Nase voll: »Ich will das nicht noch einmal durchmachen.« Doch da hatte Admiral Sherman ein Einsehen und gab der *Reno* den Befehl, der *Irwin* die unerfreuliche Auf-

---

[*] Morison schreibt in seiner *History of United States Naval Operations in World War II* sogar: »Mehr als ein Überlebender [der *Princeton*] dachte daran, drastische Maßnahmen auf der Brücke [der *Irwin*] zu ergreifen.«

gabe, den beschädigten Flugzeugträger zu versenken, abzunehmen. Die Torpedos der *Reno* liefen einwandfrei; binnen weniger Minuten hatten zwei »Fische« die *Princeton* getroffen, und kurz darauf ereignete sich, wie es im offiziellen Bericht lakonisch heißt, eine »heftige Explosion nahe des vorderen Magazins und der Benzintanks. Das Schiff löste sich innerhalb von fünfundvierzig Sekunden in seine Einzelteile auf, und alles, was blieb, waren Feuer auf dem Wasser.« Paul Drury hatte zu diesem Zeitpunkt schon so viel durchgemacht, daß er dem Schauspiel, das sich ihm bot, völlig teilnahmslos zusah. Was er fühlte, war vor allem Erleichterung darüber, daß es vorbei war.

In dieser Nacht schlief er auf dem Tisch der Offiziersmesse der *Irwin,* und am nächsten Tag wurde er auf die *Birmingham* übergesetzt, um mit ihr nach Pearl Harbor zurückzukehren. Wenn er auf der Fahrt über den Kreuzer ging, erinnerte ihn vieles an die schreckliche Explosion und das tragische und dennoch heroische Opfer der Männer, die gestorben waren, während sie versuchten, sein Schiff zu retten. Die Steuerbordseite war über und über mit gezackten Löchern bedeckt; auf dem Deck waren trotz der Bemühungen der überlebenden Besatzung, sie abzuwaschen, noch viele angetrocknete Blutflecken zu sehen, und an der Bordwand klebten hier und da immer noch Fleischfetzen. Bei diesem Anblick, sagte Drury später, »wäre jeder demütig geworden. Bis heute bringt mich die Erinnerung an das, was ich auf der *Birmingham* gesehen habe, rasch wieder auf die Erde, wenn ich anfange, zu sehr von mir eingenommen zu sein.«

Kapitän Hoskins hatte seine Chance, die *Princeton* zu befehligen, um wenige Tage verpaßt. Und er hatte einen Fuß verloren. Aber John Hoskins gab nicht so leicht auf. Er bekam schließlich eine Prothese, und man erwartete von ihm, daß er sich unter den gegebenen Umständen damit abfinden würde, als Invalide in den Ruhestand versetzt zu werden. Einen Kapitän mit einem Holzbein hatte es seit den Zeiten, als die Segelschiffe die Meere beherrschten, nicht mehr gegeben. Aber Hoskins ersuchte die

Navy, ihn im aktiven Dienst zu belassen, und als man beschloß, einem der neugebauten Flugzeugträger den Namen *Princeton* zu geben, bewarb er sich um die Kapitänsstelle. Er führte an, daß er »den anderen Bewerbern um einen Fuß voraus« und besser qualifiziert sei, weil er bei einem Alarm mitten in der Nacht schneller als jeder andere auf seine Gefechtsstation gelangen würde, da er bereits einen Socken und einen Schuh anhätte. Seine Argumentation mochte nicht sonderlich überzeugend gewesen sein, aber der Geist, der sich darin ausdrückte, war es ganz gewiß. John Hoskins erhielt das Kommando über die neue *Princeton*.

Sibuyan- und Sulu-See

Der »Bulle« hatte den Geruch der Schlacht in die Nase bekommen und drängte in die Arena. Halsey war die mächtigste Flotte der Welt anvertraut worden, weil von ihm unter allen amerikanischen Admiralen am ehesten zu erwarten war, daß er sie aggressiv einsetzen würde. Und am Morgen des 24. Oktober sollte diese Erwartung voll und ganz erfüllt werden.

Während Admiral Shermans Task Group 38.8 mit der Abwehr japanischer Luftangriffe und dem Versuch, die *Princeton* zu retten, beschäftigt war, ließen Bogan und Davison, die Kommandeure der beiden anderen Task Groups der Dritten Flotte, auf Halseys Angriffsbefehl hin Hunderte von Flugzeugen aufsteigen. Jäger, Sturzbomber und Torpedoflugzeuge donnerten über die Sibuyan-See nach Westen, um die anmarschierende japanische Flotte anzugreifen, die Oberleutnant Max Adams und die anderen Piloten der Luftpatrouille der *Intrepid* gesichtet hatten.

Den Feind anzugreifen, das war es, was von Halsey erwartet wurde. Er war für seine aggressive Taktik berühmt, und zu diesem Zeitpunkt der Schlacht etwas anderes zu tun, war für ihn buchstäblich undenkbar. Aber Halsey tat an diesem Morgen mehr, als nur gegen den Feind loszuschlagen. Denn seine Handlungen sollten ernste Folgen haben, die sich durch einige ominöse Vorzeichen ankündigten. Diese Vorzeichen deuteten sowohl auf die innere Funktionsweise dieses Mannes hin als auch darauf, was im weiteren Verlauf der Schlacht von ihm noch erwartet werden konnte.

Das erste Vorzeichen war die Tatsache, daß Halsey, indem er seine Befehle direkt an die Flotte ausgab, Admiral Marc Mitscher aus der Befehlskette ausschloß. Die Kommandostruktur war aufgrund der Reduzierung der Dritten Flotte auf die Task Force 38 überbesetzt, was zugegebenermaßen nicht ideal war. Andererseits besaß Halsey in Mitscher einen wertvollen Mitstreiter, den ein kluger Kommandeur nicht so leichtsinnig beiseite geschoben hätte. Mitscher hatte in vielen der bedeutendsten Schlachten und Operationen des Pazifikkrieges eine wichtige Rolle gespielt und unter Spruance ein großes Maß an Autonomie besessen. Tatsächlich gibt es nur ein nennenswertes Beispiel dafür, daß er überstimmt wurde, und zwar, als Spruance ihn in der Schlacht in der Philippinen-See davon abhielt, die japanische Flotte zu verfolgen und statt dessen die Landungstruppen auf den Marianen vor einem Angriff schützen ließ, der nie stattfand. Damit hatte Spruance nicht nur seinem Ruf unter den höheren Kommandeuren der Navy geschadet, sondern auch eine Chance verpaßt, gemeinsam mit Mitscher als brillanter Taktiker gefeiert zu werden; denn obwohl mit einigem Recht gesagt werden kann, daß er den Umständen entsprechend die richtige Entscheidung traf, läßt sich im Rückblick erkennen, daß die japanische Flotte vernichtet worden wäre, wenn er auf Mitscher gehört hätte.

Aber Halsey sah offenbar darüber hinweg und überging Mitscher, entweder absichtlich oder aus Gedankenlosigkeit, als er den TBS-Hörer abnahm und seiner Flotte befahl: »Schlagt los! Wiederhole: Schlagt los!« Er blieb damit sicherlich im Rahmen seiner Kompetenzen, aber auch Admirale sind Menschen, und zwar in der Regel solche mit überdurchschnittlich ausgeprägtem Ego. Mitscher zu übergehen, war daher zumindest undiplomatisch, und die Gefühle eines so wichtigen Untergebenen zu mißachten, gehörte gewiß nicht zu Halseys klügeren Handlungen.

Um das zweite Vorzeichen zu verstehen, muß man über ein Jahrzehnt zurückgreifen, als der damalige Captain William F. Halsey an der Seekriegsakademie in Newport studierte. Man schrieb das Jahr 1933, und die Seekriegsakademie stand vor einigen tiefgreifenden Veränderungen. Liest man die Abschlußarbeiten, die von den dort studierenden Offizieren in den frühen dreißiger Jahren geschrieben wurden, stellt man fest, daß die großen Überwasserflotten, wie sie im Ersten Weltkrieg in der Skagerrak-Schlacht aufeinandergetroffen waren, immer noch unangefochten im Vordergrund standen. Der neuen Marinewaffe, dem Flugzeugträger, wird in diesen Arbeiten ebenso wie in den überlieferten Äußerungen des Lehrkörpers nur geringe Beachtung geschenkt. Einiges von dem, was damals über die zukünftige Seekriegführung gesagt wurde, trug sogar deutlich defensive Züge. Offen zutage trat dies 1931 in einem Interview, das der Operationschef der Navy, Admiral William V. Pratt, der vier Jahre zuvor Präsident der Seekriegsakademie gewesen war, dem *Army and Navy Register* gab. Er erklärte: »Es gibt viele, die glauben, daß die Zeit des Schlachtschiffs vorüber sei. Meiner Ansicht nach wissen jene, die dies sagen, nicht, wovon sie sprechen. Sie gehören entweder zu den reinen Pazifisten, die es am liebsten sähen, wenn man die Navy ganz abschaffen würde, oder zu denen, die, wenn sie krank werden, zu einem Quacksalber gehen anstatt zu einem Spezialisten.«

Dem entsprach das Festhalten an einer Doktrin über den Einsatz von Schlachtschiff-Flotten, die seit der Zeit in Umlauf war, als Alfred Thayer Mahan sich selbst und die Seekriegsakademie mit seinem anregenden und zur richtigen Zeit erschienenen Buch *Der Einfluß der Seemacht auf die Geschichte* ins Rampenlicht der Weltöffentlichkeit katapultierte. Einer von Mahans Überlegungen wuchs eine besondere dogmatische Bedeutung zu. 1899 hatte er angemerkt, daß die See »wie das Land als Kampfgebiet ihre bedeutenden Zentren« besitze, »und sie wird nicht beherrscht, indem man seine Kräfte aufspaltet«. Er riet statt dessen zur »Konzentration« der Kräfte, die er als »Grundprinzip« der Seekriegführung bezeichnete. Obwohl diese Empfehlung im damaligen Kontext strategisch gemeint war (etwa in bezug darauf, die amerikanische Flotte als Ganzes in einem der beiden Ozeane zu stationieren, anstatt sie aufzuteilen), wurde sie später auch auf den taktischen Bereich übertragen. Zu der

Zeit, als Halsey in die Seekriegsakademie eintrat, sahen er und viele andere in der Forderung, daß ein Kommandeur seine Kräfte für die Schlacht konzentrieren solle, »ein Grundprinzip der Seekriegführung«, wie er selbst es ausdrückte.

Dieses dogmatische Denken konnte nicht ewig gültig bleiben. 1936 gab der Präsident der Seekriegsakademie, Konteradmiral Edward C. Kalbfus, seinen Professoren und Studenten den Entwurf eines Handbuchs zu lesen, das schließlich unter dem Titel *Sound Military Decision* veröffentlicht wurde. Darin fand sich die Mahnung: »Der axiomatische Rat, daß es unklug sei, die Gesamtheit einer Streitmacht aufzuspalten, enthält zwar ein vernünftiges Element der Vorsicht, ist aber irreführend und unangemessen, da eine Aufteilung häufig notwendig oder wünschenswert ist.« Sie wurde allerdings ausgesprochen, nachdem Halsey die Akademie verlassen hatte. Seine Abschlußarbeit endete mit den Worten: »Das Kommando ist das Nervenzentrum, das die Strategie und Taktik bestimmt, kontrolliert und koordiniert. Es besitzt rechte und linke Hände, und während das Kommando diese Hände führt, führt es den Krieg. Man könnte Strategie, Taktik und Kommando die Dreieinigkeit des Krieges nennen, aber den größten Anteil daran hat das Kommando.«

Es ist zwar nicht ganz klar, was Halsey damit sagen wollte, aber seine Worte weisen doch deutlich darauf hin, daß er jemand war, der die Führung an sich reißen und vermutlich nur widerstrebend bereit sein würde, eine einmal getroffene Entscheidung rückgängig zu machen. Noch bedeutsamer aber ist, daß er Strategie und Taktik dem Kommando unterordnete, was darauf schließen läßt, daß er sie als Instrumente in den Händen des Kommandeurs betrachtete und nicht als Ergebnisse des analytischen Denkens. Studenten an Kriegsakademien haben die Neigung, nach von anderen vorgegebenen eisernen Prinzipien und axiomatischen Regeln zu suchen, anstatt Strategie und Taktik als den Weg zu verstehen, den einzelne Kommandeure einschlagen, nachdem sie die jeweilige Situation analysiert haben. Halsey scheint ein solcher Student gewesen zu sein, und er war trotz seiner späteren, fast hellseherischen Einsicht in die Überlegenheit der Flugzeugträger offenbar nicht in der Lage, die dogmatische Hinterlassenschaft der Mahanschen Schlachtschiff-Ära, von deren Lehren die Säle der Seekriegsakademie immer noch widerhallten, restlos über Bord zu werfen. Wie viele seiner Zeitgenossen hielt er sich an das Mahan zugeschriebene Diktum, daß ein Marinekommandeur seine Kräfte für eine Schlacht konzentrieren solle. Noch 1952 schrieb er in einem Artikel: »Es ist ein Grundprinzip der Seekriegführung, seine Kräfte nicht in einem Ausmaß aufzuteilen, daß die Teile einzeln geschlagen werden können.«

Als nun am Morgen des 24. Oktober die Nachricht eintraf, daß sich eine große japanische Flotte im Anmarsch befand, machte sich die dogmatische Prägung, die Halsey in Newport erhalten hatte, geltend. Er ließ als erstes die im Norden und Süden stehenden Task Groups von Sherman und Davison zu Bogans Gruppe im Zentrum aufschließen, um seine Kräfte zu *konzentrieren*. Darüber hinaus befahl er Vizeadmiral McCain, die Fahrt nach Ulithi abzubrechen und sofort ins Gebiet von Leyte zurückzukehren. Eine weitere Konzentration seiner Kräfte.

Damit ist keine Kritik an den Entscheidungen beabsichtigt, die Halsey zu diesem Zeitpunkt traf. Angesichts anrückender massiver Feindkräfte war es vernünftig, die eigenen Verbände zu vereinen, um sie besser führen zu können und ihre Schlagkraft zusammenzufassen. McCains Task Group 38.1 war zwar mehr als eine Tagesfahrt entfernt, aber sie verfügte über mehr Flugzeugträger und Flugzeuge als die drei anderen Task Groups. Es war also taktisch sinnvoll, sie zurückzurufen. Diese Entscheidungen waren nicht falsch, aber auch Vorboten dessen, was kommen sollte.

»The Big E« – »das Große E« – war zu einer Legende geworden. Von den ersten Kriegstagen an hatte es in den meisten bedeutenden Seeschlachten im Pazifik eine Schlüsselrolle gespielt. Es

194

hatte sogar Zeiten gegeben, in denen es fast das einzige war, was zwischen den Japanern und ihrem vollständigen Sieg stand.

Die *Enterprise* war am Tag nach dem infamen Überfall in Pearl Harbor eingelaufen, zu spät, um noch in den Kampf eingreifen zu können, aber intakt und nach Vergeltung dürstend. Schon wenige Stunden später war sie unter dem Kommando von Admiral Halsey wieder in See gestochen und zu einer ebenso zermürbenden wie ruhmreichen Kampagne aufgebrochen, die jetzt fast vier Jahre andauerte und sie in alle Ecken des Pazifiks geführt hatte. Sie hatte den Weg von Pearl zurück in den Pazifik gewiesen, als sie die ersten Vergeltungsschläge gegen japanisch besetzte Inseln führte und die *Hornet* beim Doolittle-Raid gegen Tokio begleitete. Danach hatte die *Enterprise* eine Schlüsselrolle in der Schlacht bei Midway gespielt und sich im Südpazifik beim Kampf um Guadalcanal hervorgetan. Sie hatte an der Eroberung der Gilbert-, Marshall- und Marianen-Inseln teilgenommen und in der beinahe entscheidenden Schlacht in der Philippinen-See gekämpft. Von ihr aus waren zahllose Einsätze gegen schwer verteidigte japanische Bastionen geflogen worden, unter anderem gegen Yak, Truk und Formosa. Und jetzt stand sie bei der Rückeroberung der Philippinen als Einheit der Task Group 38.4 erneut unter Halseys Kommando, und es schien nur angemessen, daß Angehörige ihrer Luftgruppe die ersten waren, die in den Eröffnungsgefechten der Schlacht um Leyte gegen die japanische Flotte losschlugen.

Kurz nach 0600 Uhr stiegen zwei Gruppen aus Jägern und Bombern von der *Enterprise* auf, die Bomber mit Zweihundertdreißig-Kilo-Bomben und die Jäger mit einem vollen Satz Munition vom Kaliber .50 und vier Zehn-Zentimeter-Raketen an Bord. Sie wandten sich nach Südwesten, überquerten die Inseln Bohol, Cebu und Negros und donnerten dann über die weite Fläche der Sulu-See. Um 0820 Uhr sichteten sie im Norden eine mit rund fünfzehn Knoten fahrende Formation aus sieben Schiffen. Als die amerikanischen Piloten näher heranflogen, konnten sie pagodenähnliche Masten ausmachen, die von den breiten Decks zweier Schlachtschiffe aufragten. Der Rest des Verbandes bestand aus einem Kreuzer und vier Zerstörern, die einen quadratischen Schutzschirm um die drei anderen Schiffe bildeten. Die Piloten der *Enterprise* hatten Nishimuras Gruppe, die auf dem Weg zur Surigao-Straße war, entdeckt.

Die Hellcats griffen zuerst an. Aus dem grellen Licht der Sonne kommend, stürzten sie sich auf Nishimuras Verband und feuerten zunächst ihre Raketen ab, um dann mit langen Maschinengewehrsalven nachzusetzen. Gleich nach ihnen kamen die Bomber, die fast senkrecht auf ihre Ziele herabstießen und dabei, während die Schiffe unter ihnen in Sekundenbruchteilen größer und größer wurden, unter immer heftigeren Flakbeschuß gerieten. Die Piloten konnten die Detonationen unter dem Donnern ihres Sturzflugs nicht hören, sahen aber hinter den verschwimmenden Scheiben ihrer Propeller, wie auf den Schiffen das Mündungsfeuer der Flugabwehrkanonen aufblitzte. In sechshundert Metern Höhe warfen die Helldivers ihre Bomben ab und kurvten dann dicht über die Wasseroberfläche, um dem Feuer der Zerstörer auszuweichen.

Eine Bombe explodierte auf dem Heck des Schlachtschiffs *Fuso,* zerstörte die Aufklärungsflugzeuge und verursachte ein Feuer, das fast eine Stunde lang wütete. Auf dem Zerstörer *Shigure* hatte der vordere Geschützturm einen Volltreffer abbekommen, der fünf Tote und sechs Verletzte gefordert hatte. Aber auch dieser robuste kleine Veteran blieb bei Nishimuras Gruppe, so daß sie als intakter Verband weiter in Richtung Surigao-Straße dampfen konnte.

Als Fregattenkapitän Fred Bakutis, der Kommandeur der auf der *Enterprise* stationierten Jägerstaffel VF-20, seine Maschine nach dem Angriff auf eines der beiden Schlachtschiffe von Nishimuras Gruppe abgefangen hatte, sah er einen Zerstörer vor sich und entschied sich dafür, nicht auszuweichen, sondern anzugreifen. Ein verhängnisvoller Entschluß. Bakutis eröffnete mit allen sechs Maschinengewehren das Feuer, während er auf das Schiff zuflog. Als er in neunzig Metern Höhe über den Zerstörer hinwegdonnerte, spürte er, daß seine Maschine getroffen worden war. Aus der Motorabdeckung stieg Rauch auf, und sein Ölstandsanzeiger begann zu fallen. Während er nach Südwesten abdrehte, um soviel Wasser wie möglich zwischen sich und die japanische Formation zu bringen, blickte er wieder auf den Ölstandsanzeiger, und diesmal stand er auf Null. Bakutis funkte seine Kameraden an, die ihm Mut zuzusprechen versuchten: »Wir sind alle für Sie da, Skipper.«

Eine Minute verging, bis der Motor stillstand und Bakutis Höhe zu verlieren begann. Da er vorher schon recht tief geflogen war, dauerte es nicht lange, bis er auf dem Wasser aufsetzte. Er legte eine tadellose Landung hin; es sei »nicht schlimmer als bei einer normalen Trägerlandung« gewesen, erinnerte er sich später. Da das Cockpit rasch voll Wasser lief, kletterte Bakutis auf den Steuerbordtragflügel hinaus. Ihm war klar, daß sein Flugzeug bald versinken würde, und so sprang er ins Wasser und machte sich daran, die für solche Fälle gedachte Rettungsinsel aufzublasen. Während er mit der unhandlichen Kohlendioxidflasche kämpfte, wurde er für einen Moment von dem unheimlichen Anblick abgelenkt, den die untergehende Hellcat bot, die langsam in das kristallklare Wasser hinabtrudelte. Er konnte sie noch eine ganze Weile sehen, bis sie schließlich im Dunkel der Tiefe verschwand.

Die anderen Piloten von VF-20 kreisten über ihm am Himmel. Auch wenn sie sonst nichts für ihren Staffelführer tun konnten, so konnten sie doch noch eine Weile dableiben und die Einsamkeit vertreiben, die ihn in seiner Rettungsinsel erwartete. Aus der Sicht von Bakutis taten ihm die Piloten damit jedoch keinen Gefallen. Die japanischen Schiffe entfernten sich zwar, schossen aber weiterhin auf die Flugzeuge, so daß über Bakutis ein Schauer aus Granatsplittern niederging.

Dann waren die Pagodenmasten hinter dem Horizont verschwunden, und die Hellcats von VF-20 traten widerstrebend den Rückflug zur *Enterprise* an. Fred Bakutis war allein auf der Sulu-See.

Auf den Flaggschiffen der Dritten und der Siebenten Flotte dachten die Admirale und ihre Stäbe über die Lage nach. Sie wußten jetzt, daß zwei japanische Verbände auf dem Weg zum Leyte-Golf waren. Die Suchgruppe von der *Intrepid* hatte Kuritas Flotte bei der Einfahrt in die Sibuyan-See entdeckt, und die Flugzeuge der *Enterprise* waren in der Sulu-See auf Nishimuras Gruppe gestoßen. Halsey hatte massive Schläge gegen Kuritas Flotte angeordnet, und Kinkaids Stab formulierte bereits den Plan, nach dem Nishimuras Verband am Abend in der Surigao-Straße abgefangen werden sollte. Aber die große Frage lautete: »Wo sind die Flugzeugträger?«

In den Meldungen der Luftaufklärung wurden keine Flugzeugträger erwähnt, und die U-Boote, die überall im Südwestpazifik Vorpostenstreifen fuhren, hatten ebenfalls keines der gefürchteten Schiffe gesichtet. Die Amerikaner wußten, daß die Japaner immer noch eine ganze Reihe von Trägern besaßen, und da ihnen die Schwäche der japanischen Luftwaffe nicht in vollem Umfang bekannt war, mußten sie damit rechnen, daß irgendwo eine japanische Trägerflotte lauerte, die nur darauf wartete, ihnen schwere Verluste beizubringen. Dies war um so wahrscheinlicher, als man wußte, daß die Japaner eine Vorliebe dafür hatten, ihre Kräfte in komplizierten und potentiell verheerenden Zangenbewegungen aufzuspalten, und daß zwei getrennte japanische Verbände gesichtet worden waren, die sich offensichtlich auf dem Weg zum Leyte-Golf befanden, verstärkte diesen Verdacht.

Es lag auf der Hand, daß die vermißte Trägerflotte aus dem Norden kommen mußte, von den japanischen Mutterinseln, zu denen sie sich nach den letzten Erkenntnissen zurückgezogen hatte. Halsey hatte Shermans Task Group die Aufgabe übertragen, in dieser Richtung aufzuklären, aber TG 38.8 war so sehr damit beschäftigt gewesen, die Angriffe landgestützter japanischer Flugzeuge abzuwehren und die schwer getroffene *Princeton* zu retten, daß Admiral Sherman noch nicht dazu gekommen war, Halseys Befehl auszuführen. Die Ironie bestand darin, daß Ozawa entdeckt werden wollte. Zwei Tage zuvor hatte er absichtlich die Funkstille gebrochen und in der Hoffnung, daß die Amerikaner sie entdecken und zu seinem Verband verfolgen würden, Aufklärungsflugzeuge nach Süden geschickt. Am 24. Oktober um 0700 Uhr hatten Ozawas Flugzeuge Kontakt mit Halseys Flotte, genauer gesagt mit Shermans TG 38.8, aber sie fielen unter den vielen angreifenden Staffeln nicht weiter auf.

So bekam keiner der beiden gegnerischen Kommandeure, was er wollte. Ozawa wußte, wo Halsey war, konnte aber seine Aufmerksamkeit nicht auf sich lenken, und Halsey rätselte darüber, warum bei den bisher entdeckten japanischen Verbänden keine Flugzeugträger waren. Als sich daran im Verlauf des Tages nichts änderte, schlug Kapitän zur See Doug Moulton, der in Halseys Stab für die Luftoperationen zuständig war, auf den Kartentisch und knurrte: »Wo, zum Teufel, sind diese gottverdammten Nip-Träger bloß?« Man darf annehmen, daß sich einige hundert Meilen weiter nördlich die Enttäuschung auf ähnliche Weise Luft machte, nur eben auf japanisch.

Fred Bakutis lag inmitten der einsamen Weite der Sulu-See in seiner Rettungsinsel. Als das Motorengeräusch mit der letzten zur *Enterprise* zurückkehrenden Hellcat verklungen war, hatte sich eine ebenso friedvolle wie unheilschwangere Stille über ihn gesenkt. Durch die dünne Gummischicht, die verhinderte, daß er in der Tiefe verschwand, spürte er die sanfte Dünung der Sulu-See. Für ihn war die Schlacht um Leyte vorüber. Er hatte in den nächsten Tagen, während die Gewässer des philippinischen Archipels vom Schlachtenlärm widerhallten und Tausende von Männern in den Abgrund gerissen wurden, in einer Welt fast gänzlicher Stille allein gegen die Elemente und seine eigene zerbrechliche Natur zu kämpfen.

Die erste Nacht war recht angenehm. Das Licht des Halbmonds durchbrach die Dunkelheit der endlosen Wasserfläche, und es fiel kein Regen. Als die Sonne unterging, stieg allerdings aus den Tiefen des Meeres die Kälte auf, und es fiel schwer, auf dem kalten Gummi zu schlafen.

Der nächste Tag wurde beschwerlicher. Die ruhige See, die ihm am vergangenen Tag als Landebahn gedient hatte, wandte sich jetzt gegen ihn und stieg wütend an. Bald wurde er in einem wilden Tanz hin und her geworfen, der selbst bei der stärksten Konstitution Übelkeit verursacht hätte. Da er seit der Notlandung nur eine Malzmilchtablette und zwei Bonbons gegessen hatte, gab sein Magen allerdings nicht viel her. Später aß er die Hälfte eines Apfels, den er auf den Flug mitgenommen hatte, und nippte an seinem spärlichen Wasservorrat. Am Abend fing es an zu regnen. Der Mond verschwand immer wieder hinter Wolken, während die schauerartigen Regenfälle das letzte bißchen Wärme wegspülten, das sein leichter Fluganzug hergab. Er versuchte den Regen aufzufangen, aber mit wenig Erfolg.

Am dritten Tag erlebte er eine zusätzliche Enttäuschung, als mehrere B-24 der Army über ihn hinwegflogen, aber viel zu hoch, als daß er sie mit seinem Signalspiegel auf sich aufmerksam machen konnte. Die See blieb rauh und schwappte regelmäßig in die Rettungsinsel, so daß er ständig durchnäßt war und seine Kraft beim Ausschöpfen verbrauchen mußte. Hände und Gesäß begannen auf die ständige Nässe zu reagieren; sie bleichten aus und fingen an zu brennen. Gegen Abend setzte sich ein Seevogel auf seinen Kopf. Bakutis griff nach seinen Beinen und kämpfte mit ihm, bis es ihm gelang, dem Vogel den Hals umzudrehen. Er schnitt ihm den Kopf ab und fing einen Becher voll Blut auf, das er nach einiger Überwindung trank, aber nicht bei sich behielt. Dann schnitt er den Vogel auf und fand in seinem Magen einen noch nicht verdauten fliegenden Fisch, den er ebenfalls aß.

Bakutis erinnerte sich daran, daß Seevögel abends an Land fliegen, und als der Abend hereinbrach, beobachtete er sie aufmerksam, mußte aber konsterniert feststellen, daß sie in alle Richtungen davonflogen. Nach einer weiteren Nacht mit periodischen Regenfällen wachte er am vierten Tag vom Prasseln eines Wolkenbruchs auf. Es gelang ihm, etwas Regenwasser aufzufangen und seinen Wasservorrat aufzufüllen, aber die Schmerzen in Händen und Gesäß hatten zugenommen. Im Verlauf des Tages machte er eine wichtige Entdeckung, als er herausfand, daß er Elritzen aus dem Meer schöpfen konnte. Die kleineren Fische schluckte er als Ganzes hinunter, während er die größeren säuberte, bevor er sie aß. Als Salat gab es Seetang.

Die Tortur dauerte noch einen fünften Tag an. Und dann einen sechsten. Endlos reihten sich die Stunden, in denen Bakutis von den durch das Salzwasser verursachten Schmerzen geplagt wurde, in tropischen Regenfällen zitterte, sich von Elritzen und Seetang ernährte und frustriert den amerikanischen Flugzeugen nachschaute, die gelegentlich vorüberflogen, aber zu weit entfernt waren, um ihn zu sehen.

Am siebten Tag entdeckte er, daß er die Schmerzen in den Händen lindern konnte, indem er sie mit Insektenöl einrieb, aber sein Gesäß war inzwischen mit häßlichen weißen Blasen bedeckt und schmerzte mehr denn je. Die Nacht war ruhig, und Bakutis war im Licht des zunehmenden Mondes fest eingeschlafen, als er durch das Stampfen von Dieselmotoren aufgeweckt wurde. Er wollte schon aus Furcht, es könnte ein japanisches Kanonenboot sein, ins Wasser springen, als er im hellen Mondlicht erkannte, daß es ein U-Boot war. Jemand rief: »Ahoi!« Da wußte Fred Bakutis, daß die Qualen vorüber waren.

Die *Hardbeat* rettete Bakutis aus der Sulu-See, und am nächsten Tag wurde er zur *Angler* übergesetzt, die unter dem Kommando von Fregattenkapitän Frank Hess stand, einem seiner Kurskameraden von der Marineakademie. Er wurde nach Australien gebracht und kehrte am 5. Dezember schließlich zu seiner Staffel zurück, die jetzt auf der *Lexington* stationiert war. Im Verlauf des Krieges schoß er noch mehrere japanische Flugzeuge ab und beendete ihn als As. Er schied 1969 im Rang eines Konteradmirals aus der Navy aus.

Bislang hatten die Japaner vier amerikanische Schiffe außer Gefecht gesetzt: den Zerstörer *Ross,* der zu Beginn der Landungsoperation auf eine Mine gelaufen und von dem Schlepper *Chicksaw* abgeschleppt worden war; den Kreuzer *Honolulu,* der einen Treffer von einem japanischen Torpedoflugzeug erhalten hatte und aus eigener Kraft nach Manus zurückgefahren war; den von einem japanischen Bomber versenkten Flugzeugträger *Princeton,* den ersten, den die US Navy seit der Versenkung der *Hornet* am 26. Oktober 1942 in der Schlacht von Santa Cruz verloren hatte; und den Kreuzer *Birmingham,* der durch die Explosion auf der *Princeton* beschädigt worden war. Auf japanischer Seite waren die in der Palawan-Passage torpedierten Kreuzer *Atago, Maya* und *Takao* sowie die Zerstörer *Naganami* und *Asashimo* ausgefallen, letztere nicht durch direkte Feindeinwirkung, sondern weil sie als Geleit der beschädigten *Takao* abgestellt worden waren.[*]

Oberflächlich betrachtet, war dies für die Japaner kein schlechtes Ergebnis. Zieht man jedoch die Größe der Streitkräfte der Kontrahenten in Betracht, relativiert sich dieser Erfolg, denn es war klar, daß die Japaner in einem Auszehrungskampf keine Chance hatten. Andererseits sind die japanischen Erfolge angesichts des Kräfteverhältnisses um so erstaunlicher.

Was die Luftwaffe betraf, sah die Sache anders aus. Von den Treffern auf der *Honolulu* und der *Princeton* abgesehen, hatten die japanischen Luftangriffe bemerkenswert wenig Erfolg.

---

[*] Außerdem war der Kreuzer *Aoba* vor Manila von einem U-Boot torpediert worden und zurück in den Hafen geflohen, wo er bis zum Ende der Schlacht blieb. Da dieser Kreuzer jedoch nicht zu einem der vier Hauptverbände gehörte, die den Leyte-Golf anliefen, war er, genaugenommen, kein Teilnehmer der Schlacht, auch wenn er am Rande an ihr beteiligt war, da er die Aufgabe erhalten hatte, Truppenverstärkungen nach Leyte zu bringen.

McCampbell hatte mit seinen neun Abschüssen einen Rekord aufgestellt, aber auch andere Piloten konnten eine beeindrukkende Anzahl neuer Sonnenembleme auf den Rumpf ihrer Flugzeuge malen, und die Jäger der Task Group 38.8 waren nicht die einzigen, die an diesem Tag Erfolge zu verbuchen hatten. Viele der abgeschossenen japanischen Flugzeuge waren von den Jägern der CVEs der Siebenten Flotte vernichtet worden, und auch dem Luftabwehrfeuer der Schiffe war eine erhebliche Anzahl von Angreifern zum Opfer gefallen. Das Verhältnis der amerikanischen und der japanischen Verluste an diesem Tag belief sich auf etwa zehn zu eins. Und der 24. Oktober war noch nicht vorüber. Bevor der Tag zu Ende war, sollten noch weitere Schiffe und Flugzeuge zerstört werden und viele Männer sterben.

Als die Ausgucks von Kuritas Schiffen die Aufklärungsgruppe der *Intrepid* sichteten, gab Kurita Gefechtsalarm und befahl, die Geschwindigkeit auf vierundzwanzig Knoten zu erhöhen. Die Minuten vergingen, ohne daß etwas passierte. Die amerikanischen Flugzeuge griffen nicht an und waren bald wieder in den Wolken verschwunden. Kurita nahm an, daß es Aufklärer gewesen waren und daß der Angriff noch etwas auf sich warten lassen würde. Er nahm die Geschwindigkeit auf zwanzig Knoten zurück und ließ Zickzackkurs fahren, um den amerikanischen U-Booten, die sich in der Nähe aufhalten mochten, die Zielpeilung zu erschweren. In den nächsten zwei Stunden wurden zwar mehrmals Flugzeuge und auch ein Periskop gesichtet, aber es erfolgte kein Angriff. Gegen 1000 Uhr fuhr die mächtige Flotte, während die Radarbeobachter und Ausgucks den immer noch leeren Himmel angespannt im Auge behielten, um die Nordspitze von Tablas.

Der bevorstehende Angriff kündigte sich an, als auf den Radarschirmen mehrere von Osten näherkommende Luftkontakte erschienen. Um 1025 Uhr meldeten auch die Ausgucks eine Gruppe von rund dreißig Flugzeugen an Steuerbord. Eine Minute später eröffneten die japanischen Luftabwehrgeschütze das Feuer auf die anfliegenden Maschinen. Die Schlacht in der Sibuyan-See hatte begonnen.

Das erste Gefecht dauerte nur zwanzig Minuten. Aber es wurde erbittert geführt und war für beide Seiten nicht ohne Folgen. Die in Lingga zusätzlich installierten Luftabwehrgeschütze hatten Kuritas Schiffe zu einer stachligen Beute gemacht. Die Schlachtschiffe, Kreuzer und sogar die Zerstörer strotzten nur so von Fünfundzwanzig-Millimeter-Geschützen; es waren Hunderte mehr, als sie jemals vorher besessen hatten, und ihre Wirkung war bemerkenswert. Schon in den ersten Augenblicken des Angriffs stürzten mehrere Torpedobomber ins Meer, und bald folgte ihnen auch eine Hellcat. Einer ganzen Reihe amerikanischer Flugzeuge gelang es jedoch, das Sperrfeuer zu durchdringen, und kurz darauf stiegen rund um Kuritas Flaggschiff, die *Yamato*, gewaltige Wasserfontänen auf.

Konteradmiral Tomiji Koyanagi, Kuritas Stabschef, beobachtete, wie eine Bombe auf dem Vordeck der *Yamato* auftraf und mehrere andere dicht neben dem Bug detonierten. Die Explosion auf dem Vordeck vermochte die Panzerung des Schiffs aber nicht zu durchdringen und richtete, von einem zerstörten Ankerspill abgesehen, kaum Schaden an.

Das Schwesterschiff der *Yamato*, die *Musashi*, war ebenfalls das Ziel mehrerer amerikanischer Flugzeuge. Ein Torpedo traf ihre Steuerbordseite, aber die aus großen Stahlplatten zusammengefügte Schutzhülle, die genau für diesen Fall gedacht war, nahm ihm die Wirkung. Ungefähr zur gleichen Zeit schlug eine Bombe ein, doch auch sie richtete nur geringen Schaden an. Die beiden Superschlachtschiffe dampften weiter. Die Behauptung ihrer Erbauer, sie seien unzerstörbar, schien sich zu bewahrheiten.

Von dem Schweren Kreuzer *Myoko* hatte nie jemand behauptet, er sei unzerstörbar, und er mußte sich denn auch bald dem Ansturm aus der Luft beugen. Er besaß keine Schutzhülle wie die *Musashi*, und als sich ein Torpedo in seinen Rumpf bohrte, kam er ins Stocken. Seine Geschwindigkeit verringerte sich auf fünfzehn Knoten, und er fiel hinter die Formation zurück.

Als die übriggebliebenen amerikanischen Flugzeuge den Angriff abbrachen und zu ihren Trägern, der *Intrepid* und der *Cabot*, zurückflogen, setzte der Stab des Kommandeurs der japanischen Fünften Kreuzerdivision von der *Myoko* zur *Haguro* über, während die *Myoko* Kurs auf Brunei nahm. Kurita hatte einen weiteren Kreuzer verloren. Und dies war nur der erste Akt eines Dramas gewesen, das den ganzen Tag andauern sollte. Die zweite Angriffswelle wurde kurz nach 1200 Uhr gesichtet. Die Flugzeuge stürzten sich wie ein Schwarm wütender Bienen auf die japanische Flotte, und schon nach wenigen Minuten hatten drei Torpedoflugzeuge ihre Stachel in der *Musashi* hinterlassen. Aber sie dampfte immer noch ungerührt weiter.

Nach einer kurzen Pause tauchte die nächste Welle amerikanischer Flugzeuge auf. An Bord der *Musashi* bat der Erste Artillerieoffizier Koshino den Kapitän um die Erlaubnis, die Granaten vom Typ *San Shiki* Modell 3 einsetzen zu dürfen. Konteradmiral Toshihira Inoguchi, der kommandierende Offizier der *Musashi*, lehnte jedoch ab, weil sich in den Tests gezeigt hatte, daß diese ungewöhnlichen Flugabwehrgranaten den Lauf der Kanonen beschädigen konnten, und er wollte die gewaltigen Kanonen der Hauptbatterie für den bevorstehenden Kampf im Leyte-Golf bewahren.

Die nächste Angriffswelle der Amerikaner konzentrierte sich wiederum auf die *Musashi*, die bald von Qualm und riesigen Fontänen eingehüllt war. Das gigantische Schiff wurde von mehreren Bomben getroffen, und die Oberdecks waren von dem tödlichen Stakkato aufprallender Maschinengewehrprojektile erfüllt. Dann schlug ein weiterer Torpedo ein.

Der Erste Offizier der *Musashi*, Kapitän zur See Kenkichi Kato, der schon seit achtundzwanzig Jahren in der Kaiserlich Japanischen Marine diente, hatte als Erster Offizier des Schweren Kreuzers *Chokai* an den Schlachten bei Midway und Savo teilgenommen. Bei Midway hatte sein Schiff nicht in den Kampf eingegriffen, und bei Savo war von den geschlagenen amerikanischen Kreuzern kaum eine Gefahr ausgegangen. An diesem Nachmittag in der Sibuyan-See sah es jedoch anders aus. Als Erster Offizier war er für die Schadensbekämpfung auf der *Musashi* verantwortlich. Nach dem ersten Torpedotreffer hatte er kaum Anlaß zur Sorge gehabt. Seine Wirkung war an den riesigen Stahlplatten zerschellt, deren Herstellung einst zu einer ernsten Stahlknappheit in Japan geführt hatte. Bei wiederholten Schlägen auf dieselbe Stelle wird jedoch auch die stärkste Panzerung irgendwann brüchig. Einer der früheren Torpedos war in der Nähe des Maschinenraums Nummer vier aufgeprallt, und als ein zweiter dieselbe Stelle traf, gab die äußere Hülle nach. Der Maschinenraum stand binnen kurzem unter Wasser. Katos Bemühungen, das Wasser abzupumpen, waren erfolglos, da ein Teil des Pumpsystems ebenso wie die interne Kommunikationsanlage durch Bombentreffer beschädigt worden war. Der Wassereinbruch blieb zwar auf den Maschinenraum begrenzt, aber die zusätzliche Last stellte ein enormes Trägheitsmoment dar und beeinträchtigte darüber hinaus die Stabilität des Schiffs. Zusammen mit dem Wegfall der Motorkraft des Maschinenraums Nummer vier hatte dies zur Folge, daß die *Musashi* zurückfiel und sich langsam auf die Seite legte.

Angesichts des nicht mehr zu übersehenden Schadens erneuerte der Erste Artillerieoffizier seine Bitte, die Granaten vom Typ *San Shiki* Modell 3 verwenden zu dürfen, und da bereits die nächste Welle amerikanischer Flugzeuge aus den Wolken hervorstieß, willigte Inoguchi diesmal ein. Selbst inmitten des Durcheinanders der Schlacht wurde die gesamte Schiffsbesatzung von Erregung erfaßt, als die größten Schiffskanonen der Welt zum Leben erwachten. Es war das erste Mal, daß ihre wütende Stimme einem Feind entgegenschlug. Ein gewaltiges Donnern schluckte alle anderen Geräusche, und die Erschütterung unter Deck war so enorm, daß manche glaubten, die *Musashi* hätte einen weiteren Treffer abbekommen.

Inoguchi und Koshino beobachteten die feindlichen Flugzeuge und erwarteten, daß viele von ihnen vom Himmel fallen würden, sobald die Granaten Feuer und Metallstücke über den Himmel verbreitet hatten. Aber sie öffneten ihre Formation nur ein wenig. Kein einziges von ihnen stürzte ab. Wie Inoguchi befürchtet hatte, war einer der Geschütztürme beim Abschuß beschädigt worden. Die sechs Kanonen der beiden anderen setzten das Feuer fort, blieben aber wirkungslos. Die amerikanischen Flugzeuge, sechsundfünfzig Maschinen von der *Enterprise* und der *Franklin*, formierten sich zum Angriff, und wenige Minuten später kreisten sie über der *Musashi* und setzten dem angeschlagenen Schiff schwer zu.

Weitere Torpedos fraßen sich in die bereits beschädigte Backbordseite, und auf den Decks detonierte eine Bombe nach der anderen. Eine von ihnen traf den pagodenähnlichen Turm, in dem sich die Kommandobrücken befanden. Der Schaden war gewaltig, und für einen Augenblick schien es, als gäbe es niemanden mehr, der das Kommando übernehmen könnte. Doch dann erklang Inoguchis Stimme aus dem Sprechrohr. Er gab bekannt, daß die gesamte Besatzung der Hauptbrücke gefallen sei und er auf die zweite Brücke umziehen werde. Kurz darauf ließ eine Reihe weiterer Explosionen einen Schrapnellhagel über dem Kommandoturm niedergehen, und diesmal hatte Inoguchi nicht soviel Glück. Seine Stimme klang gebrochen, als er sich erneut über das Sprechrohr meldete: »Kapitän ist verwundet. Erster Offizier, Sie übernehmen das Kommando.«

Auf der *Yamato* verfolgte Admiral Ugaki hilflos, wie eines der Schiffe seiner Schlachtschiffdivision unter den unablässigen Schlägen der Amerikaner langsam zusammenbrach. Die *Musashi* hatte an Geschwindigkeit verloren, war aber immer noch schnell genug, um auf der Backbordseite vor einer losgerissenen Platte der Außenhülle eine riesige Welle aufzutürmen. Aus mehreren Löchern im Rumpf quoll Rauch, und das Schiff lag deutlich auf der Backbordseite. Als die *Musashi* Meldung erstattete, mußte sie es, da die Stromversorgung ausgefallen war und sowohl die Funkanlage als auch die Signallampen nutzlos geworden waren, mit Hilfe von Signalflaggen tun. Die Meldung lautete: »*Musashi* zur Fahrt mit fünfzehn Knoten fähig. Schlagseite nach Backbord rund fünfzehn Grad. Eine Bombe in erster Brücke; gesamte Besatzung getötet. Fünf Bombenvolltreffer und zwölf Torpedotreffer.«

Und die Amerikaner ließen nicht locker. Flugzeuge der *Intrepid*, der *Cabot* und der *Essex* gesellten sich zu den noch immer angreifenden Maschinen der *Franklin* und der *Enterprise* und richteten unter der einst so mächtigen Kaiserlich Japanischen Marine ein ähnliches Gemetzel an wie diese vor Jahren in Pearl Harbor. Ohne Luftunterstützung hatten Kuritas Schiffe keine Chance, den Sieg zu erringen, und nur eine geringe, zu überleben. Es wurden zwar weiterhin amerikanische Flugzeuge abgeschossen und Piloten getötet, aber der anscheinend unerschöpfliche Nachschub an Maschinen und Piloten, der von Halseys Flotte bereitgestellt wurde, ließ nie einen Zweifel darüber aufkommen, wie diese Auseinandersetzung ausgehen würde, und je mehr Angriffe geflogen wurden, desto weniger Flugzeuge kosteten sie, da die japanischen Luftabwehrbatterien eine nach der anderen verstummten.

Was die *Musashi* betraf, so fiel sie immer weiter hinter die Formation zurück. Kato meldete Inoguchi – dessen linker Arm jetzt in einer Schlinge lag –, daß das Schiff keinen weiteren Schlag mehr verkraften könne. Wenig später wurde Kurita auf der *Yamato* eine Nachricht übermittelt: »Geschwindigkeit sechs Knoten, manövrierfähig. Große Schäden. Was sollen wir tun?«

Admiral Kurita hatte sicherlich schon bessere Tage gesehen. Als er auf der Brücke der *Yamato* die Nachricht des kommandierenden Offiziers der *Musashi* in Händen hielt, hatte er reichlich Stoff zum Nachdenken. In den vergangenen vierundzwanzig Stunden hatte er in der Palawan-Passage durch einen U-Boot-Angriff mehrere Schiffe verloren; sein Flaggschiff war unter ihm weggesunken; er war aus dem Meer gefischt worden

Drei Admirale, die den Verlauf der Schlacht um Leyte beeinflußten. *Von links nach rechts:* Chester Nimitz (CINCPAC), Ernest J. King (COMINCH) und William F. »Bull« Halsey (COMTHIRDFLT).

King und Nimitz bei dem Treffen mit Admiral Raymond A. Spruance *(ganz links)* auf Saipan nach der Schlacht in der Philippinen-See. Bei dieser Begegnung versicherte King Spruance, er habe »genau das richtige« getan, als er der japanischen Flotte nicht nachsetzte.

General Douglas MacArthur (CINCSOWESPAC), Präsident Roosevelt und Admiral Nimitz in Pearl Harbor beim Fototermin an Bord der *Baltimore*.

Ein Teil der massiven amerikanischen Invasionskräfte auf dem Weg zum Leyte-Golf. In der gewaltigen amphibischen Landungsoperation auf den Philippinen kamen Hunderte von Schiffen zum Einsatz.

Nimitz erläutert Roosevelt während der Konferenz auf Hawaii die Pazifikstrategie. Im weiteren Verlauf des Treffens überzeugte MacArthur den Präsidenten davon, daß die Befreiung der Philippinen die nächste strategische Priorität sein müsse.

Amerikanische Truppen im Leyte-Golf auf der Fahrt zur Küste. Der japanische Widerstand gegen die Landung war relativ gering, und die meisten amerikanischen Planer glaubten, daß die japanische Flotte nicht eingreifen werde.

Die japanische Flotte läuft in Richtung Leyte-Golf aus der Bucht von Brunei aus. An der Spitze fahren die Schlachtschiffe *Nagato, Musashi* und *Yamato*.

General MacArthur und der philippinische Präsident Sergio Osmena in einem Landungsfahrzeug auf dem Weg zur philippinischen Küste. Wenige Augenblicke später wollte MacArthur das fast drei Jahre zuvor gegebene Versprechen: »Ich komme wieder«, wahrmachen.

Der Flugzeugträger *Princeton* explodiert, nachdem er von einer einzigen japanischen Bombe getroffen wurde. Auf dem Kreuzer *Birmingham*, der ihm zur Hilfe geeilt war, entstehen schwere Verluste unter den an Deck beschäftigten Männern.

Die zahllosen Einschlaglöcher in den Aufbauten lassen ahnen, welcher Schaden auf der *Birmingham* angerichtet wurde.

Vizeadmiral Marc A. Mitscher (hier zusammen mit Nimitz) kommandierte während der Schlacht um Leyte die Lufteinheiten von Halseys Dritter Flotte.

Flugzeuge aus Mitschers Task Force greifen in der Sulu-See ein japanisches Schlachtschiff an.

Vizeadmiral Thomas C. Kinkaid, Kommandeur der Siebenten Flotte. Eigentlich mit der Durchführung der Landungsoperation beauftragt, sahen sich seine Einheiten allein der Hauptmacht der japanischen Flotte gegenüber.

Zwei Geleitschiffe der Siebenten Flotte legen während der Schlacht bei Samar einen Rauchvorhang.

Diese illustrierte Seite erschien 1978 in der *Navy Times*, um an den Heldenmut zu erinnern, den Fregattenkapitän Ernest E. Evans 1944 als Kapitän der *Johnston* in der Schlacht bei Samar bewies.

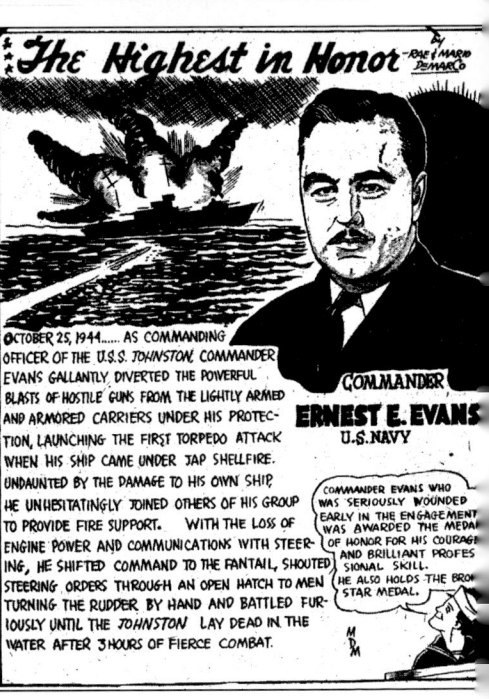

The Highest in Honor BY RAE I MARIO DEMARCO

OCTOBER 25, 1944..... AS COMMANDING OFFICER OF THE U.S.S. *JOHNSTON*, COMMANDER EVANS GALLANTLY DIVERTED THE POWERFUL BLASTS OF HOSTILE GUNS FROM THE LIGHTLY ARMED AND ARMORED CARRIERS UNDER HIS PROTECTION, LAUNCHING THE FIRST TORPEDO ATTACK WHEN HIS SHIP CAME UNDER JAP SHELLFIRE. UNDAUNTED BY THE DAMAGE TO HIS OWN SHIP, HE UNHESITATINGLY JOINED OTHERS OF HIS GROUP TO PROVIDE FIRE SUPPORT. WITH THE LOSS OF ENGINE POWER AND COMMUNICATIONS WITH STEERING, HE SHIFTED COMMAND TO THE FANTAIL, SHOUTED STEERING ORDERS THROUGH AN OPEN HATCH TO MEN TURNING THE RUDDER BY HAND AND BATTLED FURIOUSLY UNTIL THE *JOHNSTON* LAY DEAD IN THE WATER AFTER 3 HOURS OF FIERCE COMBAT.

COMMANDER **ERNEST E. EVANS** U.S. NAVY

COMMANDER EVANS WHO WAS SERIOUSLY WOUNDED EARLY IN THE ENGAGEMENT WAS AWARDED THE MEDAL OF HONOR FOR HIS COURAGE AND BRILLIANT PROFESSIONAL SKILL. HE ALSO HOLDS THE BRONZE STAR MEDAL.

MDM

Korvettenkapitän Robert W. Copeland erhält für seine Tapferkeit als Kommandeur des Geleitzerstörers *Samuel B. Roberts* das Marinekreuz. Sein Schiff gehörte zu den drei Geleitschiffen, die bei Samar versenkt wurden.

merikanische Seeleute *(Vordergrund)*
erfolgen ohnmächtig, wie der Flug-
eugträger *Gambier Bay* einem japani-
chen Kreuzer *(Kreis)* zum Opfer fällt.

er Geleitträger *St. Lô* wird von einem
amikaze-Flugzeug getroffen. Er sollte
iesen Angriff nicht überleben und wur-
e der dritte amerikanische Flugzeug-
äger, der in der Schlacht um Leyte
rlorenging.

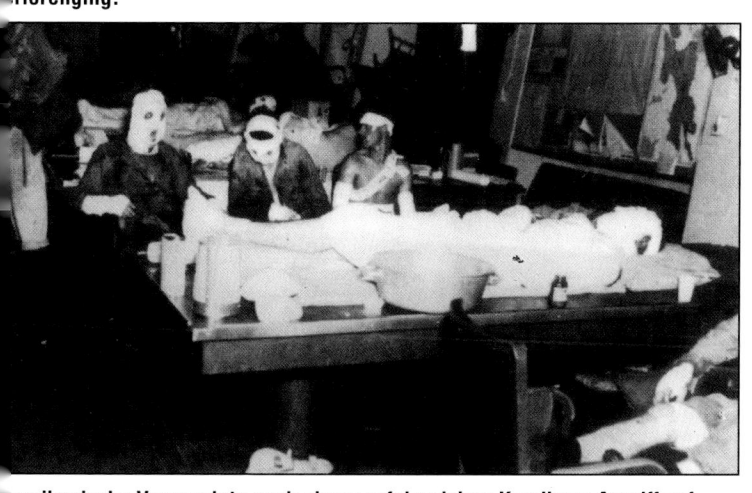

merikanische Verwundete nach einem erfolgreichen Kamikaze-Angriff auf
n Eßtischen der Offiziersmesse der *Suwanee*. In der Schlacht um Leyte ka-
en zum erstenmal systematisch japanische Selbstmordpiloten zum Einsatz.

Die Besatzung des schwer getroffenen japanischen Flugzeugträgers *Zuikaku* wirft während der Schlacht bei Kap Engaño Munition über Bord.

Besatzungsmitglieder der *Zuikaku* salutieren trotz der starken Schlagseite ihres Schiffes, während die Kriegsflagge eingeholt wird. Mit der *Zuikaku* san der letzte der Flugzeugträger, von denen aus der Angriff auf Pearl Harbor geflogen worden war.

Nimitz und Halsey bei einer Besprechung auf einem Wasserflugzeugtender. Trotz Halseys fragwürdiger Entscheidungen in der Schlacht um Leyte zog ihn Nimitz nie dafür zur Rechenschaft.

und mit nur noch der Hälfte seiner Verbindungsoffiziere auf ein neues Flaggschiff gebracht worden; und jetzt war er fast ununterbrochenen Luftangriffen ausgesetzt, während er vergeblich auf eine Reaktion auf seine wiederholt durchgegebene Anforderung von Luftunterstützung wartete und mitansehen mußte, wie eine seiner beiden wertvollsten Einheiten außer Gefecht gesetzt wurde.

Er befahl der *Musashi*, sich aus der Schlacht zurückzuziehen, und stellte den Kreuzer *Tone* und zwei Zerstörer als Geleit für sie ab. Damit ließ er schon zum zweitenmal Kampfeinheiten zum Geleit eines beschädigten Schiffes aus seiner Flotte ausscheren. Für einen Kommandeur, der um jeden Preis seinen Auftrag erfüllen will, war dies eine merkwürdige Entscheidung. Kein Geleitzugkommandeur würde zum Beispiel den Zusammenhalt seines Konvois gefährden, indem er die Geschwindigkeit verringern oder eins seiner Schiffe abstellen würde, um einen Mann zu retten, der in gefährlichen Gewässern über Bord gegangen ist. Das mag grausam klingen und ist keinesfalls eine leichte Entscheidung, aber es ist im Rahmen des kalten Kriegskalküls durchaus sinnvoll, und ebenso sinnvoll ist es, ein beschädigtes Schiff zu opfern, wenn der Auftrag darin besteht, mit allen verfügbaren Kräften gegen einen numerisch überlegenen Feind loszuschlagen.

Ein Hinweis auf Kuritas Denkweise findet sich in einem Interview, das er nach dem Krieg gab. Darauf angesprochen, daß seine Flotte den größten Teil der Anfahrt zum Leyte-Golf mit nur zweiundzwanzig bis vierundzwanzig Knoten lief, erklärte er, seine Schiffe hätten »für eine Langstreckenfahrt mit hoher Geschwindigkeit« nicht genügend Treibstoff gehabt; außerdem hätten sie sich »Treibstoff für die Rückfahrt nach Brunei aufsparen« müssen. Das klingt nicht nach einem Mann, der ein Selbstmordunternehmen ausführte. In den Gedanken, die Kurita während der Operation durch den Kopf gingen, scheint vielmehr das Überleben durchaus eine Rolle gespielt zu haben.

Während die amerikanischen Flugzeuge in scheinbar endloser Folge über seiner Formation auftauchten, dachte Kurita über die nächsten Schritte nach. Er kam trotz der Ausweichmanöver, die bei jedem neuen Angriff der Amerikaner nötig wurden, schnell genug voran, um die engen Gewässer, durch die es zur San-Bernardino-Straße ging, noch vor Einbruch der Dunkelheit zu erreichen. Das bedeutete, daß seine Schiffe weiteren Angriffen noch schutzloser ausgesetzt sein würden, da sie nur noch begrenzt würden manövrieren können, und Kurita hielt es für töricht, sie nach den schrecklichen Schlägen, die sie bis jetzt schon hatten einstecken müssen, in noch ungünstigere Verhältnisse zu führen. Um 1530 Uhr befahl er seiner Flotte, auf Gegenkurs zu gehen und sich nach Westen zurückzuziehen. Auf diese Weise würde sie den Aktionsradius der Angreifer verlassen und wäre, mitten in der Sibuyan-See, wenigstens in der Lage, bei einem weiteren Angriff frei zu manövrieren.

Kurita faßte seine Beweggründe schriftlich zusammen und ließ sie um 1600 Uhr an Admiral Toyoda in Tokio übermitteln: »Ursprünglich war beabsichtigt, mit den Hauptkräften des Verbandes in Koordination mit den Aktionen der Luftwaffe etwa eine Stunde nach Sonnenuntergang die Einfahrt in die San-Bernardino-Straße zu erzwingen. Der Feind flog jedoch zwischen 0830 und 1530 Uhr über 250 Einsätze gegen uns, wobei die Zahl der beteiligten Flugzeuge und die Heftigkeit der Angriffe mit jeder Welle zunahmen. Andererseits war unsere Luftwaffe nicht in der Lage, auch nur die zu erwartenden Ergebnisse zu erzielen, so daß unsere Verluste stetig anwuchsen. Unter diesen Umständen wären wir, wenn wir die Einfahrt erzwungen hätten, bei sehr geringen eigenen Erfolgsaussichten nur zur leichten Beute des Feindes geworden. Daraus ergab sich der Schluß, daß der beste uns offenstehende Weg darin bestand, uns vorübergehend aus dem Aktionsradius der Feindflugzeuge zurückzuziehen.«

Kurita fühlte sich wegen der ausgebliebenen Luftunterstützung von Land aus offenbar betrogen. Er wies zweimal ausdrücklich auf die versprochene Luftunterstützung hin: Im ersten Satz, in dem er Toyoda an die im ursprünglichen Einsatzplan vorgesehene koordinierte Vorgehensweise von Luftwaffe und Marine erinnerte, und als er der Luftwaffe bescheinigte, sie habe »nicht einmal die zu erwartenden Ergebnisse« erzielt. Erwähnenswert ist auch, daß Kurita den Kommandeuren des Ersten und Zweiten Luftgeschwaders – wahrscheinlich, um sie wegen ihrer mangelnden Unterstützung zu rüffeln – Kopien seines Schreibens zugehen ließ.

Obwohl Kurita in seiner Meldung erklärte, daß er durch die Umkehr aus dem Aktionsradius der angreifenden amerikanischen Flugzeuge zu gelangen hoffe, war dies in Wirklichkeit erst nach einer längeren Fahrzeit möglich. Dennoch verschwanden die Amerikaner, kurz nachdem die Schiffe abgedreht hatten. Warum, ist ein Rätsel, denn es gab noch genügend Tageslicht, und Kurita befand sich durchaus noch in Reichweite. Aber der Himmel blieb leer. Für Kurita war diese Veränderung der Lage allerdings nicht nur höchst willkommen, sondern auch beunruhigend. Was hatten die Amerikaner vor?

In der unerwartet eingetretenen Stille schaute Admiral Ugaki von seiner Kommandobrücke auf die wieder in Sichtweite gekommene *Musashi*. Es war ein schmerzlicher Anblick. Das große Schlachtschiff war von neunzehn Torpedos und fast genauso vielen Bomben getroffen worden. Die Schlagseite war unverändert, aber der Bug lag jetzt zum größten Teil im Wasser. Die Besatzung versuchte, auf Grund zu laufen, um dem Untergang zu entgehen und wenigstens die großen Kanonen zu retten, so daß sie als gigantische Küstenbatterie dienen konnten. Aber die Steuerung war beschädigt, so daß die *Musashi* nur langsame Kreise ziehen konnte. Es war nur noch eine Frage der Zeit, wann es mit ihr zu Ende gehen würde.

Die Zerstörungen an Bord der *Musashi* waren furchtbar. Die Decks waren mit verstümmelten Leichen übersät. Waffen und Ausrüstung waren bis zur Unkenntlichkeit zerfetzt. Matrosen stopften Codebücher in Leinensäcke, die sie, mit Maschinengewehren beschwert, ins Meer warfen, damit sie nicht dem Feind in die Hände fielen. Konteradmiral Inoguchi, der eine schwere Schulterverletzung davongetragen hatte, schrieb etwas in ein kleines Notizbuch. Seine Worte galten nicht nur ihm selbst, sondern der gesamten Kaiserlich Japanischen Marine und im Grunde jeder Kriegsmarine der Welt, denn sie drückten sein Bedauern darüber aus, daß er so töricht gewesen war, ein solches Vertrauen in Großkampfschiffe gesetzt zu haben. Er schloß mit der an den Kaiser gerichteten Bitte um Vergebung. Dann reichte er das Notizbuch seinem Ersten Offizier, Kenkichi Kato, und bat ihn, es Admiral Toyoda zu überbringen.

Es war klar, daß Inoguchi beabsichtigte, sich an die japanische Tradition zu halten, nach der der Kapitän mit seinem Schiff unterzugehen hatte. Kato wandte ein, daß auch er mit der *Musashi* sterben müsse, aber Inoguchi entgegnete, daß er als Erster Offizier die Aufgabe habe, die Besatzung in Sicherheit zu bringen, damit sie in den Kampf zurückkehren und den Untergang ihres Schiffes rächen könne. »Meine Verantwortung«, fügte er hinzu, »ist so groß, daß sie nicht einmal durch den Tod aufzuwiegen ist. Ich muß das Schicksal der *Musashi* teilen.« Dann wies er Kato an, die Kriegsflagge und das Bild des Kaisers mit sich zu nehmen, und der Erste Offizier verließ seinen Kapitän, um die letzten Vorbereitungen für die Aufgabe des Schiffes zu treffen.

Da am Nachmittag keine weiteren Angriffe erfolgt waren, beschloß Kurita um 1715 Uhr, erneut auf Gegenkurs zu gehen und die San-Bernardino-Straße anzulaufen; an den Falleinen der *Yamato* stiegen die Signalflaggen auf, die der Flotte seinen Befehl mitteilten. Die Steuerruder wurden herumgelegt, und der kleiner gewordene, aber immer noch mächtige Verband schlug wieder einen östlichen Kurs ein.

Kurita hatte die richtige Entscheidung gefällt, jedenfalls nach Ansicht seiner Vorgesetzten. Nachdem er seiner Flotte befohlen hatte, die Fahrt über die Sibuyan-See in der ursprünglichen Richtung wieder aufzunehmen, traf als Antwort auf Kuritas

Meldung ein Funkspruch von Admiral Toyoda ein: »Im Vertrauen auf die göttliche Führung haben alle Kräfte anzugreifen!«

Um 1900 Uhr passierte die Flotte erneut die im Todeskampf liegende *Musashi*, die im Licht der tiefstehenden Sonne einen noch düstereren Anblick bot. Ugaki starrte zum zweitenmal über die dunkler werdende See zu dem taumelnden Riesen hinüber. Sein Kummer saß tief, und er schwor sich im stillen, das Schicksal des ihm verbliebenen Schiffes, der *Yamato*, zu teilen, wie immer es aussehen mochte.

Kuritas Verband dampfte weiter und war bald außer Sichtweite. Der Kreuzer *Tone* hatte sich ihm inzwischen wieder angeschlossen, so daß nur noch die beiden Zerstörer *Hamakaze* und *Kiyoshima* am Totenbett der *Musashi* zurückblieben. Ihre einsame Wache sollte nicht lange dauern. Gegen 1930 Uhr begann die *Musashi,* zuerst langsam und dann immer schneller, nach Backbord zu rollen. Matrosen hasteten in entgegengesetzter Richtung über den kenternden Rumpf, um auf der Oberseite zu bleiben. Viele von ihnen waren bereits barfuß, um besser schwimmen zu können, und rissen sich am Bewuchs auf dem Rumpf die Füße auf. Einige sprangen ins Wasser, nur um durch eines der Torpedolöcher zurück ins Schiff gesogen zu werden. Wenige Minuten später stand das Schiff mit hoch aufragendem Heck auf dem im Wasser steckenden Bug und verharrte einen Augenblick in dieser Stellung. Dann wurde es von einer heftigen Explosion unter Wasser erschüttert und glitt in die Tiefe hinab.

Die Zerstörer fuhren heran, um die Überlebenden an Bord zu nehmen. Von den zweitausendzweihundert Mann der Besatzung wurde nur die Hälfte gerettet. Das Superschlachtschiff hatte halb so viele Männer mit sich in die Tiefe gerissen, wie in Pearl Harbor gestorben waren. Die Schlacht in der Sibuyan-See war zu Ende. Sie war zwar verlustreich gewesen, aber nicht entscheidend. Kuritas Verband hatte eine unglaubliche Zähigkeit bewiesen und für einen weiteren Kampftag überlebt. Und dieser Tag war nicht fern.

»Auf nach Norden!«

Während Kuritas Flotte in der Sibuyan-See angegriffen wurde, hatten amerikanische Aufklärungsflugzeuge Shimas Gruppe, die Nishimura über die Sulu-See folgte, aufgespürt, so daß Halsey und Kinkaid über alle japanischen Gruppen, die sich auf dem Weg zum Leyte-Golf befanden, Bescheid wußten, nur nicht über die, die entdeckt werden *sollte.* Ozawa lief immer noch von Norden her an und versuchte verzweifelt, Halseys Aufmerksamkeit auf sich zu lenken, ein Problem, das die Japaner, wie schon erwähnt, durch ihre Luftangriffe auf Shermans TG 38.3 teilweise selbst verursacht hatten. Halsey und sein Stab standen daher immer noch vor der großen Frage: »Wo sind die japanischen Flugzeugträger?«

Am frühen Morgen des 24. Oktober hatte Ozawa eine Position nördlich von Luzon erreicht und eine Suchgruppe nach Süden ausgeschickt, die Halseys Position bestätigen sollte, aber unverrichteter Dinge zurückkehrte. Als er um 0820 Uhr von einem landgestützten japanischen Flugzeug die Meldung erhielt, daß südlich von ihm ein amerikanischer Verband stehe, schickte er erneut eine Suchgruppe aus. Eine kluge Maßnahme, wie sich herausstellte, denn der Pilot des landgestützten Flugzeugs hatte sich um gut acht Meilen verschätzt. Um 1115 Uhr hatte Ozawa seine Positionsbestätigung und beschloß, seinen Trumpf auszuspielen. Er hatte bereits seit einiger Zeit mit Vorbedacht die üblicherweise einzuhaltende Funkstille gebrochen, um die Amerikaner auf sich aufmerksam zu machen, und jetzt war es an der Zeit, seine wenigen Flugzeuge als Lockmittel aufsteigen zu lassen.

Um 1145 Uhr starteten von Ozawas Trägern vierzig Jäger,

214

achtundzwanzig Sturzbomber, sechs Torpedo- und zwei Aufklärungsflugzeuge mit dem Auftrag, die hundertfünfzig Meilen
weiter südlich stehende amerikanische Flotte anzugreifen. Damit hatte Ozawa fast seine gesamte Luftstreitmacht eingesetzt.
Neben einigen Flugzeugen, die aus technischen Gründen nicht
aufsteigen konnten, hatte er nur rund zwanzig Jäger als defensive Luftpatrouille zurückbehalten. Da aus der Gegend, in der
die amerikanischen Verbände lagen, heftige Regenfälle gemeldet worden waren und die frisch ausgebildeten japanischen Piloten nur wenig Flugerfahrung besaßen, wurden sie angewiesen, auf japanische Flugplätze an Land auszuweichen, falls die
Bedingungen zu schlecht sein sollten, um zu den Flugzeugträgern zurückzukehren. Jeder Schaden, den sie den amerikanischen Schiffen zufügen mochten, wäre ein zusätzlicher Bonus,
denn ihre Hauptaufgabe war, die Amerikaner davon zu überzeugen, daß von Norden her eine Bedrohung durch Flugzeugträger heraufzog, und je schneller diese Aufgabe erfüllt wurde,
desto eher würde man den Druck mindern können, unter dem
Kurita, wie Ozawa wußte, zu dieser Zeit in der Sibuyan-See
stand.

Kapitänleutnant John Monsarrat diente seit gut einem Jahr als
Flugleitoffizier der Jagdflugzeuge auf der *Langley,* ein Posten,
den es noch nicht lange gab. Die Erfindung des Radars und die
ständig zunehmenden Geschwindigkeiten und Fähigkeiten der
Flugzeuge hatten dazu geführt, daß dieser junge Kapitänleutnant und andere wie er einen großen Teil des Krieges in abge-
dunkelten Schiffsräumen verbrachten, die anfangs »Radar-
platz« und später »combat information center« (Kampfinfor-
mationszentrum) – abgekürzt CIC – genannt wurden. In einem
dieser höhlenartigen Räume, mitten zwischen den inneren Organen des Schiffes, verfolgte Monsarrat den Feind auf der glühenden Oberfläche einer Kathodenröhre und bekämpfte ihn
mit der Waffe seines Funkgeräts. Er war das weitreichende
Auge der Jägerpiloten, die als Kampfpatrouille über der Träger-

gruppe kreisten. Seine streng geheimen Apparate, die sich am Anfang des Krieges noch im Versuchsstadium befunden hatten, schossen Funkwellen in die Atmosphäre, die Tausende von Aufklärungsflugzeugen ersetzten und in Bruchteilen von Sekunden Hunderte von Meilen erkundeten. War der Feind entdeckt, gab Monsarrat den Jägern den Kurs an, auf dem sie ihn abfangen konnten.

Was sich so leicht anhört, war in der Praxis eine äußerst schwierige Angelegenheit. Ein Flugleitoffizier hatte in der Hitze der Schlacht winzige grüne Punkte im Auge zu behalten, die wie Miniaturnovas abwechselnd aufglühten und erloschen und den Radarschirm manchmal ausfüllten wie Sterne den Nachthimmel. Gleichzeitig mußte er mit aufgeregten jungen Männern sprechen, die mit einer Geschwindigkeit von Hunderten von Stundenkilometern über den Himmel rasten, und sie mit Informationen füttern, die oft genug über Tod oder Leben entschieden, und zwar nicht nur für sie selbst, sondern auch für die Schiffe, die sie schützten.

Um 1245 Uhr am 24. Oktober füllte sich der nordöstliche Sektor von Monsarrats Radarschirm mit winzigen blinkenden Punkten. Es war die von Ozawa ausgeschickte Formation mit Kurs auf TG 38.3, Entfernung: gut hundert Meilen. Das Flaggschiff *Essex*, von dem aus der Jägereinsatz koordiniert wurde, wies Monsarrat an, den Angriff mit den vier Jägern, die zu diesem Zeitpunkt verfügbar waren, abzufangen. TG 38.3 hatte bereits mehrere Stunden lang die Angriffe landgestützter japanischer Flugzeuge abgewehrt, und die *Princeton* kämpfte genau in diesem Augenblick um ihr Leben, beides Faktoren, die die normalerweise in einer solchen Situation herrschende Anspannung weiter verstärkten.

Monsarrat beobachtete die anfliegenden »bogies« (Kobolde oder Gespenster) ein paar Radarumdrehungen lang. Monatelange Erfahrung hatte ihn gelehrt, daß man aus der Art, wie die Punkte aufleuchteten und erloschen, auf die Höhe der Flugzeuge schließen konnte. Er gab seinen vier Jägern die Peilung 035 und wies sie an, auf sechstausendsiebenhundert Meter aufzusteigen. Man brauchte nicht viel Erfahrung, um zu wissen, daß die vier Jäger den mindestens sechzig Blinkpunkten, die über den oberen rechten Abschnitt seines Radarschirms huschten, hoffnungslos unterlegen waren. Monsarrat bat deshalb die *Essex* um Hilfe, und wenig später befanden sich acht weitere Jäger auf dem Abfangkurs der *Langley*-Gruppe. Bei einer relativen Annäherungsgeschwindigkeit von knapp sechshundert Knoten dauerte es nicht lange, bis der erste Jägerpilot mit einem »Hoho!« verkündete, daß er den Feind in Sichtweite hatte. Monsarrat war ganz und gar nicht wohl dabei, als er den Jägern sagte, sie sollten in die japanische Formation hineinfliegen, und er fügte rasch hinzu: »Hilfe ist unterwegs. Kommt dicht hinter euch.«

In dem anschließenden Gefecht mit dem weit überlegenen Feind übertrafen sich die amerikanischen Piloten selbst. Die Formation der unerfahrenen japanischen Piloten war bald in alle Richtungen versprengt: Die Hälfte der Maschinen wurde abgeschossen, einige wenige gelangten bis auf Schußweite an die amerikanischen Schiffe heran, und der Rest zog sich mit Kurs auf Luzon zurück. Kurz gesagt, die Schlacht war kaum als solche zu bezeichnen. Aber etwas war an diesem untergeordneten Gefecht doch von Bedeutung. Die Flugzeuge waren im Gegensatz zu den früheren Angriffswellen, die von Westen oder Nordwesten, das heißt vom Land aus angeflogen waren, vom Meer gekommen. Außerdem meldeten einige der amerikanischen Jägerpiloten, daß sie Heckhaken* besaßen. Sie kamen also höchstwahrscheinlich von Flugzeugträgern. Und diese Träger mußten sich irgendwo im Nordwesten aufhalten.

---

* Trägerflugzeuge sind am Rumpfende mit einem Haken ausgestattet, der sich in das Fangseil auf dem Flugdeck des Trägers einhakt, so daß sie bei der Landung nur einen Bruchteil der Strecke einer normalen Rollbahn benötigen.

In früheren Zeiten standen den Admiralen ausschließlich visuelle Kommunikationsmittel zu Gebot. Sie konnten daher nur die Einheiten führen oder mit Informationen versorgen, die nah genug waren, um ihre Signalflaggen sehen zu können. Für die Kommunikation mit Schiffen, die sich nicht in Sichtweite befanden, mußten Botenschiffe eingesetzt werden. Selbst im Gedränge der Schlacht blieb manchmal nichts anderes übrig, als außerhalb des Getümmels wartende Schiffe zu benutzen, um den in der Nähe kämpfenden, aber vom Qualm der Kanonen eingehüllten Einheiten eine Nachricht zukommen zu lassen.

Diese umständlichen Kommunikationsmittel waren durch die Erfindung des Funks überflüssig geworden. Auf dem Höhepunkt des Zweiten Weltkriegs konnten sich die Schiffe mit Hilfe relativ kleiner Funkgeräte und speziell ausgebildeter Funker über weite Entfernungen miteinander verständigen. Lange Mitteilungen, die über große Entfernungen weitergegeben werden sollten, wurden von den in der Telegraphie geübten Funkern durchgegeben, während kurze Mitteilungen über geringere Entfernungen per Sprechfunk übermittelt werden konnten, wozu jedermann ohne große Ausbildung in der Lage war. Um die Sicherheit zu erhöhen, konnten die Nachrichten außerdem mit ausgeklügelten Chiffriermethoden verschlüsselt werden, was allerdings einen größeren Zeitaufwand erforderte, da sie beim Absender zunächst kodiert und dann beim Empfänger wieder entschlüsselt werden mußten.

Der technische Fortschritt bedeutete jedoch nicht, daß es keine Probleme mehr gab. Der Funkverkehr war den Launen der Natur ausgesetzt, das heißt, die atmosphärischen Bedingungen, die weder gleichbleibend noch exakt vorhersehbar waren, bestimmten, ob ein Funkspruch den Empfänger erreichte oder nicht. Zudem sind elektronische Apparate notwendigerweise kompliziert und störanfällig, und das traf besonders für die Zeit vor der Einführung des Transistors zu, als die nicht immer verläßliche Vakuumröhre die wesentliche Komponente dieser Technik war. Darüber hinaus war die Südsee mit ihrem heißen, feuchten Klima nicht unbedingt die ideale Umgebung für elektronische Geräte. Kurz, es gab genügend Gründe, aus denen dieses Wunder der Technik versagen konnte, und es versagte nicht selten. Manchmal zur unpassendsten Zeit.

Die Japaner, deren komplizierter Schlachtplan von präziser zeitlicher Abstimmung und koordiniertem Vorgehen abhing, waren besonders anfällig für Kommunikationsmängel. Nach dem Krieg berichtete Kurita in einem Interview, daß es manchmal drei Stunden dauerte, bis er auf seine Funksprüche eine Antwort von Admiral Toyoda aus Tokio erhielt. Seine Mitteilungen an Ozawa kamen dagegen zum größten Teil durch, so daß dieser von Kuritas Notlage in der Sibuyan-See wußte und alles tat, um Halseys Aufmerksamkeit von ihm abzulenken. Die Verbindungen zwischen anderen Kommandeuren waren dagegen alles andere als ideal, mit der Folge, daß während der Schlacht zu viele Funksprüche nicht beim Adressaten ankamen.

Als Ozawa den Luftschlag gegen TG 38.3 unternahm, wollte er Kurita und Toyoda davon unterrichten, aber ein defektes Funkgerät auf seinem Flaggschiff, der *Zuikaku*, verhinderte, daß die Meldungen herausgingen. Umgekehrt erfuhr Ozawa nie, wie der Angriff ausgegangen war. Da die überlebenden Flugzeuge allesamt Stützpunkte an Land anflogen, anstatt zu Ozawas Trägern zurückzukehren, tappte der Admiral, was diesen Aspekt des Schlachtplans betraf, völlig im dunkeln.

Kurita erhielt auf seine mehrfach vorgetragene Bitte um Luftunterstützung nie eine Antwort, von den angeforderten Flugzeugen ganz zu schweigen. Von Toyodas Befehl, »im Vertrauen auf die göttliche Führung« anzugreifen, abgesehen, kam kaum eine bedeutsame Nachricht zu ihm durch, so daß er das Gefühl bekam, er würde die ganze Schlacht allein auskämpfen. Die Verbindung zu Nishimura, mit dem zusammen er die Zange um den Leyte-Golf bilden sollte, kam nur sporadisch zustande, weshalb die beiden Admirale nur teilweise über die Handlungen des anderen Bescheid wußten. Diese Situation sollte sich im weiteren Verlauf der Schlacht nicht bessern.

Aber die Japaner waren nicht die einzigen, die unter mangelhafter Kommunikation litten. Auf amerikanischer Seite waren allerdings weniger technische Defekte oder atmosphärische Störungen daran schuld als vielmehr menschliches Versagen. Bei der Planung der Invasion von Leyte war die Bereitstellung angemessener Kommunikationsmittel durchaus berücksichtigt worden. Nach Nimitz' Einsatzbefehl für Halsey waren »die notwendigen Maßnahmen für eine ins einzelne gehende Koordinierung der Operationen« zwischen der Dritten und der Siebenten Flotte »von deren Kommandeuren in die Wege zu leiten«. Und in einem Schreiben von Admiral King an Kinkaid hieß es: »Ich setze voraus, daß Sie, unter MacArthur, alle direkt an der Operation beteiligten Marinekräfte befehligen und ihre Aktivitäten mit Admiral Halsey als dem Kommandeur der Abschirmkräfte der Dritten Flotte koordinieren werden.« Aber auch die besten Absichten nutzen nichts, wenn sie nicht in die Tat umgesetzt werden.

General MacArthur hatte aus unerfindlichen Gründen der Herstellung einer direkten Verbindung zwischen dem Kommandeur seiner Siebenten Flotte, Kinkaid, und dem von Nimitz' Dritter Flotte, Halsey, die Genehmigung verweigert. Dadurch waren die beiden Flottenkommandeure gezwungen, auf das »Fox-Programm« zurückzugreifen, einen allgemeinen Flottenfunk, der große Mengen von Nachrichten sendete, die für alle Schiffe bestimmt waren, und weder die Schnelligkeit noch die Flexibilität einer Direktverbindung besaß. Verschlimmert wurde diese Behinderung durch den Umfang des in einer derart gewaltigen Operation anfallenden Funkverkehrs. Die Funker der Marinesendestation in Manus, die das »Fox-Programm« ausstrahlte, erhielten so viele als vorrangig gekennzeichnete Meldungen, daß nur wenigen tatsächlich Priorität eingeräumt wurde; die meisten wurden einfach in der Reihenfolge abgearbeitet, in der sie eingetroffen waren, und nicht danach, wie wichtig oder dringlich sie waren. Die Unmöglichkeit, sich rasch miteinander zu verständigen, wäre in jedem Fall nachteilig gewesen, besonders aber in einem Szenarium, in dem zwei Flottenkommandeure, die unterhalb des COMINCH im fernen Washington keinen gemeinsamen operativen Oberbefehlshaber hatten, auf demselben Kriegsschauplatz agierten.

Eine der Ironien dieser Schlacht bestand darin, daß die atmosphärischen Bedingungen so gut waren, daß Admiral Nimitz in Pearl Harbor über den Fortschritt der Schlacht bestens im Bilde war, und da er seine Informationen nach Washington weiterleitete, wußte auch Admiral King frühzeitig über alle Entwicklungen Bescheid. Nur die Verständigung zwischen den Kommandeuren vor Ort war dürftig. Die Kommunikation zwischen den Kommandeuren gehört aber zu den Elementen, die für den Erfolg oder Mißerfolg einer Schlacht ausschlaggebend sind, was sich selten so deutlich zeigte wie im Kampf um Leyte.

Am Nachmittag des 24. Oktober begann Admiral Halsey, wie es jeder gute Kommandeur getan hätte, über die Eventualitäten nachzudenken. Um 1500 Uhr befand sich Kurita trotz der furchtbaren Schläge, die ihm zugefügt worden waren, immer noch im Anmarsch. Sein Ziel war offenbar die San-Bernardino-Straße, und Halsey fand, daß es gut wäre, wenn seine Schlachtschiffe bereitlägen, um Kuritas Verband zu empfangen, wenn und falls er aus der Meerenge auftauchte. Deshalb übermittelte er seinen Schiffen um 1512 Uhr eine als »Schlachtplan« bezeichnete Nachricht, in der er vier Schlachtschiffe, zwei Schwere und drei Leichte Kreuzer sowie neunzehn Zerstörer benannte, die eine neue Task Force mit der Nummer 34 bilden sollten. Merkwürdigerweise ließ er zwar Nimitz und King Kopien dieser Anordnung zukommen, aber nicht Kinkaid. Das schien nicht dem Geist der Kooperation zu entsprechen, den King und Nimitz vor der Invasion beschworen hatten. Halseys Plan hatte für Kinkaids Operationen jedoch keine unmittelbare Bedeutung, so daß es nebensächlich zu sein schien, ob sein Name in der Verteilerliste stand oder nicht.

Es gibt in der Marine allerdings eine Gewohnheit, die wahrscheinlich entstand, als die erste Nachricht von einem Schiff aus übermittelt wurde. Sie besteht gewissermaßen darin, »die Post anderer Leute zu lesen«. Schiffskapitäne und Admirale verlangen seit jeher von ihren Funkern, alles aufzufangen, was an Funksignalen in der Luft herumschwirrt. Ob man diesen »Lauschangriff« als Vorsichtsmaßnahme oder bloße Neugier betrachtet, ist Ansichtssache, aber er war, ist und wird wahrscheinlich immer eine verbreitete Praxis bleiben. Und Admiral Kinkaid war in dieser Hinsicht keine Ausnahme. So ist es nicht überraschend, daß Halseys Plan zur Bildung der Task Force 34, obwohl Kinkaids Name nicht in der Verteilerliste auftauchte, diesem bald in Form einer »Raubkopie« vorlag.

Das alles mag sich harmlos anhören, aber es war das erste Glied einer Kette unglücklicher Ereignisse, die schwerwiegende Folgen haben sollten, tödliche Folgen. Die Probleme begannen damit, daß Admiral Kinkaid den abgefangenen Funkspruch mißverstand. Halseys Mitteilung war nur als »Eventualplan« gedacht, nicht als Befehl, der sofort auszuführen war. Aber der Text war vage gehalten; der Aufzählung der Schiffe, die von TF 38 abgegeben werden sollten, waren nur die Worte angefügt: »... werden als TF 34 unter V. Adm. Lee zusammengefaßt«, ohne daß ein Zeitpunkt genannt wurde, zu dem dies geschehen sollte. Die Benutzung des Futurs deutet zwar darauf hin, daß Halsey TF 34 erst später bilden wollte, aber nur im normalen Sprachgebrauch. Im militärischen dagegen werden die Zeitformen, um der Wirkung willen, häufig mißbräuchlich benutzt; ein Befehl, der in die Zukunft zu weisen scheint, verlangt nicht selten seine sofortige Ausführung und wird auch so verstanden. Da Halsey weder einen bestimmten Zeitpunkt noch eine Bedingung (etwa: »wenn der Feind durch die San-Bernardino-Straße kommt«) genannt hatte, nahm Kinkaid an, TF 34 werde bereits gebildet, und der nächste Satz von Halseys Funkspruch bestärkte ihn darin: »TF 34 greift auf weite Entfernung entscheidend ein.« Das las sich nun eindeutig wie ein Befehl, der zu befolgen war, und nicht wie ein Eventualplan, der unter Umständen in Kraft treten würde.

Kinkaid war nicht der einzige, der annahm, Halsey hätte die Bildung von TF 34 angeordnet. Andere Militärs – insbesondere auch Nimitz und King – interpretierten Halseys Funkspruch genauso. Das Mißverständnis hätte durch die zweite Mitteilung, die Halsey um 1710 Uhr herausgab, behoben werden können. Darin stellte er klar: »Wenn der Feind [aus der San-Bernardino-Straße] ausläuft, wird TF 34 auf meine Anweisung hin gebildet.« Aber sie wurde über den Sprechfunk mit seiner geringeren Reichweite verbreitet, und nicht wie die vorige Nachricht mittels Funktelegraphie. Die Folge war, daß weder Kinkaid noch Nimitz oder King sie erhielten beziehungsweise abfingen. Kinkaid blieb also, wie andere auch, in dem Glauben, daß Halseys Flotte umgruppiert worden war und sich jetzt aus den drei Trägergruppen und der neu gebildeten Task Force 34 zusammensetzte.* Der Samen der Tragödie war gelegt.

Um 1405 Uhr begann Sherman mit den bisher vernachlässigten Aufklärungsflügen in Richtung Norden. Mehr als einige Bomber, ohne die übliche Jägereskorte, konnte er dafür jedoch nicht aufbieten. Das war riskant, aber das Auftauchen der mit Heckhaken versehenen Flugzeuge aus Nordosten machte die Suchaktion unabdingbar, und die fortwährenden japanischen Luftangriffe zwangen Sherman, so viele Jäger wie möglich zum Schutz seines Verbandes zurückzubehalten. Daneben mußten viele Jäger nach den heftigen Kämpfen des Tages gewartet werden.

Um 1640 Uhr zahlte sich die Suche aus. Shermans Flugzeuge sichteten hundertneunzig Meilen nördlich Ozawas Gruppe. Das letzte Teil des Puzzles war an seinem Platz. Halsey hatte die Flugzeugträger gefunden. Damit stellte sich die Frage: Was tun? Für einen Luftangriff war der Tag zu weit fortgeschritten; die Angriffsstaffeln wären erst im Dunkeln zu ihren Trägern

---

* Die vierte Trägergruppe, McCains TG 38.1, befand sich auf der Rückfahrt zum Leyte-Golf, war aber noch einige hundert Meilen entfernt.

zurückgekehrt.* Man stand daher vor der Wahl, die japanische »Nordgruppe«, wie sie von den Amerikanern genannt wurde, in der Nacht durch Kampfschiffe oder am nächsten Morgen aus der Luft anzugreifen. Daneben bestand die Möglichkeit, daß die Japaner in der Nacht abdrehen konnten, um in eine Position zu gelangen, die außerhalb des Aktionsradius der amerikanischen Flugzeuge lag, den eigenen Maschinen aber aufgrund ihrer größeren Reichweite weiterhin Angriffe gegen die Amerikaner gestattete.

Halsey wog die verschiedenen Möglichkeiten gegeneinander ab. Er sah drei Alternativen, die er in seinem nach der Operation abgefaßten Bericht wie folgt darstellte:

(a) Aufteilung der Dritten Flotte unter Zurücklassung der Task Force 34 (Hauptartilleriekraft), um die San-Bernardino-Straße zu blockieren, während die Träger mit leichtem Schutzschirm die Nordgruppe angreifen.
(b) Bewachung der San-Bernardino-Straße mit der gesamten Streitmacht.
(c) Angriff gegen die Nordgruppe mit der gesamten konzentrierten Streitmacht, so daß die San-Bernardino-Straße unbewacht bleibt.

Die erste Alternative schloß Halsey aus, da er es zu Recht für unklug hielt, TF 34 ohne Luftunterstützung zurückzulassen. Außerdem hätte es »unsere Kräfte versprengt«, was der Mahanschen Tradition der Konzentration der Kräfte zuwiderlief.

Die zweite Alternative kam nicht in Frage, weil man »die

---

* Die Mehrheit der amerikanischen Piloten war in dieser Phase des Krieges nicht in der Lage, nachts auf einem Träger zu landen. Es gab zwar speziell ausgebildete Piloten, die dies konnten, aber sie waren zu eigenen Staffeln zusammengefaßt, die überwiegend für die Nachtaufklärung eingesetzt wurden, und nicht als Angreifer. Eine dieser Staffeln war auf der zu TF 38 gehörenden USS *Independence* stationiert.

Nordgruppe nicht unbehelligt lassen konnte und weil die Zerstörung ihrer Träger große Bedeutung für unsere zukünftigen Operationen haben würde«. Einer der frustrierendsten Aspekte des bisherigen Verlaufs des Pazifikkrieges war die Tatsache, daß die Japaner aus jeder Schlacht mit einer immer noch weitgehend intakten Flotte hervorgegangen waren. Selbst die großen Siege bei Midway und in der Philippinen-See waren mit diesem Makel behaftet. Und Halsey wollte wie viele andere in der US Navy nicht, daß dies noch einmal geschah.

Blieb die dritte Alternative, die den Vorteil hatte, die »Integrität der Kräfte«, das heißt ihre konzentrierte Aufstellung zu bewahren. Außerdem bot sie die »beste Gelegenheit, die Trägerkräfte des Feindes zu überraschen und zu zerstören«. Daß er damit die San-Bernardino-Straße für Kurita öffnen würde, scheint Halsey keine großen Sorgen bereitet zu haben. Er sah zwar die Möglichkeit, daß »die Mittelgruppe anlaufen und einigen Schaden anrichten« könnte, hielt ihre Kampffähigkeit aber für »zu schwer beeinträchtigt, um einen entscheidenden Sieg zu erringen«. Diese Annahme stützte sich auf die Schadensmeldungen, die er von den Piloten der Angriffswellen gegen Kuritas Gruppe in der Sibuyan-See erhalten hatte. Die Angaben der Piloten waren jedoch übertrieben. Sie hatten während des gesamten Luftangriffs nur achtzehn Maschinen verloren und gesehen, daß die *Musashi* dem Untergang geweiht war. Die *Myoko* war schon vorher von der Bildfläche verschwunden, und die anderen Schiffe hatten zahllose Treffer abbekommen. Das Resultat war, daß die Piloten ihren Erfolg überschätzten, wie es im Kampf stehende Männer häufig tun. Sie neigen in ihrer Erregung dazu, die Dimensionen dessen, was sie sehen, zu vergrößern, und für Piloten, die das Geschehen bei hohen Geschwindigkeiten aus großen Entfernungen und merkwürdigen Blickwinkeln verfolgen, trifft dies in besonderem Maß zu.

Admiral Halsey akzeptierte die Meldungen, wie sie waren. Später gestand er zwar ein, sie hätten sich als »gefährlich optimistisch« herausgestellt, erklärte aber, er habe »zur damaligen

Zeit keinen Grund gehabt, sie anzuzweifeln«. Im übrigen habe er sich bei seiner Entscheidung, gegen Ozawas Trägergruppe vorzugehen, »nicht allein auf die Meldungen der Piloten gestützt«. Halsey und sein Stab hatten schon lange über eine vernichtende Schlacht gegen die japanische Marine nachgedacht und sie herbeigesehnt. »Wir haben sie regelmäßig auf einem Spielbrett in den Stabsquartieren durchgespielt«, berichtete er, und zwar als Auseinandersetzung zwischen Flugzeugträgern: »Auch wenn es der Rest der Navy nicht wußte, wir von der Dritten Flotte hatten voll und ganz erkannt, daß der Flugzeugträger an die Stelle des Schlachtschiffs getreten war und die potentiell stärkste und gefährlichste Marinewaffe darstellte, die unser Gegner besaß.«

Obwohl niemand in der US Navy in vollem Umfang begriffen hatte, wie schwach die japanische Marineluftwaffe war, hatte man, insbesondere nach dem schlechten Eindruck, den sie in der Luftschlacht von Formosa hinterlassen hatte, doch darüber spekuliert. Halsey hielt dagegen, man habe zwar nicht gewußt, wie viele Flugzeuge die Japaner besaßen, hätte aber kein Risiko eingehen dürfen. »Wir wußten, daß die *Princeton* angegriffen worden war, und man hatte Trägerflugzeuge gesichtet.« In diesem Punkt irrte er sich, wie wir wissen,* aber es war dennoch ein triftiges Argument.

Halsey war außerdem über die Möglichkeit von »Pendelangriffen« besorgt. Darunter versteht man eine Taktik, bei der auf verschiedenen Seiten des Gegners liegende Flugplätze (oder Flugzeugträger) genutzt werden. Die japanischen Maschinen hätten von Ozawas Trägern starten, Halseys Flotte angreifen und dann auf einem Flugplatz auf den Philippinen landen können. Die Richtung ist umkehrbar, und das ganze kann beliebig oft wiederholt werden. Diese Taktik besitzt neben kürzeren Abfertigungszeiten beim Aufnehmen von Treibstoff und Munition

* Die *Princeton* war von der Bombe eines einzigen, landgestützten Flugzeugs getroffen worden.

den Vorteil, daß man aus zwei Richtungen angreifen kann. Darüber hinaus verschafft sie dem Angreifer einen Reichweitenvorteil, da die Flugzeuge nicht gezwungen sind, über die volle Distanz zum Ausgangspunkt zurückzukehren. Halsey erinnerte sich an »viele Pendelangriffe der Japse, und wir konnten den Spieß nur einmal umdrehen, vor Guadalcanal«.

Was Halsey aber am meisten bewegte, war vermutlich der Gedanke an die heftige Kritik, mit der sein Freund Raymond Spruance nach der Schlacht in der Philippinen-See überzogen worden war. Halsey war nach seiner überaus erfolgreichen Kampagne als Oberbefehlshaber im Südpazifik gerade rechtzeitig in Pearl Harbor eingetroffen, um den Verlauf der Schlacht vom CINCPAC-Hauptquartier aus zu verfolgen, und hatte mitangehört, wie das Verhalten von Spruance während und unmittelbar nach der Schlacht bewertet wurde. Obwohl er nie darüber gesprochen hat – wahrscheinlich, weil er seit langem mit Spruance befreundet war[*] –, hätte er taub sein müssen, um die harsche Kritik an der Entscheidung, die japanische Flotte nicht zu verfolgen, sondern in der Nähe des Landungsplatzes auf den Marianen zu bleiben, zu überhören.

Einer der schärfsten Kritiker war ein anderer Freund Halseys, Vizeadmiral John H. Towers, einst der dritte ausgebildete Pilot der Navy, inzwischen Kommandeur der Luftwaffe der Pazifikflotte und entschiedener Anhänger des aggressiven Einsatzes von Flugzeugträgern. Es ist anzunehmen, daß er Halsey gegenüber keinen Hehl aus seiner Wut über den angeblichen Mangel an Aggressivität auf seiten des Nichtfliegers Spruance machte. Es spricht daher, auch wenn es reine Spekulation ist, einiges

---

[*] Sie hatten sich 1921 kennengelernt, als der damalige Korvettenkapitän Ray Spruance, wie Potter es ausdrückte, »den herausragenden Zerstörer aus Fregattenkapitän Bill Halseys herausragender Abteilung des herausragenden Zerstörergeschwaders der Pazifikflotte kommandierte«, und sie waren trotz ihrer höchst unterschiedlichen Persönlichkeiten und Führungsstile ihr Leben lang Freunde geblieben.

dafür, daß die Kritik an Spruance, die er im CINCPAC-Hauptquartier mitangehört hatte und die in den Offiziersmessen, Bereitschaftsräumen und Klubs noch monatelang nachhallte, in Halseys Gedanken eine gewisse Rolle spielte.

Von all diesen Überlegungen geleitet und von der Eventualklausel des Einsatzbefehls gedeckt, ging Halsey in den Kartenraum der *New Jersey,* tippte mit dem Finger auf die Position von Ozawas Nordgruppe und sagte zu seinem Stabschef, Konteradmiral Carney: »Genau da gehen wir hin, Mick. Auf nach Norden!«

TEIL V

DIE NACHT VOM 24.
AUF DEN 25. OKTOBER

Aufmarsch

Roy West war auf achtzig Hektar Flußschwemmland im Cherokee County in North Carolina aufgewachsen. Sein Vater war Farmer geworden, um seinen Lebensunterhalt zu verdienen, aber auch, weil er glaubte, das harte Landleben würde seine neun Söhne gegen alle Unbill feien, und tatsächlich kamen sie nie in ernste Schwierigkeiten, auch wenn keiner von ihnen Farmer wurde. Vier von ihnen waren im richtigen Alter, um im Zweiten Weltkrieg in den Streitkräften zu dienen. Einer meldete sich freiwillig beim Marineinfanteriekorps, einer ging zu den »Seebienen« (Marinebaubataillon), einer diente in der Army, und Roy schließlich schrieb sich einen Tag vor seinem achtzehnten Geburtstag bei der Navy ein und wurde zur Grundausbildung nach Bainbridge, Maryland, geschickt. Im August 1943, fast zwei Jahre nach dem Kriegseintritt der USA, zog er zum erstenmal die Uniform seines Landes an. Wie viele seiner Kameraden war er noch nicht alt genug, um zu wählen, als er sich anschickte, in einen Weltkrieg zu ziehen.

Viele seiner Kameraden in Bainbridge stammten ebenfalls aus North Carolina, und eine ganze Reihe von ihnen wurde nach der Grundausbildung auf dasselbe Schiff geschickt wie er, die *McDermut* (DD–677), einen brandneuen Zweitausend-Tonnen-Zerstörer der *Fletcher*-Klasse, der in Kearny, New Jersey, gebaut und im November 1943 in Dienst gestellt worden war. Nach einer Probefahrt zu den Bermudas wurde die *McDermut* in den Pazifik beordert, wo sie in den nächsten zehn Monaten an vielen Operationen teilnahm, in denen sie für den Küstenbeschuß, die Luftverteidigung und die U-Boot-Abwehr eingesetzt wurde. Sie patrouillierte in den Gewässern vor

Kwajelein und gehörte während der Invasion der Marianen zu Spruances Fünfter Flotte. Als es nach Leyte ging, waren die *McDermut* und ihre Besatzung, überwiegend junge Männer wie Roy West, ein eingespieltes Team.

Kurz vor der Invasion der Philippinen nahm die *McDermut* an der Landungsoperation auf Palau teil. Roy West war inzwischen Torpedomaat und gehörte der Torpedocrew der *McDermut* unter Torpedomeister Virgil Rollins an, einem altgedienten Unteroffizier, der den Angriff auf Pearl Harbor und die schreckliche Nacht vor Savo, einer der Salomon-Inseln, überlebt hatte, in der so viele amerikanische Schiffe versenkt wurden, daß die dortigen Gewässer den Spitznamen »Eisengrund-Sund« erhalten hatten. Solche Erfahrungen verhinderten Sorglosigkeit, und Rollins war schon seit langem der Ansicht, daß man nur dann Glück hatte, wenn man sich so gut wie möglich vorbereitete. Als darüber spekuliert wurde, daß die japanische Marine möglicherweise vorhatte, die Landung auf Palau zu stören, ließ Rollins die mechanischen und elektrischen Komponenten der Torpedorohre einer genauen Prüfung unterziehen. Wie sich herausstellte, waren sie korrodiert. Da es jedoch zu spät war, um die für die Instandsetzung nötigen Materialien zu beschaffen, konnten Rollins und seine Mannschaft während der Operationen vor den Palau-Inseln nur hoffen, daß nicht von ihnen verlangt wurde, ihre »Fische« abzuschießen. Sie hatten alle schon von Fehlschüssen und im Rohr steckengebliebenen Torpedos gehört. Ihre Befürchtungen mochten allzu pessimistisch sein, denn bisher hatte die *McDermut* noch keinen einzigen Torpedo abgefeuert. Aber man konnte nie wissen.

Um 2024 Uhr am 24. Oktober erhielt Admiral King einen Funkspruch von Halsey: »Feind [Kuritas Verband] laut Angriffsmeldungen schwer angeschlagen. Laufe mit drei Gruppen nach Norden, um feindliche Flugzeugträger bei Morgengrauen anzugreifen.«

Admiral Kinkaid veröffentlichte Jahre später einen Artikel, in dem er die wesentlichen Eigenschaften darstellte, die ein Marineoffizier besitzen sollte, und es stellt sich unwillkürlich die Frage, ob er die Schlacht um Leyte vor Augen hatte, als er schrieb: »Es ist höchst *wünschenswert*, daß ein Militär ein klar verständliches Englisch spricht und schreibt, und es ist *wesentlich*, daß er Befehle und Anweisungen präzise formuliert.«

Hätte sich Halsey* in seiner Nachricht etwas klarer ausgedrückt, wäre die Schlacht um Leyte anders verlaufen. Wenn er zur Beschreibung der Kräfte, mit denen er nach Norden fuhr, anstelle der Zahl drei das Wörtchen »alle« benutzt hätte, wäre ersichtlich gewesen, daß die San-Bernardino-Straße unbewacht blieb. So aber schloß Kinkaid aus dem Funkspruch, daß TF 34 zur Bewachung der Straße zurückgelassen wurde, während die drei Trägergruppen nach Norden aufbrachen. Da er Halseys zweite, klarstellende Mitteilung in bezug auf TF 34 nicht erhalten hatte, konnte Kinkaid gar nicht anders, als anzunehmen, daß eine der *vier* Gruppen von Halseys Flotte zurückgelassen worden war. Wie er darauf kam, daß es sich dabei um TF 34 handelte, ist nicht ganz klar, denn Halsey hätte ja auch eine der Trägergruppen zurücklassen können. Kinkaid schrieb später, er habe es für »unmöglich gehalten, etwas anderes anzunehmen. Die Zusammensetzung von TF 34 war unter den gegebenen Umständen genau richtig.« Das ist ein wackliges Argument. Wenn Kinkaid TF 34 für »genau richtig« hielt, weil es Nacht war und ein Überwasserverband für die Bewachung der San-Bernardino-Straße bei Nacht gut geeignet war, vergaß er, daß es wieder Tag werden würde, und bei Tageslicht wäre TF 34

---

* Es ist anzunehmen, daß die Nachricht nicht von ihm selbst, sondern von einem Angehörigen seines Stabes verfaßt wurde. Halsey war zu diesem Zeitpunkt, nachdem er achtundvierzig Stunden keinen Schlaf gehabt hatte, bereits zu Bett gegangen. Doch das spielt keine Rolle. Die Abfassung von Berichten und Meldungen wird häufig Untergebenen überlassen, ohne daß der jeweilige Vorgesetzte damit die Verantwortung für sie abgibt. Halseys Nachrichten sind daher so zu behandeln, als hätte er sie selbst formuliert, auch wenn dies nicht in jedem Fall zutraf.

den Luftangriffen, die den ganzen Tag über angehalten hatten und aller Voraussicht nach am 25. Oktober fortgesetzt werden würden, weitgehend schutzlos ausgesetzt.

Kinkaid war nicht der einzige, der annahm, daß Halsey TF 34 zurückgelassen hatte. Nimitz und sein Stab waren zu demselben Schluß gelangt. Nimitz wunderte sich zwar über die mangelnde Luftunterstützung für TF 34, aber er hatte schon vor langer Zeit – während Halseys kühnen Vorstößen in der Anfangszeit des Krieges – gelernt, daß es besser war, den Kommandeuren vor Ort die Entscheidungen zu überlassen, und so stellte er Halseys Vorgehen nicht in Frage.

Admiral Spruance, der das Geschehen im CINCPAC-Hauptquartier verfolgte, zeigte auf der Karte auf die Gewässer vor der San-Bernardino-Straße und sagte in seiner typischen leisen Art: »Ich würde meine Kräfte genau da aufstellen.«

Admiral Kurita konnte sich nicht vorstellen, warum die Amerikaner ihre Angriffe eingestellt hatten. Die seit 1700 Uhr herrschende Stille war beunruhigend. Kurita hatte nichts von Ozawa gehört und wußte daher nicht, daß Halsey ihn endlich entdeckt hatte und mit seiner gesamten Flotte gegen ihn vorrückte.

Kurita setzte die Fahrt über die Sibuyan-See trotz seiner Besorgnis fort. Aber er hinkte dem Zeitplan inzwischen so weit hinterher, daß es unmöglich war, den Leyte-Golf, wie vorgesehen, in den frühen Morgenstunden des nächsten Tages zu erreichen. Um 1830 Uhr setzte er deshalb einen Funkspruch an Nishimura ab, in dem er ihm mitteilte, daß er durch Luftangriffe in der Sibuyan-See aufgehalten worden sei und nicht wie geplant zur Zangenbewegung ansetzen könne. *Sho Go* – der Zusatz »Ichi« war nach Inkrafttreten des Plans gestrichen worden – funktionierte nicht wie erwartet. Dennoch gab es keine Alternative, als weiterzumachen. Ein Rückzug kam nach Toyodas Angriffsbefehl nicht in Frage.

Um 1951 Uhr befal Kurita seiner Formation, den Luftabwehrring aufzugeben und in Kiellinie in die engen Gewässer zwischen Ticao und Masbate einzufahren. Dahinter lag die San-Bernardino-Straße. Kurita lief genau auf den von Spruance angegebenen Punkt zu, wo, wie Kinkaid und Nimitz glaubten, eine schlagkräftige amerikanische Schlachtschiffgruppe auf ihn wartete. Tatsächlich erwartete Kurita nur das offene Meer.

Nachdem Admiral Halsey seinen drei Trägergruppen befohlen hatte, sich vor der San-Bernardino-Straße zu vereinen, war er von Konteradmiral Ralph Davison, dem Kommandeur von TG 38.4, darauf aufmerksam gemacht worden, daß seine Kräfte durch die Konzentration nach Norden verlegt würden und damit nicht mehr in Reichweite von Nishimuras Südgruppe wären, die am Morgen in der Sulu-See entdeckt und angegriffen worden war. Halsey ließ sich davon nicht abhalten, und Nishimura blieb infolgedessen fortan unbehelligt, so daß er den Zeitplan einhalten konnte und die Surigao-Straße wie geplant im Schutz der Dunkelheit passieren würde.

Vizeadmiral Shoji Nishimura bot diese Kampfpause Gelegenheit zu einigen persönlicheren Gedanken. Sein Sohn Teiji, der die japanische Marineakademie in Etajima als Bester seines Jahrgangs abgeschlossen hatte, war hier in diesen philippinischen Gewässern gefallen, und der Admiral mag sich mit einem Anflug von Ironie gesagt haben, daß es nur passend war, wenn er jetzt selbst mit einem Auftrag in diese Gegend kam, den viele als selbstmörderisch betrachteten.

Obwohl weitere Angriffe ausblieben, ließ Nishimura seine Schiffe in einer Luftabwehrformation fahren. Die Schlachtschiffe *Yamashiro* und *Fuso* hatten, mit dem Kreuzer *Mogami* an der Spitze, eine Säule gebildet, die von den vier Zerstörern flankiert wurde, je zwei auf beiden Seiten. So näherte sich der Verband, während der Tag verblaßte, der Surigao-Straße.

Fregattenkapitän Shigeru Nishino, der mit seinem Zerstörer, der *Shigure*, das hintere Backbordviertel abdeckte, fragte sich, was ihn erwarten mochte. Er wußte, daß Nishimuras Verband im Morgengrauen des nächsten Tages von Süden in den Leyte-

Golf einfahren sollte, um die amerikanischen Invasionskräfte anzugreifen. Er wußte auch, daß Kurita mit seiner schlagkräftigeren Gruppe ungefähr zur selben Zeit von Norden angreifen sollte. Aber er hatte Kuritas Funksprüche gelesen, in denen er mitteilte, daß er schweren Angriffen ausgesetzt sei und hinter den Zeitplan zurückfalle. Dennoch hatte Nishimura die Fahrt nicht verlangsamt. Es war kaum zu verkennen, daß die Überlebenschancen geringer wurden.

Seeleute sind bekannt dafür, daß sie an Glücksbringer, Vorzeichen und ähnliches glauben. Die *Shigure* hätte daraus Zuversicht schöpfen können. Immerhin war sie ein Veteran der Schlacht im Vella-Golf während der Verteidigung der Salomon-Inseln, wo in der Nacht vom 6. auf den 7. August 1943 eine Gruppe aus vier japanischen Zerstörern zum ersten Mal in diesem Krieg eine Nachtschlacht verloren hatte. Drei der Zerstörer mit über tausend Mann waren versenkt worden, und nur die *Shigure* hatte überlebt. Nishino hatte sie damals noch nicht befehligt, aber er konnte hoffen, daß das Glück, das sein Schiff schon einmal gerettet hatte, auch diesmal anhalten würde. In wenigen Stunden würde er es wissen.

Admiral Kinkaid und sein Stab hatten seit der ersten Sichtmeldung keine weiteren Nachrichten über Nishimuras Südgruppe oder Shimas hinter ihr anmarschierenden Verband erhalten. Aber es war klar, daß sie die Sulu-See überqueren und durch die Surigao-Straße in den Leyte-Golf einlaufen wollten, und so begann er sich darauf vorzubereiten. »Wir hatten«, erklärte er später, »den ganzen Tag, um nachzudenken und unsere Maßnahmen zu treffen.«

Es war paradox, daß die sich abzeichnende Schlacht ein Kampf zwischen Überwasserschiffen sein würde, in dem der Luftwaffe nur eine untergeordnete Rolle blieb. Der Krieg im Pazifik hatte mit einem Angriff auf Schlachtschiffe begonnen, weil die meisten Marineoffiziere jener Zeit in ihrem kurzsichtigen Denken die Großkampfschiffe für den Grundpfeiler der

Seemacht hielten. Männer wie Bull Halsey hatten dies geändert. Seither hatten Flugzeugträger den Krieg dominiert, und die Kommandeure der Schlachtschiffe hatten frustriert mitansehen müssen, wie der Krieg buchstäblich ohne sie stattfand. Doch jetzt, in der Nacht vom 24. auf den 25. Oktober 1944, sollten die Schlachtschiffe endlich ihre Chance bekommen.

Kinkaid besaß sechs von ihnen und verfügte daneben über eine massive Flotte aus Kreuzern und Zerstörern, deren Feuerkraft für die Unterstützung der Landung vorgesehen war, sowie eine große Anzahl von PT-Booten. Aber er hatte ein Problem, das sich im Wortlaut des Operationsplans 13–44 der Siebenten Flotte vom 26. September 1944 angekündigt hatte. Darin hieß es: »Es wird nicht angenommen, daß große Teile der japanischen Flotte in die laufende Operation verwickelt sein werden.« Und an anderer Stelle wurde erklärt: »Die Teilnahme japanischer Schlachtschiffe an der Verteidigung der östlichen Philippinen wird nicht als wahrscheinlich angesehen.« Und diese Annahmen hatten sich auf die logistische Planung der Operation ausgewirkt.

Es gibt zwei wichtige Munitionsarten für Schiffskanonen: Sprenggranaten und panzerbrechende Granaten. Sprenggeschosse eignen sich wegen ihrer großen Sprengwirkung für den Einsatz gegen Küstenziele oder ungepanzerte Schiffe, während panzerbrechende Geschosse eine zusätzliche Treibwirkung besitzen, so daß sie die Stahlplatten moderner Kriegsschiffe, insbesondere die Panzerplatten von Schlachtschiffen, zu durchdringen vermögen. Will man eine Küste beschießen, wird man sich also für Sprenggranaten entscheiden; erwartet man dagegen eine Schlacht mit der gegnerischen Flotte, sind panzerbrechende Granaten vorzuziehen.

Da unter den amerikanischen Planern, trotz der Proteste einiger vorausschauender Offiziere aus dem Stab der Siebenten Flotte, die Meinung vorherrschte, daß die japanische Marine nicht in die Schlacht eingreifen werde, waren die für die Leyte-Operation vorgesehenen Kampfschiffe mit fünfundsiebzig Prozent Sprenggranaten und nur fünfundzwanzig Prozent panzerbrechenden Granaten munitioniert worden. Sie waren damit gut auf den Küstenbeschuß im Rahmen der amphibischen Operation vorbereitet, aber nur schlecht auf ein Seegefecht.

Kinkaid befahl Konteradmiral Jesse Oldendorf, dem Kommandeur der Bombardierungs- und Feuerschutzgruppe, ein »Begrüßungskomitee« für die in der folgenden Nacht in der Surigao-Straße erwarteten japanischen Schiffe aufzustellen. Laut Kinkaids Funkspruch mußte Oldendorf mit einem Flottenverband aus vermutlich zwei Schlachtschiffen, drei Schweren Kreuzern, drei Leichten Kreuzern und zehn Zerstörern rechnen, der irgendwann nach Mitternacht am Nordende der Meerenge eintreffen dürfte.

Für Oldendorf gab es grundsätzlich »eine Aufgabe, die ich nie an meinen Stab delegierte, und das war das Entwerfen von Schlachtplänen«, und so machte er sich daran, die Strategie für das bevorstehende Nachtgefecht auszuarbeiten. Da die Surigao-Straße fast genau in nordsüdlicher Richtung verläuft, beschloß er, die Hauptkampflinie am Nordende der Meerenge in den Gewässern östlich von Hingatungan Point zu bilden. Die Schlachtschiffe würden dort genügend Platz zum Manövrieren haben, während die anlaufenden Japaner in den engen Gewässern weiter südlich diesen Vorteil nicht besaßen. Anschließend teilte Oldendorf die verbliebenen Einheiten, die Kreuzer und Zerstörer, in zwei Gruppen auf, die südlich der Hauptlinie an beiden Flanken Aufstellung nehmen sollten. Um den Japanern die Möglichkeit zu nehmen, ihn zu umgehen, indem sie um die Insel Hibuson herumfuhren, verlieh er der linken Flanke besonderes Gewicht, indem er ihr die Schweren Kreuzer *Louisville*, *Portland* und *Minneapolis*, die Leichten Kreuzer *Denver* und *Columbia* sowie die neun »Konservendosen« des 56. Zerstörergeschwaders zuwies. Auf der rechten Seite würden der australische Schwere Kreuzer HMAS *Shropshire*, die Leichten Kreuzer *Phoenix* und *Boise* sowie sechs Zerstörer stehen, die überwiegend zum 24. Zerstörergeschwader gehörten. Sechs weitere Zerstörer sollten als Zerstörergruppe »XRay« die Hauptkampflinie vor U-Booten abschirmen. Die Kreuzer sollten unmittelbar vor der Hauptkampflinie die jeweilige Flanke sichern, während die Zerstörer des 24. und 56. Geschwaders weiter südlich auf der rechten beziehungsweise linken Seite der Meerenge Stellung beziehen würden. Das Kommando über die linke Flanke behielt sich Oldendorf selbst vor, während er die rechte Flanke Konteradmiral Russell S. Berkey und die Hauptkampflinie Konteradmiral G. L. Weyler anvertraute.

Als der Plan fertig war, bestellte er Berkey und Weyler auf sein Flaggschiff, USS *Louisville*, um ihnen die Strategie zu erläutern und ihre Meinung einzuholen. Die beiden Admirale stimmten Oldendorfs Plan zu, äußerten sich aber besorgt über den knappen Vorrat an panzerbrechenden Granaten. Man beschloß, in den Munitionsaufzügen der Schlachtschiffe panzerbrechende Granaten für fünf aufeinanderfolgende Salven bereitzuhalten; daneben würden aber auch Sprenggranaten verfügbar sein, die eingesetzt werden sollten, wenn sich Ziele anboten, die kleiner waren als Schlachtschiffe.

Da keine Zeit zum Verschlüsseln und Entschlüsseln war, die Sicherheit aber nicht vernachlässigt werden durfte und Oldendorf nicht das Risiko eingehen wollte, daß der Feind den Funkverkehr abfing, übermittelte er seine Befehle visuell. Bald blinkten überall im Leyte-Golf Suchscheinwerfer den Schlachtplan von einem Schiff zum anderen, und die Schlachtschiffe, Kreuzer und Zerstörer begannen sich für die Schlacht bereit zu machen.

Einige Wochen zuvor hatten Torpedomaat Roy West und Torpedoobermaat Len Wilson in Manus von einem Begleitzerstörer frisches Schwarzpulver geholt, um die Zündladung der Torpedos zu erneuern. In den folgenden Tagen setzte die Torpedocrew der *McDermut* neue Torpedozünder ein, prüfte die elektrischen Schaltkreise und schmierte die mechanischen Teile, bis sie das Gefühl hatte, daß man auf alles, was sie im Leyte-Golf erwarten mochte, vorbereitet war.

Am 11. Oktober lief die *McDermut* als eines der vielen Geleitschiffe der zu den Philippinen fahrenden Truppentransporter aus dem »Seeadler«-Hafen von Manus aus und traf am Morgen des 20. Oktober im Leyte-Golf ein, wo sie die Transporter bei der Anfahrt zum Landungsplatz Dulag abschirmte. Mehrere japanische Flugzeugangriffe konnten ohne ernste Folgen abgewehrt werden. Die *McDermut* fischte im Lauf des Vormittags mehrere abgeschossene amerikanische Piloten aus dem Wasser, bevor sie am Nachmittag den Auftrag erhielt, zusammen mit den Zerstörern *Melvin* und *McGowan* einen Anti-Torpedoboot-Schirm zu bilden, und während der nächsten Tage fuhren die drei Schiffe am Nordende der Surigao-Straße Patrouille.

Am frühen Abend des 24. Oktober stürmte einer der Männer der Torpedocrew nach seiner Brückenwache aufgeregt in die Unterkunft und wiederholte atemlos, was er während seiner Wache mitgehört hatte: »Die Japse kommen. Sie werden wahrscheinlich heute nacht hier sein!«

Der Klang eines aufheulenden Flugzeugmotors hallte über den Leyte-Golf. Einen Augenblick später wurde von einem der Schlachtschiffe der Siebenten Flotte ein Aufklärungsflugzeug in den Himmel geschleudert. Das einsame Flugzeug schoß über das Wasser und stieg dann langsam auf, während es in Richtung Land abdrehte. Seit fast einer Stunde war ein Flugzeug nach dem anderen von den Kreuzern und Schlachtschiffen aufgestiegen. Man brachte sie an Land in Sicherheit, damit sie während der Schlacht nicht beschädigt wurden; außerdem wären sie in der Nacht zu nichts nutze gewesen. Die Kräne zum Einholen der Flugzeuge wurden aufs Deck herabgeholt und festgezurrt.

Das Wort »Nachtgefecht« war in aller Munde, und überall waren die Vorbereitungen dafür im Gang. Nicht benötigte Dinge wurden verstaut oder verschnürt, damit sie in der Hitze der Schlacht nicht zu gefährlichen Geschossen werden konnten. Rettungsleinen wurden abgenommen, elektronische Geräte geprüft und justiert und Wasserschläuche auf Deck entrollt, um sie zu inspizieren. Helme, Schwimmwesten, Signalpfeifen, Taschenlampen, medizinische Versorgung, alles erhielt im Licht der untergehenden Sonne eine neue Bedeutung.

Kapitän zur See Charles Coney, der kommandierende Offizier der *Nashville*, hatte ein anderes Problem. Er wollte zwar, daß sein Schiff an der Schlacht teilnahm, hatte aber eine Verantwortung zu tragen wie kein anderer Kreuzerkapitän. Die *Nashville* war immer noch das Flaggschiff des CINCSOWESPAC. Coney ging zu MacArthur, um ihn in aller Form zu bitten, mit seinem Stab das Schiff zu verlassen, damit er in die Schlacht fahren konnte. Aber MacArthur weigerte sich. »Nein«, sagte er, »ich möchte Ihr Schiff nicht verlassen, Kapitän. Ich habe noch nie eine Seeschlacht miterlebt, und dies ist eine Gelegenheit, wie man sie kein zweites Mal bekommt. Fahren Sie ruhig ins Kampfgebiet, wenn Sie möchten.«

Coney wandte sich an Admiral Kinkaid um Hilfe, der gleichfalls fand, daß die *Nashville* mit MacArthur an Bord nicht in ein Seegefecht gehen konnte, und den General diplomatisch einlud, an Bord des Flaggschiffs der Siebenten Flotte zu kommen, der *Wasatch,* einem schwach bewaffneten Kommandoschiff, das auf einen Handelsschiffsrumpf gebaut worden war. MacArthur erwiderte gereizt: »Von einem kämpfenden auf ein nicht kämpfendes Schiff umsteigen? Niemals!« Kinkaid funkte der *Nashville* daraufhin widerstrebend: »Bleiben Sie am Liegeplatz« und dampfte ohne sie nach Süden.

»Außer zu fliegen, zu tauchen oder über Land zu fahren, können Zerstörer fast alles, aber ein nächtlicher Torpedoangriff ist uns am liebsten«, schrieb Kapitän zur See J. G. Coward in einem Artikel. Er wußte, wovon er sprach. Er hatte den ganzen Krieg über auf Konservendosen gedient, als kommandierender Offizier der *Sterett* an Operationen im Nordatlantik, im Mittelmeer und im Pazifik teilgenommen und war, was Nachtgefechte und Torpedoangriffe betraf, zu einer Autorität geworden. Er hatte mit dem »Tokio-Expreß«, japanischen Geleitzügen, die nachts den Sund zwischen den Salomon-Inseln passierten, an Orten, die den Veteranen dieser Kämpfe für immer als »Der Schlitz«, »Schlaflose Höhle« und »Eisengrund-Sund« in Erinnerung bleiben werden, einige der härtesten Nachtgefechte des Krieges ausgekämpft.

Als die Leyte-Operation Gestalt annahm, war Coward als Geleitschutzkommandeur der südlichen Angriffsgruppe an die Spitze des 54. Zerstörergeschwaders berufen und mit dem taktischen Kommando über die Landungsfahrzeuge dieses Verbandes beauftragt worden. Nachdem er rund hundertfünfzig Schiffe von Manus zum Landeplatz im Leyte-Golf eskortiert hatte, gaben seine Zerstörer den Landungsbooten Feuerschutz. Anschließend hatten sie Vorposten am Südende des Golfs bezogen, und es folgten einige vergleichsweise ruhige Tage routinemäßigen Patrouillendienstes, dessen Monotonie nur ab und zu durch einen japanischen Luftangriff oder die Entdeckung einer Treibmine unterbrochen wurde.

Durch die Überwachung des TBS-Funkverkehrs (ein weiteres Beispiel für das Lesen fremder Post) erfuhr Coward am 24. Oktober, daß auf Oldendorfs Flaggschiff eine wichtige Besprechung statttgefunden hatte, und eine andere Information legte den Schluß nahe, daß ein Nachtgefecht in der südlich seiner Position gelegenen Meerenge bevorstand. Er war nicht in die Planung der Schlacht einbezogen worden, weil sein Geschwader nicht zu Oldendorfs Bombardierungs- und Feuerschutzgruppe, sondern zu Vizeadmiral Theodore Wilkinsons Landungsgruppe gehörte. Aber Coward hatte nicht vor, müßig beiseite zu stehen und eine solche Gelegenheit zu versäumen, zumal sich seine Zerstörer bereits in einer idealen Position befanden. Oldendorfs Einheiten gingen unmittelbar nördlich von Cowards Position in Stellung, so daß er perfekt lag, um die Angriffsspitze zu bilden.

»Wir mußten einfach mitten im Gewühl sein«, schrieb er später. Er wandte sich über TBS an Admiral Oldendorf und erklärte: »Im Fall eines Überwasserkontakts habe ich vor, sofort mit

Fischen anzugreifen und mich dann zurückzuziehen, damit Sie freie Bahn haben. Falls Sie zustimmen, werde ich Ihnen umgehend meinen Einsatzplan übermitteln.« Vierzehn Minuten später gab Oldendorf sein Einverständnis, und Coward teilte ihm mit: »Mein Plan wäre, mit zwei Gruppen, eine davon mit zwei, die andere mit drei Schiffen, von zwei Seiten anzugreifen, mit einer Gruppe von Westen und der anderen von Osten. Wäre das akzeptabel?«

Nach Cowards Plan sollte sein Flaggschiff, die *Remey*, zusammen mit der *McGowan* und der *Melvin* von der Ostseite der Meerenge aus angreifen, während die *Monssen* und die *McDermut* die Westseite übernehmen würden. Die beiden übrigen Schiffe, die *Mertz* und die *McNair*, sollten als Vorpostenstreife an der nordöstlichen Ausfahrt der Meerenge zwischen Desolation Point und der Insel Homonhon bleiben.

Coward befahl seinen Schiffen, sich dem Feind mit dreißig Knoten zu nähern und nur Torpedos einzusetzen. Seine Erfahrungen bei Guadalcanal hatten ihn gelehrt, daß es nutzlos war, aus allen Rohren zu feuern. Die 12,7-Zentimeter-Kanonen waren gegen die dicke Panzerung von Schlachtschiffen völlig wirkungslos; außerdem verriet das Mündungsfeuer die eigene Position. Mit Torpedos dagegen konnte man ein Schlachtschiff erledigen, und das ohne jedes Mündungsfeuer.

Um 2015 Uhr meldete sich Oldendorf über TBS bei Coward: »Ihrem letzten Funkspruch wird zugestimmt.« Coward war dabei.

»Gebt mir ein schnelles Schiff, denn ich habe die Absicht, die Gefahr aufzusuchen.« Diese berühmten Worte von John Paul Jones, dem Vater der amerikanischen Marine, waren das Motto der kleinen, aber leistungsfähigen PT-Boote des Zweiten Weltkriegs. Diese vierundzwanzig Meter langen Boote, die kurz vor Kriegsausbruch versuchsweise von der Navy eingeführt worden waren, besaßen einen Holzrumpf und verdrängten fünfundvierzig Tonnen. Als die Japaner Pearl Harbor angriffen, stand die

Hälfte von ihnen auf Gestellen an Deck eines Tankers, aber zwölf waren in Pearl Harbor und konnten mit ihren Maschinengewehren das Feuer der Angreifer erwidern. Das Dritte Torpedobootgeschwader hatte den Japanern in jenen dunklen Tagen des Krieges, als nur wenig nach dem Wunsch der US Navy verlief, bei den Philippinen einen heroischen Hinhaltekampf geliefert, und es war ein PT-Boot gewesen, das General MacArthur kurz vor dem Fall der Philippinen in Sicherheit brachte. Seither hatten die PT-Boote sowohl bei den Salomon-Inseln und Neuguinea als auch im Mittelmeer ihre Nützlichkeit bewiesen.

Obwohl am wirkungsvollsten beim Einsatz gegen den logistischen Verkehr des Gegners, waren die PT-Boote gelegentlich auch mit japanischen Kriegsschiffen in Tuchfühlung gekommen, und sie hatten sich gut gehalten, obwohl bis zum Kriegsende neunundsechzig von ihnen durch Feindeinwirkung, Naturgewalten oder Beschuß der eigenen Seite verlorengingen. Am effektivsten operierten sie nachts, wenn sie nach einem überfallartigen Angriff ebenso schnell wieder in der Dunkelheit verschwinden konnten, eine Taktik, mit der sie sich den Ruf verdienten, die »Kommandos der Meere« zu sein. An Beweisen persönlichen Muts herrschte kein Mangel; unter den vielen Auszeichnungen, die PT-Boot-Fahrer erhielten, waren zwei Tapferkeitsmedaillen, und ein nicht ganz so wertvoller Orden wurde an die Uniform eines zukünftigen Präsidenten der Vereinigten Staaten geheftet.*

Am frühen Nachmittag des 24. Oktober 1944 konnte man eine große Anzahl von PT-Booten nach Süden auf die Surigao-Straße zufahren sehen. Admiral Kinkaid verfügte über neununddreißig von ihnen, und er hatte Fregattenkapitän S. S. Bowling angewiesen, sie als Alarmposten tief in der Meerenge

---

* Kapitänleutnant John F. Kennedy erhielt für seinen Einsatz bei der Rettung von Besatzungsmitgliedern des PT-109, das bei den Salomon-Inseln von einem japanischen Zerstörer in zwei Stücke geschnitten worden war, die Medaille des Navy- und Marineinfanteristenkorps.

aufzustellen. Das taktische Kommando über die Boote erhielt Korvettenkapitän R. A. Leeson, der sie in dreizehn Dreiergruppen aufteilte, die den Auftrag hatten, »jeden visuellen oder Radarkontakt auf See oder in der Luft zu melden und selbständig anzugreifen«. Als sich die Dunkelheit über die Surigao-Straße legte, hatten alle Boote ihre Position erreicht und beigedreht, um ihre Radar- und Funkgeräte optimal nutzen zu können und sich nicht durch ihre eigene Hecksee zu verraten.

Eines der drei Boote auf der Westseite der südlichen Einfahrt der Meerenge war PT-137 unter dem Kommando von Oberleutnant zur See Isadore M. Kovar. Murphys Gesetz – »Was schiefgehen kann, geht schief« – hatte sich auf Kovars Boot bewahrheitet: Sowohl das Funkgerät als auch das Radar waren aufgrund elektrischer Probleme ausgefallen, so daß sich Kovar und seine Mannschaft allein auf ihre Augen und Ohren verlassen mußten. Es versprach, eine unangenehme Nacht zu werden.

Der Mond war bereits untergegangen, als Wolken aufzogen und die Sterne verhüllten. In der Surigao-Straße wurde es stockdunkel. Ein leichter Nordostwind blies den Männern auf den PT-Booten ins Gesicht. Die Stunden des Wartens hatten begonnen.

Die kleinen Geleitträger der Siebenten Flotte, die östlich des Leyte-Golfs kreuzten, hatten kaum mehr zu tun, als nach U-Booten Ausschau zu halten. Ihre Flugzeuge waren in der Dunkelheit nicht zu gebrauchen, aber auch bei Tageslicht hätten sie gegen eine Flotte, die um Schlachtschiffe herum gruppiert war, wenig ausrichten können. Wie Kinkaids Kampfschiffe waren auch diese kleinen Flugzeugträger in der Erwartung zu den Philippinen gekommen, eine Landungsoperation unterstützen zu sollen, nicht aber in der, gegen eine feindliche Flotte kämpfen zu müssen. Deshalb hatten auch sie zwar Munition an Bord, die sich für den Beschuß von Truppen und Flugplätzen eignete, aber keine panzerbrechenden Bomben und Torpedos, wie man sie für Schiffe wie die *Fuso* und die *Yamashiro,* die in diesem

Augenblick über die Sulu-See auf die Surigao-Straße zufuhren, gebraucht hätte.

Kapitän zur See Fitzhugh Lee, der kommandierende Offizier der *Manila Bay* (CVE-61), hatte während des Tages den Funkverkehr abgehört. Er wußte also, daß die Japaner Kurs auf die Surigao-Straße nahmen und daß die Schlachtschiffe, Kreuzer, Zerstörer und PT-Boote der Siebenten Flotte in Stellung gegangen waren, um sie zu empfangen. Er wußte außerdem, daß ein anderer japanischer Verband, zu dem auch Flugzeugträger gehörten, von Norden anlief, und war froh, daß Halsey an diesem Abend aufgebrochen war, um ihn abzufangen. Was er nicht ahnte, war, daß zwar die Tür vor der Surigao-Straße geschlossen worden war, die zur San-Bernardino-Straße aber sperrangelweit offenstand.

Mittelwache in der Surigao-Straße

Admiral Oldendorf – oder »Oley«, wie er von den anderen Admiralen genannt wurde – handelte nach der Devise: »Gib einem Dummkopf nie eine gleiche Chance.« Und sein Schlachtplan zeugte gewiß nicht von Rücksichtnahme auf einen Feind, der bereits durch die geographischen Gegebenheiten benachteiligt war. Nishimuras Fahrt durch die Meerenge würde in enger Formation erfolgen müssen und unter den Flankenschlägen der PT-Boote und Zerstörer einem Spießrutenlauf gleichkommen, an dessen Ende die Phalanx der amerikanischen Kreuzer und Schlachtschiffe wartete. Ihre Aufstellung am Nordende der Meerenge entsprach den ältesten Lehrbüchern der Seekriegstaktik.

Schiffe haben auf den Seiten notwendigerweise mehr Platz für Kanonen als am Bug oder Heck. Es ist daher ein Axiom der Seekriegführung, daß die ideale Kampfposition die ist, in der man dem Bug oder Heck des gegnerischen Schiffs die »Breitseite« zeigt. Aus der Vogelperspektive bilden die beiden Schiffe ein T, wobei das im Vorteil befindliche Schiff den Querstrich darstellt. Es liegt so, daß es mit allen Kanonen einer Seite auf das andere Schiff feuern kann, während das Schiff, das den senkrechten T-Strich bildet, nur die Bug- oder Heckgeschütze einsetzen kann. Dieses Prinzip kann ebenso auf Formationen angewendet werden. Wenn ein Kommandeur seine in Kiellinie fahrenden Schiffe als Querstrich der T-Form vor die Spitze einer gegnerischen Schiffssäule bringen kann, hat er einen entscheidenden Vorteil erlangt.

Ein halbes Jahrhundert zuvor, im Russisch-Japanischen Krieg, war es der Kaiserlich Japanischen Marine in der Schlacht bei Tsushima gelungen, die Säule der russischen Flotte zu kreuzen und einen überwältigenden Sieg zu erringen. In der Surigao-Straße befanden sich die Japaner jedoch auf dem falschen T-Schenkel. Admiral Oldendorfs Kreuzer und Schlachtschiffe dampften am Nordende der Meerenge in Kiellinie auf und ab, während Nishimuras Verband aufgrund der geographischen Bedingungen gezwungen war, zumindest annähernd in Kiellinie auf sie zuzufahren: eine klassische T-Situation.

Gegen 2200 Uhr las Fregattenkapitän Nishino an Bord des Zerstörers *Shigure* eine Mitteilung von Kurita, in der er Nishimura darüber informierte, daß er den Leyte-Golf nicht vor 1100 Uhr am nächsten Vormittag erreichen werde. Wie Nishino feststellte, sah Nishimura darin jedoch keinen Grund, vom Zeitplan abzuweichen und das Tempo zu drosseln. Der Verband hatte zu diesem Zeitpunkt die Sulu-See verlassen und dampfte in nordöstlicher Richtung über die Mindanaosee auf die Einfahrt der Surigao-Straße zu.

Als Kommandeur eines Zerstörers war Nishino nicht in Nishimuras Gedanken eingeweiht, aber er vermutete, daß der Admiral am gültigen Zeitplan festhielt, weil eine Verlangsamung des Anmarschs bedeutet hätte, bei Tageslicht durch die Meerenge fahren zu müssen, und dann wären sie neben allem anderen, was sie dort erwarten mochte, wahrscheinlich auch noch zum Ziel von Luftangriffen geworden. Ein weiterer Grund mochte gewesen sein, daß die Japaner den Amerikanern in Nachtgefechten in der Regel überlegen gewesen waren.

Um 2215 Uhr schickte Nishimura den Kreuzer *Mogami* und drei Zerstörer als Aufklärer voraus. Die zurückbleibende Gruppe – die beiden Schlachtschiffe und die *Shigure* – änderten den Kurs und fuhren näher an die Insel Bohol heran, während die Vorhut den nordöstlichen Kurs beibehielt.

Vor Bohol lagen drei amerikanische PT-Boote, und um 2236 Uhr erfaßte das Radargerät auf Leutnant Peter Gadds PT-131 Nishimuras Schlachtschiffgruppe. Wenige Minuten später jagten die PT-Boote mit vierundzwanzig Knoten über das Wasser.

248

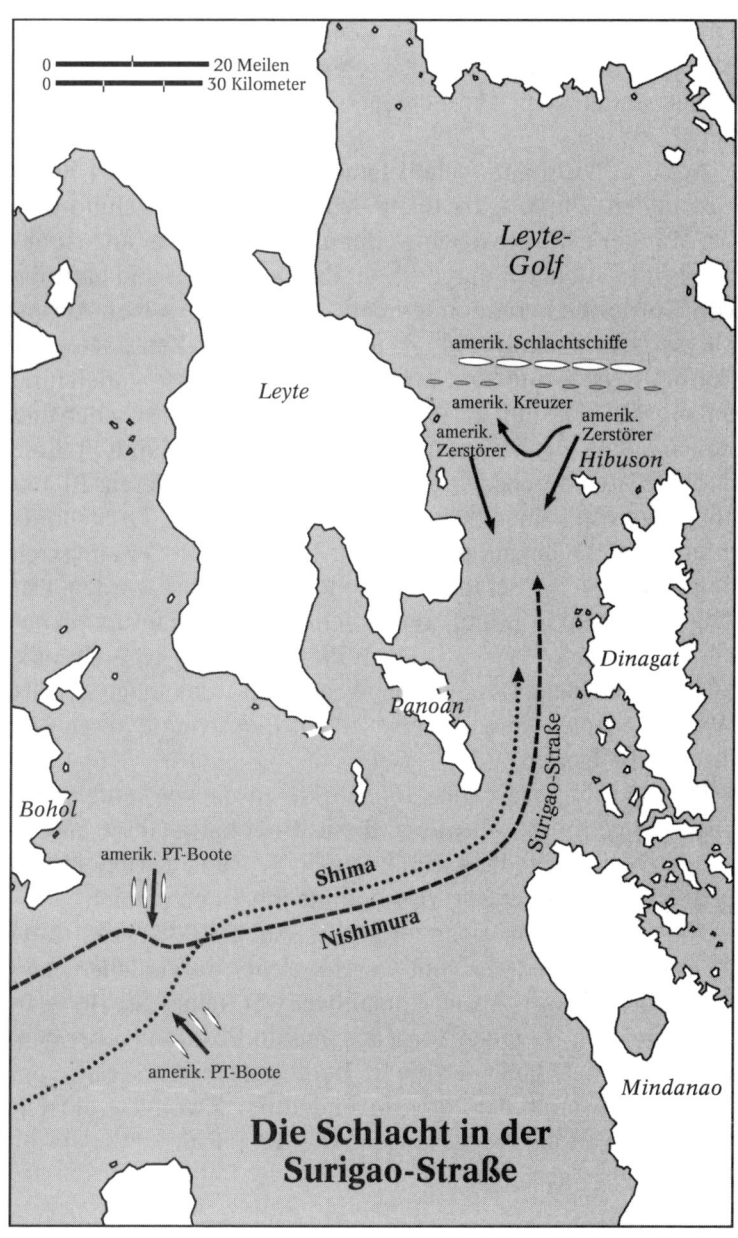

Die Schlacht in der
Surigao-Straße

Die Ausgucks der *Shigure* schlugen Alarm, als sie die phosphoreszierende Spur der schnell näherkommenden Bugwellen entdeckten. Die Schlacht in der Surigao-Straße hatte begonnen.

Admiral Nishimura befahl seiner Gruppe, auf die PT-Boote zuzuhalten. Die *Shigure* folgte dem Befehl, und Nishino wies die Männer am Suchscheinwerfer an, die Angreifer anzustrahlen. Ein Lichtbalken durchschnitt die Dunkelheit und hatte die von Nordosten herandonnernden Boote fast im selben Augenblick erfaßt. Nishino eröffnete mit seiner Zwölf-Zentimeter-Kanone das Feuer, und kurz darauf spritzten Wasserfontänen rund um die PT-Boote auf, die mit raschen Manövern auswichen und Rauch aufsteigen ließen, um das Suchlicht zu behindern. Eine der Granaten durchschlug PT-131, ohne zu detonieren. PT-152 aber, das von seiner Besatzung den Spitznamen *Lakacookie* erhalten hatte, bekam im vorderen Teil einen Treffer ab, durch den ein Mann getötet und drei weitere verwundet wurden. Der Bug stand bald in Brand, und es schien, als wäre für *Lakacookie* das Ende gekommen. Doch dann rauschte eine Granate dicht neben dem Boot in die Wogen, und das aufgewirbelte Wasser regnete wunderbarerweise auf *Lakacookie* herab und löschte die Flammen.

PT-130 fuhr heran, um *Lakacookie* zu decken, und wurde ebenfalls getroffen. Aber auch dieses Boot hatte Glück im Unglück: Die Granate hatte einen großen Brocken aus einem Torpedosprengkopf herausgerissen, ohne ihn zu entzünden.

Aber die *Shigure* zielte zu genau. Auch PT-131, das dritte Boot der Gruppe, war vom Geschützfeuer durchlöchert, und wegen der heftigen Ausweichmanöver war keines der Boote in der Lage, sich für einen Torpedoschuß in Position zu bringen. Es dauerte nicht lange, bis die PT-Boote aufgaben und sich, vom Suchscheinwerfer der *Shigure* und ihren Zwölf-Zentimeter-Granaten verfolgt, zurückzogen. Die erste Runde war an die Japaner gegangen.

Auf dem Zerstörer *McDermut* saß Torpedomaat Roy West auf seiner Gefechtsstation am Torpedoträger und wartete darauf, daß etwas passierte. Seit die Männer erfahren hatten, daß die Japaner kamen und die *McDermut* vom Geschwaderchef, Kapitän zur See Coward, ihren Einsatzbefehl erhalten hatte, war die Spannung ständig angewachsen.

Roy West und seinen Kameraden an den Torpedoträgern waren die Einzelheiten des Schlachtplans unbekannt, aber sie wußten, daß die Japaner aus der Meerenge südlich von ihnen kommen würden und daß die *McDermut* und die anderen vier Schiffe des 54. Zerstörergeschwaders mit Torpedos angreifen würden, sobald sie kamen. Der Kapitän schien ziemlich sicher gewesen zu sein, daß sie kommen würden, als er sich über die Lautsprecheranlage an die Besatzung gewandt hatte, um ihr zu erklären, was vermutlich geschehen würde, und jeden einzelnen anzufeuern, in der bevorstehenden Schlacht sein Bestes zu geben.

Gegen 2200 Uhr war Alarmstufe I gegeben worden, was hieß, daß die Gefechtsstationen besetzt bleiben mußten. Jeder an Bord vertrieb sich die Zeit auf seine Weise. Manche beteten im stillen, während andere lautstark Witze rissen. Einige gaben sich dem uralten Seemannsritual des Klagens hin, während andere vorherzusagen versuchten, was die Nacht bringen würde. Wieder andere spielten Karten, schrieben Briefe oder zeigten Fotos von Ehefrauen, Freundinnen und Hunden herum, und wo keine Munition lagerte, wurden mehr Zigaretten geraucht als gewöhnlich.

Mittschiffs, am Torpedoträger der *McDermut*, hörte Roy West einem jungen Mann zu, der die Vorzüge seiner Frau herausstrich, und beobachtete einen anderen, der nervös an einem kleinen silbernen Kreuz fingerte. Die Schwimmwesten und Helme, die während der Ausbildung immer eine störende Last gewesen waren, schienen jetzt von kommenden Gefahren zu künden und zugleich Sicherheit zu versprechen. Roy West hatte das beunruhigende Gefühl, vor ein heranrasendes Auto gelau-

fen zu sein und hilflos zusehen zu müssen, wie es mit quiet-
schenden Reifen auf ihn zuschlitterte. Aber es passierte immer
noch nichts.

Die nächsten Runden der Schlacht gingen ebenfalls an die Japaner. Die *Mogami* und die drei Zerstörer, die Nishimura vorausgeschickt hatte, konnten sich unbemerkt an der nächsten
Gruppe von PT-Booten vorbeischleichen. Um 2330 Uhr schickte Nishimura einen Funkspruch an Kurita, der sich zu diesem
Zeitpunkt in der San-Bernardino-Straße befand, und an Shima,
dessen Verband gut dreißig Seemeilen hinter Nishimura fuhr, in
dem er ihnen mitteilte, er »rücke, unter Zerstörung feindlicher
Torpedoboote, wie geplant vor«. Das war leicht übertrieben,
denn zerstört hatte er die angreifenden PT-Boote nicht. Aber er
rückte weiter ungehindert vor.

Die *Mogami*-Gruppe hatte ihre Fahrt fortgesetzt, und von
der nächsten Gruppe von PT-Booten wurde sie bemerkt und
angegriffen. Zwei der drei Boote schossen Torpedos ab, die jedoch nicht trafen. Dann zogen auch sie sich, im Zickzack fah-
rend und Rauch ausstoßend, vor den Suchscheinwerfern und
dem Geschützfeuer der Japaner zurück. Dieser Ablauf wiederholte sich in regelmäßigen Abständen. Immer wieder hielten
Gruppen von drei PT-Booten auf die wesentlich größeren und
mächtigeren japanischen Schiffe zu, und jedesmal wurden sie
abgeschlagen, ohne einen einzigen Torpedotreffer erzielt zu haben.

Aber diese Eröffnungsphase der Schlacht verlief nicht gänzlich einseitig. Obwohl die PT-Boote nicht in der Lage waren,
ihre Gegner zu beschädigen oder auch nur deren Fahrt merklich zu verlangsamen, leisteten diese winzigen Kriegsschiffe
doch einen wichtigen Beitrag. Während sie hektisch über das
dunkle Wasser jagten, konnten viele der Boote Aufklärungsmeldungen absetzen, so daß Admiral Oldendorf über den Anmarsch der Japaner genau im Bilde war.

Auf der anderen Seite dürfte Nishimura mit dem bisherigen

Verlauf der Operation recht zufrieden gewesen sein. Die japanische Marine bewies wieder einmal, wie gut sie sich in Nachtgefechten zu schlagen wußte. Aber der Admiral war kein Narr und wohl auch kein Optimist. In seiner nächsten Mitteilung an Kurita und Shima hieß es: »Mehrere Torpedoboote gesichtet, aber Feindlage ansonsten unbekannt.« Er mag gehofft haben, daß die Torpedoboote alles waren, womit er auf dem Weg in den Leyte-Golf fertig werden mußte, dürfte aber kaum damit gerechnet haben.

Um 0020 Uhr vereinigte er seine beiden Gruppen wieder und fuhr in modifizierter Kiellinienformation in die sich verengenden Gewässer ein. Den Zerstörern *Michishio* und *Asagumo* an der Spitze folgten die Schlachtschiffe *Yamashiro* und *Fuso*, und das Schlußlicht bildete der Kreuzer *Mogami*. Die Zerstörer *Yamagumo* und *Shigure* fuhren unmittelbar vor der *Yamashiro* als Flankenschutz, ersterer an Steuerbord und letzterer an Backbord.

Es war etwa 0200 Uhr, als Korvettenkapitän Leeson seine Chance gegen den japanischen Verband bekam. Die PT-Boote griffen an, und Leesons Flaggschiff, PT-134, schoß die ersten Torpedos ab.

Nishimura war gerade in die Surigao-Straße selbst eingefahren und schwenkte nach Norden. Wegen der vor dem Verband liegenden engen Gewässer ordnete er die Schiffe zu einer echten Kiellinie um, indem er den Zerstörern *Yamagumo* und *Shigure* befahl, sich hinter der *Asagumo* einzureihen. Während die Schiffe ihren Kurs änderten, entdeckten sie die PT-Boote von Leesons Gruppe und überzogen sie augenblicklich mit Geschützfeuer. Fast gleichzeitig näherte sich von der anderen Seite der Meerenge die Gruppe von Kapitänleutnant John McElfresh und feuerte vier Torpedos ab. Aber weder Leesons noch McElfreshs Torpedos fanden ihr Ziel.

PT-490 erhielt einen Treffer, und kurz darauf wurde PT-493 in rascher Folge dreimal getroffen, wobei zwei Männer starben und fünf weitere verwundet wurden. Eine der Granaten schlug ein Loch in den Schiffsboden, und eine andere schleuderte die Besatzung aus dem Führerstand auf den Hecküberhang. Sie rappelten sich wieder auf und drehten das Boot in der Hoffnung, es ans Ufer bringen zu können, bevor es sank, in Richtung der Insel Panoan. Während PT-493 auf die Küste zuhielt, kletterte Maat A. W. Brunelle zu dem Leck hinunter und verstopfte es mit seiner Schwimmweste. So blieb das Boot lange genug fahrtüchtig, um es am Ufer auf Grund setzen zu können. Die Besatzung ging an Land und bildete für die Nacht einen Verteidigungsring. Bei Sonnenaufgang sollte die Flut das Boot von den Felsen heben, es in tieferes Wasser ziehen und ganz verschlucken, während PT-491 den überlebenden Besatzungsmitgliedern zu Hilfe kam.

Und so ging es weiter. Ein PT-Bootangriff folgte dem anderen, während Nishimura verbissen die Durchfahrt erzwang. Weitere Torpedos glitten durch das dunkle Wasser der Surigao-Straße, ohne etwas auszurichten. Granaten schossen durch die Dunkelheit, von denen die meisten ihr Ziel verfehlten. Wichtiger aber war, daß immer neue Funksprüche durch die Nacht huschten und dem am Ende der Meerenge im Hinterhalt lauernden Admiral Oldendorf wertvolle Informationen lieferten.

An Bord der *McDermut* war die Mittelwache – die Wache zwischen Mitternacht und 0400 Uhr – bislang zwar angespannt, aber ereignislos verlaufen. Irgendwann nach 0200 Uhr spürten die Männer an den Torpedos, daß ihr Schiff nicht mehr monoton patrouillierte, sondern Kurs und Geschwindigkeit geändert hatte. Ein rascher Blick auf den Tochterkompaß bestätigte ihnen, daß sie nach Süden fuhren. Roy West hörte, wie jemand sagte: »Das ist es«, und hatte das Gefühl, als würden Schmetterlinge in seinem Magen herumfliegen.

Die Gefechtsstation von Torpedomaat Richard Parker befand sich auf der Backbordbrückennock neben dem Torpedooffizier, Oberleutnant zur See Dan Lewis, der das Feuerleitgerät der Backbordtorpedos bediente. Parker und Lewis konnten von dort die hereinkommenden Funksprüche mithören, und Parker fing nach einer Weile an, die Meldungen an die Torpedostationen weiterzugeben. Roy West, dessen Gefechtsstation die Selbststeuerung des Torpedoträgers Nummer zwei war, sah zu Torpedoobermaat Harold Ivey, dem Boß an seinem Torpedoträger, als er von den Angriffen der PT-Boote auf den anlaufenden japanischen Verband hörte. Das Wort »Schlachtschiff« wurde mehrmals erwähnt, und jedesmal wechselten West und Ivey einen kurzen Blick.

Wenige Minuten später war die Zeit des Wartens vorüber. Die *McDermut* ging offenbar zum Angriff über, denn es begann sich eine Feuerlösung für die Torpedos abzuzeichnen. An beiden Torpedoträgern wurden die Anzeigen rasch den vom Feuerleitgerät kommenden Daten angepaßt, Kreiselkompaßwinkel eingestellt und Spindeln abwechselnd gelöst und arretiert. Roy West verfolgte angespannt, wie vor ihm auf den glühenden Skalen die Zahlen herumwirbelten, und versuchte das Herzklopfen zu ignorieren, während er die Kurbeln drehte, wie er es in Vorbereitung auf diesen Augenblick schon hundertmal getan hatte.

Die *McDermut* krängte nach Backbord, als das Steuerruder herumgelegt wurde und sie rasch um etwa vierzig Grad nach rechts schwenkte. Als sie sich aufgerichtet hatte, wußte Roy West, daß sein Schiff jetzt parallel zum Kurs des Ziels diesem entgegenfuhr, denn es gab plötzlich keinen Einstellungsfehler mehr zu korrigieren. Unter der Voraussetzung, daß der Feind seinen Kurs und seine Geschwindigkeit beibehielt, bedeutete dies, daß die *McDermut* eine nahezu perfekte Feuerlösung und eine optimale Erfolgschance hatte. Es bedeutete, daß Roy West näher an japanische Schiffe herangekommen war als jemals zuvor, und der Abstand wurde bei einer relativen Geschwindigkeit von rund fünfzig Knoten rasch kleiner.

Kapitän Coward hatte im Halbdunkel des Kampfinformationszentrums der *Remey* seit fast zwei Stunden die Meldungen der PT-Boote mitgehört. Trotz des aufgeregten Durcheinanders ging doch eines klar aus ihnen hervor: Ein japanischer Schiffsverband fuhr in nördlicher Richtung durch die Meerenge.

Als die Japaner offenbar die letzte Gruppe von PT-Booten passiert hatten, schickte Coward einen Funkspruch an Admiral Oldendorf, um ihm mitzuteilen, daß er mit seinen Zerstörern in die Meerenge einfahren werde. Von der *McGowan* und der *Melvin* gefolgt, dampfte die *Remey* auf der Ostseite der Meerenge nach Süden, während die *McDermut* und die *Monssen* auf der Westseite vorrückten. Bald darauf enthüllte das Radar, was mit bloßem Auge nicht zu sehen war. Auf dem Schirm blinkten wie winzige grüne Geister mehrere schwache Kontakte auf, Kurs 184 Grad, Entfernung knapp 19 Seemeilen. Da er glaubte, ein Nachtgefecht besser von der Brücke aus leiten zu können, verließ Coward das CIC und trat in die feuchte Nachtluft hinaus.

Wenig später meldete das CIC, daß auf dem Radarschirm sieben Schiffe zu unterscheiden seien. Nach der Einschätzung des Radarbeobachters handelte es sich um zwei Schlachtschiffe, einen Kreuzer und vier Zerstörer. Während Cowards Zerstörer auf die Kontakte zufuhren, riefen aufgeregte Stimmen die geringer werdende Entfernung herauf, und aus den Lautsprechern erklang ein knisternder Chor von Meldungen, der für ein ungeschultes Ohr völlig unverständlich gewesen wäre: »Skunks auf Kurs eins acht, Entfernung fünfzehn Meilen«; »Bereitschaft für Geschwindigkeit vier. Jack Tar und Greyhound One, bestätigen«; »Hier Jack Tar, WILCO«; »Hier Greyhound One, WILCO«; »Hier Blue Guardian. Komme links auf null neun null, um Fisch zu feuern«.

Während sich die beiden Zerstörergruppen der japanischen Formation näherten, teilte Coward seinen Schiffen die Ziele zu. Fünf amerikanische Zerstörer mit einer Wasserverdrängung von insgesamt 12500 Tonnen wollten es mit zwei Schlachtschiffen, einem Schweren Kreuzer und vier Zerstörern mit zusammen über 100000 Tonnen aufnehmen.

Auf der *McDermut* berichtete Richard Parker den Torpedostationen, daß die drei Konservendosen auf der anderen Seite der Meerenge Torpedos auf die Japaner abgeschossen hatten. Roy West spähte von seinem Sitz über den Torpedorohren über die Backbordseite in die pechschwarze Nacht hinaus, um zu sehen, ob er drüben auf der Ostseite irgend etwas erkennen konnte, als er das Kommando hörte, die Spindeln zu lösen. Dann erstrahlte über der *McDermut* plötzlich ein Licht. Die Japaner hatten eine Leuchtpatrone abgefeuert, die jetzt an einem winzigen Fallschirm wie festgepinnt am Himmel hing und die See in ein unheimliches graugrünes Licht tauchte. West sah sich um und entdeckte die im blassen Lichtschein sichtbar gewordene *Monssen*. Er konnte nur hoffen, daß die beiden Zerstörer für die Japaner nicht so deutlich zu sehen waren. Doch als ein Stück voraus ein Suchscheinwerfer über das Wasser zu streichen begann, wußte er, daß er sich mitten im Schlamassel befand.

Einen Augenblick später spürte er, wie die fünf Torpedos unter ihm aus ihren Rohren schossen. Sie waren von der Brücke aus elektrisch abgefeuert worden. Die *McDermut* hatte aus beiden Fünferträgern eine volle Salve abgeschossen: Zehn Torpedos schwammen durch die Dunkelheit auf die Japaner zu. Die *Monssen* hatte ebenfalls eine volle Salve von zehn Torpedos auf die Reise geschickt. Es wurde gefährlich in der Surigao-Straße.

Roy West und seine Kameraden sicherten rasch die Torpedoträger und versammelten sich um Hauptbootsmann Rollins, der im roten Schein einer Taschenlampe auf seine Stoppuhr schaute. Während die Männer gespannt auf den Einschlag der Torpedos warteten, spürten sie, wie die *McDermut* scharf wendete und sich auf die Seite legte, um nach Norden abzudrehen. Dann konnte West plötzlich die Gesichter seiner Kameraden in einem gespenstischen grünen Licht deutlich erkennen, und er wußte, daß der Suchscheinwerfer sie erfaßt hatte. Er spürte die Druckwelle einer nahen Explosion und war erstaunt, als neben der Backbordseite der *McDermut* eine Wassersäule aus dem Meer aufstieg. Die nächsten Explosionen waren so nah, daß ein Schauer aus warmem Salzwasser auf die Freidecks niederging. Bevor ihm die Erkenntnis dessen, was geschah, die Sinne rauben konnte, hörte er Rollins – der immer noch auf seine Stoppuhr blickte – sagen: »Es ist Zeit, daß etwas passiert.« Und es passierte etwas.

Als hätte Rollins das Stichwort gegeben, zerriß ein riesiger Feuerball die Dunkelheit im Südosten, und bevor das Geräusch der Explosion die *McDermut* erreichte, flammten in derselben Richtung zwei weitere Explosionen auf. Es war ein ebenso faszinierender wie schrecklicher Anblick, der bei Roy West eine seltsame Mischung aus Furcht, Staunen und Erleichterung hervorrief. Er konnte sich kaum von dem Anblick lösen, aber während die *McDermut* mit voller Kraft aus der Gefahrenzone zu entfliehen versuchte, wurde seine Aufmerksamkeit zunehmend vom fortgesetzten Krachen von Explosionen in größerer Nähe beansprucht.

Er hatte die Explosionen, die von den Zerstörern auf der anderen Seite der Surigao-Straße verursacht wurden, nicht gesehen, aber alle sagten, es wären insgesamt sechs Detonationen gewesen; zumindest einige der von Cowards Vorpostenzerstörern abgefeuerten siebenundvierzig Torpedos hatten also ihr Ziel gefunden. Während sich die *Remey*, die *McGowan* und die *Melvin* auf der Westseite und die *McDermut* und die *Monssen* auf der Ostseite der Meerenge hastig nach Norden absetzten, war auf dem Radarschirm zu erkennen, daß sich die Fahrt der japanischen Formation erheblich verlangsamt hatte, und ein Kontakt schien sich im Kreis zu drehen.

Nachdem die *McDermut* und die *Monssen* den japanischen Granaten entkommen waren, suchten sie die Nähe der Küste von Leyte, um in den Radarschatten der Insel zu kommen und die Meerenge für die nächste Angriffswelle freizumachen. Eine der auf der Lauer liegenden Gruppen war eine Abteilung von PT-Booten, die im Durcheinander der Schlacht nicht erkannte, daß die beiden Zerstörer eigene Einheiten waren. Sie ließen ihre Motoren aufheulen und rasten mit voller Kraft auf die beiden nichtsahnenden Zerstörer zu.

Kapitän zur See Richard H. Phillips, der Kommandeur der 108. Zerstörerdivision, hatte während des Gefechts die beiden westlichen Zerstörer befehligt und hörte auf der Brücke der *McDermut* weiterhin sowohl seine eigene taktische Frequenz als auch die der PT-Boote ab. Als er deren Funkverkehr entnahm, daß einige PT-Boote einen Angriff begonnen hatten, schloß er aus der angegebenen Entfernung und dem Kurs rasch, daß seine Schiffe die Ziele waren. Er schaffte es gerade noch, den Irrtum aufzuklären und die PT-Boote davon abzuhalten, eine Tragödie heraufzubeschwören. Nach diesem Beinahezusammenstoß verlief der Rückzug der *McDermut*, der *Monssen* und der Zerstörer auf der Ostseite der Meerenge ohne weitere Zwischenfälle.

Die nächste Angriffswelle bildeten die auf der rechten Flanke stehenden Einheiten des 24. Zerstörergeschwaders, die in zwei Dreiergruppen auf den japanischen Verband zuhielten. Als sie sich ihrer Beute näherten, wurde die *Yamagumo,* die von einem Torpedo der *McDermut* getroffen worden war, von einer Explosion zerfetzt, in deren Licht die anderen japanischen Schiffe zu deutlich erkennbaren Zielen wurden. Um 0323 Uhr feuerte der australische Zerstörer *Arunta* vier Torpedos auf die *Shigure* ab, die jetzt die japanische Formation anführte. Alle vier Torpedos verfehlten das Ziel. Die *Killen* schoß fünf Torpedos auf die *Yamashiro,* von denen einer traf und die Fahrt des Schlachtschiffs zeitweise verlangsamte, es aber nicht stoppte. Die *Beale* verschoß ebenfalls fünf Torpedos, konnte aber keinen Treffer verbuchen.

Die zweite Gruppe umging die Japaner und griff sie von Süden an. Wieder schoß ein ganzer Schwarm von »Fischen« auf die Japaner zu, und diesmal wurden sie auch mit Geschützfeuer belegt. Im Verlauf des Angriffs kreuzten zwei Torpedos unbekannter Herkunft, die aber vermutlich von den japanischen Schiffen stammten, den Kurs der *Daly.* Auf den japanischen

Schiffen wurden mehrere Explosionen beobachtet, aber es war nicht auszumachen, ob die letzte Welle amerikanischer Torpedos oder die früheren Treffer von Cowards Zerstörern die Ursache dafür waren. Manche glaubten sogar, daß das, was sie sahen, keine Explosionen waren, sondern das Mündungsfeuer der schweren Kanonen der *Yamashiro*.

Die japanische Formation löste sich nach und nach auf, und das Bild auf dem Radarschirm wurde verwirrend, da sowohl japanische als auch amerikanische Schiffe in allen möglichen Richtungen manövrierten, um die eigenen Kanonen einzusetzen oder dem Beschuß eines feindlichen Schiffes zu entkommen. Als die *Hutchins* fünf Torpedos auf den Zerstörer *Asaguno* abschoß, konnte dieser zwar erfolgreich ausweichen, sorgte damit aber nur dafür, daß an seiner Stelle die unglückliche *Michishio* die Treffer einstecken mußte, die auf der Stelle explodierte und sank.

Admiral Oldendorf beorderte die Zerstörer der rechten Flanke schließlich zurück, weil er befürchtete, daß sie sich zu sehr mit den japanischen Schiffen vermengen und ins Schußfeld seiner Kreuzer und Schlachtschiffe geraten könnten, die noch auf ihren Einsatz warteten. Als die letzte Stunde der Mittelwache anbrach, wurde die Dunkelheit in der Surigao-Straße vom Lichtschein brennender Schiffe erhellt, und die Stille, die dort normalerweise um diese Uhrzeit herrschte, war von dem ominösen Grummeln feindlichen Geschützfeuers und dem Krachen explodierender Schiffe abgelöst worden. Und die Schlacht war noch nicht vorüber.

Das Ende der Südgruppe

Während sich die *McDermut* nordwärts zurückzog, blieben Roy West und seine Kameraden in der Nähe der Torpedorohre. Es gab kaum etwas zu tun, und so konnten sie sich unbesorgt der Heiterkeit hingeben, die sich häufig einstellt, wenn man die Gefahren einer Schlacht heil überstanden hat. Plötzlich sagte einer aus der Gruppe: »Nun seht euch das an!« Er klang verwundert. »Da drüben. An Steuerbord. Am Himmel.« Als Roy West in die angegebene Richtung blickte, sah er mehrere purpurne Lichtstreifen, die wie Meteoriten von Nord nach Süd über den Himmel huschten. Kurz darauf folgten die nächsten, und dann drang von Norden ein kehliges Grummeln wie von einem fernen Gewitter herüber. »Die Brocken feuern«, sagte jemand.

Oldendorfs Kreuzer und Schlachtschiffe hatten tatsächlich das Feuer eröffnet. Der Admiral und sein Stab hatten die Angriffe der PT-Boote und Zerstörer über Funk verfolgt. Einige Feuer konnten sie sogar mit bloßem Auge sehen, insbesondere die gewaltigen Flammen, die nach dem ersten Torpedotreffer der *McDermut* in den Himmel geschossen waren. Dann hatten sie die anrückenden Japaner auf dem Radarschirm und behielten sie während der Zerstörerangriffe im Auge.

Oldendorf hätte es vorgezogen zu warten, bis alle Zerstörer ihre Angriffe beendet hatten, bevor er den Kanonen der Kreuzer und Schlachtschiffe gestattete, in den Kampf einzugreifen. Aber die Japaner kamen zu nah heran. Damit die ersten Salven panzerbrechender Granaten ihre volle Wirkung entfalten konnten, mußten sie abgefeuert werden, bevor die Japaner näher als vierundzwanzigtausend Meter waren. Als das erste japanische Schiff diesen Punkt erreichte und das Feuerleitradar das Ziel erfaßt hatte, gab Oldendorf deshalb den Feuerbefehl. Mit gewaltigem Getöse erwachten einige der mächtigsten Geschütze der Welt zum Leben und schickten ihre gigantischen Projektile, von denen manche mehr als eine Tonne wogen, auf den Weg zu einem Feind, der zwar zu spüren, aber noch nicht zu sehen war.

Inzwischen war ein weiterer Zerstörerverband in die Schlacht gezogen. Kapitän Smoots auf der linken Flanke stehendes 56. Zerstörergeschwader hatte um 0335 Uhr den Befehl erhalten: »Angriff starten – holt euch die dicken Brocken« und war in drei Gruppen von je drei Zerstörern in südwestlicher Richtung losgedampft. Nach Smoots Angriffsplan sollten zwei Gruppen an den Flanken der japanischen Formation entlangfahren, während die dritte in der Mitte blieb. Mit anderen Worten, die Japaner würden in einen »Trichter« geraten, in dem es unmöglich war, den Angreifern auszuweichen.

Während die Zerstörer zum Angriff anliefen, hörte Smoot ein merkwürdiges Geräusch über sich. Er hob den Kopf und sah die Spuren der Leuchtspurgeschosse der Kreuzer und Schlachtschiffe, die in weitem Bogen über den schwarzen Himmel nach Süden flogen. »Es war ein phantastischer Anblick«, sagte er später. »Es sah aus wie die Brooklyn-Brücke bei Nacht – wie die Rücklichter der über die Brücke fahrenden Autos.«

Smoot fuhr dichter an den angeschlagenen japanischen Verband heran als die anderen Zerstörer vor ihm. Die Dreiergruppe in der Mitte der Meerenge bestand aus der *Richard P. Leary*, der *Albert W. Grant* und seinem Flaggschiff, der *Newcomb*, und während sie sich den Japanern näherte, bemerkte Smoot, daß die *Grant* zurückfiel. Er funkte sie an, um ihr zu sagen, daß sie Geschwindigkeit aufnehmen solle. Aber sie fiel statt dessen nur noch weiter zurück; sie schien ein technisches Problem zu haben, und das brachte sie in eine prekäre Lage. Sie war nicht nur allein in der Meerenge, sondern auch dicht vor dem japanischen Verband, und als einer der amerikanischen Kreuzer sie mit dem Radar erfaßte, wurde sie für ein japanisches Schiff gehalten. Der Kreuzer eröffnete das Feuer auf die *Grant*, und um ihre Lage noch weiter zu verschlimmern, begannen auch die Japaner, sie zu beschießen.

Während die anderen Zerstörer aus nächster Nähe ihre Torpedos auf die Japaner abfeuerten, lag die *Grant* im Kreuzfeuer. Elf amerikanische Fünfzehn-Zentimeter- und neun japanische Zwölf-Zentimeter-Granaten hagelten auf den unglücklichen Zerstörer herab. Die erste Granate schlug um 0407 Uhr ein und explodierte in einem Haufen verbrauchter Granathülsen auf dem Hecküberhang. Mehrere Treffer mittschiffs richteten erhebliche Schäden in den vorderen Maschinenräumen an, und aus dem vorderen Schornstein schoß eine große Dampfwolke. Im Logbuch ist der lange Todeskampf in seinen grausigen Einzelheiten festgehalten:

0408½ Weitere Granattreffer durchlöchern das Schiff. Ein Treffer vorn in Höhe der Wasserlinie überflutete vorderen Lagerraum und vorderes Mannschaftsquartier. Ein Treffer an der 40-mm-Kanone Nr. 1 entzündete 40-mm-Munition und entfachte ein Feuer. Ein Treffer durch den Davit des Steuerbordrettungsboots tötete den Schiffsarzt, Kapitänleutnant Charles Akin Mathier, fünf Funker und fast die gesamte Mittschiffsreparaturgruppe. Weitere Treffer an vorderem Schornstein, ein Treffer in Backbord-Motorrettungsboot, ein Treffer und kleinere Explosion in der Kombüse. Ein Treffer im Abwaschraum, ein Treffer im hinteren Mannschaftsquartier und ein Treffer im vorderen Maschinenraum. Sämtliche Lampen, Telefonverbindungen, Radar- und Funkgeräte sind ausgefallen. Fahrstand ist nach achtern gerutscht.

Es gab offenbar kaum etwas auf der *Grant*, das nicht beschädigt war. Da das Schiff reglos im Wasser lag, hielt es der kommandierende Offizier, Fregattenkapitän T. A. Nisewaner, für sinnlos, noch länger auf der Brücke zu bleiben, und er stieg hinunter, um zu sehen, was getan werden konnte, um das Schiff zu retten.

Der vordere Maschinenraum war augenscheinlich am schwersten getroffen, und so kletterte Nisewaner die Leiter hinunter, um sich den Schaden anzusehen. Er kam in eine alptraumhafte Welt aus flackernden Flammen, dickem Qualm und dem warnenden Zischen ausströmenden Wasserdampfs und tastete sich in dem ansteigenden Meerwasser durch die Dunkelheit auf das Stöhnen verwundeter Seeleute zu. Als er den ersten gefunden hatte, nahm er den schwer verwundeten Mann auf die Schulter und trug ihn aus dem höllenähnlichen Raum heraus. Dann stieg er wieder hinunter und wiederholte die Prozedur, bis er alle Männer herausgeholt hatte, die er finden konnte.

Im hinteren Mannschaftsquartier war der einzige überlebende Sanitätsmaat, W. H. Swain, im spärlichen Licht von Sturmlampen unermüdlich bemüht, mehr als achtzig sterbenden und verwundeten Männern erste Hilfe zu leisten. Ihm zur Seite stand ein junger Matrose namens J. C. O'Neill jr., dessen einzige medizinische »Ausbildung« darin bestand, daß er seinem Vater, einem praktischen Arzt, bei der Arbeit zugesehen hatte. Auch der Verpflegungsmaat L. M. Holmes versuchte die Lücke auszufüllen, die der Tod des Schiffsarztes und des Sanitätsobermaats gerissen hatte. Einer der vielen Patienten, die er in der Offiziersmesse behandelte, war Funker W. M. Selleck, der beide Beine verloren hatte. Während das Leben ihn verließ, sah er zu Holmes hoch und sagte: »Es gibt nichts, was Sie noch für mich tun könnten. Also gehen Sie, und kümmern Sie sich um die anderen.«

Draußen an Deck bat Wasserstandsgast W. G. Hertel, obwohl selbst schwer verwundet, darum, aufgesetzt und gegen einen Davit gelehnt zu werden, damit er den Männern um ihn herum Morphiumspritzen geben konnte. Es gab unzählige solcher Geschichten. Im Kampfbericht der *Grant* wurden fast alle Besatzungsmitglieder, die Überlebenden wie die Gefallenen, wegen des unter diesen schrecklichen Umständen bewiesenen Heldenmuts einzeln lobend erwähnt, darunter auch die Männer, die sich um die Wunden des Schiffs kümmerten, die Brände bekämpften, Matratzen in Lecks stopften, beschädigte Spanten mit Tischen abstützten und in beängstigender Dunkelheit Maschinen reparierten. Sie schafften es, die *Grant* über Wasser zu halten, so daß sie noch vor Morgengrauen von der *Newcomb* ins Schlepptau genommen werden und später wieder in das Geschehen im Pazifik eingreifen konnte.

Die anderen Zerstörer aus Kapitän Smoots 54. Geschwader konnten mindestens zwei Treffer auf der *Yamashiro* verbuchen. Die Japaner waren durch die unablässigen Angriffswellen der amerikanischen Zerstörer inzwischen stark angeschlagen – und die Kreuzer und Schlachtschiffe mit ihren 15,2-, 20,3-, 35,5- und 40,6-Zentimeter-Kanonen sollten erst noch kommen.

Im Logbuch des Schlachtschiffs *West Virginia* finden sich für die Nacht vom 24. auf den 25. Oktober folgende Eintragungen:

0332: Erhielten Befehl des Kommandeurs der Kampflinie, bei 25 600 Meter das Feuer zu eröffnen.

0333: Artillerieoffizier meldet Entfernung 35 600 und hat Lösung für großes Ziel.

0351: Kreuzer auf rechter Flanke haben Feuer eröffnet. Artillerieoffizier sagt, er hätte seit langem dasselbe große Ziel gehabt und daß es ein Feind sei. Kommandierender Offizier gab Feuerbefehl.

0352: Bei 20 850 Metern erste Salve aus acht Kanonen mit panzerbrechenden Granaten.

0353: Konnte Artillerieoffizier vor sich hin lachen hören; verkündete, daß erste Salve traf. Beobachtete die zweite Salve durchs Fernglas und sah Explosionen, als sie niederging.

0354: Unsere Salven folgen in gleichmäßigen Abständen von 40 Sekunden aufeinander. Andere BBS [Schlachtschiffe] eröffneten nach unserer zweiten oder dritten Salve das Feuer.

0358: Artillerieoffizier berichtet, daß Ziel gestoppt und [Radar-]Blip kleiner wird.

0402: BBS der Kampflinie drehten auf Signal um 150 Grad auf Kurs 270. Befahl, Feuer einzustellen. Muß an geringen Munitionsvorrat denken. CIC berichtet, daß Ziele nach links abgedreht haben und auf Gegenkurs gegangen sind. 0411: Blip laut Meldung »erblüht« und dann verblaßt. 0412: Ziel verschwunden. Kann Schiffe brennen sehen. Darunter ein sehr großes Feuer.

In diesem lakonischen Bericht wird in knapper Form das Wesentliche der Geschehnisse während der Artilleriephase der Schlacht in der Surigao-Straße wiedergegeben. Was er nicht beschreibt, ist die geballte Feuerkraft und verheerende Wirkung der großkalibrigen Kanonen der amerikanischen Hauptkampflinie. Was er – durch die Erwähnung des vor sich hin lachenden Artillerieoffiziers – nur andeutet, sind die starken Gefühle, von denen die Männer bewegt wurden, die diese Geschütze bedienten. Was als »aufblühender« und dann verschwindender Blip verzeichnet ist, war in Wirklichkeit der katastrophale Verlust eines Schlachtschiffs mit Hunderten von Besatzungsmitgliedern. Der wohl bedeutendste Aspekt aber, der in den Logbucheintragungen nicht erwähnt wird, ist die Tatsache, daß in jenem Augenblick Geschichte geschrieben wurde.

Für wenige verheerende Minuten trafen Überwasserschiffe auf Überwasserschiffe, ohne daß sich jene fliegenden Eindringlinge einmischten, die ihnen in diesem Krieg die Schau gestohlen hatten. Endlich einmal bekamen die Schlachtschiffe Gelegenheit, die Verwüstungen anzurichten, für die sie gebaut worden waren. Aber es war nicht das große Spektakel, von dem sie geträumt hatten. Trotz der furchtbaren Zerstörungskraft, die sie bei diesem Showdown in der Surigao-Straße entfalteten, wurden diese Leviathane von ihren kleinen Brüdern, den Zerstörern, übertroffen, die mit ihren Torpedos – ungeachtet der Entwicklungsprobleme, mit denen diese zu Beginn des Krieges behaftet gewesen waren, und obwohl sie es an pyrotechnischem Glanz nicht mit dem Geschützfeuer aufnehmen konnten – in dieser letzten Überwasserschlacht den meisten Schaden verursachten. Die großen Kanonen ließen in dieser Nacht nicht nur der angestauten Wut auf einen Feind freien Lauf, mit dem sie noch eine Rechnung zu begleichen hatten, sondern auch der über ihre Ohnmacht. Es war wie ein Trauersalut für ihr eigenes Hinscheiden.

Als Nishimuras Verband das Nordende der Surigao-Straße erreichte, war er nur noch ein Schatten seiner selbst. Ganze drei Schiffe waren übriggeblieben: das Schlachtschiff *Fuso*, der Kreuzer *Mogami* und der Zerstörer *Shigure*. Der Rest war gesunken oder als mehr oder weniger manövrierunfähiges Wrack in der Meerenge zurückgeblieben. Das Schlachtschiff *Yamashiro*, Nishimuras Flaggschiff, war in zwei heftig brennende Hälften auseinandergebrochen. Die amerikanischen Zerstörer hatten ganze Arbeit geleistet.

Um 0351 Uhr hatte Admiral Oldendorf den Kreuzern den Feuerbefehl erteilt, und zwei Minuten später den Schlachtschiffen. Die drei japanischen Schiffe setzten trotz des verheerenden Sperrfeuers die Fahrt fort. Der Beschuß durch die *West Virginia*, die *Tennessee* und die *California* war aufgrund des modernen Radarleitsystems, mit dem sie ausgerüstet waren, besonders genau. Die *West Virginia* allein feuerte dreiundneunzig panzerbrechende 40,6-Zentimeter-Granaten ab, und die *Tennessee* und die *California* verschossen zusammen hundertzweiunddreißig panzerbrechende 35,5-Zentimeter-Granaten. Die anderen drei Schlachtschiffe, die nicht über das neue Radarleitsystem verfügten, hatten dagegen Schwierigkeiten, Ziele aufzuspüren. Nachdem das Feuer eröffnet worden war, konnte die *Maryland* die von den Granaten der *West Virginia* verursachten Wasserfontänen auf dem Radarschirm orten und feuerte achtundvierzig 40,6-Zentimeter-Granaten in das so markierte Gebiet. Die *Mississippi* schoß nur eine Salve ab, und die *Pennsylvania* gab keinen einzigen Schuß ab.

Auf der Brücke der *Shigure* versuchte Fregattenkapitän

267

Nishino einen klaren Kopf zu behalten, während eine Explosion nach der anderen in seinen Ohren widerhallte und überall um ihn herum riesige Wassermauern aufstiegen und in sich zusammenfielen. Die Druckwellen der Explosionen machten sämtliche Instrumente, einschließlich der Uhren und Kompasse, unbrauchbar. Auch das Funkgerät war ausgefallen. Durch den Vorhang der Wasserkaskaden erhaschte Nishino hin und wieder einen Blick auf ein brennendes Schiff, das wie ein frisch aus dem Schmiedeofen kommendes glühendes Eisen aussah.

Mitten in dem lärmenden Chaos fragte sich Nishino, warum Nishimura die Meerenge in einer simplen Kiellinie durchfahren und den Amerikanern ein so leichtes Ziel geboten hatte. Warum hatte der Admiral die Formation nicht gestaffelt und war im Zickzack gefahren, anstatt sich dem Feind in einer Art zu nähern, von der Feuerleitoffiziere sonst nur träumen konnten? Nishino vollführte inzwischen aus eigenem Entschluß hektische Ausweichmanöver. Trotz der unglaublichen Zahl von Granaten, die rundherum niedergingen, hielt das Glück der *Shigure* an. Die meisten waren nur Beinahetreffer, bis auf eine Granate, die den Hecküberhang durchschlug und in einen Öltank sauste – aber nicht explodierte.

Zu diesem Zeitpunkt hatte Nishino den Sichtkontakt zu den anderen japanischen Schiffen verloren, und ohne Funkgerät konnte er sich auch nicht mit ihnen in Verbindung setzen. Er wendete kurzentschlossen und setzte sich mit voller Kraft nach Süden ab. Nach einigen Minuten Fahrt mit dreißig Knoten ließ der Feindbeschuß nach, und bald darauf entdeckte Nishino die *Mogami*, die kaum noch vorwärtskam und mittschiffs lichterloh brannte. Dann sah er die *Fuso*, die – offenbar manövrierunfähig – dem Feind die Breitseite darbot und vom Hagel der Granaten buchstäblich zermalmt wurde. Nishino fuhr weiter Richtung Süden und ließ das Geschützfeuer und die schrecklichen Bilder hinter sich. Doch dann rief ihm der Steuermann plötzlich zu, daß er das Ruder nicht mehr unter Kontrolle habe, und es blieb ihm nichts anderes übrig, als zu stoppen, um den Schaden zu beheben.

Die Anspannung an Bord war fast mit Händen zu greifen, während unten im Schiff fieberhaft daran gearbeitet wurde, die durch einen der Beinahetreffer beschädigten Steuerkabel zu reparieren. Die *Shigure* lag wie ein Übungsziel in diesen gefährlichen Gewässern, und Nishino starrte wie alle anderen, die an Deck waren, in die bedrohliche Dunkelheit hinaus. Dann durchbrach ein Ausguck die gespannte Stille, um einen Sichtkontakt zu melden. Nishino spähte in die angegebene Richtung und konnte schließlich einige kaum sichtbare Schatten ausmachen, die von Süden näherkamen. Zweifellos Schiffe. Kurz darauf wurde auf einem der Schiffe ein abgeblendeter Signalscheinwerfer betätigt. Die Nachricht lautete: »Wir sind die *Nachi!*« Es war Shima.

Ein Leichter und zwei Schwere Kreuzer fuhren, von drei Zerstörern eskortiert, an der *Shigure* vorbei in Richtung Norden. Einer der Zerstörer aus Shimas Gruppe war von einem Torpedo der weiter südlich operierenden PT-Boote getroffen worden, so daß er, mit deutlich abgesunkenem Bug, nur noch zehn Knoten machen konnte und zurückgefallen war. Der Rest der Gruppe fuhr jetzt in die Gewässer ein, durch die fast vierhundert Jahre vorher Ferdinand Magellan nach der Hälfte seiner historischen Weltumsegelung gefahren war. Wichtiger aber war, daß Shima dem Kurs folgte, den Nishimura vor knapp einer Stunde genommen hatte, dem Kurs in die Katastrophe.

Nishino erwiderte auf die Nachricht von Shimas Flaggschiff: »Wir sind die *Shigure*. Haben Ruderprobleme.« Diese nüchterne Mitteilung ist erstaunlich. Sie enthielt keinen Hinweis auf das, was in den Gewässern, auf die Shima zuhielt, geschehen war. Keine Warnung vor dem Hinterhalt, in den er fuhr. Kein Wort über den Verlust von zwei Schlachtschiffen, einem Kreuzer und drei Zerstörern nur ein paar Meilen weiter. Keine Warnung vor den Zerstörergruppen an den Flanken der Meerenge und dem schweren Geschützfeuer an ihrem Ende.

In einem Interview nach dem Krieg erklärte Nishino: »Der Grund dafür, daß ich mich nicht direkt mit Admiral Shima in Verbindung setzte, um ihn über die Lage zu informieren, bestand darin, daß ich keine Verbindung zu ihm hatte und nicht unter seinem Kommando stand.« Außerdem, fügte er hinzu, habe er angenommen, »daß sich Shima aufgrund des Anblicks der brennenden Schiffe *Fuso* und *Mogami* und der Tatsache, daß ich mich auf dem Rückzug befand, über den Stand der Schlacht im klaren war«.

Nicht weniger erstaunlich ist, daß Shima keine Anstalten machte, sich danach zu erkundigen, was ihn erwartete. Er fuhr, an den brennenden Überresten des vor ihm eingetroffenen Verbandes vorbei, einfach weiter die Meerenge entlang auf ein Gebiet zu, in dem die Dunkelheit von Leuchtspurgeschossen, von aufflammenden Leuchtgranaten und vom Widerschein brennender Schiffe erhellt wurde.

Fregattenkapitän Kokichi Mori war seit fünfzehn Jahren in der Kaiserlich Japanischen Marine. Er hatte seit Kriegsbeginn zwei Zerstörer kommandiert und einen Lehrgang an der Stabsakademie der Marine besucht, bevor er im Februar 1944 als Torpedooffizier in Admiral Shimas Stab versetzt worden war. Jetzt, in den frühen Stunden des 25. Oktober, blickte er durch das Brückenfenster des Kreuzers *Nachi* und versuchte eine Erklärung für die merkwürdige Szene zu finden, die er vor sich sah. Vor dem blauschwarzen Hintergrund hoben sich zwei große Brände ab, und in ihrem Lichtschein konnte Mori auf beiden Seiten der brennenden Schiffe einen Rauchschleier erkennen, der wie ein aufgezogener Bühnenvorhang aussah. Obwohl auf dem unverläßlichen Radargerät der *Nachi* kein Kontakt zu sehen war, vermutete Mori, daß hinter diesem Vorhang amerikanische Schiffe lauerten. Durch den Rauch waren Mündungsfeuer zu sehen, und in regelmäßigen Abständen verschwanden rote Leuchtspuren in dem Qualm.

Mori hatte von Anfang an befürchtet, daß die Operation

schwierig werden könnte. Er wußte, daß die bei Leyte versammelte amerikanische Flotte nicht leicht zu besiegen sein würde. In früheren Aufklärungsmeldungen war von einer gewaltigen Streitmacht die Rede gewesen, zu der unter anderem sieben oder acht Schlachtschiffe und eine große Anzahl von Torpedobooten gehörten. Den PT-Booten waren sie bereits begegnet, und der Zerstörer *Abukuma* hatte zurückbleiben müssen. Das einzige, was auf die Anwesenheit der PT-Boote hinwies, waren die schimmernden Maschinengewehre gewesen – bis die *Abukuma* von einem Torpedo getroffen wurde und signalisierte, daß dreißig Mann getötet worden seien und sie nur noch rund zehn Knoten machen könne.

Mori wußte, daß Kurita und Nishimura nach dem *Sho Go-*Plan zur selben Zeit auf beiden Seiten des Leyte-Golfs eintreffen sollten, und ihm war bekannt, daß Kurita aufgrund amerikanischer Luftangriffe hinter dem Zeitplan hinterherhinkte. Was Nishimura unternahm, war schwer zu sagen, da das vor Beginn der Operation ausgearbeitete Kommunikationsschema keine gemeinsame Frequenz vorsah, auf der sich Nishimura und Shima miteinander hätten verständigen können. Sie dampften zwar auf demselben Weg in die Schlacht, wußten aber beide kaum etwas über die Absichten und Aktionen des anderen. Das war nicht gerade ideal, aber es war nicht Moris Sache, solche Dinge in Frage zu stellen. Seine Aufgabe war es, einen wirkungsvollen Torpedoangriff zustande zu bringen, wenn es soweit war.

Die Zeit dafür war gekommen, als Shima seine Schiffe, mit der *Nachi* an der Spitze, gefolgt von den beiden anderen Kreuzern und den drei Zerstörern, in Kiellinie dirigierte. Wieder fuhr der angreifende Verband als Säule an, obwohl eine gestaffelte Formation den Amerikanern die Ziellösung erschwert hätte. Aber die Japaner hatten bei früheren nächtlichen Torpedoangriffen mit dieser Säulenformation große Erfolge erzielt, und so war es nur natürlich, daß sie auch jetzt auf sie zurückgriffen. Das amerikanische Feuerleitradar war jedoch inzwischen erheblich verbessert worden, und man hätte gut daran getan, die alten Taktiken einer Prüfung zu unterziehen.

Als sich Shimas Gruppe dem Rauchvorhang näherte, kam sie nah genug an der brennenden *Mogami* vorbei, um sie identifizieren zu können. Shima hatte jetzt weiter östlich in der Meerenge einen klaren Radarkontakt, und er war fest entschlossen anzugreifen. Nachdem er den Befehl gegeben hatte: »Zum Einsatz nach Backbord!«, schwenkten seine Schiffe durch die Rauchwolken hindurch nach rechts, um sich für den Torpedoabschuß in Position zu bringen. Ganz von den Gefechtsaufgaben in Anspruch genommen, bemerkte niemand, daß die *Mogami* nicht bewegungslos im Wasser lag, sondern mit etwa acht Knoten unterwegs war.

Als die Kreuzer ihre Torpedos abgeschossen hatten, wandte sich Mori wieder der *Mogami* zu und stellte entsetzt fest, daß sie viel näher war, als er erwartet hatte. Die Gischt in der Nähe des Bugs sagte alles. Die *Mogami* fuhr! Sie hielt ihren Kurs, und der Abstand verringerte sich rasch. Es war der schlimmste Alptraum jedes Seefahrers. Mori hörte den Ruf: »Hart steuerbord!« Aber es war zu spät. Kurz darauf war das gräßliche Geräusch von aneinander reibenden Metallplatten zu hören. Die *Nachi* und die *Mogami* waren kollidiert.

Während die beiden Schiffe in unfreiwilliger Zweisamkeit dahintrieben, meldete sich von der Brücke der *Mogami* jemand über Megaphon. »Hier ist die *Mogami*!« rief die aufgeregte Stimme, als spielte es noch eine Rolle. »Kapitän und Erster Offizier sind tot. Artillerieoffizier hat das Kommando. Steuerung zerstört. Steuern mit Motorkraft.« Und dann fügte sie mit jenem Understatement, das einer ansonsten tragischen Situation einen komischen Aspekt verleihen kann, hinzu: »Tut mir leid.«

Die *Nachi* löste sich vorsichtig aus der Umarmung, mußte aber ein großes Stück ihres Bugs auf der *Mogami* zurücklassen, mit der Folge, daß sie nur noch zwanzig Knoten laufen konnte. Shima wollte den Angriff dennoch fortsetzen. Seine Zerstörer hatten ihre Torpedos noch nicht abgefeuert, und die Kanonen waren überhaupt noch nicht zum Einsatz gekommen. Mori erhob Einspruch. »Admiral«, sagte er, »weiter oben wartet der Feind mit offenen Armen auf uns. Nishimuras Gruppe ist fast vollständig zerstört, und es ist offensichtlich, daß auch wir in die Falle laufen würden.« Shima dachte einen Augenblick darüber nach, dann stimmte er zu. Er gab Befehl, zu wenden und sich nach Süden zurückzuziehen. Die Schlacht in der Surigao-Straße war vorüber.

Als am nächsten Morgen die Sonne aufging, wurden mehrere schwarze Rauchsäulen sichtbar, die sich wie Überreste der Dunkelheit, die in der vergangenen Nacht über der Surigao-Straße gelegen hatte, in den Himmel erhoben. Das Wasser war mit kilometerlangen Ölflecken und einem Durcheinander von Trümmern bedeckt, an die sich Trauben von Schiffbrüchigen klammerten. Als amerikanische Zerstörer heranfuhren, um die japanischen Überlebenden aufzufischen, schwammen die meisten jedoch davon oder tauchten unter die Öllachen, um sich in einem letzten Akt trotzigen Widerstands der Rettung zu entziehen.

Sie waren nicht die einzigen, in denen der Kampfeswille noch nicht erloschen war. Der Zerstörer *Asagumo*, dessen Bug einige Stunden zuvor durch eines von Cowards Torpedos abgesprengt worden war, lieferte sich bei Tagesanbruch immer noch ein Artilleriegefecht mit mehreren amerikanischen Zerstörern. Er kämpfte auch weiter, als sich zwei amerikanische Kreuzer näherten, um sich an dem Gefecht zu beteiligen, und hörte erst auf zu schießen, als die Wellen über ihm zusammenschlugen. Die Männer auf den amerikanischen Schiffen verfolgten voller Staunen, wie das Heckgeschütz immer noch weiterfeuerte, während das Schiff im Meer verschwand.

Und dann war da noch die *Mogami*. Die fürchterlichen Treffer, die sie abbekommen hatte, das Feuer, das sie mittschiffs einhüllte, der Verlust des Kapitäns und des Ersten Offiziers und der Zusammenstoß mit der *Nachi* hatten den zähen Kreuzer nicht unterkriegen können. Er war immer noch kampffähig, und das, obwohl ihm die Kreuzer *Louisville, Portland* und *Denver* kurz nach Tagesanbruch, als Admiral Oldendorf die Kreuzer der linken Flanke in die Meerenge geschickt hatte, um die fliehenden japanischen Schiffe zu verfolgen, weitere Treffer beigebracht hatten.

Als wäre das noch nicht genug gewesen, wurde die *Mogami*, als sie mit sechs Knoten nach Süden dampfte, auch noch von PT-491 entdeckt. Das PT-Boot meldete den Kontakt über Funk und nahm die Verfolgung auf. Doch der angeschlagene Kreuzer war noch nicht am Ende. Er eröffnete mit seinen Zwanzig-Zentimeter-Kanonen das Feuer, und das PT-Boot zog sich, nachdem es zwei Torpedos abgefeuert hatte, die ihr Ziel verfehlten, vor den allzu nah ins Wasser rauschenden japanischen Granaten zurück.

Weiter südlich wurde die *Mogami* erneut von einem PT-Boot angegriffen, aber auch diesmal konnte sie es mit ihrem Geschützfeuer vertreiben. Zu diesem Zeitpunkt waren die Reparaturen im Maschinenraum des anscheinend unzerstörbaren Kreuzers abgeschlossen, und er nahm wieder Fahrt auf. Aber er hatte seine neun Leben verbraucht. Mit dem Tageslicht kamen auch die amerikanischen Flugzeuge, und es dauerte nur wenige Minuten, bis sie der *Mogami* den tödlichen Schlag versetzt hatten, dem sie die Nacht über ausgewichen war. Eine Bombe krachte in den Maschinenraum, und danach blieb keine andere Wahl, als das Schiff aufzugeben. Der zum Kapitän aufgerückte Artillerieoffizier befahl der Besatzung, von Bord zu gehen, und bald darauf verschwand die *Mogami* in der Tiefe. So war die *Shigure* ironischerweise das einzige Schiff, das von Nishimuras Gruppe überlebt hatte. Die Geschichte hatte sich wiederholt und den Zerstörer, wie schon in der Schlacht im Vella-Golf vor über einem Jahr, verschont.

Auch Shimas Gruppe wurde während des Rückzugs aus der Surigao-Straße von amerikanischen Schiffen und Flugzeugen verfolgt. Als sich die aufdringlichen PT-Boote auf die *Nachi* stürzten, konnte sie einen letzten Erfolg für Kaiser und Reich erzielen, indem sie einem der Verfolger einen Treffer beibrachte, durch den der Kommandeur der PT-Boot-Gruppe und zwei andere Männer schwer verwundet wurden. Auf japanischer Seite wurde der Zerstörer *Abukuma* von einem der Torpedos getroffen, die die PT-Boote abfeuerten. Tödlich waren für ihn allerdings erst die späteren Angriffe der Bomber des Luftwaffenkorps der Army. Der Rest von Shimas Gruppe überstand die Luftangriffe ohne große Schäden.

Im Leyte-Golf selbst hatten die amerikanischen Seeleute die ganze Nacht über ebenso fasziniert wie besorgt die Blitze des Geschützfeuers beobachtet, die von den Wolken im Süden reflektiert wurden. Sie hätten sich keine Sorgen zu machen brauchen. Das Ergebnis der Schlacht war beeindruckend und bemerkenswert einseitig. Nishimuras Gruppe war, mit Ausnahme der *Shigure,* vollständig ausgelöscht worden, und Nishimura war seinem Sohn in den Tod gefolgt, indem er mit der *Yamashiro* unterging. Shimas Gruppe war es besser ergangen, aber keine zehn Tage später wurde die *Nachi* von einem trägergestützten amerikanischen Flugzeug versenkt, so daß nur noch der Kreuzer *Ashigaro* und vier Zerstörer von dem Verband übrigblieben, der in die Surigao-Straße eingefahren war. Alles in allem hatten die Japaner im Verlauf dieser letzten großen Kraftprobe der Kanonen und Torpedos zwei Schlachtschiffe, drei Kreuzer und vier Zerstörer verloren. Auf amerikanischer Seite war dagegen nur ein einziges PT-Boot gesunken; ein Zerstörer und mehrere PT-Boote waren beschädigt worden.

Die genaue Zahl der japanischen Todesopfer ist unbekannt, aber es waren Tausende. Die Amerikaner hatten neununddreißig Männer verloren, und hundertvierzehn waren verwundet worden, die meisten von ihnen auf der *Albert W. Grant.*

Eine interessante Fußnote dieses großen Gefechts ist die Tatsache, daß zwei junge Offiziere an ihm beteiligt waren, die beide auf Kapitän Smoots auf der linken Flanke stehenden Zerstörern dienten, Elmo R. Zumwalt als Auswerter auf der *Robinson* und James L. Holloway III. als Artillerieoffizier auf der *Bennion*. Beide Männer sollten später zum Chef der Marineoperationen aufsteigen, dem höchsten Kommandoposten der US Navy.

Als der 25. Oktober 1944 anbrach, hatte die US Navy ihrem japanischen Gegenüber einen weiteren vernichtenden Schlag beigebracht. Die Schlacht um Leyte war jedoch noch nicht zu Ende. Die »Hauptaktion«, wie Samuel Eliot Morison sie genannt hat, hatte noch nicht stattgefunden. Und die Japaner standen kurz davor, eine neue Waffe einzuführen, die mehr amerikanische Seeleute töten sollte als jede bisher in diesem Krieg eingesetzte. Diese größte Seeschlacht aller Zeiten sollte nur noch wenige Stunden andauern, doch bevor sie verstrichen waren, sollten noch viele Schiffe und Männer sterben, japanische wie amerikanische.

Nebel und Friktion

Die Dritte Flotte hatte während der Schlacht in der Surigao-Straße eine vergleichsweise ruhige Nacht verbracht. Die gewaltige Streitmacht dampfte ungestört nordwärts auf Ozawas Trägergruppe zu, und die Männer, die gerade nicht im Dienst waren, hatten kaum etwas anderes zu tun, als sich für den Einsatz des nächsten Tages auszuruhen. Ganz oben auf der Tagesordnung stand der Angriff auf die japanische Trägergruppe.

Kurz vor Mitternacht hatte Halsey angeordnet, das Tempo auf sechzehn Knoten zu verringern. »Damit sollte verhindert werden«, schrieb er später, »daß der Tagesradius der Nordgruppe überschritten wurde.« Dieser »Tagesradius« wurde ermittelt, indem man einen Kreis um Ozawas letzte bekannte Position zeichnete, dessen Radius sich aus dessen Höchstgeschwindigkeit in bezug auf die bis zum Tagesanbruch verbleibenden Stunden ergab. Halsey wollte ausschließen, daß ihn Ozawa während der Nacht umging. »Wenn er [Ozawa] an meiner rechten Flanke vorbeigeschlüpft wäre«, erklärte Halsey, »hätte er einen Pendelangriff fliegen können, indem er von seinen Trägern startete, mich angriff, auf seinen Flugplätzen auf Luzon Bomben und Treibstoff nachlud und mich auf dem Rückflug erneut angriff.« Da Halsey nicht wußte, wie schwach Ozawas Luftkräfte waren, war diese Sorge durchaus begründet. »Wenn der Feind an meiner linken Flanke, zwischen mir und Luzon, vorbeigekommen wäre«, fuhr er fort, »hätte er ungehindert gegen die Transporter vorgehen können.« Diese Sorge um die Transporter der Siebenten Flotte im Leyte-Golf ist weniger verständlich und bestenfalls eine Ironie am Rande, denn Halsey hatte die San-Bernardino-Straße für Kurita geöffnet, der dem Golf viel näher war.

Während Halsey die Fahrt fortsetzte, schickte er die Nachtaufklärer der *Independence* voraus, um nach den japanischen Flugzeugträgern zu suchen. Um 0208 Uhr wurde der erste Kontakt gemeldet. Dann, sechs Minuten später, entdeckten die »Nachtschwärmer« eine zweite Gruppe. Ozawa hatte seinen Verband in zwei Gruppen aufgeteilt, um die Wahrscheinlichkeit der Entdeckung zu erhöhen und seine Rolle als Lockvogel erfüllen zu können.

Nachdem die Position der japanischen Nordgruppe bekannt war, ordnete Halsey die Bildung der Task Force 34 an und schickte sie als Vorhut zehn Meilen voraus. Nimitz erklärte in seinem für Admiral King bestimmten Bericht über die Schlacht um Leyte, was Halsey zu diesem Schritt bewog: »Der Plan des Kommandeurs der Dritten Flotte, eine starke Überwassergruppe vor seine Trägergruppe und näher an den Feind zu bringen, war eine Taktik, die anzuwenden folgerichtig war. Nach unseren bisherigen Erfahrungen ist bei gegenseitigen Trägerangriffen von Flotten zu erwarten, daß diejenige des Feindes den kürzeren zieht und sich abzusetzen beginnt, während sie sich noch in einer Entfernung befindet, die die Reichweite der Kanonen um ein Vielfaches übertrifft. Die einzige Möglichkeit, sich ihr zu nähern und unsere Artillerie zum Tragen zu bringen, besteht dann darin, angeschlagene Schiffe oder solche mit geringer Geschwindigkeit einzuholen.« Nimitz schloß sich also Halseys Argumentation an, daß die Kampfschiffe, indem sie vorausgeschickt wurden, größere Chancen hatten, zu den Japanern aufzuschließen.

Dieser Schritt besaß allerdings seine Risiken. Halsey rechtfertigte die Operation gegen die japanische Nordgruppe vor allem mit der Annahme, daß deren Flugzeugträger immer noch über eine potente Luftwaffe verfügten und daher eine ernstzunehmende Gefahr darstellten, beraubte seine eigenen Träger aber gleichzeitig einer starken Komponente der Luftabwehr, indem er die Kampfschiffe vorausschickte. Dieser Verlust an defensiver Feuerkraft wurde teilweise durch die erwiesene Wirksamkeit des Jägerschutzes der Task Force 38 ausgeglichen, doch dieses Argument hatte an Zugkraft verloren, seit die *Princeton* am Tag zuvor trotz Luftunterstützung durch ein einzelnes japanisches Flugzeug tödlich getroffen worden war. Darüber hinaus wäre die japanische Nordgruppe, wenn sie tatsächlich ein operativer Verband gewesen wäre und nicht nur ein Lockvogel, möglicherweise abgeschreckt worden, wenn ihre Luftaufklärer die weit vor dem Rest der Flotte anlaufende Task Force 34 entdeckten, und Halsey hätte erneut die Chance verpaßt, eine große Trägerschlacht zu schlagen.

Konteradmiral Ralph Davison, der Kommandeur der TG 38.4, hatte einen anderen Einwand gegen Halseys Entscheidung. Er beobachtete auf seinem Flaggschiff, der *Franklin*, zusammen mit seinem Stabschef, Kapitän zur See James Russell, den Schirm des Überwasserradars, auf dem sich Halseys Schlachtschiffe und ihr Geleit in Gestalt winziger Lichtpunkte langsam vom Hauptverband der Dritten Flotte lösten und vorausfuhren. Beide Männer waren der Meinung, daß diese Schiffe nicht nach Norden, sondern nach Süden hätten fahren müssen. Davison blickte schließlich von dem Radarschirm auf und sagte zu seinem Stabschef: »Wir spielen den Transportern im Leyte-Golf da einen höllisch gemeinen Streich, Jim.« Russell nickte zustimmend und fragte dann: »Möchten Sie mit Admiral Mitscher sprechen?« Davison schüttelte resigniert den Kopf und erwiderte: »Er muß mehr Informationen haben als wir.«

Nach der Abspaltung von TF 34 wies Halsey die Flugzeugträger an, sich darauf vorzubereiten, im ersten Morgengrauen anzugreifen und wenig später einen zweiten Schlag folgen zu lassen. Er hatte nicht die Absicht, sich zu verstecken. Die japanischen Träger würden nicht davonkommen. Eine »Spruance-Nuance« gab es für Bull Halsey nicht.

Im Kartenraum an Bord seines Flaggschiffs, der *New Jersey,* wachte Halseys Stab über die Lage, während der Admiral eine Leiter tiefer in seiner Kabine schlief. Auf den Tischen stapelten sich Seekarten, Polarkoordinatentafeln, Meldungen und Funksprüche, Einsatzbefehle voller Kaffeeflecken und eselsohrige Taktikhandbücher. An den Spanten hingen Lagetafeln mit einer Vielzahl von Daten und Informationen – über die genaue Aufstellung der gesamten Dritten Flotte, die vermutliche Formation von Ozawas Gruppe, die Ausrüstung der diversen Schiffe und Flugzeuge, die letzte bekannte Position abgestürzter Maschinen, die Sprechfunkrufzeichen, die Treibstoff-, Wasser- und Munitionsvorräte. Das Knistern von Funkgeräten vermischte sich mit dem Summen von Ventilatoren und dem unablässigen Stampfen der mächtigen Turbinen der *New Jersey* zu einer kaum noch wahrgenommenen Geräuschkulisse; die Luft hing ständig voller Zigarettenqualm, und über allem lag der schwere Geruch von Kaffee. In diesem überfüllten Raum waren viele kriegswichtige Entscheidungen gefällt worden. Es war die Welt der »Abteilung Gemeine Streiche«, ein Spitzname, den sich Halseys Stab selbst gegeben hatte, nachdem zu Beginn des Krieges jemand auf einer Stabssitzung die Bemerkung gemacht hatte: »Mal sehen, welche gemeinen Streiche wir diesen kleinen Hurensöhnen heute spielen können.«

In der Nacht vom 24. auf den 25. Oktober waren es allerdings die »kleinen Hurensöhne«, die einen gemeinen Streich ausführten. Ozawas Verband erfüllte seine Aufgabe und lockte Halsey genau in dem Augenblick vom Leyte-Golf weg, als Kurita die San-Bernardino-Straße durchfuhr und in Gewässer vorstieß, die jetzt, nachdem die Dritte Flotte nach Norden abgedampft war, gähnend leer waren. Eine Katastrophe bahnte sich an, und ihre Wahrscheinlichkeit wuchs mit jeder Meile, die die Dritte Flotte zwischen sich und den Leyte-Golf legte. Da Kinkaids Siebente Flotte gleichzeitig nach Süden verlegt worden war, um die Surigao-Straße zu sichern, blieben die Landungstruppen im Golf buchstäblich schutzlos zurück. Ihr Nachschub hing von den im Golf liegenden Schiffen ab, und die Soldaten an Land waren zu diesem Zeitpunkt besonders verwundbar, weil ein großer Teil ihres Materials noch am Strand lag, wo es ein leichtes Ziel für marodierende Kampfschiffe war, wie jene, die in diesem Augenblick die San-Bernardino-Straße durchquerten.

Die einzigen Einheiten, die zwischen Kurita und der leichten Beute im Golf lagen, waren die Geleitträger der Siebenten Flotte und deren Zerstörereskorte, und sie stellten kein großes Hindernis dar. Die CVEs waren nicht mehr als billige Imitationen der größeren und schlagkräftigeren CVs und CVLs. Sie hatten als Fähren für Ersatzflugzeuge und bei der Luftunterstützung von Landungsoperationen zwar eine wichtige Rolle in diesem Krieg gespielt, waren aber kaum ein ernstzunehmender Gegner für Kuritas ehrfurchtgebietende Ansammlung von Schlachtschiffen und Kreuzern. Ohne einen nennenswerten Vorrat an panzerbrechenden Bomben und Torpedos an Bord hätten die CVEs nur ihre Zeit und höchstwahrscheinlich auch ihr Leben vergeudet, wenn sie Kuritas eisenstarrende Flotte mit Bomben und Raketen angegriffen hätten, die dafür gedacht waren, während einer amphibischen Operation die ganz anders gearteten Ziele an Land zu bekämpfen.

Von der mangelhaften Kommunikation und einigen Fehleinschätzungen auf seiten der Amerikaner begünstigt, hatte die japanische Flotte mit einer Mischung aus geschickter taktischer Täuschung und verbissener Entschlossenheit trotz ihrer krassen Unterlegenheit etwas geschafft, was nur wenige Tage zuvor noch als unmöglich angesehen worden war. Ungeachtet der verlustreichen Rückschläge in der Palawan-Passage, in der Sibuyan- und der Sulu-See und in der Surigao-Straße hatten die Japaner das Hauptziel ihres komplexen Plans erreicht: Das Tor zum Leyte-Golf stand offen.

Für die Amerikaner war jedoch noch nicht alles verloren. In den ersten Stunden ihrer nächtlichen Fahrt konnte die Dritte Flotte – oder ein Teil von ihr – immer noch rechtzeitig zurückbeordert werden, um das Loch zu stopfen, *wenn* die »Abteilung Gemeine Streiche« die heraufziehende Gefahr bemerkte. Eine Gelegenheit dafür ergab sich kurz vor Mitternacht.

Auf der *Independence,* einem CVL aus Admiral Bogans TG 38.2, war eines der wenigen Nachtaufklärergeschader der US Navy stationiert, die Nachtluftgruppe 41, und während die Task Group mit dem Rest der Dritten Flotte nach Norden dampfte, stiegen diese Nachtaufklärer auf, um einen »Blick über die Schulter« zu werfen. Dabei entdeckten sie, daß die Fahrwasserbefeuerung der San-Bernardino-Straße angeschaltet worden war. Das war, gelinde gesagt, ein böses Vorzeichen. Die Fahrwasserbefeuerungen waren fast überall auf der Welt erloschen, weil taktische Überlegungen in Kriegszeiten stärker wiegen als die navigatorische Sicherheit. Daß diese Lichter in der San-Bernardino-Straße trotz der sonst üblichen Verdunkelung eingeschaltet worden waren, konnte nur eines bedeuten: daß jemand das Risiko, das sie darstellten, aufgrund gewichtigerer taktischer Erwägungen in Kauf nahm, etwa, um einer mächtigen Flotte mit heiklem Auftrag die Passage zu erleichtern.

Zu Napoleons Zeiten beschloß ein preußischer General namens Carl von Clausewitz, ein Buch über den Krieg zu schreiben, dem er den treffenden Titel *Vom Kriege* gab. Es wurde ein Standardwerk, das zur Pflichtlektüre jedes Berufs- und Laienstrategen gehört, und brachte Clausewitz den Ruf eines »Philosophen des Krieges« ein. In einem Kapitel mit dem Titel »Friktion im Kriege« prägte Clausewitz den Begriff *Friktion,* um eine Erscheinung zu beschreiben, die jedem Kriegführenden vertraut ist, ganz gleich, ob er *Vom Kriege* gelesen hat oder nicht. Einfach ausgedrückt, ist Friktion der Oberbegriff für alles, was in einer Schlacht schiefgehen kann. In einem anderen Kapitel über »Nachrichten im Kriege« beschreibt Clausewitz die Schwierigkeit, während eines Gefechts genaue Informationen zu erhalten, und die daraus folgende Verwirrung, etwas, das von anderen Autoren als »Nebel des Krieges« bezeichnet wurde.

Diese Elemente sind in jeder Schlacht zu finden, aber bei Leyte war die Friktion im Übermaß vorhanden und der Nebel besonders dicht. Kurz vor Mitternacht setzte sich Kapitän zur

See Edward C. Ewen, der kommandierende Offizier der *Independence,* per TBS mit Admiral Bogan auf dessen Flaggschiff, der *Intrepid,* in Verbindung. Er berichtete dem Admiral von der brennenden Fahrwasserbefeuerung in der San-Bernardino-Straße und teilte ihm mit, daß seine Nachtaufklärer den ostwärts durch die Meerenge fahrenden japanischen Verband sogar gesichtet hätten. Bogan setzte daraufhin eine Meldung an Halsey auf, in der er über die Ergebnisse der Nachtaufklärung informierte und empfahl, die Task Force 34 und seine eigene TG 38.2 aus der Dritten Flotte herauszulösen und zurückzuschicken, um Kurita an der Ausfahrt der San-Bernardino-Straße zu erwarten. Bogan versuchte Halsey per Sprechfunk zu erreichen, bekam aber, da der Admiral schlief, nur einen Wachhabenden seines Stabes an den Apparat. Er begann ihm die Meldung vorzulesen, doch als er die Fahrwasserbefeuerung erwähnte, unterbrach ihn die anonyme Stimme, die die Dritte Flotte repräsentierte, mit den ungeduldig vorgebrachten Worten: »Ja, ja, wir haben diese Information.« Bogan verstand dies als »Abfuhr« und beschloß, nichts mehr zu sagen. Die erste Gelegenheit, den Fehler zu korrigieren, war vorüber. Die Dritte Flotte rauschte unverändert weiter nach Norden.

Auf dem zur Siebenten Flotte gehörenden Schlachtschiff *Washington* waren einige Mitglieder des Stabes von Admiral Willis A. Lee, dem Kommandeur der Schlachtschiffe der Pazifikflotte, zu dem Schluß gekommen, daß schwere Bedenken gegen diese Fahrt nach Norden sprachen. Die japanische Nordgruppe könnte ein Lockvogel sein, der die Dritte Flotte vom Leyte-Golf abziehen sollte. Sie gingen zu Admiral Lee und rieten ihm, sich mit Halsey in Verbindung zu setzen, um ihn darauf hinzuweisen, daß es unklug sei, die San-Bernardino-Straße unbewacht zu lassen. In der anschließenden Diskussion ging es überwiegend um die Beziehungen innerhalb der Admiralität. Man war offenbar einhellig der Meinung, daß es in der Regel nicht geraten war, Halsey mit einer der seinen widersprechenden Ansicht zu konfrontieren, da man damit rechnen mußte, daß er genau das Gegenteil dessen tat, was ihm empfohlen wurde. Meistens war es besser, den Mund zu halten und abzuwarten, bis Halsey und sein Stab ihre eigenen Schlüsse zogen. Aber die Situation ließ eine Katastrophe befürchten, und so ließ sich Lee dazu überreden, das Risiko auf sich zu nehmen und mit Halsey zu sprechen.

Lee war wie sein Stab der Ansicht, daß es ausreichte, eine Schlachtschiffgruppe als Querstrich des T vor der Ausfahrt der San-Bernardino-Straße zu postieren, so wie es Oldendorf in diesem Augenblick am Nordende der Surigao-Straße tat. Daß ein solcher Verband nach Tagesanbruch durch Luftangriffe gefährdet sein würde, machte Lee keine großen Sorgen. Um dieser Gefahr zu begegnen, genügte es, der Gruppe ein oder zwei von Halseys Leichten Flugzeugträgern mitzugeben.

Lee versuchte Halsey sowohl mit dem Signallicht als auch über Sprechfunk zu erreichen, erhielt aber nur ein abweisendes »Roger« zur Antwort. Ein Offizier aus Lees Stab vermutete, daß sie es möglicherweise nicht mit Halsey selbst, sondern nur mit einem Wachhabenden zu tun hätten, der den Schlaf des Admirals abschirmte. Als die Meldung der Nachtaufklärer der *Independence* hereinkam, versuchte es Lee noch einmal. Aber wieder war die einzige Reaktion ein schroffes »Roger«. Danach gab Lee auf.

Admiral Mitscher hatte sich ebenfalls schlafen gelegt. Wie Halsey und viele andere war der Kommandeur der TF 38 nach vielen Monaten anstrengender Kämpfe erschöpft. Außerdem gibt es Grund zu der Annahme, daß er gesundheitlich nicht auf der Höhe war. Und schließlich war da noch die Tatsache, daß er durch Admiral Halsey praktisch von seinem Kommando verdrängt worden war. Solange Halsey das Zepter in der Hand hielt, gab es für Mitscher nicht viel zu tun.

Aber Mitschers Stabschef, Kommodore Arleigh Burke, schlief nicht. Und je länger er über die Lage nachdachte, desto weniger gefiel sie ihm. Es war ihm ein Rätsel, was die Japaner erreichen wollten, indem sie die Flugzeugträger von den anderen Verbänden getrennt anmarschieren ließen. Das »Truthahnschießen« bei den Marianen mußte ihnen klargemacht haben, daß sie in einer direkten Konfrontation mit amerikanischen Trägern chancenlos waren. Außerdem lagen Berichte vor, nach denen die meisten der aus dem Norden angereisten japanischen Planer nicht zurückgeflogen waren, sondern sich auf Stützpunkte auf den Philippinen begeben hatten. Es mußte eine List sein, sagte sich Burke. Die nördliche Trägergruppe war ein Köder. Und sie waren dabei, ihn zu schlucken.

Als die zweite Meldung der Nachtaufklärer bestätigte, daß sich Kuritas Verband in der San-Bernardino-Straße befand, beschlossen Burke und der Operationsoffizier des Stabes, Fregattenkapitän James Flatley, Mitscher zu wecken. Der Admiral, von dem ein Mitoffizier einmal gesagt hat, er sehe keinen Tag älter aus als achtzig, wirkte sehr schwach, als er aus dem Schlaf gerissen wurde. Burke und Flatley setzten ihm ihre Besorgnisse auseinander und erklärten, daß Halsey entweder umkehren oder wenigstens eine Gruppe zusammenstellen und zur San-Bernardino-Straße zurückschicken müsse. Als Flatley ihm die Meldungen der Nachtaufklärer zeigte, riß Mitscher erstaunt die Augen auf. »Hat Admiral Halsey diese Meldung?« fragte er.

»Ja, hat er«, antwortete Flatley.

Mitscher dachte einen Augenblick nach und sagte dann: »Admiral Halsey hat alle Informationen, die wir haben. Vielleicht sogar mehr. Er ist ein vielbeschäftigter Mann, der sich mitten in der Planung und Ausführung einer komplexen Operation befindet. Jeder Vorschlag, den wir ihm unverlangt schicken, wird seine Probleme nur vergrößern und ihm nicht helfen.« Dann fügte er mit müder Stimme hinzu: »Wenn er meinen Rat haben will, wird er sich schon an mich wenden.« Damit drehte er sich in seinem Bett herum, um weiterzuschlafen. Die dritte Gelegenheit, den Fehler rückgängig zu machen, war ungenutzt verstrichen.

Angesichts dessen, was am folgenden Vormittag geschah, sind diese fehlgeschlagenen Versuche, Halsey zu einer Kursänderung zu bewegen, tragisch zu nennen. In zwei Fällen war die mangelnde Ansprechbarkeit des diensthabenden Stabsoffiziers der Grund, weshalb die Versuche, Halsey auf seinen Fehler hinzuweisen, scheiterten. Man könnte argumentieren, daß Bogan nicht so schnell hätte aufgeben sollen, aber Mitschers Bemerkung, daß Halsey ein vielbeschäftigter Mann sei und jeder unerbetene Ratschlag nur stören würde, hatte einiges für sich. Es ist nicht leicht für einen Untergebenen, seinen Boß auf einen Fehler aufmerksam zu machen, und es gibt ein natürliches Widerstreben, darauf zu beharren, wenn man seine Meinung einmal vorgebracht hat und damit nicht gerade auf Gegenliebe gestoßen ist.

In Mitschers Fall läßt sich nicht mit Gewißheit sagen, was letztlich hinter seiner Weigerung steckte, Halsey zu »belästigen«. War sie wirklich darin begründet, daß er (zweifellos aus eigener Erfahrung) wußte, wie störend solch eine Einmischung für einen Kommandeur sein kann, der als Mann an der Spitze tatsächlich einen besseren Überblick über das Geschehen besitzt als seine Untergebenen? Oder war Mitscher einfach nur pikiert darüber, daß ihn Halsey auf so gefühllose Weise aus der Kommandokette ausgeschlossen hatte? Die Bemerkung, daß sich Halsey schon an ihn wenden werde, wenn er seinen Rat wolle, läßt sich so oder so verstehen.

Eine weitere Frage, die sich in diesem Zusammenhang stellt, ist die, ob Halsey von den Meldungen der Nachtaufklärer wußte und sie selbst beiseitegeschoben hat oder ob der diensthabende Offizier diese Information zurückhielt, so daß er gar nicht die Gelegenheit hatte, seine Entscheidung, mit der gesamten Flotte nach Norden zu fahren, zu überdenken. Im Operationsbericht, den er Nimitz und King nach der Schlacht vorlegte, heißt es, er habe »die Möglichkeit, daß die Mittelgruppe [Kurita] durch die San-Bernardino-Straße kommen und die Leyte-Kräfte angreifen könnte«, gesehen, sei aber »überzeugt« gewesen, daß sie »so schwer beschädigt war, daß sie keine Entscheidung herbeiführen konnte, während die mögliche maximale Kampfkraft der Nordgruppe ... eine frische und machtvolle Be-

286

drohung darstellte«. Daraus geht nicht eindeutig hervor, ob Halsey in der Nacht vom 24. auf den 25. Oktober die Aufklärungsmeldungen über Kuritas Fahrt durch die San-Bernardino-Straße kannte, aber der Gebrauch der Möglichkeitsform legt den Schluß nahe, daß es nicht so war. Halseys Einschätzung der Beschädigung von Kuritas Flotte läßt diese Frage allerdings irrelevant werden.

In seiner Autobiographie nannte Halsey als Gründe für seine Entscheidung, mit der gesamten Flotte nach Norden zu fahren, die angenommene Bedrohung und seinen Wunsch, die »Integrität meiner Flotte« zu bewahren. Die Meldungen der *Independence* wurden mit keinem Wort erwähnt. Halsey konzentrierte sich von dem Augenblick an, als er beschloß, gegen Ozawa vorzugehen, ganz auf den Norden. Kuritas Flotte wurde erst wieder am nächsten Morgen erwähnt – als es zu spät war.

In seinem Kommentar zu einem von Hanson W. Baldwin verfaßten Artikel über die Schlacht um Leyte gab er später zu, daß die »Nachtschwärmer ... nicht nur die Nordgruppe, sondern auch die Sibuyan-See ausgekundschaftet« und berichtet hatten, »daß sich Kurita wieder nach Osten gewandt habe«. Aber dann fügte er hinzu: »Ein Bericht darüber wurde etwa um 2100 oder 2130 Uhr an Kinkaid abgesetzt geschickt *[sic!]*.« Mit anderen Worten, Halsey fühlte sich für Kuritas Mittelgruppe nicht zuständig und glaubte, daß Kinkaid mit ihr fertigwerden sollte und konnte. Seine eigene Aufgabe sah er zu diesem Zeitpunkt einzig und allein in dem, was die Eventualklausel seines Einsatzbefehls vorsah, nämlich »die Vernichtung eines großen Teils der feindlichen Flotte«. Man könnte argumentieren, daß es richtig gewesen sei, die Eventualklausel anzuwenden, da Halsey nicht gewußt habe, daß Ozawas Gruppe nur ein Köder war, und glaubte, es mit einem »großen Teil der feindlichen Flotte« zu tun zu haben. Dann stellt sich jedoch sofort die Frage: War Kuritas Verband nicht ebenfalls ein »großer Teil der feindlichen Flotte«? Und hatte Halsey nicht auch die Aufgabe, Kinkaids Kräfte »zu decken und zu unterstützen«?

Nur die Information weiterzugeben, daß Kurita auf dem Weg durch die San-Bernardino-Straße war, reichte dafür nicht aus. Halsey hätte zumindest bei Kinkaid anfragen müssen, ob er in der Lage sei, sowohl mit der Süd- als auch mit der Mittelgruppe fertigzuwerden, während er selbst mit seiner wesentlich schlagkräftigeren Flotte gegen eine einzige japanische Gruppe vorging. Das Ganze enthielt zu viele Vermutungen. Halsey nahm an, daß Kurita so geschwächt war, daß er für die Siebente Flotte keine ernsthafte Bedrohung mehr darstellte. Aber wenn das stimmte, warum befand sich Kurita dann weiterhin im Anmarsch? Da Kinkaid keine Einwände dagegen erhoben hatte, nahm Halsey außerdem an, er hätte seiner Fahrt nach Norden zugestimmt. Ihm kam offenbar nie der Gedanke, daß Kinkaid möglicherweise deshalb keinen Widerspruch anmeldete, weil er etwas mißverstanden hatte oder weil nicht alle Informationen, die er ihm geschickt hatte, bei ihm eingetroffen waren. Bei einem Untergebenen hätte Halsey solche Annahmen höchstwahrscheinlich nicht geduldet, und sein eigener Aufstieg in der Navy beruhte auch nicht auf derartigen Nachlässigkeiten.

Es ist schwer nachzuvollziehen, wie Halsey die Lage zur damaligen Zeit gesehen hat. Vielleicht hatte ihn seine frühe Erkenntnis der Dominanz der Flugzeugträger in der modernen Seekriegführung vergessen lassen, daß Schlachtschiffe unter günstigen Bedingungen immer noch eine höchst wirkungsvolle Waffe sein konnten. Möglicherweise hatte ihn sein unbefriedigtes Verlangen nach einem großen Sieg blind gemacht für die wirkliche Situation und bewirkt, daß er nach der Entdeckung von Ozawas Gruppe so rücksichtslos lospreschte. Es kann aber auch sein, daß Bull Halsey einfach erschöpft war. Wie dem auch gewesen sein mag, Tatsache bleibt, daß Halsey mit seiner gesamten Flotte nach Norden dampfte, während sich Kinkaids Flotte nach Süden gewandt hatte und Kurita ostwärts durch die San-Bernardino-Straße fuhr.

Natürlich waren Halsey und die »Abteilung Gemeine Streiche« nicht die einzigen, die sich in dieser Nacht auf Annahmen verließen. Kinkaid und sein Stab gingen davon aus, daß Halseys TF 34 die San-Bernardino-Straße bewachte, und auch sie unternahmen nichts, um sich dies bestätigen zu lassen. Bei der Siebenten Flotte blieb dieser Mangel jedoch nicht die ganze Nacht über unbemerkt. Als sich die Schlacht in der Surigao-Straße dem Ende zuneigte, berief Kinkaid eine Stabssitzung ein, um die Ereignisse der Nacht zu besprechen und herauszufinden, »ob es etwas gab, das wir zu tun vergessen hatten oder ob etwas von dem, was wir taten, falsch war«. Gegen Ende der Sitzung, etwa um 0400 Uhr, meldete sich Kinkaids Operationsoffizier, Kapitän zur See Richard H. Cruzon, zu Wort. »Admiral«, sagte er mit von Müdigkeit gezeichneter Stimme, »mir fällt nur noch eines ein. Wir haben Halsey nie direkt gefragt, ob die Task Force 34 die San-Bernardino-Straße bewacht.« Kinkaid ließ es sich einen Augenblick durch den Kopf gehen und pflichtete ihm dann bei. Wenige Minuten später war ein Funkspruch an Halsey auf den Weg gebracht, in dem er gebeten wurde, die Anwesenheit der TF 34 vor der San-Bernardino-Straße zu bestätigen. Der »Nebel des Krieges« schien sich endlich zu lichten. Aber Clausewitz' allgegenwärtige Friktion verhinderte es. Der Funkspruch traf aufgrund der umständlichen Verbindung zwischen Halsey und Kinkaid erst nach zweieinhalb Stunden bei Halsey ein, zu spät, um die sich anbahnende Katastrophe verhindern zu können.

Nach der Stabssitzung blieben Dick Cruzon und der Nachrichtenoffizier des Stabes, Art McCollum, zusammen und diskutierten weiter über die Lage. Sie waren beide nicht davon überzeugt, daß Halsey die San-Bernardino-Straße bewachte, und einer von ihnen schlug schließlich vor: »Beim Himmel, wir sollten uns Klarheit darüber verschaffen.« Sie arbeiteten einen Aufklärungsplan aus, nach dem die sogenannten »Fischmarder« – ein landgestütztes Aufklärungsgeschwader speziell umgebauter PBY-Catalina-Wasserflugzeuge – das Gebiet um die Meerenge herum erkunden sollten, und überzeugten Kinkaid davon, dem Plan zuzustimmen. Aber wieder erhob die Friktion ihr häßliches Haupt. Irgendwie verschoben sich auf dem Weg zwischen Plan und Ausführung die Suchkoordinaten, so daß die Aufklärungsflüge über einem unwichtigen Gebiet westlich der von Cruzon und McCollum angegebenen kritischen Zone stattfanden. Der Nebel des Krieges blieb dicht und gefährlich.

TEIL VI

25. OKTOBER 1944

»Der Kanonen Schlund«

Mittwoch, 25. Oktober 1944. Sonnenaufgang 0627 Uhr.
Einige Schauer am Morgen. Zweiter Tag der Entschei-
dungsschlacht. Vom schwachen Licht der siebenten
Mondnacht mit bewölktem Himmel begünstigt, passierten
wir um 0035 Uhr ohne Zwischenfälle die San-Bernardino-
Straße und bildeten mit östlichem Kurs Alarmformation
Nr. 19.

So begann Vizeadmiral Ugakis Tagebucheintrag für die frühen
Stunden des 25. Oktober. Die Notizen vom Abend zuvor waren
trotz des traumatischen Verlusts der *Musashi* und der schweren Luftangriffe, die er von der Brücke der *Yamato* aus verfolgt
hatte, von ungebrochenem Optimismus geprägt. Er war, wie er
schrieb, »zuversichtlich, mit dem Feind fertigwerden zu können, wenn wir ihn erreichen«, sah dem Kommenden aber auch
sorgenvoll entgegen: »Ich befürchte nur, daß der Feind, der unsere Bewegungen während der Nacht ständig beobachtet hat,
nach Tagesanbruch seine Angriffe auf uns konzentrieren wird.«
Ohne Unterstützung durch die an Land stationierten Luftstreitkräfte könnte »all unsere Kampfkraft ... am Ende nichts nutzen«.
Ugakis Vorgesetzter, Takeo Kurita, teilte diese Ansicht und
setzte in der Nacht erneut einen Funkspruch ab, in dem er für
den folgenden Tag um Luftunterstützung ersuchte. In einer
zweiten Botschaft teilte er mit: »Allen Verlusten, die wir erleiden mögen, zum Trotz wird die Erste Stoßgruppe in den Leyte-
Golf eindringen und bis zum letzten Mann kämpfen.«
Kuritas Operationsoffizier, Fregattenkapitän Tonosuke Ota-

ni, hatte erwartet, daß sie sich die Ausfahrt aus der Meerenge würden erkämpfen müssen, und war überrascht, daß die Gewässer an ihrem Ende leer waren. Zu seiner Erleichterung trug dies allerdings nicht bei. Er war überzeugt, daß es nur eine Frage der Zeit war, bis der Hammer auf sie niedersausen würde. Seine Hauptsorge war, daß die Gewässer vor der San-Bernardino-Straße nur deshalb unbewacht waren, weil sich die Amerikaner dafür entschieden hatten, einen U-Boot-Hinterhalt zu legen. Als weder Unterwasserkontakte noch Torpedospuren gemeldet wurden, vermutete Otani, daß sie noch vor der Südspitze von Samar auf die Amerikaner stoßen würden.

Kurita hatte ebenfalls damit gerechnet, daß er sich die Ausfahrt aus der Meerenge erkämpfen mußte, und für alle Einheiten Gefechtsalarm gegeben. Als sein Verband unbehelligt aus den beengten Gewässern herausfuhr, war er zu müde, um irgendeine Reaktion zu zeigen. Er starrte nur teilnahmslos auf die leere Wasserfläche hinaus und gab einfach den Befehl, die Fahrt in Nachtsuchformation fortzusetzen. Die Schlachtschiffe und Kreuzer ordneten sich in der Mitte ein, und danach fuhren die Zerstörer ein Stück vor den Schlachtschiffen an den Flanken in Kiellinie. Die Front der Formation erstreckte sich über mehr als dreizehn Seemeilen.

In den nächsten sechseinhalb Stunden wurde die Monotonie der Fahrt nur durch einige Funksprüche der japanischen Verbände in der Surigao-Straße unterbrochen. Die erste Nachricht sagte wenig über die dortige Lage aus, aber in der letzten, die um 0530 Uhr eintraf, wurde mitgeteilt, daß die Schlachtschiffe zerstört waren und der Kreuzer *Mogami* schwere Treffer erhalten hatte und in Flammen stand.

Die ausbleibende Gegenwehr des Feindes war für Kuritas Schiffe ebenso erfreulich wie beunruhigend. Die Untätigkeit erschwerte es, wachsam zu bleiben, doch die ständige Erwartung eines amerikanischen Angriffs mit U-Booten oder Überwassereinheiten sorgte dafür, daß die Anspannung nicht nachließ. Unablässig bohrten sich besorgte Blicke auf der Suche nach omi-

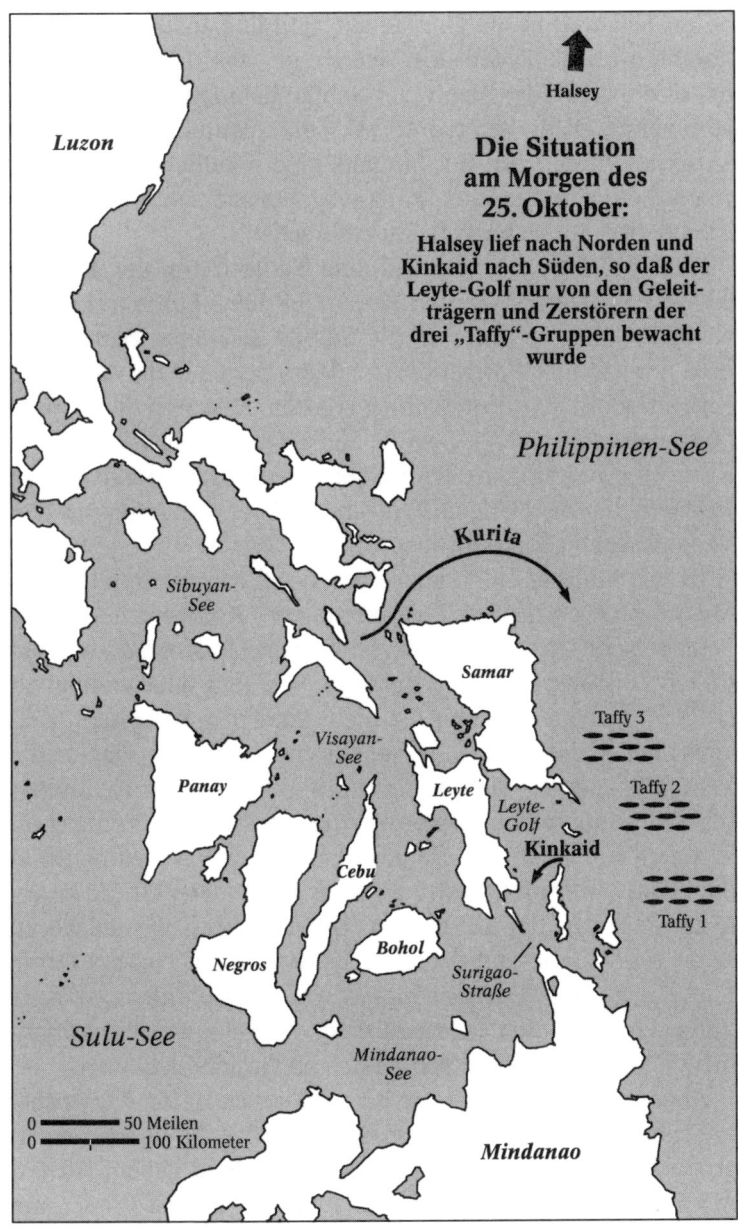

**Die Situation
am Morgen des
25. Oktober:**

Halsey lief nach Norden und
Kinkaid nach Süden, so daß der
Leyte-Golf nur von den Geleitträgern und Zerstörern der
drei „Taffy"-Gruppen bewacht
wurde

Halsey

Luzon

Philippinen-See

Kurita

*Sibuyan-
See*

Samar

Taffy 3

*Visayan-
See*

Panay

Leyte

Leyte-
Golf

Taffy 2

Kinkaid

Cebu

Taffy 1

Negros

Bohol

Surigao-
Straße

Sulu-See

0 ▬▬▬▬ 50 Meilen
0 ▬▬▬▬ 100 Kilometer

Mindanao-
See

Mindanao

nösen Schatten in die Dunkelheit, und überanstrengte Ohren horchten in die Tiefen des Meeres, um aus der Vielzahl der Echos die von Menschen verursachten herauszufiltern. Als der Himmel im Osten hell wurde, stieg die Spannung noch weiter an. Bald würde auch der Himmel eine feindliche Front sein, wenn die amerikanischen Kriegsvögel erwachten und zu ihrer alltäglichen Suche nach Beute aufbrachen.

Um 0623 Uhr tauchten auf dem Radarschirm der *Yamato* mehrere Flugzeuge auf, und Kurita ließ seine Flotte in Luftabwehrformation fahren. Als die Schiffe begonnen hatten, die neue, kreisfömige Formation zu bilden, sichteten die Ausgucks am Horizont im Südosten einige Masten. Es waren die dünnen Masten amerikanischer Schiffe, und als Kurita mit seiner Flotte Kurs auf sie nahm, wurden immer neue Masten sichtbar. Den Japanern war bald klar, daß sie einen größeren amerikanischen Verband vor sich hatten.

Es war Taffy 3, auch wenn in den bei Kurita eintreffenden Meldungen von großen Flugzeugträgern, Kreuzern und sogar Schlachtschiffen die Rede war. Warum die Japaner die winzigen CVEs, Zerstörer und Geleitzerstörer von Taffy 3 für wesentlich größere Einheiten hielten, ist nicht eindeutig zu klären. Vielleicht lag es daran, daß die japanischen und amerikanischen Verbände aufgrund der großen Entfernungen, über die Trägerschlachten ausgefochten werden, nur selten in Sichtkontakt gekommen waren, so daß die Japaner mit dem Erscheinungsbild der Feindschiffe nicht vertraut waren. Ein anderer Grund könnte gewesen sein, daß sie, da von Ozawa nichts Gegenteiliges zu hören war, damit rechneten, im Leyte-Golf auf Halseys Dritte Flotte zu stoßen. Darüber hinaus war es, nach allem, was sie durchgemacht hatten, nur natürlich, das Schlimmste anzunehmen, als sie den Gegner schließlich zu Gesicht bekamen.

Aber aus welchem Grund auch immer es zu der Verwechslung gekommen war, sie hatte zur Folge, daß die Japaner einen großen psychologischen Vorteil aus der Hand gaben. Anstatt mit der Zuversicht in den Kampf zu gehen, die das Wissen um

296

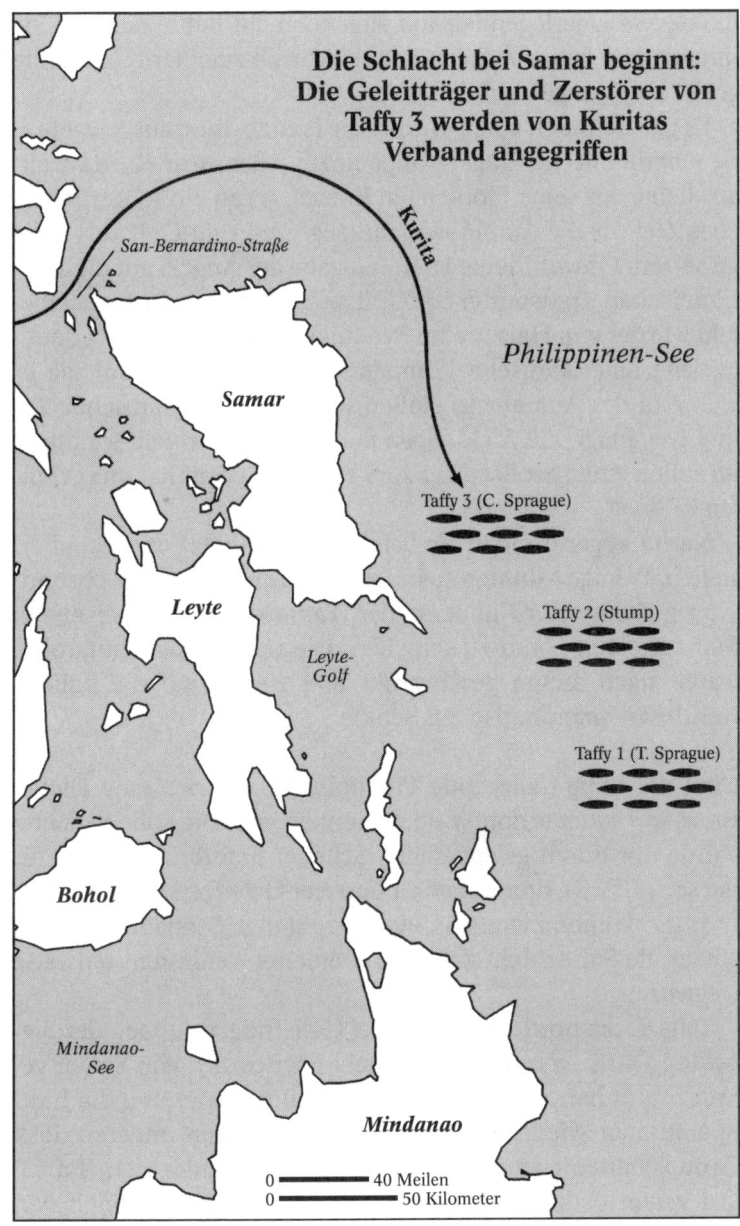

**Die Schlacht bei Samar beginnt:
Die Geleitträger und Zerstörer von
Taffy 3 werden von Kuritas
Verband angegriffen**

San-Bernardino-Straße

Kurita

Philippinen-See

Samar

Taffy 3 (C. Sprague)

Leyte

Taffy 2 (Stump)

Leyte-
Golf

Taffy 1 (T. Sprague)

Bohol

Mindanao-
See

Mindanao

0 ——— 40 Meilen
0 ——— 50 Kilometer

die eigene Überlegenheit mit sich gebracht hätte, nahmen sie ihn mit dem fatalistischen Gefühl auf, sich zu opfern, und ohne große Hoffnungen auf den Sieg.

Es gab dennoch einen Grund zur Freude. Eine ausgewachsene amerikanische Trägergruppe anzugreifen, war Kurita weitaus lieber, als seine Flotte beim Einsatz gegen ein so unrühmliches Ziel wie die Amphibienfahrzeuge im Leyte-Golf aufs Spiel zu setzen. Obwohl seine Hauptaufgabe der Angriff auf die amerikanischen Transporter im Golf war, enthielt sein Einsatzbefehl wie der von Halsey eine Eventualklausel, die es ihm erlaubte, jede amerikanische Kampfgruppe anzugreifen, auf die er während des Anmarschs stoßen sollte. Als sein Stabschef, Tomiji Koyanagi, die Meldungen der Ausgucks erhielt, sandte er im stillen einen Stoßseufzer zum Himmel: »Gott hat uns geholfen.«

Kurita zögerte nicht. Er befahl seiner Flotte, den Feind zu stellen. Wenige Minuten später waren die mächtigen Sechsundvierzig-Zentimeter-Kanonen der *Yamato* bereit, zum ersten Mal auf einen Feind zu schießen. Die riesigen Geschützrohre waren nach außen geschwenkt und zielten auf die nahezu wehrlosen amerikanischen Schiffe.

Über die ruhig daliegende Philippinen-See strich eine leichte Brise, die kaum schon Wind zu nennen war. Die stille Szenerie wurde nur durch gelegentliche Schauer unterbrochen, die für die sechs CVEs, drei Zerstörer und vier Geleitzerstörer von Taffy 3 eine willkommene »Süßwasserspülung« darstellten, die die glitzernde Salzschicht auf ihren Freidecks wenigstens teilweise wegwusch.

Taffy 3, die nördlichste der drei Geleitträgergruppen der Siebenten Flotte, war die ganze Nacht über östlich von Samar gekreuzt und hatte auf den Tagesanbruch gewartet, um die Luftoperationen wieder aufzunehmen. Die beiden anderen Task Groups hatten ebenfalls eine ruhige Nacht hinter sich, Taffy 2 fast genau östlich des Leyte-Golfs und Taffy 1 nördlich von

Mindanao. Vor den Piloten und Mannschaften lag ein weiterer Tag mit routinemäßigen Operationen zur Unterstützung der Landungstruppen an der Küste von Leyte.

Auf der *Samuel B. Roberts,* einem kleinen, zu Taffy 3 gehörenden Geleitzerstörer, strebte die Besatzung nach dem morgendlichen Gefechtsalarm zum Frühstück. Der kommandierende Offizier, Korvettenkapitän Robert W. Copeland, hätte die ereignislose Nacht vielleicht besser dazu nutzen sollen, etwas Schlaf nachzuholen – man konnte nie wissen, wann sich wieder eine solche Gelegenheit ergab –, aber er war zusammen mit dem Ersten Offizier, Kapitänleutnant Bob Roberts, die meiste Zeit bei der Wache im CIC gewesen und hatte am TBS-Empfänger den Funkverkehr zwischen den Schiffen verfolgt, die sich in der Surigao-Straße schlugen. Es war schwer zu sagen gewesen, was genau dort passierte. Aus den Funksprüchen ließen sich nur Hinweise auf die Aktionen entnehmen, und der Empfang war aufgrund der Entfernung und der dazwischenliegenden Inseln nicht immer der beste. Aber das Bild, das sich aus den aufgefangenen Bruchstücken ergab, war zweifellos das eines großen Gefechts, in dem die Japaner vernichtend geschlagen worden waren. Bei Tagesanbruch war klar, daß sich die Reste der japanischen Flotte in vollem Rückzug befanden.

Es war ein erregendes Erlebnis für die Männer der »Sammy B.«, für deren Schiff die Invasion von Leyte der erste wirkliche Kriegseinsatz war. Die von der Brown-Werft in Houston gebaute *Roberts* war im vergangenen April in Dienst genommen worden und hatte sich, nachdem sie eine Testfahrt in die Karibik unternommen hatte und in Boston letzte Hand an sie gelegt worden war, der Pazifikflotte angeschlossen. Das aufregendste Erlebnis war bisher ein Taifun gewesen, in den sie kurz vor der Leyte-Operation geraten war.

Der Kapitän verließ das CIC, um in der Offiziersmesse eine Tasse Kaffee zu trinken, wurde aber durch einen Ruf auf die Brücke davon abgehalten. Die Wache hatte soeben von einem der Avenger-Aufklärungsflugzeuge der Task Force eine Sichtmeldung erhalten, nach der sich nordwestlich der *Roberts* mehrere japanische Schlachtschiffe, Kreuzer und Zerstörer befanden. Fast gleichzeitig meldeten die Ausgucks die Detonation von Luftabwehrgeschossen im Nordwesten.

Copeland und Roberts beobachteten gleichmütig die zwischen den Wolken platzenden Rauchflecken. Dann meldete ein Ausguck: »Objekt am Horizont. Peilung zwei-fünf-null. Sieht wie ein Schiffsmast aus.« Kapitänleutnant Bill Burton, der Artillerieoffizier der *Roberts,* hatte einen Kurs in Schiffserkennung absolviert, bevor er sich auf dem Zerstörer zum Dienst meldete. Er blickte durchs Fernglas in die vom Ausguck angegebene Richtung und entdeckte etwas, das wie eine japanische Pagode aussah. Ihm war sofort klar, daß es die Gefechtsmars eines Kreuzers war.

Der Kapitän und der Erste Offizier blieben, angesichts der Umstände, bemerkenswert ruhig. Sie sahen zum ersten Mal ein feindliches Kriegsschiff und hatten nur wenige Minuten vorher eine Sichtmeldung über einen in der Nähe kreuzenden japanischen Flottenverband erhalten. Dennoch schien keiner von beiden es für nötig zu halten, das Schiff in Gefechtsbereitschaft zu versetzen. Dann sah es so aus, als würde der Erste Offizier handeln, wie man es von ihm erwarten durfte; er ging zum Mikrofon der Lautsprecheranlage und sagte: »Alle Mann herhören! Jeder, der gern die fliehenden Reste der japanischen Flotte sehen möchte, begibt sich an Deck.«

Nachdem sie die Nacht über die Geschehnisse in der Surigao-Straße verfolgt hatten, nahmen sowohl Copeland als auch Roberts an, daß die Schiffe, die sie sahen, die Reste der japanischen Südgruppe waren. Daß sie auf eine andere Flotte gestoßen sein könnten, Kuritas Mittelgruppe nämlich, und möglicherweise in großer Gefahr schwebten, kam ihnen nicht in den Sinn. Und das letzte, woran sie dachten, war die Vorstellung, daß sie, noch bevor der Tag zu Ende gegangen war, in der von Haien wimmelnden Philippinen-See um ihr Leben schwimmen würden.

Überall auf dem Schiff kamen Männer durch Luken und Türen an Deck, manche nur halb angezogen und mit Rasierschaum auf dem Gesicht, andere noch an ihrem Frühstück kauend, und schauten neugierig nach Nordwesten, um einen Blick auf die »fliehenden« Japaner zu erhaschen, damit sie eines Tages die Ehrfurcht in den Augen derer sehen könnten, denen sie davon erzählten, daß sie einmal sogar in Sichtweite des Feindes gekommen seien. Aber die Japaner flohen nicht. Sie liefen mit dreißig Knoten an, und man mußte kein erfahrener Ausguck sein, um zu erkennen, daß die Sehenswürdigkeiten im Nordwesten größer wurden.

Während Copeland und Roberts die Japaner beobachteten und die hereinkommenden Informationen aufnahmen, etwa darüber, daß die Flugzeugträger volle Fahrt aufnahmen und nach Osten schwenkten, begann ihnen die wirkliche Situation zu dämmern. Copeland gab Gefechtsalarm, und die Besatzung der *Roberts* hastete auf ihre Stationen. Drei Minuten später schossen zwischen der *Roberts* und dem nächsten Flugzeugträger, der *Fanshaw Bay,* grünpurpurne Fontänen aus dem Wasser. Es hagelte regelrecht japanische Granaten, die verschiedenfarbige Explosionen auslösten und so die Stelle markierten, an der sie niedergegangen waren. Oberbootsmannsmaat Red Harrington verfolgte, wie die farbigen Qualmwolken vor der Steuerbordseite in den Himmel aufstiegen. »Fliehen!« schnaubte er. »Daß ich nicht lache!«

Nach Tagesanbruch waren die Luftoperationen der CVEs wieder aufgenommen worden. Die sogenannten »Jeepträger« waren, in der Sprache der Seeleute, »dünnhäutige« Schiffe, das heißt, sie besaßen weder einen doppelten Rumpf noch eine Panzerung und auch kein Torpedoradar unter dem Kiel. Und sie waren langsam. Walter Karig bemerkte treffend: »Bei Rückenwind und ruhiger See machen diese kleinen Schiffe vielleicht achtzehn Knoten, vorausgesetzt, der Maschinenoffizier hat sich besonders angestrengt.«

Das Flaggschiff von Konteradmiral Clifton A. F. »Ziggy«

Sprague, dem Kommandeur von Taffy 3, war einer dieser Jeep-träger, die *Fanshaw Bay*. Sprague beobachtete von der Brücke aus, wie die Flugzeuge auf dem kurzen Flugdeck starteten. Sie waren entweder mit Wasserbomben bewaffnet, um gegen eventuell in dieser Gegend operierende U-Boote vorgehen zu können, oder hatten Splitterbomben und Munition für den Einsatz gegen Ziele auf Leyte an Bord.

Um 0637 Uhr hörte einer der Männer im CIC der *Fanshaw Bay*, der den internen Feuerleitfunk der Jäger überwachte, Stimmen, die japanisch klangen, und er fragte seinen Nebenmann: »Wofür hältst du das?« Der Angesprochene hörte es sich einen Moment lang an und antwortete dann: »Da macht jemand einen Witz.« Der erste Mann zuckte die Achseln und sagte: »Möglich. Oder es ist eine weitreichende Störung.« Taffy 3 fuhr fort, seine Routineaufgaben zu erfüllen.

Sprague sah durch die Brückenfenster auf seine Schiffe. Vor der *Fanshaw Bay* fuhren die anderen CVEs seiner Gruppe: *Kalinin Bay, White Plains, St. Lô, Kitkun Bay* und *Gambier Bay*. Von ihnen allen starteten jetzt Flugzeuge, während die Gruppe nordostwärts in den Wind drehte. Abgeschirmt wurde sie von den Zerstörern *Johnston, Hoel* und *Heerman* sowie den Geleitzerstörern *Samuel B. Roberts, Dennis, Raymond* und *John C. Butler*.

Gegen 0745 Uhr meldete eine aufgeregte Stimme aus dem CIC, daß einer der Piloten nur zwanzig Meilen nordwestlich eine mit dreißig Knoten näherkommende feindliche Überwasserflotte aus vier Schlachtschiffen, sieben Kreuzern und elf Zerstörern gesichtet habe. Sprague beugte sich über die »Zeterbox« und stieß gereizt hervor: »Flugleitung, sagen Sie dem Piloten, er soll die Identifikation überprüfen.« Das fehlte ihm noch, daß ein übereifriger Pilot alle in unnötige Aufregung versetzte, nur weil er eine von Halseys Task Groups falsch identifizierte. Einen Augenblick darauf meldete sich die Flugleitung zurück: »Der Pilot bleibt dabei, daß es japanische Schiffe sind. Er sagt, sie haben Pagodenmasten!«

Sprague blickte nach Nordwesten und entdeckte über dem Horizont den Qualm detonierender Luftabwehrgeschosse. »Kurs null-neun-null«, bellte er. »Volle Fahrt. Alle Flugzeuge zum Start.« Taffy 3 schwenkte nach Osten, und die schwarzen Rauchwolken, die aus den Schornsteinen der CVEs aufstiegen, signalisierten, daß sie ihre Geschwindigkeit erhöhten. Währenddessen stieß der Pilot, der den japanischen Verband entdeckt hatte, zu dem nächstliegenden feindlichen Kreuzer hinab und warf seine Munition ab. Es waren Wasserbomben, die eigentlich für U-Boote gedacht waren, aber sie waren alles, was er hatte.

Wenige Minuten darauf waren die japanischen Schiffe bis auf achtzehn Meilen an Taffy 3 herangekommen, und keine zweitausend Meter von den fliehenden Trägern entfernt schossen mehrere farbige Fontänen aus dem Wasser. Die nächste Salve rauschte sogar noch näher ins Meer. Es war nur eine Frage der Zeit, bis die Geschosse ihr Ziel finden würden. Admiral Sprague fragte sich, was er tun konnte, um seine Kampfgruppe zu retten.

Für Kapitänleutnant Ed Digardi, den Fernmelde- und Navigationsoffizier des Zerstörers *Johnston,* kamen die japanischen Granaten weniger überraschend als für manchen anderen in der Task Group. Er hatte zusammen mit den anderen Offizieren der *Johnston* die nächtlichen Meldungen der Aufklärer verfolgt und den zutreffenden Schluß gezogen, daß Kuritas Mittelgruppe durch die San-Bernardino-Straße anlief. Dennoch starrte er wie gebannt auf die Wassersäulen, die um ihn herum in den Himmel schossen. Die *Johnston* war den herankommenden Japanern am nächsten, und viele der Granaten stürzten in ihrer Nähe ins Meer.

Digardi war bei Gefechtsalarm Deckoffizier – keine geringe Ehre, wenn sie von jemandem wie dem Kapitän der *Johnston* kam, Fregattenkapitän Ernest E. Evans, einem Cherokesen, der in dem Ruf stand, ein zäher Kämpfer zu sein. Evans' Spitzname, den er schon an der Marineakademie erhalten hatte, war naheliegenderweise »Chief« (Häuptling), was gelegentlich zu einiger Verwirrung führte, da in der US Navy die höheren Unteroffiziere »Chief« genannt werden.

Evans war ein kleiner, stämmiger Mann mit einer durchdringenden Stimme, der allgemein als geborene Führernatur angesehen wurde. Er hatte sich seinen Ruf durch die aggressive Jagd auf U-Boote und durch seinen Einsatz bei Kwajalein erworben, wo er sein Schiff dicht unter Land gebracht hatte, um einige japanische Küstenbatterien zu vernichten, die eine ernste Gefahr für die Landungstruppen darstellten.

Eine der ersten Gelegenheiten, bei denen sich Digardi ein Bild von Evans machen konnte, war die feierliche Indienstnahme der *Johnston* am 27. Oktober 1943 gewesen. Evans hatte der Besatzung und den versammelten Gästen in seiner Rede erzählt, daß er zu Beginn des Krieges auf einem in der Javasee bei Niederländisch-Indien eingesetzten alten Zerstörer aus dem Ersten Weltkrieg, der *Alden*, gedient habe. Als die Japaner die Schweren Kreuzer *Houston* und *Marblehead* versenkt hatten und die Lage der restlichen Asiatischen Flotte der US Navy hoffnungslos geworden war, hätte sich die *Alden* in aller Eile aus der Javasee zurückziehen müssen. Dann hatte Evans auf die mit Fahnen geschmückte *Johnston* gezeigt und mit den Worten von John Paul Jones angekündigt: »Jetzt aber, da ich über ein modernes Kampfschiff verfüge, habe ich die Absicht, die Gefahr aufzusuchen.« Digardi hatte den Eindruck, daß Evans überzeugend klang und meinte, was er sagte, als er hinzufügte: »Ich werde mich nie wieder vor einer feindlichen Streitmacht zurückziehen.«

Fast auf den Tag genau ein Jahr später bekam Evans die Gelegenheit, es zu beweisen. Eine japanische Streitmacht näherte sich Taffy 3, und die *Johnston* befand sich genau auf ihrem Kurs. Das war seine Chance, und Evans begann umgehend die Befehle auszugeben, um mit seinem Schiff »die Gefahr aufzusuchen«.

Bill Mercer, der normalerweise in der Schiffswäscherei arbeitete, jetzt aber als Richtkanonier einer der Vierzig-Millimeter-Zwillingskanonen an Backbord auf seiner Gefechtsstation genau unterhalb der Brücke saß, konnte mithören, wie Evans seine Befehle gab. Als er zu seiner Gefechtsstation kam, hatte er die Mastspitzen der japanischen Schiffe achtern über den Horizont ragen gesehen. Deshalb war er froh zu hören, daß der Kapitän den Befehl gab: »Alle Maschinen volle Kraft voraus.« Sich so schnell wie möglich vom Feind abzusetzen, schien dem achtzehnjährigen Bill Mercer eine ausgezeichnete Idee zu sein. Seine Freude hielt jedoch nicht lange an, denn bald darauf hörte er, wie der Kapitän mit seiner dröhnenden Stimme ausrief: »Ruder hart backbord!« Mercer beobachtete, wie sich der Bug der *Johnston* rasch drehte – auf die Japaner *zu* –, und streifte sich die Schwimmweste über.

Als Deckoffizier hatte Ed Digardi das Schiff für den Kampf vorzubereiten und die besonderen Anweisungen des Kapitäns auszuführen, und als Evans befahl, einen Nebelschleier auszubringen, wies er den Maschinenraum an, schwarzen Qualm aus den Schornsteinen auszustoßen, während die Nebelmaschine weiße Rauchwolken entließ, die sich wie ein dichter Schleier über das Wasser legten.

Als nächstes erhielt Digardi den Befehl, das Schiff auf Gegenkurs zu bringen und zwischen den japanischen Schiffen und den fliehenden Flugzeugträgern im Zickzack zu fahren, um den Japanern die Sicht auf die CVEs zu nehmen. Während dies geschah, wandte sich Evans über Lautsprecher an die Besatzung und versicherte ihr, daß Admiral Halseys Dritte Flotte bald eintreffen werde, um sie abzulösen. Dann befahl er den 12,7-Zentimeter-Kanonen, das Feuer auf den am nächsten fahrenden japanischen Kreuzer zu eröffnen. Kurz darauf konnte Digardi Treffer an den Aufbauten des Kreuzers feststellen. Sie bewirkten jedoch nur, daß der Japaner zurückschlug und die gigantischen Wassersäulen der ins Meer stürzenden Granaten immer näherkamen. Evans »jagte die Fontänen«, indem er das Schiff an den Ort der jeweils letzten Detonation brachte, der als relativ sicher gelten konnte, da anzunehmen war, daß die Zielpeilung des gegnerischen Schiffs nach einem Fehlschuß korrigiert wurde.

Steuermannsgast Robert M. Billie befand sich auf seiner Gefechtsstation, dem Ausguckposten auf der offenen Laufbrücke oberhalb der Kommandobrücke. Da er kein Feindschiff entdeckt hatte, seit er dort oben war, hatte er sich schon gefragt, ob die Meldungen über die anlaufende japanische Flotte falsch waren. Doch als er die farbigen Wassersäulen aus dem Meer schießen sah und das Schiff hektisch auf die jeweils letzte zusteuerte, war kein Zweifel mehr möglich. Es war, soweit er sich erinnern konnte, das einzige Mal, daß er sich wünschte, ein Schützenloch graben zu können.

Während die Flugzeugträger hinter dem Nebelschleier verschwanden, konzentrierte sich das Feuer der Japaner immer mehr auf die *Johnston*. Digardi hörte voller Schrecken das Geräusch der über sie hinwegfliegenden Geschosse der Schlachtschiffe; es klang wie ein in rasendem Tempo vorbeidonnernder Güterzug. Ihm war klar, daß ihre Überlebenschancen bestenfalls gering waren und rasch abnahmen.

Als die pastellfarbenen Fontänen von allen Seiten näherkamen, schien auch für Evans das Schicksal des Schiffs besiegelt zu sein. Er wandte sich an Digardi und sagte: »Wir können nicht mit den Fischen an Bord untergehen.« Seinem Ruf und dem bei der Indienstnahme der *Johnston* gegebenen Versprechen gemäß befahl er: »Klar für Torpedoangriff!« Dann wies er Digardi an, direkt auf die Formation der weiterhin von Nordwesten anlaufenden Kreuzer zuzuhalten. Während das Schiff wendete und die Geschütze wie wild feuerten, konnte Digardi die massigen Kreuzer und die über dem stumpfen Grau ihrer Silhouetten zuckenden Blitze der Mündungsfeuer deutlich erkennen, und dahinter waren die Umrisse von Schlachtschiffen auszumachen. Es war der pure Wahnsinn! Ein einzelner winziger Zerstörer wollte es mit einer Armada von Schiffen aufnehmen, die zu den mächtigsten der Welt gehörten.

Während die *Johnston* die Distanz zum Feind mit beunruhi-

gender Geschwindigkeit verkleinerte, übernahm der Torpedooffizier, Kapitänleutnant Jack Bechdel, das Ruder und steuerte das Schiff entsprechend der vom Analogrechner der Torpe-
dosteuerung gelieferten Feuerlösung. Das Ziel war der an der
Spitze des japanischen Verbandes fahrende Kreuzer *Kumano*.
Durch die Brücke hallte jetzt eine merkwürdige, von mathema-
tischen und nautischen Begriffen durchsetzte Sprache: »Entfernung zwölftausend Meter. Zielgeschwindigkeit zwei-fünf Knoten. Träger eins zielt auf eins-eins-null relativ. Träger zwei auf
eins-zwei-fünf relativ. Entfernung elftausend Meter. Zielwinkel
null-vier-null. Lauftiefe auf 1,8 Meter einstellen. Entfernung
zehntausend Meter. Ein Grad Streuung. Träger eins, Gyro-Winkel drei-fünf Grad rechts. Träger zwei, Gyro-Winkel zwei-fünf
Grad rechts. Rohrvorhalt zwei Punkt fünf Grad. Drei-Sekun-
den-Intervall. Entfernung neuntausend Meter.«

Die ganze Zeit über fielen rund um die *Johnston* ständig japanische Granaten ins Meer, von denen wundersamerweise
keine ins Ziel traf. Aber die Wahrscheinlichkeit, daß dieses
Glück anhielt, verringerte sich mit jedem Beinahetreffer.

Während das Schiff direkt auf den Feind zufuhr, stand Kapitänleutnant Digardi auf der Steuerbordnock neben dem Torpedooffizier, dem Kapitän, einem Signalgast und dem Identifikationsoffizier des Geschwaders, der in Manus an Bord gekommen
war, kurz bevor die *Johnston* in Richtung Philippinen auslief. Nachdem Bechdel alle zehn Torpedos des Schiffs abgefeuert
hatte, übergab er das Kommando wieder an Digardi, der ins
Steuerhaus trat und dem Steuermann die nötigen Befehle gab,
um das Schiff in seinem eigenen Nebelschleier vor dem japanischen Geschützfeuer in Sicherheit zu bringen. Wenig später waren in der Ferne mehrere Unterwasserexplosionen zu hören, was
darauf hindeutete, daß einige der Torpedos ihr Ziel gefunden
hatten.

Als die *Johnston* wieder aus dem Nebelschleier herausfuhr,
erwartete die Besatzungsmitglieder, die es sehen konnten, der
willkommene Anblick des brennenden Hecküberhangs der *Ku-*

mano. Aber die Hochstimmung dieses Augenblicks war bald wie weggefegt, denn das Glück verließ die *Johnston.* Im hinteren Maschinenraum schlugen drei 35,5-Zentimeter-Granaten ein, und eine Salve von 15,2-Zentimeter-Geschossen ging über der Steuerbordnock nieder und entzündete das Vierzig-Millimeter-Magazin. Das Schiff war nicht mehr zu steuern und hatte die gesamte Feuerkraft der hinteren Geschütze verloren.

Auf der Laufbrücke hatte ein Granatsplitter das Mundstück von Robert Billies OB-Telefon zerfetzt und seinen Mund mit Blut und abgebrochenen Zähnen gefüllt. Billie blickte hinunter und sah mehrere Tote und Verwundete auf dem Deck unter ihm. Die nächste Explosion hob ihn von den Beinen und schmetterte ihn auf den Stahlboden der Laufbrücke, wo er bewußtlos auftraf. Als er wieder zu sich kam, sah er seine Schuhe, immer noch sauber verschnürt, neben seinem Kopf liegen.

Einige Minuten nach den Einschlägen hörte Bill Mercer, wie über ihm jemand rief: »Achtung da unten!« Dann sah er zwei Beine in einer Khakihose vor sich. Jemand ließ einen Offizier vom Hauptdeck herunter. Als nächstes bekam Mercer das blutverschmierte Khakihemd zu sehen. Dannn geriet die Prozedur für einen Moment ins Stocken, und als der Leichnam weiter heruntergelassen wurde, bemerkte Mercer entsetzt, daß er keinen Kopf hatte.

Der enthauptete Identifikationsoffizier des Geschwaders war nicht das einzige Opfer auf der Brücke. Digardi war gleich nach den Treffern aus dem Steuerhaus auf die Steuerbordnock gerannt. Es war ein furchtbarer Anblick gewesen. Der Torpedooffizier, der neben dem kopflosen Offizier lag, hatte ein Bein verloren, und der Signalgast war regelrecht in Stücke gerissen worden. Der Kapitän lebte noch, blutete aber aus Splitterwunden an Hals, Brust und Hand.

Als sich Bill Mercer auf dem geschundenen Schiff umschaute, um das Bild des vor ihm hängenden kopflosen Leichnams zu verdrängen, sah er, daß Turm 52, eine der vorderen 12,7-

Zentimeter-Kanonen, immer noch wütend feuerte, sich aber, von leeren Geschoßhülsen umgeben, bald nicht mehr würde drehen können. Mercer und ein anderer Vierzig-Millimeter-Kanonier, J. B. Strickland, rannten nach vorn und begannen, die Messinghülsen über Bord zu werfen. Als das Deck einigermaßen leergeräumt war, kehrten sie zu ihren Geschützen zurück. Ihre Arbeit war umsonst gewesen, denn Turm 52 erhielt, kaum daß sie ihn hinter sich gelassen hatten, einen Volltreffer.

Auf der Brücke wollte der Schiffsarzt die Wunden des Kapitäns versorgen, aber Evans, dem das Hemd und der Helm vom Körper gerissen worden waren, wehrte ihn mit den Worten ab: »Kümmern Sie sich jetzt nicht um mich. Helfen Sie den Jungs, die wirklich verletzt sind.« Dann wickelte er sich, ohne weiter auf die Wunden an Hals und Brust zu achten, ein Taschentuch um die blutende Hand und ging wieder daran, sein Schiff zu verteidigen.

Admiral Sprague hatte nicht viele Möglichkeiten in diesem einseitigen Gefecht. Die Feuerkraft seiner Kampfschiffe war hoffnungslos unterlegen, und die Flugzeugträger konnten nicht einmal fliehen, da sie nur halb so schnell waren wie die Verfolger. In seiner Verzweiflung setzte er um 0701 Uhr einen unverschlüsselten Funkspruch ab, in dem er seine eigene Position und die des Feindes angab und jeden, der ihm zu Hilfe kommen konnte, darum bat, es zu tun.

Admiral Felix Stump, der Kommandeur von Taffy 2, meldete sich daraufhin über TBS bei seinem alten Freund Sprague, um ihm den Rücken zu steifen. »Nur keine Bange, Ziggy«, sagte er. »Denk dran, wir sind hinter dir. Reg dich nicht auf. Und tu nichts Übereiltes!« Die Stimme, mit der diese beruhigenden Worte gesprochen wurden, war jedoch alles andere als beruhigend, sondern wurde immer höher und lauter.

Sprague wies alle Schiffe an, Rauch auszustoßen, um die Feuerpeilung der Japaner zu erschweren, und die Schiffe, die mit Nebelmaschinen ausgerüstet waren, begannen dicken weißen

Qualm in die Luft zu pumpen. Die anderen mußten improvisieren, indem sie das Luft-Brennstoff-Verhältnis verringerten, was die normalerweise unerwünschte Wirkung hatte, daß große schwarze Rauchwolken aus den Schornsteinen quollen. Die schwere, feuchte Luft über der Philippinen-See hielt den Rauchschleier dicht über der Wasseroberfläche, so daß das Gebiet bald von einer dicken Schicht aus schwarzen und weißen Rauchschwaden eingehüllt war.

Aber der Rauch schien die Japaner nicht zu irritieren. Das Flaggschiff *Fanshaw Bay* und die *White Plains* waren die beiden CVEs, die den angreifenden Schiffen am nächsten waren, und beide befanden sich in ernsten Schwierigkeiten. Die pinkfarbenen Fontänen der von der *Yamato* abgefeuerten Granaten stiegen bedrohlich nah bei der *White Plains* aus dem Wasser. Bald kamen die gelb gefärbten Geysire der von der *Kongo* abgeschossenen Granaten hinzu, und dann mischten sich, während weitere japanische Schiffe auf die *White Plains* zielten, rote, grüne, blaue und purpurne Wassersäulen darunter. Ein junger Matrose, der vom Flugdeck eines der CVEs aus zuschaute, kommentierte das farbenprächtige Schauspiel mit dem Ausruf: »Sie beschießen uns in Technicolor!«

Der Beschuß wurde immer genauer. Bald wurde die *White Plains* von vier Explosionen durchgeschüttelt, zwei vorn und zwei achtern, und sie alle waren sehr, sehr nah gewesen. Ein Teil des farbigen Wassers klatschte auf das Flugdeck des CVE, und eine Granate war so dicht am Heck detoniert, daß der Kapitän glaubte, sein Schiff hätte einen Treffer abbekommen, und Admiral Sprague umgehend darüber Meldung erstattete. Die Druckwelle hatte eines der Flugzeuge aus seiner Halterung gerissen, und während es vorwärts rutschte, schnitten die sich drehenden Propeller ein beachtliches Stück aus der Tragfläche des vor ihm stehenden Jägers. Der Beinahetreffer hatte außerdem die Steuerung beschädigt, so daß die *White Plains* planlos hin und her zu fahren begann. Der immer noch von ihr aufsteigende weiße Rauch und ihre offensichtliche Manövrierunfähigkeit mußten den Eindruck erweckt haben, als wäre sie erledigt, denn die Japaner ließen bald darauf von ihr ab und wandten sich anderen Zielen zu.

Während die amerikanischen Schiffe um ihr Überleben kämpften, taten die hastig gestarteten Flugzeuge der CVEs ihr Bestes, um die angreifenden Japaner zurückzuschlagen. In der Eile, mit der sie aufgestiegen waren, hatten viele nur Splitter- oder Wasserbomben an Bord, manche sogar nur MG-Munition, und einige hatten überhaupt keine Munition. Diese Handicaps hinderten sie jedoch nicht daran, sich auf einen Feind zu stürzen, der bis an die Zähne bewaffnet war, und die Bomben und Patronen, die sie hatten, konnten, obwohl sie keine ernsten Schäden anrichteten, nicht völlig ignoriert werden. Sie zwangen die Japaner, ihre Aufmerksamkeit zumindest zum Teil der Luftabwehr zuzuwenden, und die Männer, die in exponierter Position an den Kanonen saßen oder auf den Kommandobrükken standen, mußten sich regelmäßig vor den hartnäckig anfliegenden Amerikanern wegducken. Es war, als würden sie von Insekten belästigt, die zwar keine echte Bedrohung darstellten, aber doch störend genug waren, um sie zeitweise von allem anderen abzulenken.

Den Amerikanern schlug eine enorme Feuerkraft entgegen. Es sei daran erinnert, daß Kurita die Luftabwehr vor der Operation verstärkt und die Geschützbedienungen besonders sorgfältig gedrillt hatte. Trotzdem beteiligten sich auch jene Piloten an den Angriffen, die keinerlei Munition an Bord hatten. Was dies bedeutete, ist kaum vorstellbar. Kuritas Operationsoffizier, Fregattenkapitän Otani, der die Angriffe von der Brücke der *Yamato* aus beobachtet hatte, würdigte später den Mut seiner Gegner: »Die Angriffe gingen nahtlos ineinander über, obwohl jeweils nur wenige Flugzeuge an ihnen beteiligt waren. Die Bomber und Torpedoflugzeuge waren sehr aggressiv und geschickt, und die Koordination der amerikanischen Angriffe war beeindruckend; selbst im Vergleich mit den reichen Erfahrungen, die wir bereits mit amerikanischen Angriffen gemacht hatten [am Tag zuvor in der Sibuyan-See], bewiesen ihre Flugzeuge höchste Fähigkeiten.«

Aber es hätte mehr gebraucht als den Mut einiger hartnäckiger Piloten, um Kurita daran zu hindern, der verwundbaren Task Group Taffy 3 schwere Schäden beizubringen. Mit der gigantischen *Yamato*, drei weiteren Schlachtschiffen und einer schlagkräftigen Gruppe von Kreuzern und Zerstörern – die allesamt wesentlich schneller waren als die CVEs – hatte Kurita die Mittel in der Hand, um der US Navy einen Schlag zu versetzen, der alles übertraf, was sie seit Pearl Harbor hatte einstecken müssen.

Weit oben im Norden war David McCampbell, der am Tag zuvor einen Rekord von neun Abschüssen aufgestellt hatte, wieder in der Luft, diesmal als Zielkoordinator einer großen Gruppe von Flugzeugen der Dritten Flotte, die auf dem Weg zu Ozawas Köderverband waren. Halsey, der sich mit seinem Flaggschiff *New Jersey*, das jetzt zur Task Force 34 gehörte, meilenweit vor der Trägergruppe befand, hatte sie beim ersten Lichtschein des anbrechenden Tages starten lassen.

Die japanische Nordgruppe stand zu diesem Zeitpunkt vor der Nordspitze von Luzon, unweit einer Landspitze namens Kap Engaño, und die Schlacht, die dort stattfinden sollte, ging mit dem Namen dieses Kaps in die Geschichte ein. Einen passenderen Ort hätte sich Ozawa für seine Mission nicht aussuchen können, denn wie es der Zufall wollte, bedeutet das spanische Wort *engaño* nichts anderes als »Täuschung« oder »Betrug«.

Ozawas Stabschef, Kapitän zur See Toshikazu Ohmae, war sicher, daß ein amerikanischer Angriff bevorstand. Er wußte sogar, wie weit der Feind ungefähr entfernt war. Seiner Erfahrung nach hielten sich die Amerikaner meistens an ein bestimmtes, vorhersehbares Muster. So schickten sie, zum Beispiel, fast immer eine halbe Stunde vor Sonnenaufgang eine Aufklärungspatrouille aus. Als ihm an diesem Morgen gemeldet wurde, daß sich Flugzeuge in der Nähe des Verbandes herumtrieben, zog er daher den Schluß, daß die amerikanische Flotte etwa hundert Meilen entfernt sein mußte.

Neben McCampbell gehörten noch sechsundzwanzig weitere Asse zu der Angriffsgruppe, die Ozawas Verband als erste erreichte. Es war also kein Wunder, daß die achtzehn japanischen Jäger, die über Ozawas Schiffen patrouillierten, bald ausgeschaltet waren. Danach mußten die amerikanischen Flugzeuge nur noch mit dem Luftabwehrfeuer der Schiffe fertigwerden, und es dauerte nur wenige Minuten, bis Ozawas Schiffe von Schwärmen angreifender Flugzeuge umgeben waren. Wenig später zogen sie Ölteppiche und lange schwarze Rauchschwaden hinter sich her.

Als Zielkoordinator flog McCampbell oberhalb des Kampfgeschehens und dirigierte die Flugzeugschwärme zu den hektisch manövrierenden japanischen Schiffen. Einer der Zerstörer wurde getroffen und ging augenblicklich unter. Der erste Flugzeugträger, der den Flugzeugen zum Opfer fiel, war der Leichte Träger *Chitose,* der um 0937 Uhr unterging. Für einige Augenblicke markierte noch ein weißer Fleck aus schäumendem Wasser den Ort seines feuchten Grabes, doch dann war auch er verschwunden.

Ozawa befand sich während der ersten Angriffswelle auf der *Zuikaku.* Dieser altgediente Flugzeugträger war das letzte überlebende Schiff, das den Angriff auf Pearl Harbor mitgemacht hatte, und er war seither an fast jeder großen Schlacht im Pazifik beteiligt gewesen. Doch diese sollte seine letzte sein. Sein Kommunikationssystem wurde durch die ersten Angriffe vollständig außer Betrieb gesetzt und das Steuerruder beschädigt, und so setzte Admiral Ozawa in der ersten Kampfpause mit seinem Stab auf den Leichten Kreuzer *Oyoda* über.

McCampbell dirigierte auch noch die zweite Angriffsgruppe zu den Zielen. Als die dritte Welle eintraf, war es jedoch Zeit, zu seinem Träger zurückzukehren. Er wurde von Hugh Winters, dem Kommandeur der Luftgruppe der *Lexington,* abgelöst, der die größte Angriffsgruppe des Tages mitgebracht hatte. Über zweihundert Flugzeuge stürzten sich auf Ozawas Verband, und wenig später war es um die *Zuikaku* geschehen.

Ozawa verfolgte von seinem neuen Flaggschiff aus, wie die amerikanischen Maschinen dem alten Flugzeugträger zusetzten. Ob es ihm damals schon durch den Kopf ging, ist nicht bekannt, aber später beklagte er die Entscheidung der japanischen Marine, die Masse ihrer Luftwaffe für die Verteidigung Formosas aufzubieten. Denn wenn man ihm die Flugzeuge und die Piloten, so schlecht sie ausgebildet waren, gelassen hätte, wäre die Schlacht bei Kap Engaño möglicherweise weniger einseitig verlaufen. So aber konnten die japanischen Schiffe nicht mehr tun, als wild zu manövrieren und mit ihren Luftabwehrgeschützen zurückzuschlagen, Maßnahmen, die sich während des Krieges ein ums andere Mal als unwirksam erwiesen hatten. Bei einer ausreichenden Anzahl von Angriffsflugzeugen hatten Schiffe ohne eigene Luftunterstützung kaum eine Chance, und die *Zuikaku* war keine Ausnahme von dieser Regel. Am Nachmittag war sie von der Wasseroberfläche verschwunden.

Es war für die Amerikaner ein glücklicher Umstand, daß sich Kurita nicht in bester Kampflaune befand und seine gewaltige Überlegenheit nicht voll ausspielte. Nachdem die amerikanische Trägergruppe gesichtet worden war, hatte er seine Schiffe nicht zur Gefechtslinie formiert, in der die Schlachtschiffe in der Lage gewesen wären, ihr Feuer zu koordinieren, während die Zerstörer mit ihren Torpedos die Angriffsspitze gebildet hätten. Damit wäre Kuritas Feuerkraft in vollem Umfang zur Geltung gekommen. Statt dessen gab er Befehl zum »allgemeinen Angriff«, was im Grunde nichts anderes hieß als »jeder für sich« und dazu führte, daß die eigenen Kräfte in einer chaotischen »Massenschlägerei« vergeudet wurden.

Das bedeutete jedoch nicht, daß Taffy 3 entkommen würde. So ungeordnet die Japaner auch vorgingen, setzten sie den fliehenden Amerikanern doch unnachgiebig nach und verringerten den Abstand zu ihnen zusehends. Ihre 20,3-, 35,5-, 40,6- und 46-Zentimeter-Kanonen ließen buchstäblich Tonnen von Metall und Sprengstoff auf die dünnhäutigen Flugzeugträger und ihre winzigen Begleitschiffe herabregnen. Es schien, als wäre Taffy 3 unrettbar verloren, als wäre es nur noch eine Frage kürzester Zeit, bis die großkalibrigen Geschosse von Kuritas Mittelgruppe die amerikanischen Schiffe pulverisiert haben würden.

Doch dann erbarmte sich Mutter Natur der Amerikaner und schenkte ihnen eine kurze Atempause. Von Norden zog eine heftige Regenböe heran, die, wie es ein Militärhistoriker ausdrückte, ein »seetüchtiges Schützenloch« darstellte, in dem Sprague und seine Flugzeugträger Deckung finden konnten. Als sie in der Böe verschwunden waren, wurden die kleinen Träger für die Augen und das Radar des Feindes vorübergehend unsichtbar. Für eine Weile waren sie vor dem japanischen Geschützfeuer sicher. Aber Kuritas Schiffe verringerten weiter den Abstand, und die Regenböe bewegte sich rasch nach Süden, schneller, als die CVEs zu folgen vermochten. So war es nur eine Frage der Zeit, bis die amerikanischen Schiffe erneut der fast sicheren Vernichtung entgegensehen würden.

Trotz der Einseitigkeit der hinter dem nördlichen Horizont bei Kap Engaño stattfindenden Schlacht herrschte in Halseys Kartenraum an Bord der *New Jersey* kein Jubel. Irgend etwas stimmte nicht. Das erste Anzeichen dafür war ein Funkspruch von Kinkaid, der um 0700 Uhr eintraf, offenbar aber viel früher ausgesendet worden war. Er informierte Halsey darüber, daß Kinkaids Kräfte den Feind in der Surigao-Straße gestellt hatten. So weit, so gut. Doch zum Schluß folgte eine Frage, die Halsey in Erstaunen versetzte: »Bewacht TF 34 die San-Bernardino-Straße?«

Es war für Halsey der erste Hinweis darauf, daß Kinkaid von TF 34 wußte. Schließlich hatte er nicht zu den Empfängern der Mitteilungen über die Bildung dieser Task Force gehört. Doch

315

was Halsey erschreckte, war, daß Kinkaid offenbar glaubte, sie würde die San-Bernardino-Straße bewachen. Denn der Funkspruch mit der Mitteilung »Laufe mit drei Gruppen nach Norden« *war* an ihn geschickt worden. Halsey setzte sofort eine Antwort an Kinkaid ab, in der er ihm mitteilte, was sich für ihn von selbst verstand: »TF 34 greift zusammen mit unseren Trägern feindliche Träger an.«

Danach verging über eine Stunde, in der von Kinkaid nur die Mitteilung eintraf, daß in der Surigao-Straße alles gut verlaufe. Doch dann empfing Halsey einen Funkspruch mit der Nachricht: »Erhalte Meldung, daß feindliche BB und Kreuzer TU 77. 4. 3 aus 15 Meilen achteraus beschießen.« Er fragte sich, wie Kinkaid es hatte zulassen können, daß Ziggy Sprague derart in Bedrängnis geraten war. Aber er war immer noch nicht beunruhigt – er sagte sich, daß die achtzehn CVEs der Task Group 77.4 sich selbst verteidigen konnten, bis Oldendorfs Kampfschiffe ihnen zu Hilfe eilten.

Aber achtzehn Minuten später wurden Halseys Erwartungen durch einen weiteren Funkspruch von Kinkaid zunichte gemacht: »Benötige dringend schnelle BBs Leyte-Golf sofort.« Diese Anforderung überraschte Halsey. Er schrieb später, es wäre nicht seine Aufgabe gewesen, »die Siebente Flotte zu schützen. Meine Aufgabe war die Offensive – mit der Dritten Flotte zuzuschlagen –, und wir waren gerade dabei, eine Streitmacht abzufangen, die nicht nur Kinkaid und mich selbst bedrohte, sondern die gesamte Pazifikstrategie.«

Dennoch schickte er umgehend eine Nachricht an Vizeadmiral McCain, dessen Task Group 38.1 auf der Rückfahrt aus der Gegend von Ulithi war, um sich wieder dem Rest der TF 38 anzuschließen, und wies ihn an, seine Gruppe »mit höchstmöglicher Geschwindigkeit« ins Gebiet des Leyte-Golfs zu führen, um Kinkaid zu unterstützen.

Um 0900 Uhr traf ein neuerliches Bittgesuch von Kinkaid ein: »Unsere CVEs werden von 4 BBs, 8 Kreuzern und anderen Einheiten angegriffen. Bitte um schnellste Unterstützung durch

Lee [TF 34]. Bitte um sofortiges Eingreifen schneller Träger.«
Halseys Erwiderungen wurden »zunehmend gereizter«, denn
»es gab nichts, was ich noch hätte tun können«.

Es folgte ein reger Austausch von Funksprüchen, in denen
Halsey schließlich seine Position mitteilte, damit Kinkaid die
Unmöglichkeit seiner Forderungen verstand, und Kinkaid sei-
ne Bitten in immer dringlicherem Ton wiederholte. Zuletzt
schickte Kinkaid in augenscheinlicher Verzweiflung einen
Funkspruch im Klartext, ohne sich wie üblich die Zeit zum
Verschlüsseln zu nehmen. Er kam einem Aufschrei gleich: »Wo
ist Lee? Schicken Sie Lee.« Halsey wollte gerade eine weitere
negative Antwort absenden, als ein neuer Funkspruch eintraf.
Er kam diesmal nicht von Kinkaid, und Halsey sollte ihn sein
Leben lang nicht vergessen. Es war eine Anfrage von Nimitz.

Am 25. Oktober 1854 fand auf der Halbinsel Krim bei einem
Ort namens Balaklawa eine Schlacht statt, die Teil eines fast
vergessenen Krieges war. Sie selbst wäre sicherlich in Verges-
senheit geraten – denn sie war, von Mißverständnissen zwischen Befehlshabern verursacht und völlig einseitig verlaufend,
weder taktisch noch strategisch von großer Bedeutung –, wenn
sich nicht der englische Dichter Alfred Lord Tennyson entschlossen hätte, sie durch eine Ballade unsterblich zu machen.
Seine Verse beschreiben den tapferen Angriff einer kleinen,
leicht bewaffneten englischen Kavallerieeinheit, die in einer
Zeit, als nach Tausenden zählende Armeen auf die Schlachtfel-
der zogen, aus nicht mehr als sechshundert Mann bestand. Diese winzige Reitereinheit hatte nicht den Hauch einer Chance,
und dennoch ritt sie in ein Tal hinein, das im Schußfeld schwerer russischer Artillerie lag. Tennysons Ballade *Der Reiteran-
griff von Balaklawa* war dem selbstlosen Opfermut dieser
Männer gewidmet.

Auf den Tag genau neunzig Jahre später befanden sich die
Geleitschiffe von Taffy 3 in einer ähnlichen Lage, und auch sie
brachten das selbstlose Opfer, das durch nichts aufzuwiegen ist.

Die eingefügten Verse aus Tennysons Ballade sollen dies verdeutlichen.

Die Regenböe, die ihnen zeitweise Schutz geboten hatte, war weitergezogen, und Taffy 3 war erneut dem japanischen Feuer ausgesetzt. Sprague befahl den Zerstörern und Geleitzerstörern, einen Torpedoangriff gegen die näherkommende japanische Armada zu fahren.

»Vorwärts!« der Führer spricht ...

Es war ein Akt der Verzweiflung, aber Sprague blieb keine andere Wahl. Obwohl Kapitän Evans es der Besatzung der *Johnston* versprochen hatte, kam Halsey dem schutzlosen kleinen Verband *nicht* zu Hilfe. Sein Schicksal hing allein von ihm selbst ab.

Auf der stark beschädigten *Johnston* war die Steuerung mit Notkabeln wieder funktionstüchtig gemacht worden, aber sie konnte mit dem einen verbliebenen Motor nur mit halber Kraft fahren. Der Kreiselkompaß war nicht mehr zu gebrauchen, die Radarantenne hing nutzlos am Mast, und zwei der hinteren Geschütztürme hatten zwar repariert werden können, aber Turm 52 war nur noch manuell zu bedienen.

Der Artillerieoffizier, Kapitänleutnant Robert C. Hagen, hatte im Feuerleitstand einen guten Überblick und konnte sehen, wie die *Hoel,* die *Heerman* und die *Samuel B. Roberts* mit voller Kraft vorbeidampften, um Spragues Befehl auszuführen. Es war offensichtlich, daß dieser Befehl für die *Johnston* nicht gelten konnte, da sie bereits alle Torpedos verschossen hatte und mit einer Höchstgeschwindigkeit von siebzehn Knoten nicht mit den anderen Schiffen mithalten konnte. Aber der »Chief« hatte andere Vorstellungen. Er gab mit seiner dröhnenden Stimme den Befehl, den drei Zerstörern zu folgen, um ihnen Feuerunterstützung zu geben. Während er alles vorbereitete, um das Geschützfeuer der *Johnston* zu leiten, dachte Kapitänleutnant Hagen im stillen: »Oh, gütiger Gott, ich werde schwimmen müssen.«

Sie aber fragen nicht,
Zittern und zagen nicht,
Tat und Tod ihre Pflicht,
Hin durch das Todestal
Ritten die Tausend.

Auch Kapitänleutnant Digardi hatte angenommen, daß der Angriffsbefehl nicht für sie galt, und die *Johnston*, nachdem die Steuerung repariert war, auf südlichen Kurs gebracht. Als Evans ihm befahl, zu wenden und wieder auf den Feind zuzuhalten, war er verblüfft, doch dann fiel ihm ein, was der »Chief« bei der Indienstnahme der *Johnston* gesagt hatte: »Ich werde mich nie wieder vor einer feindlichen Streitmacht zurückziehen.«

Während die vier amerikanischen Geleitschiffe auf ihre furchterregenden Gegner zufuhren, belegten sich beide Seiten gegenseitig mit heftigem Geschützfeuer. Vergleichsweise winzige 12,7-Zentimeter-Granaten prallten von den dicken Rümpfen der Japaner ab, während rund um die Taffy–3-Zerstörer Geschosse schwersten Kalibers niedergingen, von denen einige auf der bereits angeschlagenen *Johnston* einschlugen. Immer noch Rauch ausstoßend, liefen die drei Zerstörer, die noch Torpedos an Bord hatten, weiter auf die Japaner zu, um diese potentere Waffe gegen sie einzusetzen, während die *Johnston* vergeblich versuchte, mit ihnen Schritt zu halten, und mit erstaunlicher Hartnäckigkeit ihre verbliebenen Kanonen sprechen ließ.

Schwangen die Säbel all',
Stürmten mit Donnerhall
Wider der Feinde Wall …

Bill Mercer war durch ein Feuer, das seinen Geschützturm einschloß, von seiner Gefechtsstation vertrieben worden und hatte mit sieben oder acht anderen hinter einer Geschützpanzerung Schutz gesucht. Nach einer Weile hatte er plötzlich, ohne ersichtlichen Grund, die Deckung verlassen und war in Richtung

Bug gehastet. Er war gerade ein paar Meter weit gekommen, als er hinter sich eine gewaltige Explosion hörte und spürte, und nachdem sich der Qualm halbwegs verzogen hatte, sah er, daß eine japanische Granate direkt hinter der Geschützpanzerung eingeschlagen war und die Männer, bei denen er eben noch gewesen war, allesamt getötet hatte. Er wandte sich von dem schrecklichen Anblick ab und lief weiter nach vorn. Aber dicht neben der *Johnston* detonierte eine weitere Granate, diesmal vor Mercer, und er spürte im Gesicht eine brennende Hitze, während sich ein Schwall von blutrot gefärbtem Wasser auf die Aufbauten der *Johnston* ergoß.

Bomb' und Kartätsche traf
Sie aber ritten brav;
Kühn in der Hölle Schlund,
Kühn in den Todesschlaf ...

Der zähe Mut der amerikanischen Geleitschiffe wurde belohnt. Der Kreuzer *Kumano* war aus dem Gefecht ausgeschieden und leckte sich die während des vorherigen Angriffs durch die Torpedos der *Johnston* geschlagenen Wunden. Der Kreuzer *Suzuya* hatte sich ebenfalls zurückgezogen, um den Kommandeur der Siebenten Schweren Kreuzerdivision und seinen Stab von der *Kumano* zu übernehmen. Die zuletzt abgeschossenen Torpedos erzielten mehrere Treffer und zwangen die *Yamato*, sich vorübergehend nach Norden abzusetzen, wodurch die Kanonen mit der größten Reichweite ausfielen und das Schlachtschiff im Vergleich zu Taffy 3 rund sieben Meilen zurückfiel. Außerdem war der Kommandeur der japanischen Flotte dadurch für einige Zeit nicht im Kampfgebiet.

Mitten im Pulverdampf
Dröhnte ihr Hufestampf;
Kühn war und hart der Kampf,
Wankend ein Heer zerstob ...

Die Verwirrung war auf beiden Seiten groß. Als die *Johnston* aus den Rauchwolken auftauchte, die jetzt in wirrem Durcheinander über dem ganzen Gebiet hingen, schrie der Steuerbordausguck Digardi voller Schrecken etwas zu, und als Digardi in die angegebene Richtung schaute, sah er die *Heerman* an Steuerbord dicht vor dem Bug mit voller Kraft auf die *Johnston* zufahren. Auf beiden Schiffen wurde augenblicklich »Alle Maschinen volle Kraft zurück« durchgeklingelt. Sie erzitterten unter den plötzlich gegenläufig rotierenden Propellern, und dann glitten die beiden Zerstörer in einem Abstand von weniger als drei Metern aneinander vorbei. Doch für Erleichterung war keine Zeit. Beide Schiffe konzentrierten sich sofort wieder auf den Feind.

Als sich Digardi von der *Heerman* abwandte, erblickte er das Schlachtschiff *Kongo,* das in gut sechstausend Metern Entfernung aus dem Rauch herausragte. Die *Johnston* ließ sich inzwischen nur noch steuern, indem die Befehle über das OB-Telefon an den hinteren Steuerraum durchgegeben wurden, wo erschöpfte Matrosen die Ruderhydraulik per Hand bedienten. Mit dieser rudimentären Steuerung konnte die *Johnston* erst abdrehen, als die *Kongo* nur noch viertausendfünfhundert Meter entfernt war. Währenddessen hatten die 12,7-Zentimeter-Kanonen des Zerstörers unermüdlich auf das riesige Schlachtschiff gefeuert, und dann war die *Johnston,* so unglaublich es war, derart dicht an die *Kongo* herangekommen, daß diese ihre Kanonen nicht mehr weit genug absenken konnte, um den kleinen grauen Störenfried aufs Korn zu nehmen. Einen kurzen Augenblick lang war die *Johnston* in der Lage, auf einen Feind einzuschlagen, der sich nicht wehren konnte.

Unterdessen war die *Hoel* schon eine ganze Weile hin und her gefahren und hatte mehrere japanische Schiffe beschossen, ohne selbst ernsthafte Schäden davonzutragen. Doch ihr Glück ging zur Neige, als sie von einem Schlachtschiff und mehreren Schweren Kreuzern umzingelt wurde, die gnadenlos auf sie einzuhämmern begannen. Sie verschoß noch fünfhundert Granaten, aber die zwanzig Treffer, die sie in den nächsten zwanzig Minuten einstecken mußte, waren zuviel für die *Hoel.* Sie hatte sich auf die Backbordseite gelegt, eines der Munitionslager stand in Flammen, und die Maschinen waren vollständig ausgefallen, als der Kapitän gegen 0830 Uhr Befehl gab, das Schiff zu verlassen.

> Rechts der Kanonen Schlund,
> Links der Kanonen Schlund,
> Hinten der Mörser Schlund,
> Donnernd und brausend;
> Bomb' und Kartätsche traf
> Sie, die gestürmt so brav ...

Als die *Hoel* im Todeskampf lag, dampfte der Geleitzerstörer *Samuel B. Roberts* vorbei. Sein Kapitän, Robert W. Copeland, widerstand dem Wunsch, der *Hoel* zu Hilfe zu eilen. Er wußte, daß er nicht viel für die Besatzung des untergehenden Zerstörers hätte tun können und nur sein eigenes Schiff und dessen Besatzung, die sich schon seit einiger Zeit ein Gefecht mit einem japanischen Kreuzer lieferten, dem Untergang geweiht hätte.

Die *Roberts* hatte zu Beginn des Gefechts einen der japanischen Kreuzer mit mehreren Torpedos getroffen und wurde seither von diesem verfolgt. Wie die *Johnston* hatte es die *Roberts* mehrmals geschafft, so dicht an das japanische Schiff heranzukommen, daß es seine Kanonen nicht mehr weit genug absenken konnte, um den winzigen Angreifer zu beschießen. Die Kanonen der *Roberts* feuerten ununterbrochen, und das nun schon so lange, daß sich niemand mehr darum kümmerte, mit welcher Art von Munition sie nachgeladen wurden. Die Männer in den Munitionsräumen unter den beiden 12,7-Zentimeter-Geschützen fütterten die blitzenden Kanonen über ihnen wahllos mit allem, was ihnen in die Hände kam, mit der Folge, daß der japanische Kreuzer von den sonderbarsten Granaten getroffen wurde, von Leuchtgeschossen bis hin zu Übungsgranaten, die nur mit Sand gefüllt waren.

Sechs Minuten, nachdem die *Roberts* an der tödlich getroffenen *Hoel* vorbeigekommen war, hörte Copeland den Ruf eines Ausgucks: »Kapitän, 35,5-Zentimeter-Fontänen achteraus näherkommend!« Nach dem Muster, das er hinter dem Heck sah, war Copeland klar, daß die nächsten Granaten ins Ziel treffen würden, wenn er nicht schnell etwas unternahm. Er gab augenblicklich den Befehl: »Alle Maschinen volle Kraft zurück!« Die *Roberts* kam so schnell zum Stehen, daß ihr Decküberhang fast in die eigene Hecksee abtauchte, und eine Sekunde später donnerte eine 35,5-Zentimeter-Granate über das Schiff hinweg und stürzte vor dem Bug ins Wasser.

Aber die *Roberts* war zum letzten Mal davongekommen. Indem sie den Schlachtschiffgranaten auswich, hatte sie sich dem Kreuzer, der sie seit fast zwei Stunden jagte, als leichtes Ziel angeboten. Drei panzerbrechende 20,3-Zentimeter-Granaten bohrten sich in die vordere Backbordseite. Sie detonierten jedoch nicht, da die *Roberts* nicht gepanzert war, sondern schossen durch das Schiff hindurch und traten auf der Steuerbordseite wieder aus. Die Löcher, die sie auf beiden Seiten des Rumpfs hinterließen, waren zwar den furchtbaren Zerstörungen vorzuziehen, die von Explosionen verursacht worden wären, blieben aber nicht ohne Folgen. Da zwei der Granaten unterhalb der Wasserlinie ausgetreten waren, wurden der vordere Munitionsraum und der Raum, in dem sich die Stromaggregate befanden, überflutet. Letzteres wog schwerer, weil dadurch die Stromversorgung der Funkgeräte, des Radars und der Geschütztürme lahmgelegt wurde. Außerdem kostete es die beiden Elektrotechniker, die in dem kleinen Raum gefangen waren, das Leben. Aber den größten Schaden hatte die dritte Granate angerichtet, die im vorderen Maschinenraum die Hauptdampfleitung durchschlug, so daß Hochdruckdampf anstatt in die Turbinen in den Maschinenraum schoß. Drei der fünf Männer, die dort arbeiteten, wurden auf der Stelle getötet.

Die anderen beiden erlitten Verbrühungen, an denen einer von ihnen unter qualvollen Schmerzen verstarb, während der achtzehnjährige Jackson McKaskill als Held überlebte. McKaskill kämpfte sich durch Hitze und Dunkelheit, um die Luft- und Brennstoffzuleitungen des nutzlos gewordenen Heizkessels zu schließen. Dann nahm er einem seiner toten Kameraden das OB-Telefon ab und meldete den Schaden und die Verluste. Zu diesem Zeitpunkt waren seine beiden Fußsohlen bereits bis auf die Knochen versengt.

Mit der Hälfte der Motorkraft hatte die *Roberts* auch viel von der Beweglichkeit verloren, die es ihr ermöglicht hatte, so lange zu überleben. Kurz nach den ersten drei schlugen vier weitere Granaten ein. Als er die Explosionen hörte, drehte sich Copeland ruckartig um und sah, wie mehrere Körper von dem Platz weggeschleudert wurden, wo eben noch ein Vierzig-Millimeter-Geschütz gestanden hatte, jetzt aber nur noch ein undefinierbarer Trümmerhaufen und eine dicke Rauchwolke zu sehen waren. Eine weitere Granate raubte der *Roberts* noch mehr von ihrer Motorkraft, so daß sie noch langsamer wurde. Und dann krachte eine Granate nach der anderen auf das hilflose Schiff nieder und zerfetzte die dünne Schiffshülle, verheerte die Räume unter Deck, zertrümmerte die lebenswichtigen Anlagen und zerriß deren menschliche Bedienung.

Copeland versuchte gerade den Schaden abzuschätzen – seine Kanonen waren zum erstenmal seit Beginn der Schlacht verstummt –, als die *Johnston* aus den durcheinanderwirbelnden Rauchschwaden auftauchte. Es war ein gespenstischer Anblick. Die Brücke war völlig verwüstet, überall stiegen Rauch und Flammen auf, der Mast war zweimal geknickt, und die große Radarantenne hing lose herab und knallte bei jeder Bewegung des Schiffs an die Aufbauten. Einer der Geschütztürme war vollständig verschwunden, und dort, wo einst einer der Torpedoträger gestanden hatte, war jetzt nur noch ein Loch zu sehen. Dennoch war die *Johnston*, wie Copeland verblüfft feststellte, immer noch fahrtüchtig und feuerte weiter auf den Feind.

Als der verstümmelte Zerstörer dicht an der *Roberts* vorbeikam, entdeckte Copeland auf dem Hecküberhang den Kapitän,
der von dort seine Befehle in den hinteren Steuerraum hinun-
terbrüllte. Evans war bis zur Hüfte nackt, und sein Oberkörper
war voller Blut. Als die *Johnston* vorbeidampfte, sah Evans zu
Copeland herüber und winkte ihm beiläufig zu. Copeland erwiderte den Gruß, ohne zu ahnen, daß er diesem unglaublich
tapferen Mann damit Lebewohl sagte.

Als die *Johnston* ebenso geisterhaft, wie sie erschienen war,
wieder in den Rauchschwaden verschwand, erhielt Copeland
die verlangten Schadensmeldungen. Beide 12,7-Zentimeter-
Kanonen waren zerstört. Das hintere Geschütz war auf besonders tragische Weise verlorengegangen. Nachdem der Strom
ausgefallen war, hatte es den größten Teil des langen Gefechts
über manuell bedient werden müssen. Das bedeutete, daß nicht
nur mühselig per Hand gezielt, sondern auch die 12,7 beziehungsweise 24,5 Kilogramm schweren Pulverkisten und Granaten mit Muskelkraft aus den unteren Decks nach oben geschafft werden mußten. Trotz dieses Handicaps hatte die Geschützbedienung mit erstaunlicher Geschwindigkeit gefeuert,
und die Kanone war aufgrund des Dauerfeuers ziemlich heiß
geworden. Als der Munitionsvorrat bis auf sieben Granaten verschossen war, fiel plötzlich die Druckluftzufuhr zur Kanone
aus. Die Druckluft wird benötigt, um zwischen den Abschüssen
die gefährlich heißen Gase aus dem Geschützrohr zu blasen, so
daß ein sicherer Abschuß gewährleistet ist. Eine derart heiße
Kanone wie das hintere Geschütz der *Roberts* abzufeuern,
ohne daß vorher die Gase ausgeblasen worden sind, ist ein äußerst riskantes Unterfangen. Die Bedienung war das Risiko jedoch eingegangen und hatte weitergefeuert, und als die letzte
Pulverladung geladen wurde, »kochte« sie über, bevor das Ver-
schlußstück geschlossen werden konnte. Der Geschützturm
wurde in Stücke gerissen, und die zehnköpfige Bedienung wurde bis auf einen Mann auf der Stelle getötet oder tödlich verwundet. Als ein Mann von der Reparaturgruppe zu den Resten

des Geschützturms kam, fand er den Geschützführer, Artilleriemaat Paul Henry Carr, mit vom Hals bis zum Schritt aufgeris-
senem Körper vor. Aber er war noch am Leben und bat darum,
daß jemand das letzte Geschoß, das er in Händen hielt, in die
Kanone lud und abfeuerte. Er starb kurz darauf neben der Kanone, an der er sich so tapfer geschlagen hatte.

Angesichts der verheerenden Schäden, des Ausfalls aller
Waffen, mit denen der Feind hätte bekämpft werden können,
und der auf das sinkende Schiff niedergehenden Granaten blieb
Copeland kaum etwas anderes übrig, als den Befehl zum Verlassen des Schiffs zu geben. Aber es fiel ihm nicht leicht, seinen
winzigen Geleitzerstörer aufzugeben. Er gab später zu Protokoll, was ihm in diesem Augenblick durch den Kopf ging: »Man
liebt sein Schiff, und es fällt schwer, es aufzugeben, weil es einem wie ein lebendiges Wesen erscheint. Außerdem ist es nicht
leicht, den Männern zu befehlen, ins Wasser zu springen. Wir
waren ungefähr sieben Meilen weit draußen in der Philippinen-
See, und es war eine ziemlich rauhe Gegend. Es war, als würde
man aus der Bratpfanne ins Feuer springen, aber wir kannten
die Bratpfanne; wir würden in ihr verbrennen, und wir wußten
nicht, ob das Feuer ausgehen würde oder nicht.«

Copeland gab schweren Herzens den Befehl, und während
einige Besatzungsmitglieder ihren verwundeten Kameraden
über Bord halfen, machten sich andere daran, geheime Papiere
und Geräte zu vernichten. Als das letzte Besatzungsmitglied
das Schiff verlassen hatte, ging Copeland ein letztes Mal über
das Hauptdeck, um sich zu vergewissern, daß alle Überlebenden von Bord gegangen oder gebracht worden waren. Als er an
dem zerstörten Motorrettungsboot vorbeikam, blieb er einen
Augenblick stehen und schaute zu ihm hoch. Was er sah, prägte
sich ihm für immer ins Gedächtnis ein: »Ich konnte vom Deck
aus durch den Boden des Boots sehen. Es war ein Anblick, den
ich nie vergessen werde. In diesem einen Bild war die ganze
trostlose Zerstörung eines lebendigen Schiffs mit lebendigen
Männern enthalten, das in die Leere des Nichts kam. Ich be-

griff, daß ich der einzige lebende Mensch auf dem Schiff war. Ein Gefühl tiefer Einsamkeit stieg in mir auf und ließ mich schaudern... Unten auf dem Deck lagen drei Männer. Zwei von ihnen konnte ich erkennen, den dritten nicht. Sie waren tot.«

Als Copeland weiterging, war er so in Gedanken versunken, daß er nicht darauf achtete, wohin er trat; plötzlich glitten die Füße unter ihm weg, und er stürzte rückwärts aufs Deck. Er hatte den Fall unwillkürlich mit den Händen abgefangen, und als er sie von dem nassen Deck hob, bemerkte er, daß sie blutverschmiert waren. Er saß in einer großen Blutlache, und als er sich mit blutgetränkter Hose und blutroten Schuhen auf dem glitschigen Boden aufzurichten versuchte, spürte er, daß irgend etwas auf ihn heruntertropfte. Er hob den Kopf und erblickte einen auf den Überresten eines der Zwanzig-Millimeter-Geschütze liegenden kopflosen Leichnam, aus dem die letzten Blutstropfen heraussickerten.

Copeland rappelte sich auf und ging hastig weiter, um von diesem schrecklichen Anblick wegzukommen. Dabei wäre er beinah in ein klaffendes Einschußloch gestürzt, das den Blick in den Maschinenraum freigab, wo die Flammen knisternd und spuckend gegen das hereinströmende Wasser protestierten. Und die ganze Zeit über gingen über dem Schiff und in seiner Umgebung japanische Granaten nieder.

Copeland begab sich zum Bug und sprang ins Meer. Die *Roberts* war allein in ihrem Todeskampf. Oder fast allein, denn eines der Rettungsflöße wurde zum Entsetzen der Männer, die sich an ihm festgeklammert hatten, plötzlich zu dem Schiff zurückgezogen. Das in ein Leck strömende Wasser hatte einen Sog erzeugt, der die Kraft eines rauschenden Flusses hatte, und das Floß trieb unaufhaltsam auf das gezackte Loch zu, durch das die flackernden Flammen im Innern des Schiffs zu sehen waren. Die Männer paddelten fieberhaft gegen den Sog an, um nicht in das Schiff gesaugt zu werden. Aber sie kamen nicht gegen die Strömung an, und das Floß hatte das Leck bald erreicht. Einige der Männer klammerten sich verzweifelt an das verbogene Metall am Rand der Öffnung, während die anderen weiter um ihr Leben paddelten. Doch in letzter Sekunde ließ die Kraft des Sogs plötzlich nach, so daß es den Männern gelang, dem Griff dieses Leviathans zu entkommen.

Als die *Roberts* langsam im Meer verschwand, war auch die *Johnston* tödlich getroffen. Eine Gruppe japanischer Kreuzer und Zerstörer hatte das tapfere Schiff wie ein Rudel Wölfe umzingelt und schlug unbarmherzig auf es ein. Es hatte lange und erbittert gekämpft und sich mehrmals zwischen die Angreifer und die immer noch fliehenden hilflosen CVEs geworfen. Es hatte dem heftigen Geschützfeuer des Feindes länger standgehalten, als man erwarten durfte. Doch seine Zeit war abgelaufen, und auch Kapitän Evans gab schließlich den Befehl, es zu verlassen.

Kapitänleutnant Digardi, der als Fernmeldeoffizier für die Vernichtung der geheimen Papiere und Geräte verantwortlich war, ging daraufhin mit drei Helfern zum Funkraum, den er in völlig zerstörtem Zustand vorfand; die Männer, die sich in ihm aufgehalten hatten, waren alle tot. Digardi machte rasch eine Chiffriermaschine, die trotz der Verwüstungen heil geblieben war, unbrauchbar und eilte dann zu seiner Kabine, in der er einige geheime Dokumente aufbewahrte. Er packte sie in für diesen Zweck vorgesehene beschwerte Leinwandsäcke, die er und seine drei Helfer ins Meer warfen. Dann stopften sie, während das Schiff von mehreren Explosionen durchgeschüttelt wurde, die restlichen Papiere in einen Matratzenbezug, den sie mit Geschoßhülsen beschwerten und dann ebenfalls über Bord warfen.

Als die vier Männer zur Brücke zurückgingen, wurde Digardi vom Schiffsarzt in die Offiziersmesse gerufen. Kaum hatte er sich auf den Weg gemacht, sah er, wie eine Granate in die Bordwand einschlug und die drei Männer tötete, die er eben noch begleitet hatte. Der Schiffsarzt sagte ihm, daß er Schwimmwesten für die Verwundeten brauche, und Digardi ging auf das Hauptdeck hinaus, um welche zu suchen. Dort sah er Jack

328

Bechdel, den Torpedooffizier, der versuchte, sich über die Reling zu ziehen. Sein Beinstumpf war inzwischen bekleidet, aber Bechdel war zu schwach, um aus eigener Kraft von Bord zu kommen. Digardi packte ihn kurzerhand an Nacken und Hosenboden und half ihm über die Reling. Während er zuschaute, wie sein Freund ins Wasser klatschte, detonierte hinter ihm ein Volltreffer, der ihm seinerseits half, das Schiff zu verlassen, indem er ihn fast zehn Meter weit von Bord schleuderte.

Bill Mercer hatte die *Johnston* auf konventionellere Art verlassen, indem er an Backbord über die Reling gesprungen war und schwimmend Abstand zwischen sich und das Schiff gelegt hatte. Dabei war er auf einen Freund gestoßen, der – von der Schwimmweste gehalten – gerade dabei war, sich sorgfältig die Haare zu kämmen. Als er fertig war, warf er den Kamm weg und sagte: »Ich glaube nicht, daß ich ihn noch mal brauche.«

Während die überlebenden Besatzungsmitglieder der *Johnston* im Wasser trieben und beobachteten, wie ihr Schiff langsam im Meer verschwand, sahen sie plötzlich einen japanischen Zerstörer auf sich zukommen. Aus Angst, beschossen zu werden, streiften viele die Schwimmwesten ab und suchten unter Wasser Schutz. Andere fürchteten, mit Wasserbomben belegt zu werden, und legten sich auf den Rücken, weil sie glaubten, in dieser Stellung nicht so stark verwundet zu werden. Wieder andere waren wie gelähmt und blickten dem schnell anlaufenden japanischen Schiff nur voller Schrecken entgegen.

Aber der feindliche Zerstörer eröffnete weder das Feuer noch legte er Wasserbomben. Statt dessen warfen einige seiner Besatzungsmitglieder ihren hilflos im Wasser treibenden Feinden Konservendosen zu. Und dann wurden viele der Überlebenden der *Johnston* Zeugen einer Szene, die sie nie vergessen sollten. Auf der Brückennock des japanischen Zerstörers stand ein Offizier, der beobachtete, wie die *Johnston*, die vor wenigen Augenblicken noch sein Todfeind gewesen war, vom Meer verschlungen wurde, und als das tapfere Schiff schließlich in die

Tiefe hinabglitt, hob dieser japanische Offizier die Hand zum Mützenschirm und verharrte einen Moment reglos ... salutierend.

> Singt ihnen Ruhm und Preis!
> Lang noch gekündet sei's
> Horchendem Enkelkreis
> Staunend und grausend.

»So fragt sich die Welt«

Während die Schlachten bei Samar und Kap Engaño tobten, vertrieb sich Admiral Nimitz in Pearl Harbor die Zeit damit, Hufeisen zu werfen. Er war bald nach seinem Amtsantritt als CINCPAC zu dem Schluß gelangt, daß eine Möglichkeit, die Hysterie zu dämpfen, die sich nach dem Angriff auf Pearl Harbor breitgemacht hatte, darin bestand, »im CINCPAC-Hauptquartier eine Atmosphäre ruhiger Entschlossenheit und geordneten Planens zu schaffen«. Er ließ vor seinem Büro einen Pistolenschießstand und bei seiner Unterkunft einen Hufeisenwurfplatz anlegen. »Ich habe an beiden Orten viel Zeit verbracht«, erzählte er später, »und häufig Kriegskorrespondenten eingeladen, sich mir anzuschließen. Ich hoffte, sie würden von der zuversichtlichen, entspannten Atmosphäre berichten. Und sie taten es.«

Nimitz behielt diese Gewohnheit auch im weiteren Verlauf des Krieges bei, und der Oktober 1944 bildete in dieser Hinsicht keine Ausnahme: »Während der Schlacht um Leyte, einer der heikelsten Seeschlachten der Geschichte, warteten im CINCPAC-Hauptquartier alle gespannt auf die Nachricht über ihren Ausgang. Ich saß wie auf Kohlen, durfte es mir aber nicht anmerken lassen. Also bin ich zu meiner Unterkunft gegangen, um Hufeisen zu werfen, und habe meinem Stab gesagt: ›Wenn die Nachricht eintrifft, können Sie mich dort erreichen.‹«

Als er jedoch von Kinkaids unverschlüsseltem Funkspruch »Wo ist Lee? Schicken Sie Lee!« erfuhr, hielt Nimitz die Spannung nicht länger aus und ging in sein Hauptquartier in Makapalka Crater zurück. Dort las er mit wachsender Besorgnis die Funksprüche, in denen Kinkaid die prekäre Lage von Taffy 3 beschrieb, und Halseys Antworten verstärkten seine Verwirrung nur noch. Wie viele andere in der US Navy hatte Nimitz angenommen, daß Halsey die Task Force 34 zurückgelassen hatte, um die San-Bernardino-Straße zu bewachen.

Nimitz fand, daß es Zeit war, Halsey einen sanften Rippenstoß zu versetzen und ihn darauf aufmerksam zu machen, daß es Leute gab, denen die Lage Kopfschmerzen bereitete. Er ließ seinen Stabschef, Admiral Forrest Sherman, einen Funkspruch aufsetzen, in dem Halsey gebeten werden sollte, die Position von TF 34 klarzustellen. Sherman diktierte daraufhin einem Verwaltungsunteroffizier die kurze Mitteilung. Dieser schrieb sie, wie in der Navy zur Vermeidung von Mißverständnissen üblich, in Großbuchstaben auf und fügte aufgrund des dringlichen Tons, den Sherman anschlug, eine Wiederholungsfunktion ein, so daß die Nachricht lautete: WO WIEDERHOLE WO STEHT TASK FORCE 34. Dieser Text wurde zur sofortigen Verschlüsselung und Übermittlung an die Fernmeldezentrale im Keller des CINCPAC-Hauptquartiers weitergegeben, und dort unten tat ein unbekannt gebliebener Leutnant Dienst, der – wenn auch unabsichtlich – den Verlauf der Schlacht um Leyte tiefgreifend beeinflussen sollte.

Nach den im Zweiten Weltkrieg geltenden Vorschriften der Pazifikflotte mußte jede verschlüsselte Meldung, um die Dechiffrierung durch den Feind zu erschweren, am Anfang und Ende durch »Füllsel« ergänzt werden. Diese Zusätze sollten willkürlich gewählt und als sinnlos erkennbar sein, so daß sie klar von der eigentlichen Mitteilung unterscheidbar waren, und um jede Fehlinterpretation auszuschließen, wurden sie außerdem durch Buchstabenpaare vom Text der Mitteilung getrennt. Wenn ein Kommandeur einem Untergebenen den verschlüsselten Befehl »Greifen Sie den Feind bei Tagesanbruch an« schicken wollte, konnte der tatsächlich übermittelte Funkspruch zum Beispiel lauten: REGEN MACHT PFÜTZEN QQ GREIFEN SIE DEN FEIND BEI TAGESANBRUCH AN LL JUNGER HUND BLEIBT ZURÜCK. Jeder, der mit dieser Verschleierung vertraut war, erkannte sofort, welcher Teil des Textes die Nachricht war, und es war allgemein üblich, die Füllsel beim Entschlüsseln wegzulassen und dem jeweiligen Kommandeur nur die Mitteilung selbst vorzulegen.

Der anonyme Leutnant, der zufälligerweise am Tag der Schlachten bei Samar und Kap Engaño der diensthabende Offizier war, bereitete den für Halsey bestimmten Text den Vorschriften gemäß für die Verschlüsselung und Übermittlung vor, indem er am Anfang die Worte TRUTHAHN TRITT WASSER einfügte und zwei G folgen ließ. So weit, so gut. Doch am Ende der Botschaft hängte er einen Satz an, der den Verlauf der beiden Schlachten, die zu dieser Zeit vor den Philippinen tobten, verändern sollte. Ohne die Gefahr der Fehlinterpretation zu erkennen, wählte er den scheinbar harmlosen Satz SO FRAGT SICH DIE WELT. Es ist umstritten, ob es sich nur um eine zufällige Ironie der Geschichte handelt oder ob sich jener Leutnant im Gedanken daran, daß der 25. Oktober der Jahrestag der Schlacht bei Balaklawa war, an die Zeile »All the world wonder'd« aus Tennysons Ballade erinnert hatte. Aber ob nun aus dem einen oder anderen Grund, der Schaden war angerichtet.

Als die fatale Botschaft – TRUTHAHN TRITT WASSER GG WO WIEDERHOLE WO STEHT TASK FORCE 34 RR SO FRAGT SICH DIE WELT – auf Halseys Flaggschiff empfangen wurde, entfernte der Offizier, der sie entschlüsselte, zwar den ersten Satz, aber nicht den letzten. Er schien zu der gestellten Frage zu passen, und so ließ der gleichfalls unbekannt gebliebene Offizier Halsey den Funkspruch mit dem zweiten Füllsel zukommen, was zur Folge hatte, daß die beiden bisher begangenen Fehler – die Benutzung eines nicht eindeutig unsinnigen Satzes durch den Absender und die Weiterleitung des Füllsels trotz der beiden Trennbuchstaben durch den Empfänger – in einem dritten Fehler gipfeln konnten, als Halsey in dem ihm ausgehändigten Text die beiden Trennbuchstaben überlas und das, was von Nimitz als sanfter Rippenstoß gedacht war, als

Schlag ins Gesicht empfinden mußte: WO WIEDERHOLE WO STEHT TASK FORCE 34 SO FRAGT SICH DIE WELT.

Aus Wut und Kränkung über die vermeintlich beißende Kritik durch seinen Freund und Verteidiger Chester Nimitz – deren Zeugen zudem sowohl Kinkaid als auch King wurden, da beide im Verteiler des Funkspruchs angeführt waren – verlor Halsey die Fassung. Tränen rannen ihm über die Wangen, während er die Mütze vom Kopf riß und auf den Boden schleuderte. Das alles war zuviel für ihn. Sein Stabschef, Mick Carney, nahm ihn schließlich bei den Schultern und sagte: »Hören Sie auf! Was, zum Teufel, ist los mit Ihnen? Reißen Sie sich zusammen!«

Halsey tat es. Aber seine nächste Entscheidung war von blinder Wut bestimmt. Die Kritik des CINCPAC hatte ihm zu guter Letzt klargemacht, daß er für zwei unterschiedliche Gebiete verantwortlich war, und er entschloß sich endlich dazu, seine Kräfte aufzuteilen. Die Schlachtschiffgruppe – Task Force 34 – und Bogans Task Group 38.2 sollten nach Süden zum Leyte-Golf abdampfen, so daß der Kampf gegen Ozawas Nordgruppe Shermans TG 38.3 und Davisons TG 38.4 überlassen blieb.

Als Ozawas Schlachtschiffe nur noch vierzig Meilen von den Kanonen ihrer amerikanischen Gegner entfernt waren (deren Reichweite halb so groß war wie diese Distanz), wandte sich die *New Jersey*, Halseys Flaggschiff, nach Süden. Damit hatte sich Bull Halsey die letzte Gelegenheit genommen, den Feind in einer Überwasserschlacht zu stellen, wie er es sich seit seiner Zeit an der Marineakademie erträumt hatte. Und weil er sich so weit im Norden befand, würde er den Leyte-Golf nicht vor dem nächsten Morgen erreichen. Was ihn dort erwartete, war ungewiß, aber eines war klar: Er würde nicht zeitig genug eintreffen, um noch entscheidend in die Schlacht eingreifen zu können, die zu dieser Zeit vor Samar ausgefochten wurde. Hinzu kam, daß er die Abschirmzerstörer mit nach Süden nahm, die knapp an Treibstoff waren und das Tempo des gesamten Verbandes verlangsamten, weil sie von den großen Schiffen Nachschub übernehmen mußten.

Durch seine übereilte, von Wut und Enttäuschung bestimmte Entscheidung hatte sich Halsey selbst in eine Art Schwebezustand zwischen den beiden bei Kap Engaño und Samar tobenden Schlachten versetzt. Herman Wouk hat diese Situation in seiner monumentalen Romantrilogie über den Zweiten Weltkrieg beschrieben und legte seinem Protagonisten »Pug« Henry, der von der Brücke eines mächtigen Schlachtschiffs aus den langsamen Vorgang des Nachtankens der Zerstörer verfolgte, die Klage in den Mund: »Es war schon ein bitterer Anblick; bitter, innerhalb dieser großen Auseinandersetzungen ruhig zu bleiben, ohne auch nur einen einzigen Schuß abgefeuert zu haben.«

Ungeachtet der tapferen Gegenwehr der Abschirm- und Geleitzerstörer befanden sich die Flugzeugträger von Taffy 3 immer noch in ernsten Schwierigkeiten. Das Flaggschiff *Fanshaw Bay* war mehrere Male getroffen worden; die *St. Lô* hatte sechs und die *Kalinin Bay* mindestens doppelt so viele Treffer erhalten, während die *Kitkun Bay* zwar einige Male durchgeschüttelt, aber nicht getroffen worden war. Die *White Plains* stand derart unter Beschuß, daß sie die meiste Zeit über hinter turmhohen Fontänen verschwand, obwohl keine einzige japanische Granate ihr Ziel fand. Aber die größten Probleme hatte die *Gambier Bay*.

Als Taffy 3 unfreiwillig aus der schützenden Regenböe aufgetaucht war, hatten sich die *Kalinin Bay* und die *Gambier Bay* am Ende der Formation befunden und waren daher dem Feind am nächsten gewesen. Kapitän zur See W. V. R. Viewig, der kommandierende Offizier der *Gambier Bay,* konnte sein Schiff fast eine halbe Stunde lang vor Treffern bewahren, indem er die Granateinschläge »jagte«. Um 0741 Uhr eröffnete die *Gambier Bay* mit ihrer 12,7-Zentimeter-Kanone, dem einzigen Geschütz, über das sie verfügte, das Feuer, und um 0810 Uhr erhielt sie den ersten Treffer. Bald darauf schlug die nächste Granate ein, und weitere folgten.

Wie die dünnhäutigen Zerstörer boten auch die CVEs den panzerbrechenden Granaten der Japaner keinen Widerstand, der sie zum Detonieren gebracht hätte, so daß sie die Träger durchschlugen, ohne zu explodieren. Das war zwar zweifellos ein glücklicher Umstand, aber die große Anzahl der Treffer blieb dennoch nicht ohne Wirkung. Kapitän Copeland von der *Roberts*, der die *Gambier Bay* während der Schlacht kurz gesehen hatte, berichtete später, sie hätte wie ein Sieb ausgesehen.

Einer der schwereren Schäden war von einem Nahkrepierer verursacht worden, der den Rumpf in der Nähe des Maschinenraums an der Wasserlinie aufgerissen hatte. Das Wasser strömte in solcher Menge in den Maschinenraum, daß die Pumpen es nicht bewältigen konnten und das Schiff bald Schlagseite bekam. Danach konnte es nur noch elf Knoten laufen, so daß die Verfolger schnell näherkamen.

Von der Laufbrücke am Flugdeck der *Gambier Bay* aus verfolgte der Fotografenmaat Allen C. Johnson ohnmächtig, wie japanische Granaten verschiedener Größe das Schiff durchlöcherten. Manche von ihnen hüpften nur über das Flugdeck, ohne es zu durchschlagen oder zu detonieren, während andere, die Johnson zwar nicht sehen, aber spüren konnte, unter ihm in den Rumpf eindrangen. Eine der Granaten explodierte unter Deck, und Johnson sah erstaunt, wie sich das Flugdeck übereinanderfaltete wie eine Welle am Strand. Er fand, daß es Zeit war, seine blaue Ausgehuniform zu holen. Monate zuvor hatte er interessiert einem älteren Seemann zugehört, der ihm von dem Kummer erzählte, der ihn nach der Versenkung seines Schiffs ereilt hatte, weil alle seine Ausgehuniformen mit ihm untergegangen waren. Er habe nach seiner Rettung monatelang nicht ausgehen können, und Johnson wollte unbedingt verhindern, daß es ihm ebenso erging. Deshalb machte er sich, als klar wurde, daß die *Gambier Bay* diesen Anstrum nicht überstehen würde, auf den Weg zum Fotolabor, wo er extra für diesen Fall eine sauber zusammengerollte Ausgehuniform aufbewahrte.

Er öffnete eine Tür, die von der Laufbrücke ins Innere des

Schiffes führte, wurde aber von der dicken Rauchwolke, die ihm entgegenschlug, aufgehalten. Als sich der Rauch verzogen hatte und er wieder etwas sehen konnte, bemerkte er, daß in dem Durchgang ein gutes Stück des Decks fehlte. Er war froh, daß er nicht gleich hineingestürmt war. Da ihm der Weg zum Fotolabor versperrt war, gab Johnson die Rettung seiner Ausgehuniform auf und ging auf die Laufbrücke zurück, um an seinen Posten zurückzukehren. Auf dem Weg stieß er auf einen jungen Matrosen aus der Feuerlöschmannschaft, der mit vor dem Bauch gekreuzten Armen auf dem Boden der Laufbrücke saß und unter Tränen vor sich hin murmelte: »Ich bin erledigt, ich bin erledigt.« Wieder und wieder. Dann sah Johnson, daß der Bauch des jungen Mannes aufgerissen war und er versuchte, seine Eingeweide im Körper zu halten.

In scharfem Kontrast dazu saß der Ausguck, dem Johnson als nächstem begegnete, seelenruhig auf einem Stuhl und erfüllte seine Aufgabe, als wäre es nur die übliche Routine. Mitten im Donnern der japanischen Granaten und vom stechenden Geruch des Pulverdampfs umgeben, schaute dieser junge Mann, während das Schiff unter den Treffern erzitterte und in Sichtweite Tote und Verwundete lagen, durch sein Doppelglas, meldete regelmäßig über OB-Telefon, was er sah, und summte zwischen den Meldungen ein Lied vor sich hin. Als Johnson herankam, drehte er sich zu ihm um und sagte beiläufig: »Na, wie geht's?«

»Gut«, erwiderte Johnson erstaunt. »Und dir?«

»Okay«, antwortete der Ausguck ruhig. Dann fügte er hinzu: »Entschuldige mich«, und sagte in einem Ton, als würde er eine Wettermeldung durchgeben, in sein OB-Telefon: »Kreuzer der *Tone*-Klasse Peilung null-sechs-null jetzt bei zweitausendsiebenhundert Meter.« Danach wandte er sich wieder Johnson zu und fragte ihn mit einem freundlichen Lächeln: »Was hast du gerade gesagt, Kumpel?«

Ungefähr zur selben Zeit ging eine äußerst wirkungsvolle Salve über der *Gambier Bay* nieder. Eine der Granaten rauschte durch den hinteren Maschinenraum und verursachte erhebliche Schäden, so daß den Männern nichts anderes übrigblieb, als alles so gut wie möglich zu sichern und den Raum schnellstens zu verlassen, um nicht in dem hereinschießenden Wasser zu ertrinken. Damit hatte die *Gambier Bay* ihre gesamte Motorkraft verloren. Bald darauf lag sie bewegungsunfähig im Wasser, und die zerfetzte Flagge hing wie ein trauriges Symbol schlaff an der Gaffel. Das Schiff war zum Untergang verdammt.

Kapitän Viewig blieb keine andere Wahl, als die brennend und manövrierunfähig mit Schlagseite im Wasser treibende *Gambier Bay* aufzugeben. Als er als letzter von Bord ging, wurde das Schiff immer noch von einem weniger als eine Meile entfernten Kreuzer beschossen. Um 0911 Uhr rollte die *Gambier Bay* nach Backbord und sank in eines der tiefsten Täler des Pazifischen Ozeans hinab. Sie war der erste amerikanische Flugzeugträger, der durch Geschützfeuer versenkt wurde. Die Japaner hatten ein weiteres Schiff der US Navy ausgeschaltet, das bislang fünfte. Und sie waren noch nicht fertig.

Südöstlich des Kampfgebiets vor Samar hatte Konteradmiral Felix B. Stump sofort nach den ersten Meldungen über die anlaufenden japanischen Schiffe dafür gesorgt, daß die Flugzeuge von Taffy 2 bereit waren, sich an den Kämpfen zu beteiligen. Er hatte zwar nicht mit dem Angriff von Kuritas Verband gerechnet, sondern einen Einsatz gegen die Reste der japanischen Kräfte in der Surigao-Straße erwartet, aber auch in diesem Fall wäre es gegen Schiffe gegangen, und er hatte seine Flugzeugbesatzungen angewiesen, ihre Maschinen mit entsprechender Munitionierung auf Abruf bereit zu halten. Bald darauf war eine große Zahl der Avengers seiner CVEs mit Torpedos, Raketen und Mehrzweckbomben bewaffnet.

Unter den gegebenen Umständen hätte jeder besonnene Kommandeur seine verwundbare Streitmacht von den Japanern weggeführt. Aber da der Wind aus Nordosten kam, blieb Stump nichts anderes übrig, als mit seiner Gruppe in diese Richtung zu fahren, um genügend Wind für den Start der schwer beladenen Flugzeuge zu haben. Er war also gezwungen, seine Schiffe näher an die japanischen Kräfte heranzubringen und die Sicherheit, die ihm seine weiter südlich gelegene Position zu Beginn der Schlacht geboten hatte, aufzugeben. Während der Starts sprach er auf der Brücke seines Flaggschiffs *Natoma Bay* mit Ben Grossup, einem seiner Stabsoffiziere, über ihre mißliche Lage. »Als ich als Fähnrich auf der Akademie war«, sagte er, ohne den Horizont, hinter dem das Unheil lauerte, aus den Augen zu lassen, »haben wir oft über die unsterblichen Aussprüche unserer Seehelden gesprochen, und ich habe mich gefragt, was ich bei einer entsprechenden Gelegenheit sagen würde. Ein Satz, der sich mir eingeprägt hat, ist der von John Paul Jones, der gesagt hat: ›Ein Marinekommandeur macht nie einen taktischen Fehler, wenn er sein Schiff längsseits zu dem des Feindes bringt.‹* In diesem Augenblick wurde auf den Trägern die Signalflagge für Flugoperationen eingeholt, und Grossup sagte: »Fox ist auf allen Schiffen unten, Admiral.« Stump, der immer noch in die Richtung der anlaufenden japanischen Flotte schaute, erwiderte: »John Paul Jones zum Trotz ist es höchste Zeit, daß wir hier verschwinden.« Dann befahl er, mit voller Kraft auf Gegenkurs zu gehen.

Die Flugzeuge von Taffy 2 stürzten sich unterdessen mit ihrer begrenzten, aber hochwillkommenen Leistungskraft in den Kampf. Stump hatte sie angewiesen, auszuschwärmen und so viele japanische Schiffe wie möglich zu treffen, anstatt sich auf einzelne von ihnen zu konzentrieren, und sie hielten sich daran. Bald stießen sie überall auf Kuritas Gruppe herab und warfen sich zusammen mit denen von Taffy 3 dem schweren japanischen Luftabwehrfeuer entgegen. Taffy 2 verlor in diesem Gefecht zwar weniger Maschinen als Taffy 3, aber zwölf Avengers und elf Wildcats sollten nicht zu ihren Trägern zurückkehren.

---

* Hier irrte Stump. Der oben bereits zitierte Ausspruch »Ein Kapitän kann nicht viel falsch machen, wenn er seine Schiffe längsseits derjenigen des Feindes bringt«, stammt von Horatio Nelson.

Admiral Ugaki verfolgte von der Brücke der *Yamato* aus den Fortgang der Schlacht. Er hörte die Meldung des Schlachtschiffs *Kongo*, nach der es einen »Träger der *Enterprise*-Klasse« versenkt haben wollte, ohne zu ahnen, daß das Opfer in Wirklichkeit der wesentlich kleinere CVE *Gambier Bay* gewesen war. Die Offiziere der *Yamato* meldeten ihm, daß sie einen »Kreuzer« in die Tiefe geschickt hatten, und wiederum konnte er nicht ahnen, daß es sich in Wirklichkeit um den Zerstörer *Hoel* handelte. Er hörte die Meldung des Kommandeurs des 10. Zerstörergeschwaders, nach der seine Schiffe einen »Träger der *Enterprise*-Klasse« versenkt und mehrere andere schwer beschädigt hatten. Ugaki konnte nicht wissen, daß die japanischen Zerstörer bei diesem Torpedoangriff *keinen einzigen* Treffer erzielt hatten, schon gar nicht auf einen Träger der *Enterprise*-Klasse.

Trotz dieser übertriebenen Erfolgsmeldungen war Ugaki aber nicht davon überzeugt, daß Kurita das Beste aus seinen Möglichkeiten machte. Wie sein Tagebuch belegt, vermochte er einige von Kuritas Handlungen nicht nachzuvollziehen: »Aus unerfindlichen Gründen verlangte der Flottenbefehl, daß die Schlachtschiff- und Schwere-Kreuzer-Divisionen zuerst angriffen und das Zerstörergeschwader ihnen folgen sollte. Die Angriffsanweisungen waren ebenfalls widersprüchlich, und ich befürchtete, daß es am Mut zum Großangriff auf kurze Entfernung mangelte.«

Ugaki teilte Kuritas Stabschef, Tomiji Koyanagi, seine Besorgnisse mit, der sie seinerseits Kurita vortrug. Doch Kurita erteilte Ugaki eine Abfuhr, indem er ihm erklärte, er solle sich auf seine eigene Schlachtschiffdivision konzentrieren. Als der amerikanische Torpedoangriff Kurita veranlaßte, die *Yamato* nach Norden zurückzuziehen und damit den Abstand zu den Feindkräften zu vergrößern, vermochte Ugaki seinen Unmut kaum zu unterdrücken. »Es waren nur rund zehn Minuten«, schrieb er in sein Tagebuch, »aber mir erschien es wie ein ganzer Monat.«

340

Koyanagi, der das Geschehen ebenfalls von der Brücke der *Yamato* aus beobachtete, war von der Wirksamkeit der amerikanischen Einnebelung beeindruckt. Das japanische Radar war nicht sehr effizient, und die Rauchschwaden erschwerten die genaue Zielerfassung. Aber er hatte mit eigenen Augen gesehen, daß ein amerikanischer Flugzeugträger eine ganze Reihe von Treffern erhalten hatte und dabei war zu sinken. Und auch die anderen Schiffe meldeten Erfolge. Was Koyanagi Sorgen bereitete, war der Treibstoffvorrat der Flotte, der bei der Verfolgungsjagd mit hoher Geschwindigkeit in beunruhigendem Tempo abnahm. Noch schwerer wog jedoch, daß der Abstand zu den Amerikanern nicht kleiner zu werden schien.

Kurita teilte Koyanagis Sorge in bezug auf den Treibstoffverbrauch, und auch er hatte den Eindruck, daß sie, wenn überhaupt, nur geringe Fortschritte machten. Das ist erstaunlich, denn die amerikanischen Berichte über die Schlacht, die Logbücher und die Aussagen derer, die dabeigewesen waren, belegen einhellig, daß die Japaner unübersehbar näherkamen. Der Geschwindigkeitsunterschied zwischen Kuritas Schiffen, von denen das langsamste 24 Knoten machte, und den Flugzeugträgern von Taffy 3, die höchstens 17 Knoten laufen konnten (bei günstigen Bedingungen), spricht dafür, daß die amerikanische Einschätzung zutraf. Aber das Ausschlaggebende im Krieg ist häufig nicht die Wirklichkeit, wie sie *ist,* sondern wie sie *wahrgenommen* wird.

Ungeachtet der Erfolgsmeldungen seiner Untergebenen war Kurita mit dem Verlauf der Schlacht alles andere als zufrieden. Er hatte durch Torpedo- und Bombenangriffe amerikanischer Schiffe und Flugzeuge, die seiner Überzeugung nach zu einer massiven Kampfgruppe gehörten, bereits die Kreuzer *Kumano, Suzuya, Chikuma* und *Chokai* verloren, und er war sicher, daß nicht weit entfernt weitere Kampfgruppen lauerten. Seiner Ansicht nach war es nur eine Frage der Zeit, bis diese zusätzlichen Kräfte in den Kampf eingreifen würden, und tatsächlich hatten seine Ausgucks am Horizont weitere Maste gesichtet, vermutlich die von Taffy 2. Um mehr Informationen zu erhalten, befahl Kurita der *Yamato*, zwei Aufklärungsflugzeuge auszuschicken, eines nach Norden und das zweite in die Gegend der Surigao-Straße. Aber keines der beiden Flugzeuge kehrte zurück, und nur das im Norden aufklärende meldete sich über Funk und berichtete, daß dort nichts zu sehen sei.

Hinzu kam, daß Kurita nach drei ereignisreichen, kräfteraubenden Tagen erschöpft war. Sein Blick war durch die bleierne Müdigkeit offenbar so sehr getrübt, daß er nicht wahrnahm, daß der Feind in den Seilen hing, schwer angeschlagen war und bei jedem Treffer stärker taumelte. Er war dabei, den Kampf seines Lebens zu gewinnen, und merkte es nicht.

Die Schlacht bei Samar ging unvermindert weiter. Nach dem Verlust der *Hoel*, der *Johnston* und der *Samuel B. Roberts* taten die restlichen Geleitzerstörer und die *Heerman*, der einzige überlebende Zerstörer, was sie konnten, um die hilflosen Flugzeugträger zu decken. Als die japanischen Kreuzer *Chikuma* und *Tone* dem Flaggschiff von Taffy 3, der *Fanshaw Bay*, im Verlauf des Gefechts auf der Backbordseite gefährlich nahekamen, gesellten sich die *Dennis* und die *John C. Butler*, die auf der Steuerbordseite gefahren waren, zur *Raymond*, die sich bereits auf dieser Seite des Trägers befand, und alle drei nahmen die wesentlich größeren Angreifer unter Beschuß. Die Kreuzer schlugen mit gleicher Münze zurück. Die *Tone* traf die *Dennis* mit einer Granate, die das Schiff durchschlug, ohne zu explodieren. Unmittelbar danach folgten zwei weitere Treffer, die das Vierzig-Millimeter-Feuerleitgerät und eine der beiden 12,7-Zentimeter-Kanonen außer Gefecht setzten. Die *Butler* hatte unterdessen mehrere äußerst knappe Beinahetreffer überstanden, verfügte aber kaum noch über Munition, so daß Admiral Sprague sie vor die Formation beorderte, um noch mehr Nebel zu legen.

Die *Heerman* hatte lange vergeblich versucht, das Feuer von der angeschlagenen *Gambier Bay* auf sich zu lenken, doch als der CVE in Brand geraten war und starke Schlagseite bekam, wandten sich der Kreuzer *Chikuma* und drei japanische Zerstörer von ihm ab und der *Heerman* zu, und es dauerte nicht lange, bis eine Granate in deren Steuerhaus einschlug, drei Männer tötete und einen vierten tödlich verwundete. Wie es der Zufall wollte, war einer der Toten ein Pilot von der *Gambier Bay*, der am Tag zuvor eine Bruchlandung im Wasser überlebt hatte. Der Zerstörer blieb unter schwerem Beschuß, aber eine gut funktionierende Schadensbegrenzung und eine gehörige Portion Glück ersparten ihm das Schicksal seiner Schwesterschiffe *Johnston* und *Hoel*. Die *Heerman* wurde zwar stark beschädigt und hatte viele Todesopfer zu beklagen, aber sie überlebte die Schlacht.

Nach dem Start der Flugzeuge konnten die CVEs kaum mehr tun, als herumzumanövrieren und den Japanern die Zielpeilung zu erschweren. Alles, womit sie sich verteidigen konnten, waren einige Luftabwehrgeschütze und eine 12,7-Zentimeter-Kanone, die weder die Reichweite noch die Durchschlagskraft besaß, um die Angreifer beeindrucken zu können. Aber sie wurden trotzdem eingesetzt. »Daß wir in der Lage waren, die 12,7-Zentimeter-Kanone abzufeuern«, berichtete der kommandierende Offizier der *Kitkun Bay* später, »trug erheblich zur Stärkung der Moral der Besatzung bei, weil es ihr das Gefühl gab, daß wir wenigstens etwas hatten, das wir dem Feind entgegenschleudern konnten. Es war ziemlich hart für die Männer, weil all die Vierzig- und Zwanzig-Millimeter-Geschützbedienungen und alle, die zum Flugpersonal gehörten oder andere Aufgaben an Deck erfüllten, nichts tun konnten, außer dem Gang der Schlacht zuzusehen.«

Aber diese einsamen Kanonen waren nicht nur gut für die Moral. Der Geschützbedienung der *Kalinin Bay* gelang es, einen anlaufenden japanischen Torpedo von seinem Kurs abzubringen, indem sie ihn beschoß. Eine ähnlich beeindruckende Leistung vollbrachte ein Pilot, der zwei Torpedos, die von achtern auf die *Kalinin Bay* zuschossen, dadurch aufhielt, daß er sie mit seinen Maschinengewehren zur Explosion brachte.

Auf der *White Plains* verfolgte ein Offizier, der eine der unterbeschäftigten Vierzig-Millimeter-Geschützbedienungen befehligte, ohnmächtig, wie die japanischen Schiffe mit jeder Minute größer wurden. Schließlich wandte er sich an seine Männer, um ihnen zu sagen, daß ihre Muße nicht von Dauer sein würde. »Ihr müßt nur noch ein bißchen warten, Jungs«, erklärte er mit bitterem Humor. »Wir haben sie bald bis auf Vierzig-Millimeter-Reichweite herangeholt.«

Doch soweit kam es nicht. Gerade als die Lage am düstersten war und die amerikanischen Seeleute sich darin ergeben hatten, entweder einen frühen Tod zu sterben oder den Kampf ums Überleben als Schiffbrüchige in der feindseligen See fortsetzen zu müssen, stellten die japanischen Schiffe das Feuer ein und drehten ab. Die Männer rieben sich verwundert die Augen. Mehr als einer schickte ein Dankgebet zum Himmel, und Jubel hallte durch die Stille, die nach dem Verstummen der Kanonen eingetreten war. Die denkwürdigste Reaktion auf dieses unbegreifliche Wunder aber kam von einem jungen Signalgast von Spragues Flaggschiff, der, als er die Japaner abdrehen sah, ausrief: »Gottverdammt, sie kommen davon!«

Während die Siebente Flotte, deren Aufgabe die Unterstützung der Landungsoperation war, um den Leyte-Golf herum in schwere Seegefechte verwickelt war, versuchte die Dritte Flotte, der mächtigste Flottenverband des Zweiten Weltkriegs, verzweifelt, in die Kämpfe einzugreifen. Einer ihrer Verbände, Task Group 38.1 unter Vizeadmiral John S. McCain, hastete mit dreißig Knoten auf das Kampfgebiet bei Leyte zu. In den letzten Tagen war diese Gruppe zuerst zur Aufnahme von Nachschub nach Ulithi geschickt, dann zum Rest der Dritten Flotte zurückbeordert und schließlich nach Leyte umdirigiert worden, um die bedrohten CVEs der Siebenten Flotte zu entsetzen. Kinkaids Hilferufe veranlaßten McCain, einen der weitesten Trägerangriffe des Krieges zu starten. Er fragte mehrmals an, ob seine Flugzeuge nach dem Angriff auf dem Flugplatz von Tacloban landen könnten, erhielt aber keine Bestätigung dafür, daß der Flugplatz sicher war. Er war daher gezwungen, die Flugzeuge mit zusätzlichen Seitentanks auszurüsten, damit sie den langen Rückflug bewältigen konnten. Das bedeutete jedoch, daß sie nicht mit schweren Torpedos bewaffnet werden konnten, sondern nur mit Bomben, die zwar wesentlich leichter waren, aber auch weniger Wirkung erzielen würden. Doch ein schwacher Schlag war besser als gar keiner, und so stiegen McCains Flugzeuge auf, als TG 38.1 noch rund 335 Meilen von dem japanischen Verband entfernt war.

Die erste Angriffswelle traf Kurita, nachdem er die Verfolgung von Taffy 3 abgebrochen hatte. Sie konnte nur einen einzigen Treffer auf dem Kreuzer *Tone* verbuchen, und der stellte sich als Blindgänger heraus. Die nachfolgenden Angriffswellen erzielten nach Angaben der Amerikaner viele Treffer, die jedoch von den Japanern nach dem Krieg nicht bestätigt wurden, und es läßt sich nicht feststellen, welche Version der Wahrheit entspricht. Auf amerikanischer Seite war der Verlust von vierzehn Flugzeugen und zwölf Menschenleben zu beklagen. Insgesamt blieb die Aktion ohne Folgen, wenn man einmal davon absieht, daß sich Kurita in seiner Entscheidung, den Angriff auf Taffy 3 abzubrechen, bestärkt sah und daß es die einzige Kampfhandlung der Dritten Flotte in der Schlacht bei Samar war.

Halsey dampfte unterdessen mit der Task Force 34 und der Task Group 38.2 nach Süden in eine Schlacht, die beendet sein würde, bevor er im Kampfgebiet eintreffen konnte, während die jetzt unter Mitschers Befehl stehenden Task Groups 38.3 und 38.4 bei Kap Engaño den Angriff auf Ozawa fortsetzten. Von den sechs Angriffswellen, die Mitscher ausschickte, waren die ersten drei die wirkungsvollsten. Auf ihr Konto ging der größte Teil der japanischen Verluste, zu denen schließlich alle vier Flugzeugträger, ein Kreuzer und zwei Zerstörer gehörten. Der Rest von Ozawas Nordgruppe, einschließlich der beiden »Hermaphroditen« *Ise* und *Hyuga,* entkam. Kapitän zur See Ohmae, Ozawas Stabschef, faßte seinen Eindruck der Schlacht nach ihrem Ende so zusammen: »Ich sah die ganze Bombardierung und dachte bei mir, die Amerikaner sind nicht sehr gut.«

Auf die Veteranen von Midway, den Marianen und Formosa angewandt, wäre diese Bemerkung ungerecht gewesen, aber hier bei Kap Engaño war sie durchaus gerechtfertigt. Mitscher verfügte über ein gewaltiges Potential, insbesondere, wenn man bedenkt, daß sein Gegner keine Luftstreitkräfte mehr besaß und den zu Hunderten anfliegenden amerikanischen Flugzeugen nur durch Ausweichmanöver und den Einsatz der Luftabwehrgeschütze begegnen konnte. Aber nicht nur Kurita war erschöpft, die amerikanischen Piloten waren es auch. So machtvoll die Dritte Flotte war, sie war nicht allmächtig; die monatelangen Kampfhandlungen waren, wie von Mitscher vorausgesehen, nicht spurlos an ihr vorübergegangen, und dies hatte sich jetzt bemerkbar gemacht.

Die Schlacht bei Kap Engaño kann als eine Art Antiklimax dessen betrachtet werden, was zur größten Seeschlacht der Geschichte geworden war. Daß ein Gefecht, in dem vier Flugzeugträger, ein Kreuzer und zwei Zerstörer versenkt wurden, als Antiklimax bezeichnet werden kann, läßt erahnen, welche Ausmaße die Schlacht um Leyte hatte. Verglichen mit den anderen Kampfhandlungen in diesem Gebiet war die Auseinandersetzung zwischen Mitscher und Ozawa – ohne denen, die in ihr kämpften, zu nahe treten zu wollen – fast eine Randerscheinung. Sie verlief unzweifelhaft einseitig, aber ihr Ausgang war nicht entscheidend. Die Männer, die in ihr kämpften, bewiesen fraglos großen Mut, aber es waren keine Beispiele von *außergewöhnlicher* Tapferkeit zu verzeichnen. Die Schlacht war, soweit es Ozawa betraf, das Ergebnis eines erfolgreichen Ablenkungsmanövers, aber da Kurita den Vorteil, den es ihm verschafft hatte, nicht entschlossen nutzte, kam die Diversion nicht in vollem Umfang zum Tragen. Halsey andererseits hatte sich durch seine Reaktion auf das mißverstandene Füllsel »SO

FRAGT SICH DIE WELT«, indem er mit Task Force 34 zu einer fruchtlosen Jagd nach Süden aufbrach, selbst der letzten Chance beraubt, ein Schlachtschiffgefecht zu führen. Daß es ein Fehler gewesen war, gegen Ozawas Köderverband vorzugehen, gestand er sich nie ein, aber die Entscheidung, nach Süden abzudrehen, bedauerte er später: »Ich stimme zu, daß ich einen Fehler beging, indem ich mich dem Druck beugte und nach Süden wandte. Ich betrachte dies als den schwersten Fehler, den ich in der Schlacht um Leyte gemacht habe.«

Halsey war nicht der einzige, der in der Schlacht um Leyte fragwürdige Entscheidungen traf. Warum Kurita von Taffy 3 abließ, als der Sieg zum Greifen nah war, ist schwer zu sagen. Seine eigenen Äußerungen zu dieser Frage sind bestenfalls verwirrend. Nach allem, was man weiß, scheint er nicht begriffen zu haben, daß ihm der Feind auf Gedeih und Verderb ausgeliefert war und daß er nicht nur Taffy 3, sondern vermutlich auch Taffy 2 vernichtend schlagen konnte, wenn er den Angriff fortsetzte. Dazu hätte er allerdings ein zutreffendes Bild der Lage haben müssen, und das hatte er nicht. Aus unerfindlichen Gründen glaubten er und sein Stab weiterhin, daß sie den Amerikanern nicht näherkamen. Nach dem Krieg erklärte Kurita in einem Interview, er sei überzeugt gewesen, die amerikanischen Flugzeugträger würden mit dreißig Knoten fliehen. Hinzu kam seine Besorgnis aufgrund mehrerer aufgefangener Funksprüche, bei denen es sich in Wirklichkeit um Kinkaids unverschlüsselt gesendete Hilferufe handelte, die aber bei Kurita auf einen Pessimismus trafen, in dessen Licht es so schien, als wäre diese Hilfe bereits unterwegs und müßte jederzeit eintreffen.

Welche Alternativen hatte er also, wenn man seine Sicht der Dinge voraussetzt? In gefährlichen Gewässern zu bleiben, war für eine Flotte, zu deren wichtigsten Merkmalen ihre Mobilität gehörte, nicht ratsam, zumal alles dafür sprach, daß sich weitere feindliche Kräfte im Anmarsch befanden. Noch weniger anziehend war der Gedanke, mit einem mobilen Verband in beengte Gewässer einzulaufen, in denen seine Manövrierfähigkeit stark eingeschränkt gewesen wäre und die von neu eintreffenden Feindkräften abgesperrt werden konnten. Für Kurita wäre die Erfüllung seiner ursprünglichen Aufgabe, in den Leyte-Golf einzudringen, in diesem Stadium ein aberwitziges Unterfangen gewesen. Er glaubte, daß die Amerikaner in den Tagen zwischen der Landung auf Leyte und seinem Eintreffen genug Zeit gehabt hatten, um sich am Ufer festzusetzen, und hielt es für wahrscheinlich, daß die Transporter, mit denen die Invasionstruppen herangebracht worden waren, das Gebiet bereits wieder verlassen hatten. Darüber hinaus beunruhigten ihn die nach Leyte fliegenden amerikanischen Flugzeuge. In Wirklichkeit waren es Maschinen von Taffy 2 und 3, die gezwungen waren, in Tacloban zu landen, weil ihnen der Treibstoff ausging und die Landung auf ihren unter Beschuß liegenden Trägern unmöglich war. Aber für Kurita hatte es den Anschein, als würden diese Flugzeuge in Leyte zusammengezogen, um von dort einen Großangriff gegen ihn zu fliegen, sobald er in den Golf einlief.

Auf dem Höhepunkt der Schlacht wurde Kurita eine weitere amerikanische Trägergruppe im Norden gemeldet, die sich, wie fälschlicherweise hinzugefügt wurde, in seiner Reichweite befände. Da er glaubte, einer vollgültigen Trägergruppe schwere Schäden zugefügt zu haben, war die Versuchung groß, abzudrehen und sich eine weitere vorzunehmen. Dies würde ein größerer Beitrag zum Krieg sein als ein Angriff gegen Landungskräfte, deren Truppen inzwischen am Ufer waren und die das Gebiet möglicherweise schon wieder verlassen hatten. »Die Vernichtung feindlicher Flugzeugträger«, gab Kurita später zu, »war eine Art fixer Idee von mir, und ich fiel ihr zum Opfer.« Durch die Verfolgung einer weiteren Trägergruppe würde er zweifellos verstärkte amerikanische Luftangriffe auf sich ziehen, aber er zog es vor, ihnen in offenen Gewässern zu begegnen, anstatt in der Enge des Leyte-Golfs.

Soweit es sich aus den nach dem Krieg gemachten Aussagen entnehmen läßt, waren dies die Gründe, die Kurita bewogen, den Angriff auf Taffy 3 abzubrechen und sich vom Leyte-Golf zu entfernen. Seine eigene Darstellung ist allerdings unklar und widersprüchlich. Als er nach dem Krieg verhört wurde, erklärte er zunächst, er hätte den Entschluß gefaßt, »nach Norden zu fahren und mich mit Admiral Ozawa für eine koordinierte Aktion gegen Ihre [der Amerikaner] nördliche Kampfgruppe zu vereinen«. Im weiteren Verlauf des Verhörs sagte er dann jedoch, er hätte »in der Annahme, daß es Admiral Ozawa helfen würde«, seine Aufgabe darin gesehen, »nach Norden zu fahren, Ihre Trägergruppe aufzuspüren und in ein Gefecht zu verwikkeln, aber nicht in der Vereinigung mit den Kräften von Admiral Ozawa.« Er erklärte den Verhörern außerdem: »Falls ich oben im Norden nichts finden sollte, wollte ich mich durch die San-Bernardino-Straße zurückziehen.«

Doch auch auf diese Aussage warf er wenig später einen Schatten, indem er feststellte: »Daneben und vor allem wollte ich bei Sonnenuntergang an der San-Bernardino-Straße sein, um in der Nacht in sie einzulaufen und so weit wie möglich nach Westen zu gelangen.« Ob die Formulierung »daneben und vor allem« der Übersetzung anzulasten ist oder ob sich Kurita mit oder ohne Absicht derart verschwommen ausdrückte, läßt sich heute nicht mehr feststellen. Die beiden Worte sind jedenfalls unvereinbar und geben den Ereignissen, jedes für sich genommen, eine sehr unterschiedliche Bedeutung. War der Rückzug durch die San-Bernardino-Straße nun ein Haupt- oder ein Nebengedanke? Kuritas Kritiker unterstellen das erstere und behaupten, er hätte nie die Absicht gehabt, sich in weitere Gefechte verwickeln zu lassen, sondern nur noch das Ziel verfolgt, davonzukommen. Dafür spricht, daß er sich tatsächlich durch die San-Bernardino-Straße zurückzog, ohne vorher sonderliche Anstrengungen unternommen zu haben, die feindlichen Kräfte im Norden aufzuspüren. Aber ihn allein aufgrund dieser Tatsache einen Feigling zu nennen, wäre vermessen.

Kuritas Erklärungen enthalten noch andere Unstimmigkeiten, die möglicherweise die typischen Mängel einer erfundenen

Geschichte sind. Vielleicht war die Wahrheit auch zu schmerzlich, um sich ihr zu stellen, und er blieb deshalb so vage. Wahrscheinlicher aber ist, daß der Grund dafür in Kuritas Erschöpfung zu suchen ist. Seine Aussagen könnten, anstatt eine absichtliche Verschleierung zu sein, den verwirrten Zustand widerspiegeln, in dem er sich aufgrund fehlender Ruhepausen und der Anspannung von drei Tagen schwerster Kämpfe befand. Er gab später selbst zu: »Ich fühlte mich nicht müde, spürte aber die starke Anspannung, und nach drei Tagen und Nächten ohne Schlaf war ich körperlich und geistig erschöpft.« Es ist denkbar, daß dieser übermüdete, zermürbte alte Admiral nicht genau wußte, warum er so handelte, wie er es tat.

Aber wie Kuritas Entscheidungen auch zu erklären waren, bei seinen Untergebenen stießen sie auf wenig Begeisterung. Admiral Ugaki, der sein Flaggschiff, die *Yamato,* mit Kurita und dessen Stab teilen mußte, notierte sich in seinem Tagebuch: »Es erfüllte mich mit Unwillen, auf der Brücke mitanzusehen, wie sie [Kurita und sein Stab] es an Kampfgeist und Einsatzbereitschaft fehlen ließen.« Und als Ozawas Stabschef Ohmae von Kuritas Entscheidung erfuhr, sich vom Leyte-Golf nach Norden abzusetzen, sagte er: »Er hätte mutiger sein und nach Leyte fahren sollen.«

Die Amerikaner sahen Kuritas Rückzug aus dem Gefecht natürlich in einem anderen Licht. Bis Kurita seine schicksalhafte Entscheidung traf, mußte man schon ein unverbesserlicher Optimist sein, um Taffy 3 nicht für verloren zu halten. In Admiral Spragues Operationsbericht hieß es dementsprechend: »Das Versäumnis des Feindes ..., alle Schiffe dieser Gruppe zu vernichten, kann unserem erfolgreichen Nebelschleier, unserem Torpedogegenangriff, der fortgesetzten Störung des Feindes mit Bomben, Torpedos und Tiefflugangriffen, rechtzeitigen Manövern und der entschiedenen Parteilichkeit des Allmächtigen zugeschrieben werden.«

»Göttlicher Wind«

Zwei Stunden nach Sonnenaufgang war der Himmel immer noch dunkel und unheildrohend. Schwere Wolken verdüsterten den Tag, und das Heulen des Windes übertönte alle anderen Geräusche. Die Schiffe der riesigen Armada mit den kampfbereiten Soldaten an Bord kämpften sich durch die aufgepeitschte See. Berghohe Wellen schlugen über ihnen zusammen, und einige begannen bereits zu sinken. Blutspuren zogen sich über die verängstigten Gesichter der Männer, die es gewagt hatten, den Kopf in den sandsturmartigen Wind zu halten. Andere waren von herumfliegenden Trümmern verstümmelt worden. Es war bald klar, daß die Invasion abgebrochen werden mußte. Japan war zum zweitenmal in sieben Jahren durch einen Taifun vor der Eroberung gerettet worden.

Der erste Sturm war 1274 über die Flotte des Mongolenherrschers Kublai Khan hereingebrochen und hatte über zweihundert Schiffe zerstört, so daß die Invasoren gezwungen waren, auf das asiatische Festland zurückzukehren. Der zweite Versuch der Eroberung Japans fand im August 1281 statt, als eine 140 000 Mann zählende chinesisch-mongolische Armee mit Tausenden von Schiffen nach Japan aufbrach. Aber die mächtige Flotte des großen Khans wurde wiederum durch das Wüten eines pazifischen Taifuns zerschmettert und in alle Winde verstreut. Diesmal kehrte weniger als ein Fünftel der Invasoren in die Heimat zurück.

Japan wäre, durch jahrelange interne Kriege geschwächt, nicht in der Lage gewesen, die Invasion zu vereiteln, und die Bevölkerung hatte sich damit abgefunden, in den Tod oder die Sklaverei zu gehen. So wurde das zufällige Auftreten der Taifune als Eingreifen des Windgottes Ise verstanden. Damit war eine Legende geboren, die über die Jahrhunderte hinweg lebendig blieb und die Japaner in dem Glauben bestärkte, daß sie unter göttlichem Schutz standen und daß ihr Schicksal von den Göttern vorbestimmt sei. Was sie gerettet hatte, war der »göttliche Wind« gewesen – auf japanisch: *Kamikaze.*

Am frühen Abend des 19. Oktober 1944 fuhr eine schwarze Limousine auf der philippinischen Insel Luzon über eine staubige Straße auf den achtzig Kilometer von der Hauptstadt Manila entfernten Flugplatz von Mabalakat, der zu dem weitläufigen Komplex des ehemaligen amerikanischen Luftwaffenstützpunkts Clark gehörte. Die an dem Wagen flatternde gelbe Standarte zeigte an, daß er einen Offizier im Generalsrang beförderte. Die Limousine hielt vor einem cremefarbenen Haus mit grünem Fachwerk, in dem einst eine begüterte philippinische Familie gewohnt hatte, jetzt aber das Hauptquartier des 201. Luftgeschwaders untergebracht war. Mehrere Marineoffiziere stiegen aus dem Auto und gingen in das Haus. Das feine Mobiliar, das die großzügig geschnittenen Räume früher geschmückt hatte, war einem Durcheinander aus Feldbetten mit Moskitonetzen, Fliegerausrüstung und persönlichen Habseligkeiten gewichen. Die Offiziersgruppe schlängelte sich zwischen den Feldbetten hindurch und ging in den ersten Stock hinauf, wo sie in einem kleinen Zimmer um einen Tisch herum Platz nahm. Am Kopfende saß Vizeadmiral Takajiro Onishi, ein Mann mit rundem Gesicht, kurz geschorenen Haaren und heruntergezogenen Mundwinkeln. Er war erst vor wenigen Tagen zum Befehlshaber der japanischen Luftstreitkräfte auf den Philippinen ernannt worden – das heißt ihrer Überreste.

Alle Augen waren auf Onishi gerichtet, als er mit gedämpfter Stimme zu sprechen begann: »Wie Sie wissen, ist die Lage ernst. Es steht fest, daß starke amerikanische Kräfte im Leyte-Golf erschienen sind. Das Schicksal des Reichs hängt vom Ausgang der *Sho*-Operation ab, die vom Kaiserlichen Hauptquartier angeordnet wurde, um den feindlichen Ansturm gegen die Philippinen abzuschlagen. Unsere Überwasserkräfte sind bereits unterwegs.« Bis hierher hatte Onishi nichts gesagt, was seinen Zuhörern nicht schon bekannt war. »Vizeadmiral Kuritas Zweite Flotte, in der unsere Hauptkampfkraft konzentriert ist, wird ins Gebiet von Leyte vorstoßen und die feindlichen Landungsstreitkräfte vernichten. Aufgabe der Ersten Luftflotte ist es, Admiral Kuritas Vorstoß von Land aus Luftunterstützung zu geben und zu gewährleisten, daß er nicht durch feindliche Luftangriffe gehindert wird, den Leyte-Golf zu erreichen.«

Keiner der Anwesenden konnte sich Illusionen über die Natur dieser Aufgabe machen. Es war zwar logisch, daß sie Kurita bei seinem Vorstoß in den Leyte-Golf unterstützen sollten, aber auch ziemlich unmöglich. Die japanischen Luftstreitkräfte waren aufgrund der schweren Verluste in der Luftschlacht über Formosa und der Luftangriffe gegen die Philippinen vor der amerikanischen Landung erheblich dezimiert. In Mabalakat selbst, wo man den größten Teil der verbliebenen Jäger zusammengezogen hatte, waren nur etwa dreißig Maschinen startklar. Angesichts eines Feindes, der offenbar über ein unerschöpfliches Reservoir von Flugzeugen und gut ausgebildeten Piloten verfügte, war Onishis Verlangen schlicht selbstmörderisch.

Der Admiral fixierte seine Zuhörer mit eindringlichem Blick und fuhr fort: »Meiner Ansicht nach gibt es nur eine Möglichkeit, wie wir mit unseren geringen Kräften ein Höchstmaß an Wirkung erzielen können.« Die Offiziersrunde wartete gespannt darauf, welche Lösung der Admiral für das Dilemma hatte. »Wir müssen Selbstmordeinheiten aus mit Bomben bestückten Zero-Jägern aufstellen, die sich auf die feindlichen Träger stürzen.« Er verstummte für einen Augenblick und fragte dann: »Was halten Sie davon?«

Es war nicht das erste Mal, daß diese Idee zur Sprache kam. Die Frustration über ihre Unfähigkeit, einen übermächtigen Feind zu besiegen, hatte verschiedentlich dazu geführt, daß sich Luftwaffenangehörige für eine Selbstmordtaktik aussprachen.

Und auf beiden Seiten hatten sich bereits Piloten aufgeopfert, meistens dann, wenn sie aufgrund der Schäden an ihren Maschinen nicht damit rechnen konnten, lebend aus dem Einsatz zurückzukehren, und versucht hatten, auf einem feindlichen Schiff zu zerschellen, anstatt nutzlos ins Meer zu stürzen. Es hatte sogar Piloten gegeben, die sich, ohne den sicheren Tod vor Augen, in patriotischem Überschwang oder aus einem anderen Grund, den nur sie kannten, mit ihrer Maschine auf den Feind stürzten, um den größtmöglichen Schaden zu erzielen.

Aber es war das erste Mal, daß diese Selbstmordtaktik von einem Luftwaffenkommandeur offiziell befürwortet wurde. Wenn Onishis Vorschlag angenommen wurde, würden erstmals Piloten mit dem ausdrücklichen Auftrag ausgebildet, eingewiesen und in den Einsatz geschickt, sich im Dienst für ihr Land selbst zu töten. Soldaten leben mit der Todesgefahr, und manche Aufträge sind ihrem Wesen nach selbstmörderisch – Himmelfahrtskommandos ohne große Überlebenschancen. Aber Onishis Plan war etwas anderes, denn er sah vor, spezielle Einheiten zu bilden, deren Angehörige den Tod nicht nur *riskieren*, sondern *suchen* sollten.

Trotz aller Legenden waren die japanischen Offiziere, denen Onishi seinen Plan vorlegte, keineswegs versessen darauf, sich umzubringen. Aber ihr besonderer Ehrenkodex und die verzweifelte Kriegslage machten ihre Antwort auf seine Frage zur Formsache. Am nächsten Morgen wurde eine von Onishi unterzeichnete Bekanntmachung an alle Piloten angeschlagen, in der mitgeteilt wurde, daß ein Sonderangriffskorps aufgestellt werde, dessen Aufgabe es sei, »die feindlichen Trägerkräfte in den Gewässern östlich der Philippinen, wenn möglich bis zum 25. Oktober, zu vernichten oder außer Gefecht zu setzen«. Das Korps werde »in vier Staffeln eingeteilt, die folgende Bezeichnungen tragen: *Shikishima* [ein poetischer Name für Japan], *Yamato* [der alte Name Japans], *Asahi* [Morgensonne] und *Yamazakura* [Bergkirschenblüten].« Als Ganzes wurde die Operation *Kamikaze* genannt – »göttlicher Wind«.

Am Morgen des 25. Oktober, während Taffy 3 ums Überleben kämpfte und Taffy 2 Flugzeuge ausschickte, um der bedrängten Kampfgruppe zu helfen, brauten sich auch über Taffy 1, rund hundertdreißig Meilen weiter südlich, Probleme zusammen. Bei Sonnenaufgang starteten auf einem Flugplatz auf Davao die sechs Maschinen der *Asahi*-Staffel des *Kamikaze*-Korps. Sie besaßen keine Erkenntnisse darüber, wo sich in diesem Gebiet amerikanische Einheiten aufhielten, aber nach den vorliegenden Meldungen operierten in den philippinischen Gewässern derart viele amerikanische Schiffe, daß es ihnen nicht schwerfallen würde, Ziele zu finden. So stiegen sie auf, entschlossen, die ersten Angehörigen des neu gebildeten Sonderangriffskorps zu sein, die für ihren Kaiser in den Tod gingen.

Artilleriemaat John B. Mitchell, der Geschützführer des Turms Nummer fünf an Bord der *Santee*, befand sich auf seiner Gefechtsstation, als über OB-Telefon gemeldet wurde, daß »Gespenster« in der Nähe seien. Mitchell begann augenblicklich, den Himmel nach feindlichen Flugzeugen abzusuchen.

Unter der Meeresoberfläche blickte Korvettenkapitän Masahiko Morinaga durch das Periskop auf sein Ziel, einen amerikanischen Flugzeugträger. Morinaga war Kommandant des U-Boots *I–56*, und er hatte die amerikanische Kampfgruppe schon seit einiger Zeit verfolgt. Jetzt war er feuerbereit.

Der »göttliche Wind« stieß aus den Wolken über der Task Group hervor und stürzte sich auf seinen Gegner. Einer der Piloten hatte die *Santee* als Ziel ausgewählt und begann sie mit seinen Maschinengewehren zu beschießen, während er auf sie hinunterdonnerte. John Mitchell hörte den Geschützoffizier rufen, daß ein »Gespenst« von achtern im Anflug sei. Im nächsten Augenblick sah er es selbst und befahl seinen Richtkanonieren, das Vierzig-Millimeter-Geschütz herumzuschwenken und das Ziel anzuvisieren. Das Flugzeug kam mit aufblitzendem MG-Mündungsfeuer näher und näher. Mitchell starrte ihm ungläubig entgegen. Es hatte offenbar nicht die Absicht, den Sturzflug abzubrechen. Dabei war es ausgeschlossen, daß der Pilot getötet oder verwundet worden war, denn bisher hatte die *Santee* noch keinen Schuß abgegeben. Mitchell schrie: »Zieh es hoch, du Bastard, zieh es hoch!« Aber vergeblich. Das Flugzeug krachte dicht vor dem hinteren Aufzug auf das Flugdeck. Eine Kaskade aus Trümmerteilen wirbelte in alle Richtungen, als Schiff und Flugzeug gewaltsam miteinander verschmolzen. Das Flugzeug verschwand förmlich in dem Schiff. Es bohrte sich durch das Flugdeck in den Hangar, wo seine Bombe explodierte. Die durch das Hangardeck schießenden Splitter rissen einige Wasserbomben auf, die darauf warteten, in die Flugzeuge verladen zu werden. Der aus ihnen heraussickernde Sprengstoff verbrannte jedoch glücklicherweise, ohne zu detonieren.

John Mitchell war durch den Aufprall des Kamikaze-Flugzeugs in die Luft geschleudert worden und in der Geschützkanzel gelandet, die sich mit Wasser gefüllt hatte, als sich die *Santee* aufgrund des Aufpralls auf die Seite legte. Er dachte, er wäre ins Meer gestürzt, und versuchte zu schwimmen, bis er bemerkte, daß er noch an Bord war.

Ungefähr zur gleichen Zeit, als die *Santee* getroffen wurde, stürzten sich auch die anderen japanischen Flugzeuge auf Taffy 1. Eines von ihnen hielt auf die *Suwanee* zu, wurde aber von derart heftigem Geschützfeuer empfangen, daß der Pilot den Anflug abbrach und sich nach einem anderen, vielversprechenderen Opfer umsah. Er suchte sich die *Sangamon* aus, wurde aber, bevor er sein neues Ziel erreichte, von einer 12,7-Zentimeter-Granate getroffen und in Stücke gerissen. Ein Mann wurde durch die auf das Flugdeck der *Sangamon* niederhagelnden Teile des zerstörten Flugzeugs getötet, zwei weitere wurden verwundet. Ein weiterer Kamikaze-Flieger zielte auf die *Petrof Bay*, aber auch er konnte durch Luftabwehrfeuer gestoppt werden und stürzte so dicht neben dem Flugzeugträger ins Meer, daß das Wasser auf dessen Flugdeck spritzte.

Das auf der *Santee* aufgeschlagene Flugzeug hatte einen gut neun Meter langen Spalt im Flugdeck hinterlassen. Sechzehn Männer waren getötet und siebenundzwanzig verwundet worden; mehrere Brände waren ausgebrochen. Aber die *Santee* war nicht tödlich getroffen. Die Schadensbekämpfungstrupps begannen mit den Löscharbeiten und hatten die Brände bald unter Kontrolle.

In zehn Metern Tiefe auf der Steuerbordseite der *Santee* hatte Korvettenkapitän Morinaga seine Ziellösung und gab den Feuerbefehl. Ein Fächer aus mehreren Torpedos verließ die Rohre des U-Boots und schoß auf die *Santee* zu. Um 0756 Uhr schlug ein Torpedo in Höhe des hinteren Aufzugs ein. Der Zerstörer *Trathen* fuhr heran, um den Unterwassereindringling anzugreifen, und belegte ihn eine halbe Stunde lang mit Wasserbomben, blieb aber erfolglos. *I–56* entkam und gelangte sicher nach Japan zurück. Der Torpedotreffer erwies sich als halb so schlimm. Er bewirkte zwar eine Schlagseite von sechs Grad nach Steuerbord, reichte aber nicht aus, um die *Santee* zu versenken.

Aber die Probleme von Taffy 1 waren noch nicht vorüber. Die amerikanischen Geschütze hatten ein weiteres von einem zum Tod entschlossenen Piloten gesteuertes Flugzeug unter Beschuß genommen, und eine Rauchspur zeigte an, daß es getroffen worden war. Doch der Treffer reichte nicht aus, um den Piloten davon abzuhalten, seine Mission zu erfüllen. Das Flugzeug raste in einem Winkel von fünfundvierzig Grad weiter nach unten und schlug um 0804 Uhr auf dem Flugdeck der *Suwanee* auf. Wie das Flugzeug, das die *Santee* getroffen hatte, verschwand auch dieses im Schiffsinnern und explodierte im Hangardeck. Der Schaden aber war erstaunlich gering. Der hintere Flugzeugaufzug war nicht mehr zu gebrauchen, und die *Suwanee* verlor vorübergehend ihre Manövrierfähigkeit, aber das Loch im Flugdeck konnte in relativ kurzer Zeit geflickt werden, und bald stiegen von dort wieder Flugzeuge auf.

Dieser erste Kamikaze-Angriff war, bei allem Schrecken, wenig spektakulär verlaufen, was den kommandierenden Offizier der *Petrof Bay* veranlaßte, in seinem Gefechtsbericht seiner Geringschätzung für diese neue Angriffstaktik Ausdruck zu verleihen. Der selbstmörderische Sturzflug, schrieb er, sei »eine dumme Angriffsvariante, weil er weniger Chancen hat, etwas zu erreichen, als andere Arten der Bombardierung«. Ein Flugzeug sei ein größeres Ziel und habe weniger Durchschlagskraft als eine Bombe. Der Kapitän der *St. Lô*, die weit oben im Norden mit Taffy 3 operierte, hätte sich dieser Ansicht vermutlich nicht angeschlossen.

An vier aufeinanderfolgenden Tagen hatten sich die Piloten der neu aufgestellten *Shikashima*-Staffel durch das Ritual des feierlichen Abschieds – Gebete vor einem heiligen Schrein und das Anlegen der *hachimaki*[*] – auf ihren Todesflug vorbereitet. Aber jedesmal waren sie, weil der Feind aufgrund des schlechten Wetters unauffindbar war, unverrichteter Dinge zu ihrem Stützpunkt zurückgekehrt. Am 21. Oktober war ein Leutnant, der weniger Geduld aufbrachte als seine Kameraden, allein losgeflogen, um sich im Leyte-Golf ein Ziel zu suchen, auf dem er sein Leben auslöschen konnte. Man hat nie wieder von ihm gehört, und da es von diesem Tag keinen Bericht über einen Kamikaze-Angriff auf ein amerikanisches Schiff gibt, ist zu vermuten, daß er ins Meer gestürzt ist.

Am 25. Oktober um 0725 Uhr stiegen die *Shikashima*-Piloten erneut auf, und diesmal sollten sie mehr Erfolg haben. Sie stießen durch Zufall auf die Schiffe von Taffy 3, kurz nachdem Kurita seinen Angriff abgebrochen hatte. Die Besatzungen begannen gerade erst, sich zu entspannen, nachdem sie so knapp dem Tod entronnen waren. Sie waren daher nicht allzu wachsam.

---

[*] *Hachimaki* waren Stirnbänder, die von den Piloten nach dem Vorbild der alten Samurai getragen wurden; diese hatte sich zum Zeichen dafür, daß sie bis zum Tod kämpfen würden, ein weißes Band um den Kopf gelegt. Die Kamikaze-Piloten nahmen diese Tradition auf und erweiterten sie, indem sie mit schwarzen Schriftzeichen geschriebene Verse und das rote Sonnensymbol auf das weiße Stirnband malten.

Auf dem Geleitzerstörer *Raymond* war Vernon Kimmel, der für die Feuerleitung zuständig war, immer noch auf seiner Gefechtsstation, als der »göttliche Wind« zu wehen begann. Die *Raymond* war im Kampf mit Kuritas Flotte nur gering beschädigt worden. Sie hatte aus der Artillerieschlacht mit den furchterregenden japanischen Schiffen zwar eine Menge Einschlaglöcher von Granatsplittern davongetragen, aber keine Todesopfer zu beklagen. Kimmel schaute zu dem am nächsten fahrenden CVE hinüber, der *St. Lô*, die das Gemetzel im Vergleich mit einigen anderen Einheiten ebenfalls gut überstanden hatte. Er hatte von seinem Standort aus einen guten Blick auf den Träger, und er konnte keine größeren Schäden entdecken. Wenn man bedachte, was mit der *Gambier Bay* passiert war, hatte die *St. Lô* wirklich Glück gehabt.

Es war 1053 Uhr, als die Kamikaze-Flugzeuge wie aus dem Nichts auftauchten. Die Ausgucks der *Raymond* entdeckten sie als erste, und der Zerstörer eröffnete das Feuer auf die Angreifer. Die Japaner schwärmten aus und flogen unterschiedliche Ziele an. Eines der Flugzeuge versuchte die Brücke der *Kitkun Bay* zu treffen, verfehlte sie aber und schlug statt dessen auf der Backbordlaufbrücke ein. Die Splitter der explodierenden Bombe schossen über das Flugdeck und verletzten siebzehn Männer, einen von ihnen tödlich. Ein weiteres Kamikaze-Flugzeug, das dicht neben der Backbordseite der *White Plains* explodierte, verursachte ebenfalls nur geringe Schäden und verwundete elf Männer.

Ein zweites Flugzeug, das ebenfalls auf die *White Plains* zuhielt, erhielt einen Treffer und wandte sich, eine Rauchspur hinter sich her ziehend, von dem Schiff ab, allerdings nur, um die *St. Lô* anzufliegen. Die Geschützbedienungen der *Raymond* versuchten verzweifelt, das Flugzeug abzuschießen, waren aber bald gezwungen, das Feuer einzustellen, um nicht den CVE zu treffen. Der Kamikaze-Pilot raste unbeirrt auf die *St. Lô* zu und klinkte einen Sekundenbruchteil, bevor er auf das Flugdeck krachte, seine Bombe aus. Das Flugzeug zersplitterte beim Aufprall; seine Einzelteile schlitterten über das Flugdeck und stürzten ins Meer. Die Bombe hatte das Flugdeck durchschlagen und explodierte auf dem darunterliegenden Hangardeck. Innerhalb von drei Minuten wüteten im Rumpf des Schiffs mehrere Benzinfeuer.

Vern Kimmel beobachtete, wie an mehreren Stellen der *St. Lô* häßliche schwarze Rauchwolken hervorquollen, und überlegte, wie schwer der Schaden sein mochte. Wie um ihm zu antworten, wurde der Flugzeugträger von einer gewaltigen Explosion erschüttert. Kimmel verfolgte entsetzt, wie der große Flugzeugaufzug durch die Luft flog. Es sah, wie er sich später erinnerte, »wie eine gigantische Frisbee-Scheibe« aus. Trümmer und Qualm wurden zusammen mit einem riesigen Feuerball hundert Meter und mehr in die Luft gerissen, und im Umkreis von mehreren hundert Metern hagelten große Bruchstükke des Schiffs ins Meer.

Ein großer Teil des Flugdecks der *St. Lô* war weggesprengt, ein weiterer Teil war aufgerissen und über den Rest des Decks gefaltet worden. Weitere Explosionen folgten, und es war bald offensichtlich, daß die *St. Lô* nicht überleben würde. Der Kapitän gab Befehl, das Schiff zu verlassen, und jene, die die schrecklichen Explosionen überlebt hatten und nicht bereits von Bord geschleudert worden waren, hangelten sich an allem, was sie greifen konnten, ins Wasser hinunter. Vielen blieb allerdings nichts anderes übrig, als von Deck zu springen, um dem Inferno an Bord zu entkommen.

Die *St. Lô* hatte bisher zur Backbordseite gekrängt; die letzte Explosion jedoch war derart heftig, daß sie auf die Steuerbordseite geworfen wurde. Wenig später lag sie, mit senkrecht aus dem Wasser ragendem Flugdeck und einem großen klaffenden Leck im Schiffsboden, vollständig auf der Seite. Dann glitt sie, hundertvierzehn Männer mit sich nehmend, über das Heck in die Tiefe. Die Schlacht um Leyte hatte ein weiteres Schiffsleben gefordert.

TEIL VII

NACHBEBEN

Lange Nächte

Die Nacht senkte sich über eine friedlich anmutende Szene. Der Lärm und die gespannte Atmosphäre der Schlacht waren verschwunden, alle Gefechte waren geschlagen. Die Palawan-Passage, wo Kurita vor nur drei Nächten die ersten Schläge in dieser Schlacht von geradezu epischen Ausmaßen erhalten hatte, lag wieder in trügerischer Harmlosigkeit da, nur daß jetzt neue Opfer in den Gewässern ruhten, die so passend »Gefährliches Gebiet« genannt wurden. Die Sibuyan-See, wo Halseys Luftarmada über die hartnäckig vorrückende japanische Mittelgruppe hergefallen war, sah jetzt den Rückzug der Überreste dieser geschlagenen Flotte. Und in der Surigao-Straße, wo die gewaltigen Kanonen der Schlachtschiffe gesprochen hatten, war es so ruhig wie in der Nacht, als Ferdinand Magellan diesen Teil der Welt für Europa erschloß. Das Tosen der Schlacht war verklungen, um nie wieder in solchem Ausmaß gehört zu werden.

Aber für einige war der Kampf noch nicht vorüber. In den dunklen Gewässern vor Samar klammerten sich die Überlebenden von Taffy 3 in einem neuen Überlebenskampf an Rettungsflöße und schwimmende Trümmerteile. Die Männer, die noch vor wenigen Stunden an Bord der *Johnston*, der *Hoel* und der *Samuel B. Roberts* der japanischen Übermacht getrotzt hatten, und die nach Hunderten zählenden Überlebenden von den Flugzeugträgern *Gambier Bay* und *St. Lô* waren an diesem 25. Oktober, solange die Sonne am Himmel stand, nicht gerettet worden. Und die Nacht brachte neue Gefahren.

Robert Billie war trotz seiner Schwimmweste zu schwach, um den Kopf über Wasser zu halten, und jemand band ihn an

einem kräftigeren Mann fest, damit er nicht ertrank. Bill Mercer
war in besserer Verfassung, aber er wußte etwas, wovon Billie
nichts ahnte. Er hatte am späten Nachmittag einen großen Hai
entdeckt.

Ed Digardi war ebenfalls beunruhigt. Die erwartete baldige
Rettung war ausgeblieben. Sie hatten am Nachmittag mehrere
amerikanische Flugzeuge gesehen, aber es war kein Schiff gekommen, um sie aus dem Wasser zu fischen. Einige der Männer
waren schwer verwundet und würden unter den widrigen Umständen nicht mehr lange durchhalten. Das Trinkwasser auf den
Rettungsflößen war faulig. Und als die Dunkelheit hereinbrach,
sah Digardi im verblassenden Licht die unheildrohenden Rük-
kenflossen von Haien, die um die Männer kreisten.

Während die Stunden vergingen, gaben einige der Schwer-
verwundeten den Kampf auf. Wenn sicher war, daß ein Mann
tot war, nahm man ihm die Schwimmweste ab und ließ ihn in
die Tiefe gleiten. Zwei Männer, die Bill Mercer als »Cooper«
und »Walker« kannte, hatten an Bord der *Johnston* schwere
Verbrennungen erlitten und starben kurz nach Einbruch der
Dunkelheit. Mercer half, ihnen die Schwimmwesten abzunehmen, und beobachtete, wie seine Kameraden, deren fahle Gesichter im schwachen Mondlicht kaum zu erkennen waren, im
Wasser verschwanden. Er fühlte sich plötzlich wie »ein acht-
zehnjähriger Junge, der auf die vierzig zugeht«. Die Haie griffen
an, nachdem der Mond untergegangen war.

Am Nachmittag des 25. Oktober war Kapitän zur See Charles
Adair, der eine Schlüsselrolle bei der Planung des amphibischen Angriffs auf Leyte gespielt hatte, auf Admiral Barbeys
Flaggschiff im Leyte-Golf bereits mit der Planung der Invasion
von Luzon beschäftigt. Während er, von Papierstapeln und
Haufen von Aufklärungsfotos umgeben, an dem neuen Plan
arbeitete, blickte er aus Gewohnheit ab und zu auf den Monitor,
auf dem die hereinkommenden Meldungen wiedergegeben
wurden, um zu sehen, ob etwas Wichtiges passierte.

Gegen 1500 Uhr stachen ihm die Worte »viele Männer im Wasser« ins Auge. Es war die Meldung eines Flugzeugs, das hundertzehn Meilen nordöstlich des Leyte-Golfs patrouilliert hatte. Adair wußte, daß am Nachmittag mehrere Schiffe verlorengegangen waren, auch wenn er die genaue Anzahl nicht kannte. Was ihn stutzig machte, war das Fehlen irgendeines Hinweises darauf, daß etwas unternommen worden war, um die Schiffbrüchigen zu retten. Er ging mit der Meldung zu seinem Boß, Admiral Daniel E. Barbey, dem Kommandeur der Nördlichen Angriffsgruppe, Task Force 78.

Adair zeigte Barbey die Meldung und schlug vor, aus den verfügbaren Landungsfahrzeugen und Patrouillenbooten eine Rettungsgruppe zu bilden. Die LCIs boten sich für diese Aufgabe an, weil ihre Rampen herabgelassen und die Schiffbrüchigen auf diese Weise leichter an Bord geholt werden konnten. Barbey segnete den Plan ab, und Adair machte sich unverzüglich an die Arbeit. Auf seine Anweisung hin wurde in weniger als einer Stunde die Task Group 78.12 gebildet. Sie bestand aus zwei PCs (Patrouillenbooten) und fünf LCIs, die dem Kommando von Korvettenkapitän J. A. Baxter unterstellt wurden. Adair beorderte eine Arzt und einen Sanitätsmaat zu der winzigen Task Group ab, und bald befand sich der kleine Verband auf dem Weg zu den Gewässern vor Samar. Er sollte erst am nächsten Morgen dort eintreffen.

Bill Mercer spürte, wie er von einem Hai gestreift wurde. Er trat nach ihm und stieß Flüche aus, die ihm seine Mutter nie hätte durchgehen lassen. An einer schwachen phosphoreszierenden Spur dicht unter der Wasseroberfläche konnte er die Bahn des Hais ein Stück weit verfolgen. In der Dunkelheit waren die Flüche anderer Männer zu hören, die versuchten, die Angreifer abzuwehren, und von Zeit zu Zeit, wenn der Angriff der Haie zum Erfolg geführt hatte, gellten Schreie voller Todesqualen über das Wasser. Ed Digardi konnte das furchtbare Klatschen hören, wenn die Haie die abgetriebenen Toten in Stücke rissen.

Robert Billie, der immer noch an einen Mann gebunden war, dessen Namen er nicht kannte, blieb das Erlebnis dieser alptraumhaften Nacht aufgrund regelmäßiger Ohnmachtsanfälle zum großen Teil erspart. Irgendwann in der Nacht war er jedoch wach genug, um einen plötzlichen Stoß zu spüren, und dann wurde er, bevor ihm bewußt werden konnte, was vorging, zusammen mit seinem Kameraden unter Wasser gezogen und wild herumgewirbelt. Salzwasser drang ihm in Mund und Nase, während er wie eine Puppe hin- und hergeworfen wurde. Als er begriff, was geschah, wollte er schreien, aber er konnte es nicht. Er war sicher, daß er sterben würde, doch dann stieß sein Kopf plötzlich durch die Wasseroberfläche, und er rang hektisch nach Luft. Der Angriff war genauso plötzlich vorüber, wie er begonnen hatte. Billie lag hilflos da, hustete das Wasser heraus, das er geschluckt hatte, und versuchte wieder zu Atem zu kommen. Und dann wurde ihm voller Schrecken bewußt, daß er allein war.

Die Task Group 78.12 traf am Morgen an ihrem Bestimmungsort ein, konnte aber außer Schiffstrümmern und Ölflekken nichts finden, und dabei blieb es für den größten Teil des Tages. Dann, am späten Nachmittag, wurde endlich ein Schiffbrüchiger gesichtet, der sich an eine Holzkiste klammerte, aber es war, wie sich zur Enttäuschung der Männer herausstellte, ein Japaner. Er wurde aus dem Wasser gezogen und nach Waffen durchsucht; dann versorgte man ihn medizinisch und gab ihm etwas zu essen und zu trinken.

Die Besatzungen der Rettungsschiffe sahen schweren Herzens, wie die Sonne unterging. Die Überlebenden, wenn es noch welche gab, würden sehr wahrscheinlich eine zweite Nacht im Wasser verbringen müssen. Baxter setzte die Suche fort, indem er die Gegend durchkämmte, so gut es ging, aber er wußte, daß die Chancen, die Schiffbrüchigen in der Dunkelheit zu finden, gering waren. Dann, um 2220 Uhr, sichteten die Ausgucks von PC-623 im Westen mehrere rote, weiße und grüne Leuchtfeuer. Die Schiffe hielten auf das pyrotechnische Spektakel zu, und fünfzehn Minuten später wurden die ersten Überlebenden von der *Gambier Bay* an Bord geholt. In den nächsten Stunden fischten die Rettungsschiffe mehrere Gruppen von Überlebenden aus dem Wasser. Um 0348 Uhr waren über zweihundert Männer gerettet worden, und da einige von ihnen dringend ärztlicher Behandlung bedurften, ließ Baxter die Geretteten mit PC-1119 in den Leyte-Golf bringen, während er mit dem Rest der Boote die Suche fortsetzte.

Die bis zu diesem Zeitpunkt geretteten Männer hatten allesamt auf der *Gambier Bay* gedient. Von den Besatzungsmitgliedern der vier anderen in der Schlacht versenkten Schiffe war noch kein einziger gerettet worden.

Die zweite Nacht im Wasser war für die Männer von der *Johnston* noch schlimmer als die erste. Weitere Verwundete starben, und die Haie griffen erneut sporadisch an. Doch jetzt war ein weiterer Feind hinzugekommen: der Durst. Einige erlagen der Versuchung, Meerwasser zu trinken, und zahlten in Form von Halluzinationen und Tobsuchtsanfällen den Preis dafür. Hinzu kam, daß sich die Kapokschwimmwesten mit Wasser vollgesogen hatten, so daß es immer schwieriger wurde, sich über Wasser zu halten. Die Müdigkeit wurde zu einem ständig lauernden Feind, denn jene, die ihr nachgaben und einschliefen, trieben regelmäßig von den anderen weg und mußten unter großen Mühen zurückgeholt werden. Manchmal verschwand einer der Männer, ohne daß jemand sagen konnte, was mit ihm geschehen war.

Ed Digardi mühte sich die ganze Nacht über ab, die Männer zusammenzuhalten und ihre Moral zu stärken. Sein Freund, Kapitänleutnant Jack Bechdel – der einarmige Torpedooffizier, dem Digardi über die Reling der *Johnston* geholfen hatte – starb im Verlauf der Nacht. Als einer der Männer aus seiner Gruppe, der offenbar Salzwasser getrunken hatte, durchdrehte, blieb Digardi keine andere Wahl, als ihn k. o. zu schlagen und an ein Schwimmernetz zu fesseln, um zu verhindern, daß er sich selbst oder anderen etwas antat.

Bill Mercer und einige andere hatten am vorangegangenen Tag gegen Mittag beschlossen, die Gruppe zu verlassen und nach Samar zu schwimmen. Unterwegs stießen sie auf ein Rettungsfloß mit zwei anderen Überlebenden der *Johnston*. Sie zogen sich hinauf, und nachdem sie von den Rationen, die sich auf dem Floß befanden, gegessen hatten, beschlossen sie, nicht weiterzuschwimmen, sondern auf dem Floß zu bleiben. Mercer und J. B. Strickland vereinbarten, abwechselnd zu schlafen, während der andere wachte. Strickland schloß, den Kopf an Mercers Schulter, als erster die Augen. Nach einer Weile weckte Mercer seinen Kameraden und sagte ihm, daß er jetzt an der Reihe sei. Strickland war einverstanden, und Mercer legte den Kopf an seine Schulter. Aber Strickland sank ebenfalls sofort wieder in Schlaf, und wenig später rollten beide vom Floß hinunter. Darauf beschlossen sie, wach zu bleiben.

Die Überlebenden von der *Johnston*, deren Zahl mit jeder Stunde kleiner wurde, verbrachten eine lange Nacht in den dunklen philippinischen Gewässern. Ständig in Angst vor den Haien, kämpften sie mit der betäubenden Kälte des Wasser und gegen ihre eigene Erschöpfung, mußten mitansehen, wie ein Kamerad nach dem anderen starb, und klammerten sich dennoch verzweifelt ans Leben, obwohl der Tod der leichtere Weg zu sein schien. Für jene, die überlebten, war es die längste Nacht ihres Lebens, die sie ihr Leben lang wieder und wieder in ihren Träumen durchlebten.

Als der Morgen des 27. Oktober dämmerte, schickte Ed Digardi einen Stoßseufzer zum Himmel. Am willkommensten war die Wärme der Sonne, und darüber hinaus waren die Chancen, gerettet zu werden, mit Tagesanbruch gewaltig gestiegen. Die meisten der Männer nahmen die Veränderungen, die der Morgen brachte, allerdings nicht wahr. Verwundet, körperlich und geistig erschöpft, hungrig und durstig, wie sie waren, befanden sie sich in einem fast katatonischen Zustand. Eine weitere dieser höllischen Nächte würden viele von ihnen nicht überleben.

Während die Sonne über den Horizont stieg, schaute Digardi

in das tiefblaue Wasser hinunter. Es war, trotz der schrecklichen Situation, ein schöner Anblick. Das Wasser sah so kühl und so klar aus, daß es schwerfiel, sich zu ermahnen, daß es nicht zum Trinken geeignet war. Nach einer Weile wurde Digardi plötzlich bewußt, daß er dort unten nicht nur Wasser sah. Im Schatten der an der Oberfläche treibenden Menschentraube kreiste langsam, sehr langsam eine große Gruppe von Haien.

Kurz vor 0900 Uhr fischte PC-623 den ersten Überlebenden von der *Johnston* aus dem Wasser. Der letzte wurde erst am späten Nachmittag gerettet. Ed Digardis Gruppe war eine der letzten, die gerettet wurde. Als man Robert Billie an Bord eines der LCIs geholfen hatte, sagte er seinen Rettern, daß er allein gehen könne, fiel aber schon beim ersten Schritt der Länge nach hin. Später hätte er beinah eines seiner mit Granatsplittern gespickten Beine an die Säge eines Chirurgen verloren.

Digardi streifte die Schwimmweste ab, bevor er das an der Seite des LCIs heruntergelassene Netz hinaufkletterte. Er verfolgte, wie die Schwimmweste im Wasser versank, und fragte sich, wie lange er wohl schon *sie* über Wasser gehalten hatte. Viele der Männer fielen, sobald sie an Bord der PCs und LCIs waren, in Schlaf. Manche rührten sich nicht einmal, als ein japanisches Flugzeug im Tiefflug auf die winzige Task Group zuhielt und sie mit seinen Bordwaffen beschoß.

Erst am nächsten Tag waren alle Überlebenden der *Johnston*, der *Hoel*, der *Samuel B. Roberts*, der *Gambier Bay* und der *St. Lô* auf Lazarettschiffen untergebracht, wo den verwundeten, entkräfteten und unterkühlten Männern die nötige Behandlung zuteil wurde. Es waren über tausend – Hunderte mehr, als gerettet worden wären, wenn Kapitän zur See Charles Adair nicht eingegriffen hätte. Und Hunderte weniger, als gerettet worden wären, wenn jemand an diese Männer gedacht hätte, bevor Adair auf sie aufmerksam wurde.

Epitaph

Abschließend kann der Kommandeur der Dritten Flotte zuverlässig melden, daß diese Aktion und die brillanten Operationen der Siebenten Flotte zum Ergebnis hatten: (a) den völligen Fehlschlag des japanischen Vorhabens, die Rückeroberung der Philippinen zu verhindern, (b) die vernichtende Niederlage der japanischen Flotte und (c) die Eliminierung jeder ernstzunehmenden Bedrohung unserer Operationen für viele Monate, wenn nicht für immer.

F. W. HALSEY

Der Schluß von Admiral Halseys Operationsbericht, der über den CINCPAC an den COMINCH ging, ist eine ziemlich genaue Zusammenfassung der Schlacht um Leyte. Die Japaner hatten ihr Ziel, die Rückeroberung der Philippinen zu vereiteln, nicht erreicht; ihre Flotte war geschlagen, und die japanische Marine war als ernstzunehmende Bedrohung ausgeschaltet worden, und zwar »für immer«, nicht nur »für viele Monate«.

Um dieser großen Schlacht gerecht zu werden, muß jedoch mehr gesagt werden, als es Halsey in seinem Bericht tat. Wenn er die Operationen der Siebenten Flotte »brillant« nennt, ist dies nur ein Teil der Wahrheit, und was die Rolle der Dritten Flotte betrifft, kommen einem ganz andere Attribute in den Sinn. Die Niederlage der Japaner »vernichtend« zu nennen, ist übertrieben und verlangt nach einer Korrektur. Und viele andere Aspekte der Schlacht, positive wie negative, werden gar nicht erwähnt, müssen aber angeführt werden, wenn man diesem großen Ereignis den ihm angemessenen Platz in der Geschichte zuweisen will.

Als erstes ist eine tiefer greifende Einschätzung der strategischen Bedeutung der Schlacht um Leyte vorzunehmen. Sie war keine Entscheidungsschlacht wie die bei Midway. Der Verlauf des Krieges wurde durch die Ereignisse bei den Philippinen nicht verändert. Aber sie hatten zur Folge, daß sich die Tendenz des Krieges fortsetzte, und das war nicht weniger bedeutsam, obwohl es nicht denselben dramatischen Effekt hatte wie eine Wende im Kriegsverlauf. Hätten die Japaner ihr nicht allzu hoch gestecktes Ziel, die Landungsoperation zu unterbrechen, erreicht, hätte dies für die amerikanische Kriegführung einige weitreichende Konsequenzen haben können. Samuel Eliot Morison geht wahrscheinlich zu weit, wenn er schreibt: »General MacArthurs Armee wäre abgeschnitten gewesen wie 413 v. Chr. die Athener in Syrakus« und hinzufügt, »die Dritte Flotte allein hätte ihre Verbindungswege nicht offenhalten können«. Sparta war 413 v. Chr. in einer wesentlich stärkeren Position als die Japaner im Jahr 1944. Es ist kaum vorstellbar, daß die japanische Marine – ohne nennenswerte Luftunterstützung – in der Lage gewesen wäre, die Dritte Flotte an der Ausführung ihrer Aufträge zu hindern, wie immer sie auch ausgesehen hätten. In rein militärischer Hinsicht ist es zweifelhaft, daß ein japanischer Sieg im Leyte-Golf mehr bewirkt hätte als eine, wenn auch erhebliche, Verzögerung des amerikanischen Vormarschs über den Pazifik.

Die Katastrophe hätte sich vielmehr auf politischem Gebiet ereignen können. Ein Rückschlag auf den Philippinen, und wäre er auch nur vorübergehend gewesen, hätte so kurz vor den anstehenden Präsidentschaftswahlen möglicherweise erhebliche Turbulenzen an der Heimatfront verursacht. Die Amerikaner hatten sich Ende 1944 bereits an Siegesmeldungen gewöhnt, und eine Unterbrechung dieses Trends hätte ernste Folgen für Roosevelts beispiellose vierte Kandidatur haben können. Im schlimmsten Fall wäre er nicht wiedergewählt worden; bei einem weniger drastischen Verlauf hätte er zumindest das klare Mandat für seine Politik verloren. In beiden Fällen wäre die amerikanische Kriegführung vermutlich revidiert worden, da die Opposition in der Lage gewesen wäre, die Aufgabe der Rooseveltschen Forderung nach der »bedingungslosen Kapitulation« der Japaner zu erzwingen und statt dessen eine Verhandlungslösung durchzusetzen.

Eine weiter reichende Folge eines amerikanischen Rückschlags auf den Philippinen wären dessen Auswirkungen auf das Ansehen der Vereinigten Staaten im Fernen Osten gewesen. MacArthur hatte Roosevelt vor den nachteiligen Folgen gewarnt, die eine Umgehung der Philippinen gehabt hätte, und eine amerikanische Niederlage in dem Archipel hätte wahrscheinlich zu einem ähnlichen Verlust an Glaubwürdigkeit geführt.

Der amerikanische Sieg im Leyte-Golf war außerdem von nicht geringer strategischer Bedeutung, da er die Rückeroberung der Philippinen sicherstellte. Für die Japaner kam dies der endgültigen Niederlage gleich. Admiral Mitsumasa Yonai, der japanische Marineminister, sagte nach dem Krieg zu seinen amerikanischen Verhörern: »Als Sie die Philippinen nahmen, war es das Ende unseres Nachschubs.« Angesichts der Bedrohung durch gegnerische U-Boote war es für die Japaner schon vor der amerikanischen Landung auf Leyte schwierig genug gewesen, Erdöl aus dem Süden auf die Mutterinseln zu bringen, doch nach dem Verlust der Philippinen waren die Nachschublinien völlig abgerissen und die Niederlage unvermeidlich geworden.

Nach der Seeschlacht um Leyte beherrschte die US Navy den Pazifik. Die Kaiserlich Japanische Marine vermochte dem amerikanischen Vorstoß auf die japanischen Mutterinseln keinen nennenswerten Widerstand mehr entgegenzusetzen. Das bedeutete jedoch nicht, daß der Krieg für die US Navy vorüber war. In der Schlacht um Okinawa im April 1945 sollten mehr amerikanische Seeleute sterben als in jeder anderen Schlacht im Pazifik. Aber sie fielen hauptsächlich dem bei Leyte erstmals eingesetzten »göttlichen Wind« zum Opfer, nicht irgendwelchen Aktionen von Schiffen. Die einst so stolze japanische Marine hatte nach der Seeschlacht bei den Philippinen weitgehend aufgehört zu existieren.

Der letzte Versuch, die große Entscheidungsschlacht zu schlagen, hatte Japan vier Flugzeugträger, drei Schlachtschiffe (einschließlich eines seiner Superschlachtschiffe), neun Kreuzer und ein Dutzend Zerstörer gekostet. Hunderte von Flugzeugen waren verlorengegangen, und Tausende von Piloten und Seeleuten waren getötet worden. Es war eine in jeder Hinsicht verheerende Niederlage. Für die Amerikaner war die Schlacht zwar weniger kostspielig, aber nicht ohne Verluste gewesen. Drei Flugzeugträger, zwei Zerstörer, ein Geleitzerstörer und ein U-Boot hatten sie nicht überlebt. Hunderte von Männern waren getötet, eine weit größere Zahl war verwundet worden.

Angesichts der gewaltigen numerischen Überlegenheit der beiden amerikanischen Flotten und der Tatsache, daß die japanische Luftmacht kaum noch vorhanden war, hielten sich die Japaner überraschend gut. Rein statistisch betrachtet, war zu erwarten, daß die US Navy die Japaner dezimierte, aber da Ozawas Köder geschluckt wurde, war die amerikanische Kampfkraft erheblich geschwächt. Nachdem die nach Norden abdampfende Dritte Flotte aus der Gleichung herausgefallen war, besaßen die Japaner gegen die restlichen Kräfte im Gebiet des Leyte-Golfs gute Chancen. Die Schuld an dem aus ihrer Sicht enttäuschenden Ergebnis ist daher allein bei ihnen selbst zu suchen. Daß vor Samar trotz der vorhandenen Möglichkeiten so wenige amerikanische Schiffe versenkt wurden, war ein demütigender Umstand für eine Marine, die einst den größten Ozean der Welt beherrscht hatte.

Tatsächlich war Ozawa der einzige japanische Admiral, der seine Aufgabe in der Schlacht um Leyte erfüllte. Indem er Halsey vom Brennpunkt des Kampfgeschehens weglockte, gab er der japanischen Marine die unter den gegebenen Umständen einmalige Chance, einen Sieg zu erringen. Zum Unglück für die

Japaner waren Nishimura, Shima und Kurita nicht in der Lage, daraus Kapital zu schlagen.

Nishimura beging eine Reihe von Fehlern, die nicht nur verhinderten, daß er die von Ozawa eröffnete Gelegenheit nutzte, sondern auch seiner Flotte und ihn selbst das Leben kosteten. Indem er seinen Verband nicht mit dem von Shima vereinte, verdammte er beide Gruppen zu hoffnungsloser Ohnmacht, und indem er sein Tempo nicht verlangsamte, nachdem Kurita gemeldet hatte, daß er in der Sibuyan-See aufgehalten werde, vergab er den Vorteil, den die Japaner bei einer gleichzeitigen Ankunft im Leyte-Golf besessen hätten, und ermöglichte es Kinkaid, seine Kräfte am Ende der Surigao-Straße zu konzentrieren und einen der größten Hinterhalte der Geschichte zu legen.

Shima spielte in der Schlacht so gut wie keine Rolle. Seine Gruppe war, ohne den Zusammenschluß mit Nishimura, relativ unbedeutend, und da er so spät am Ort des Geschehens eintraf, fügte er einer vorher schon katastrophalen Lage wenig mehr als Verwirrung (und eine peinliche Kollision) hinzu. Seine mangelnde Kommunikationsbereitschaft, sowohl mit Nishimura vor der Schlacht als auch mit dem kommandierenden Offizier der sich zurückziehenden *Shigure* während der Kämpfe, ist schwer zu verstehen. Was man Shima vielleicht als einziges zugute halten kann, ist seine Entscheidung, sich aus der Surigao-Straße zurückzuziehen, bevor ihn das gleiche Schicksal ereilte wie Nishimura. Unter den gegebenen Umständen war dieser Rückzug sinnvoller als alles andere, was Shima tat oder nicht tat.

Das eigentliche Rätsel der Schlacht aber ist Kurita. Einerseits setzte er seinen Vormarsch trotz der Rückschläge in der Palawan-Passage und der Sibuyan-See mit bewundernswerter Zähigkeit fort. Andererseits ist nur schwer nachzuvollziehen, warum er sich plötzlich aus der Schlacht bei Samar zurückzog – als der Sieg zum Greifen nah war. Wäre er danach auf Nordkurs geblieben, wobei er schließlich auf Halseys südwärts fahrenden

Verband stoßen mußte, hätte die spätere Kontroverse nicht solche Ausmaße angenommen, selbst wenn sein Verband von Halsey ausgelöscht worden wäre. Man hätte seine Handlungsweise einer Fehleinschätzung zugeschrieben, und damit hätte es sein Bewenden gehabt. Aber der anschließende Rückzug durch die San-Bernardino-Straße ließ seine Motive zweifelhaft erscheinen. Die Versuchung, ihn einen Feigling zu nennen, war groß, und seine Äußerungen nach dem Krieg trugen nicht gerade zur Klärung bei.

Takeo Kuritas Verdienste während des Krieges mögen sich nicht durch herausragende intellektuelle Brillanz ausgezeichnet haben, aber sein Verhalten während der Kämpfe in den Jahren vor der Schlacht um Leyte weist nicht den geringsten Schatten von Feigheit auf. Und auch in bezug auf seine Handlungsweise bei Samar kann angesichts der verfügbaren Beweise von Feigheit keine Rede sein. Wesentlich plausibler ist es, Erschöpfung als Grund für seine Entscheidungen anzunehmen. Es kann keinen Zweifel daran geben, daß dieser Mann durch die Strapazen der drei Tage anhaltenden Kämpfe an den Rand dessen gelangt war, was ein Mensch auszuhalten vermag. U-Boot- und Luftangriffe, die Versenkung seines Flaggschiffs, der Druck der Verantwortung, der Mangel an Luftunterstützung, schlechte Kommunikationswege und die zunehmende Auszehrung seines Verbandes summierten sich zu einer unglaublich drückenden Last.

Nach dem Krieg weigerte sich Kurita hartnäckig, etwas zur Schlacht um Leyte zu sagen. Erst ein knappes Jahrzehnt nach der Schlacht gelang es dem Journalisten Masanori Ito, ihn zu einem Interview zu bewegen. Aber Kuritas Antworten warfen kaum neues Licht auf seine Beweggründe. Er beharrte darauf, daß er den Angriff bei Samar abgebrochen habe, um im Norden nach einer anderen Trägergruppe zu suchen, und daß er sich, als dies fehlschlug, entschlossen habe, sich durch die San-Bernardino-Straße zurückzuziehen. Als Ito ihn fragte, ob er daran gedacht habe, zum Leyte-Golf zurückzufahren, als klar wurde, daß er keiner anderen Trägergruppe begegnen würde,[*] antwortete Kurita: »Ich glaube, zu diesem Zeitpunkt war ich mit meinen Gedanken nicht mehr beim Leyte-Golf. Meiner Erinnerung nach war ich mit solchen Problemen beschäftigt wie feindlichen Luftangriffen in der Sibuyan-See am nächsten Tag und dem verbliebenen Treibstoffvorrat.« Dann gab er zu, daß es falsch gewesen war, sich gegen die Trägergruppe zu wenden: »Der Leyte-Golf war stationär, die feindliche Kampfgruppe nicht, und deshalb waren die Chancen, sie zu finden, ungewiß.«

Wie Ito berichtet, fragte er anschließend »nach solchen Dingen wie den grundlegenden Einsatzbefehlen ... Auf diese Fragen blieb Admiral Kurita still und erwiderte nur mit einem schiefen Lächeln.« Dieses schiefe Lächeln könnte eine weitere Erklärung für Kuritas Verhalten verbergen. Es ist sehr gut möglich, daß er von Anfang an nicht von seinem Auftrag überzeugt war und ihn nur halbherzig ausführte. Dies würde erklären, warum er davor zurückscheute, in den Leyte-Golf einzulaufen, und sich später entschloß, in die San-Bernardino-Straße zurückzufahren, anstatt auf Nordkurs zu bleiben und die Suche nach der Trägergruppe fortzusetzen. Eine Äußerung während des Interviews scheint in diese Richtung zu deuten: »Ich hatte meine Befehle, und als Militär hätte ich sie ausführen sollen.«

Admiral Halsey war im Gegensatz zu Kurita nicht fähig, seine Fehleinschätzung einzugestehen. Bald nach der Schlacht schickte er Nimitz und King ein Schreiben, in dem er sein Vorgehen rechtfertigte: »Da es mir kindisch zu sein schien, statisch die San-Bernardino-Straße zu bewachen, zog ich in der Nacht die Task Force 38 zusammen und fuhr nach Norden, um bei Morgengrauen die Nordgruppe anzugreifen. Ich glaubte, daß

---

[*] Kuritas Navigationskarte zeigt, daß er am Nachmittag des 25. Oktober tatsächlich eine Zeitlang – so, als wollte er zum Leyte-Golf zurück – wieder nach Süden gefahren war, bevor er erneut auf Gegenkurs ging und die San-Bernardino-Straße anlief.

die Mittelgruppe in der Sibuyan-See so schwer beschädigt worden war, daß sie nicht mehr als ernste Bedrohung der Siebenten Flotte betrachtet werden konnte.«

Nimitz drückte seine Bedenken in diesem Punkt zwei Tage nach der Schlacht in einem Brief an King aus, in dem er sein Bedauern darüber bekundete, »daß die schnellen Schlachtschiffe nicht in der Nähe von Samar belassen wurden, als sich die Task Force 38 gegen die aus dem Norden gemeldete Kampfgruppe wandte«. Wie er hinzufügte, sei ihm nie der Gedanke gekommen, »daß Halsey, in Kenntnis der Zusammensetzung der Schiffe in der Sibuyan-See, die San-Bernardino-Straße unbewacht lassen könnte, auch nicht nach den Meldungen, daß die Japs-Einheiten in der Sibuyan-See schwer beschädigt worden waren«. Aber Nimitz rügte Halsey nie direkt. Er war bereit, die Sache auf sich beruhen zu lassen. Und als sich King und Halsey mehrere Monate später trafen, fiel King, als das Thema Leyte-Golf zur Sprache kam, Halsey ins Wort und versicherte ihm: »Sie brauchen nichts mehr dazu zu sagen. Sie hatten grünes Licht für alles, was Sie taten.«

Halsey hätte sich danach mit dem glücklichen Ende seiner Geschichte zufriedengeben können. Immerhin waren seine beiden unmittelbaren Vorgesetzten bereit, es dabei bewenden zu lassen. Aber obwohl sein Gehör mit zunehmendem Alter nachließ, war er nicht taub für die Kritik, die in Marinekreisen an seiner Handlungsweise geübt wurde. So kam es, daß er, als ihm die *Saturday Evening Post* 1947 anbot, seine Autobiographie zu veröffentlichen, einige taktische Fehler beging, die in mancher Hinsicht schlimmer waren als diejenigen, die er bei Leyte machte.

Die ersten sechs Folgen der Autobiographie wurden von einem bewundernd zu ihm aufblickenden Publikum positiv aufgenommen. Abgesehen vom Protest einer Abstinenzlervereinigung, die sich über einige Bemerkungen zum Alkoholkonsum echauffierte, und vom Unwillen einiger Militärs, denen es gegen den Strich ging, daß er an einem Kommandeur des Army-Luftwaffenkorps, der noch am Leben war, öffentlich Kritik übte, ließ sich das Projekt gut an. In der siebenten Folge mußte sich Halsey jedoch mit dem heiklen Thema der Schlacht um Leyte befassen, und dabei dampfte er mit voller Kraft in ein Minenfeld. Er fand offenbar, daß eine landesweit vertriebene Zeitschrift ein ausgezeichnetes Forum war, um sich selbst zu verteidigen, und indem er es tat, lenkte er die Aufmerksamkeit des ganzen Landes auf eine Kontroverse, die bis dahin auf einige weitgehend geschlossene Zirkel beschränkt gewesen war. Hätte er es dabei belassen, seine Nordfahrt irreführend darzustellen, oder einfach zugegeben, daß er den Japanern auf den Leim gegangen war und niemals mit seiner gesamten Flotte nordwärts hätte fahren dürfen, wäre die Sache wahrscheinlich ignoriert, vergeben oder bald wieder vergessen worden. Aber stolze Männer haben häufig die fatale Neigung, nicht eingestehen zu wollen, daß sie etwas falsch gemacht haben, und Bull Halsey war keine Ausnahme von dieser Regel. Er löste damit eine der großen Kontroversen der Marinegeschichte aus – einen Streit, der ihn für den Rest seines Lebens verfolgen und eine ansonsten makellose Karriere durch einen untilgbaren Fleck trüben sollte.

Sein erster taktischer Fehler war, die Probleme der Leyte-Operation der Kommandostruktur anzulasten. Er hatte zwar völlig recht, wenn er ihre Ursache darin sah, daß es keinen gemeinsamen Oberbefehlshaber gegeben hatte, aber er nahm damit seine Vorgesetzten unter Beschuß, und das ist selten angeraten, schon gar nicht, wenn diese Vorgesetzten sich schützend vor einen gestellt haben. Nimitz, der das geteilte Kommando nicht zu verantworten hatte und wahrscheinlich auch zu sehr Gentleman war, um sich auf einen Streit einzulassen, reagierte nicht auf Halseys Seitenhieb. Bei King sah die Sache anders aus. Die Splitter von Halseys Kritik schossen in seine Richtung, und King war, anders als Nimitz, nie so sehr Gentleman, daß er seine Gefühle für sich behielt.

Schwerwiegender war jedoch Halseys zweiter Fehler, nämlich der Versuch, Kinkaid zum Sündenbock zu machen. In Halseys Darstellung der Schlacht erschien sein alter Freund Kinkaid als derjenige, der Kurita die Möglichkeit eröffnet hatte, Taffy 3 anzugreifen. Bemerkungen wie: »Ich fragte mich, wie Kinkaid es zulassen konnte, daß Ziggy Sprague derart in die Klemme geriet«, sind kaum mißzuverstehen; Halsey wollte die Schuld für das Debakel bei Samar von sich abwälzen, ganz gleich, wessen Kopf dabei rollen würde.

Im Widerspruch dazu fügte Halsey am Ende, vielleicht aus Rücksicht auf seine Freundschaft mit Kinkaid oder weil er spürte, daß er seine Kritik zu weit getrieben hatte, folgende Einschränkung hinzu: »Ich habe versucht, die Schlacht um Leyte mit den Gedanken zu schildern, die ich damals hatte, doch als ich meine Darstellung noch einmal durchlas, mußte ich feststellen, daß sie eine Folgerung nach sich zieht, die Tom Kinkaid gegenüber höchst ungerecht ist. Sicher, während der Operation gaben mir seine Funksprüche Rätsel auf. Heute jedoch, nachdem meine Informationslücken gefüllt sind, kann ich seine Probleme nicht nur verstehen, sondern gebe auch offen zu, daß ich an seiner Stelle vermutlich genauso gehandelt hätte.«

Das ist erstaunlich. Erst feuerte Halsey eine volle Breitseite auf Kinkaid ab, um dann angeblich zu erkennen, daß dies »höchst ungerecht« war. Aber anstatt zu korrigieren, was er geschrieben hatte, ließ er es, von dieser verwirrenden Gegenerklärung abgesehen, unverändert erscheinen, auf daß sich die Welt darüber wunderte. Er schien sich nicht bewußt zu sein, daß er nicht alles auf einmal haben konnte.

Bald nach der Veröffentlichung der siebenten Folge erhielt Halsey einen scharfen Brief von King, in dem es hieß: »Was mich betrifft, so muß ich sagen, daß mir der Tenor dieser Folge nicht gefällt, weder in bezug auf Kinkaid ... noch hinsichtlich der Kommandosituation. ... Sie täten gut daran, den in der siebenten Folge behandelten Gegenstand noch einmal zu überdenken und neu darzustellen.«

Halsey hatte durch die Kritik an Kinkaid bereits eine Brücke abgebrannt – die Freundschaft mit Kinkaid war zerstört und hatte einer bitteren Animosität Platz gemacht, die bis an ihr Lebensende bestehen bleiben sollte –, und jetzt brannte er eine weitere Brücke ab, indem er King antwortete: »Ich habe viel über Ihren Brief und meinen Artikel nachgedacht und andere um Rat gebeten und ihn erhalten. Ich bedaure, daß Ihr Standpunkt und meiner nicht übereinstimmen.«

Was die Entscheidung betraf, nach Süden abzudrehen, als Ozawas Schiffe fast schon in Reichweite der Kanonen waren, hatte Halsey zu erkennen gegeben, daß er bereit war, die Verantwortung dafür zu übernehmen, indem er schrieb: »Obwohl Ernie King mir später versicherte, daß er [der Befehl, nach Süden abzudrehen] richtig war, bin ich überzeugt, daß er es nicht war.« Er gab zu, daß er seine Entscheidung »in blinder Wut« getroffen hatte, verwässerte das Eingeständnis aber sofort wieder, indem er erklärte, der Kodierer des CINCPAC, der das anstößige Füllsel »So fragt sich die Welt« hinzugefügt hatte, sei »entweder tranig oder neunmalklug« gewesen, und fortfuhr: »Chester [Nimitz] ging in die Luft, als ich ihm davon erzählte; er spürte den kleinen Scheißer auf und wusch ihm den Kopf, aber es war zu spät; der Schaden war bereits eingetreten.« So war also selbst dieser Fehler, für den Halsey die Schuld auf sich nehmen wollte, in Wirklichkeit einem »kleinen Scheißer« aus Nimitz' Stab anzulasten. Darin steckte zwar ein Körnchen Wahrheit, aber es war keine sehr noble Geste, es in dieser Weise zu verwenden.

Fast gleichzeitig mit der siebenten Folge von Halseys Autobiographie erschien ein Artikel von Bernard Brodie mit dem Titel »The Battle for Leyte Gulf«. Obwohl Brodie die Kühnheit, die Halsey auszeichnete, anerkannte und dem Admiral bescheinigte, daß seine »Leistungen vor der Schlacht um Leyte … spektakulär« gewesen seien, wurde er bei der Einschätzung von Halseys Verhalten bei Leyte schlicht beleidigend. »Seine Urteilskraft entsprach nicht seiner Kühnheit«, schrieb er und fuhr fort: »Die US Navy wird die wichtigste Lektion aus der Schlacht um Leyte gelernt haben, wenn sie zu dem Schluß gelangt, daß das, was bei einem Oberbefehlshaber am meisten zählt, der Verstand ist.«

Im November erschien in *Life,* einer der meistgelesenen amerikanischen Zeitschriften jener Zeit, ein Artikel von Gilbert Cant, der die ganze Geschichte ins grelle Licht der landesweiten Aufmerksamkeit rückte. Schon die Überschrift mußte Halsey zutiefst verletzen: »Bull's Run: Was Halsey Right at Leyte Gulf?« (Bulls Abstecher: Hatte Halsey im Leyte-Golf recht?). Der Artikel selbst war zwar nicht beleidigend wie der von Brodie, aber es dürfte für Halsey ein herber Schlag gewesen sein, in extragroßem Fettdruck die Frage zu lesen: »Rettete ein japanischer Fehler eine amerikanische Armee und Flotte vor einer Fehlleistung Halseys?« Über dem Titel waren Fotografien von Halsey und Kinkaid abgedruckt, die so nebeneinander angeordnet waren, als würden sie sich in gegenseitiger Verachtung anschauen.

Die Debatte flackerte in den folgenden Jahren in regelmäßigen Abständen wieder auf, wobei sich Halsey manchmal zu einer Erwiderung bemüßigt fühlte und manchmal nicht. Am 31. Oktober 1953 zitierte die *New York Herald Tribune* unter der Überschrift »Leahy Hits Halsey on Leyte Battle« (Leahy geißelt Halsey wegen Leyte-Schlacht) Roosevelts Stabschef, Admiral Leahy, mit der auf Halseys Fahrt nach Norden gemünzten Bemerkung: »Wir haben deshalb den Krieg nicht verloren, aber ich weiß nicht, warum nicht.« Leahys Äußerungen schlossen mit der Feststellung: »Halsey zog los, um einen kleinen Privatkrieg zu führen.« Halsey reagierte nicht darauf, obwohl es ihm schwergefallen sein muß.

Kinkaid gab zehn Jahre lang keine öffentliche Stellungnahme zu den von Halsey erhobenen Vorwürfen ab. Aber King hatte 1949 mit einem Brief, in dem er Kinkaid über sein Verhalten im Leyte-Golf befragte, eine Korrespondenz zu diesem Thema begonnen, die sich über Monate hinzog. King schien die Frage zu quälen, warum Kinkaid nicht seine eigenen Flugzeuge ausgeschickt hatte, um die San-Bernardino-Straße abzusuchen, anstatt einfach anzunehmen, daß sie von Halsey bewacht wurde. Seine Briefe hatten einen Unterton von Hexenjagd, obwohl sie dem Wortlaut nach freundlich gehalten waren. King schien darauf aus zu sein, Kinkaid wenigstens einen Teil der Schuld an dem Debakel bei Samar anzuhängen. Kinkaid erwiderte darauf in seinem letzten Brief: »Ich glaube, daß Halsey einen schweren Fehler gemacht hat, und bedaure, daß er sich in seinem Buch nicht dazu bekannt hat, anstatt diese schäbigen Anspielungen auf mich zu äußern. Ich wollte mich jedoch nicht in einen Streit über dieses Thema verwickeln lassen, weil er nichts Gutes bewirken kann.«

1955 ließ sich Kinkaid dann aber doch darauf ein, sich öffentlich gegen die Anwürfe zur Wehr zu setzen. Hanson Baldwin, dessen Buch *Seafights and Shipwrecks* eine Schilderung der Schlacht enthalten sollte, hatte sowohl Halsey als auch Kinkaid aufgefordert, seine Darstellung zu kommentieren. Beide sagten zu, und so kreuzten sie über Baldwins Text hinweg indirekt die Klingen. Halseys Ton war scharf und rechthaberisch, aber er hielt sich von weiteren Angriffen auf Kinkaid zurück. Kinkaid andererseits machte seiner lange angestauten Verärgerung Luft, indem er Bemerkungen wie die folgende in Druck gab: »[Halsey] übersah offenbar die Tatsache, daß durch die Abwesenheit von TF 34 an der San-Bernardino-Straße eine völlige Vernichtung von Kuritas Verband an dieser Stelle ausgeschlossen war, ganz zu schweigen von dem Verlust an Menschenleben und Schiffen der CVE-Gruppe.«

Als sich Kinkaid 1960 in einem Interview erneut zu Wort meldete, äußerte er sich, vielleicht weil Halsey im Jahr zuvor gestorben war, weniger hart: »Halsey hat zehn Jahre oder mehr damit zugebracht, seine Handlungsweise zu rechtfertigen ... Einige seiner Rechtfertigungsversuche gingen auf meine Kosten. Das stört mich gar nicht so sehr, aber ich denke, daß seine Logik nicht besonders gut war.«

Der Streit fand nicht nur zwischen Halsey und Kinkaid statt.

Es gab viele, die ihre eigene Meinung zum Verlauf der Schlacht hatten und sie auch ausdrückten. John Thach, McCains Luftoperationsoffizier während der Schlacht und ein hochangesehener Pilot, stellte sich hinter Halseys Entscheidung, nach Norden zu fahren, weil er glaubte, daß Halsey so weitsichtig war, über die Landung auf Leyte hinauszublicken. »Wenn ich an Halseys Stelle wäre«, sagte er, »und das Ganze noch einmal machen müßte, würde ich, selbst wenn ich wüßte, was in all den Büchern steht, wieder gegen diese Flugzeugträger vorgehen.« Admiral Bogan dagegen, der Halseys Task Group 38.2 kommandiert hatte, faßte seine Ansicht zu diesem Thema in einer Befragung im Rahmen des vom US-Marineinstitut durchgeführten Oral-History-Projekts mit den Worten zusammen: »Es ist eine lange Geschichte, und sie wird nie endgültig zu klären sein. Aber für mich steht fest, daß es von Halseys Seite ein großer Fehler war.«

Ein halbes Jahrhundert nach der Schlacht und nach den vielen seither getroffenen Einschätzungen ist noch deutlicher zutage getreten, daß kein Urteil in dieser Frage jemals endgültig sein wird. Was also bleibt von dieser Halsey-Kinkaid-Kontroverse? Wer ist zu loben, und wer hat die Last der Fehlleistung zu tragen? Und welche Fehler wurden begangen?

Die Antwort lautet, daß beiden Männern für vieles, was sie taten, Hochachtung gebührt, aber beide auch einen Teil der Schuld an dem zu tragen haben, was schieflief. Kinkaid machte den Fehler, sich auf Annahmen zu stützen. Die Gründe für diese irrigen Annahmen sind zwar verständlich, aber wie schon Clausewitz bemerkt hatte, erwartet den unaufmerksamen Kommandeur eine Menge Friktion, und der Nebel des Krieges ist selbst unter den routinemäßigsten Bedingungen ausgesprochen dicht. Solange es eine Möglichkeit gibt, sie zu prüfen, darf man sich im Krieg niemals auf bloße Annahmen verlassen.

Kinkaid nahm an, daß Halsey die San-Bernardino-Straße bewachte, was angesichts der von Halsey kommenden vagen Funksprüche nachvollziehbar ist (zumal Kinkaid nicht wissen konnte, daß sie ungenau waren). Aber letztendlich war es eine *falsche* Annahme, und Kinkaids Fehler bestand darin, daß er sie erst nachzuprüfen versuchte, als es zu spät war.

Halseys Fehler war schwerwiegender. Ohne ihn wäre Kinkaids Irrtum unmöglich gewesen und die Schlacht um Leyte anders verlaufen. Man ist versucht, Halsey eine ganze Reihe von Handlungen oder Reaktionen als Fehler anzukreiden: das Mißverständnis seiner Aufgabe; den Vorstoß gegen einen Köderverband; die ungenau formulierten Funksprüche; die Fehlinterpretation der Nimitz-Nachfrage »Wo ist TF 34?«; die emotionale Reaktion auf diese Nachfrage; den Versuch, Kinkaid den Schwarzen Peter zuzuschieben. Aber all diese Punkte verlieren im Licht eines anderen Fehlers ihre Bedeutung: Hätte Halsey seine Kräfte geteilt, bevor er nach Norden aufbrach, und eine Kampfgruppe vor der San-Bernardino-Straße zurückgelassen, anstatt die gesamte Dritte Flotte von dort abzuziehen, *wären dadurch alle anderen Fehler kompensiert worden.* Es hätte keine Rolle gespielt, daß Halsey seine Aufgabe in der Offensive sah und nicht in der Defensive. Niemand hätte sich darum geschert, daß Ozawas Gruppe ein Köder war. Seine vagen Mitteilungen wären unwichtig gewesen und in den Funkbüchern vergilbt, anstatt zum Gegenstand peinlicher Untersuchungen zu werden. Nimitz hätte sich nicht veranlaßt gesehen, die mit dem fatalen Füllsel versehene Botschaft abzuschicken. Und Bull Halsey und Tom Kinkaid wären ihr Leben lang Freunde geblieben. Kurz, die Welt hätte sich nie darüber gewundert, was im Leyte-Golf vorging.

Wenn also Halseys Abneigung gegen die Aufteilung seiner Kräfte der Kern des Ganzen ist, was brachte ihn dazu, diese tragische Entscheidung zu fällen? Ein Grundzug seines Denkens war sicherlich durch die an Mahan orientierte Ausbildung geprägt worden, die er an der Seekriegsakademie erhalten hatte. Sieben Jahre nach dem Krieg erklärte er in der vom Marineinstitut herausgegebenen Zeitschrift *Proceedings:* »Ich hätte die San-Bernardino-Straße mit der Task Force 34 bewachen können, während ich mit den Trägern gegen die Nordgruppe vorging. Falsch! Die schweren Luftangriffe auf die Task Group 38.3, die zum Verlust der *Princeton* geführt hatten, deuteten darauf hin, daß der Feind immer noch schlagkräftige Luftstreitkräfte besaß, und verboten es, unsere Schlachtschiffe ohne angemessene Luftunterstützung der Gefahr auszusetzen. *Es ist ein Grundprinzip der Seekriegführung, seine Kräfte nicht in solchem Ausmaß aufzuteilen, daß sie einzeln geschlagen werden können.* Wenn sich die landgestützten Flugzeuge des Feindes mit seinen Trägerflugzeugen vereinten, konnten sie bei den getrennten Teilflotten wesentlich mehr Schaden anrichten, als es bei der intakten Flotte möglich war.« (Hervorhebung von mir – *T. J. C.*)

Da Halsey zur Zeit der Schlacht nicht wußte, wie stark die japanische Luftwaffe dezimiert worden war, kann man ihm die Überschätzung der Feindkräfte nicht vorwerfen. Der Verlust der *Princeton* muß ernüchternd gewirkt haben, und es ist daher nicht verwunderlich, daß er in Halseys Überlegungen eine Rolle spielte. Und es trifft gewiß zu, daß es bei der Aufteilung einer Flotte Grenzen gibt. Dies aber auf die Dritte Flotte anzuwenden und zu behaupten, sie hätte nicht aufgeteilt werden können, ohne die Gefahr heraufzubeschwören, daß die einzelnen Gruppen geschlagen wurden, ist unhaltbar. Die Dritte Flotte war ein Verband von gewaltiger Kampfkraft, der eine Aufteilung durchaus vertragen hätte. Im übrigen sind Flotten dazu gedacht, aufgeteilt zu werden. Welchen Sinn hätte das komplizierte System von Task Forces, Groups, Units und so weiter sonst? Und weshalb sonst sollte es mehrere Admirale in einer Flotte geben?

Halseys Argument, daß er die Schlachtschiffe nicht ohne Luftunterstützung zurücklassen durfte, ist gut gewählt und trifft einen Punkt, den Kinkaid bei seiner wiederholten Beteuerung, es wäre »unter den gegebenen Umständen genau richtig« gewesen, TF 34 zur Bewachung der San-Bernardino-Straße einzusetzen, offenbar übersehen hat. Aber warum konnte Halsey den Schlachtschiffen nicht eine Luftgruppe beigeben, die sie nach

Tagesanbruch verteidigen würde? Admiral Lees Ansicht, daß dafür ein oder zwei CVLs ausgereicht hätten, ist nicht so leicht von der Hand zu weisen.

Es gab möglicherweise noch einen anderen Aspekt, von dem sich Halsey beeinflussen ließ. Er befand sich mit seinem Stab auf einem Schlachtschiff, und da Kuritas nächtlicher Anmarsch als Gegenmaßnahme nach dem Einsatz der Schlachtschiffe verlangte, wäre er selbst mit ihnen an der San-Bernardino-Straße zurückgeblieben. Es ist denkbar, daß die Überzeugung, in Ozawas Nordgruppe den Gegner für die »große Schlacht« gefunden zu haben, zusammen mit der Enttäuschung darüber, daß er alle großen Flottengefechte des Krieges versäumt hatte, Halsey dazu bewog, die gesamte Dritte Flotte nach Norden zu führen, einschließlich seines Flaggschiffs, der *New Jersey*, und daher auch *seiner selbst*. Aber dies ist natürlich nur Spekulation. Was Bull Halsey letztendlich dazu brachte, diese fatale Entscheidung zu treffen, läßt sich nicht mit Sicherheit sagen. Die Welt wird sich weiter darüber wundern müssen.

In dem 1936 von der Seekriegsakademie veröffentlichten Buch *Sound Military Decision* heißt es in bezug auf die Seekriegführung unter anderem: »Fehler sind normal, Irrtümer üblich, Informationen selten vollständig, oft unzutreffend und häufig irreführend.« Für die Ereignisse bei Leyte traf dies gewiß zu, und die Seekriegsakademie machte sich nach dem Krieg daran, die Lehren aus ihnen zu ziehen, indem sie unter der Leitung von Kommodore Richard W. Bates ein Projekt in Gang brachte, dessen Zweck es war, eine detaillierte »strategische und taktische Analyse« der Seeschlacht um Leyte zu liefern. Deren Notwendigkeit wurde im Vorwort der Studie mit der »Natur des alliierten Sieges im Leyte-Golf« und den »zahlreichen von ihm ausgelösten Kontroversen« erklärt. Die fertige Studie war tatsächlich detailliert – sie umfaßte über zweitausend Seiten – und versprach ein wertvolles Dokument zu werden, das sein erklärtes Ziel, »künftige Kommandeure zu ernsthaftem Nachdenken anzuregen und damit das fachliche Urteilsvermögen auf der Kommandoebene zu verbessern«, erreichen würde. Leider aber endete die Untersuchung mit der Schlacht in der Surigao-Straße; die Kontroverse um die Vorgänge bei Samar wurde nie analysiert. Im Vorwort zum fünften und letzten Band der Studie wird der plötzliche Abbruch des Unternehmens so erklärt: »Aus Gründen, die nicht in der Macht der Seekriegsakademie liegen, hat der Chef der Marineoperationen entschieden, die Analyse der Kämpfe mit der Schlacht in der Surigao-Straße zu beenden und die Arbeit an allen weiteren geplanten Bänden einzustellen.« Es war eine höchst bedauerliche Entscheidung, denn Organisationen, gleich welcher Art, tun gut daran, Introspektion und konstruktive Selbstkritik zu fördern, und die Navy hat sich selbst um wertvolle Einsichten gebracht, indem sie das von Kommodore Bates betreute Projekt abbrach, bevor jene Phase der Schlacht untersucht worden war, die eine solche Beschäftigung am nötigsten hatte.

Halsey und Kinkaid waren mit ihren Fehlern bei Leyte nicht allein. Eine gewisse Schuld an den Ereignissen ist auch Nimitz anzulasten, der zuließ, daß Halseys Einsatzbefehl mit der Eventualklausel für die mögliche »Vernichtung eines großen Teils der feindlichen Flotte« versehen wurde, und der die deutlichen Warnzeichen in dem Brief, den er kurz vor der Schlacht von Halsey erhielt, nicht wahrnahm. MacArthur hätte nicht auf dem umständlichen Kommunikationsweg zwischen Halsey und Kinkaid, der zu solchen Verzögerungen und erheblicher Verwirrung führte, bestehen dürfen. Bogan, Lee und Mitscher hätten Halsey mit ihren Bedenken bedrängen sollen, als sie erkannten, daß er einen Fehler beging. Und Sprague hätte dafür sorgen müssen, daß die Männer, die während der Schlacht bei Samar gezwungen waren, von Bord zu gehen, gerettet wurden.

Über all den Fehlern darf man jedoch nicht vergessen, was bei Leyte erreicht wurde. Admiral Halsey, zum Beispiel, gebührt große Anerkennung dafür, daß er die Japaner durch seine kühnen Aktionen nie zur Ruhe kommen ließ. Es war sein Verdienst, daß der Zeitplan der Amerikaner gerafft wurde und sie auf den Philippinen landeten, bevor die Japaner ihre Vorbereitungen abgeschlossen hatten, und seiner Aggressivität war es zu verdanken, daß die Japaner ihre kostbaren Luftwaffeneinheiten in die Schlacht bei Formosa warfen.

Als Präsident Roosevelt am 6. Januar 1945 vor dem Kongreß seine letzte Rede zur Lage der Nation hielt, sagte er unter anderem: »Im letzten September ... bestand unser Plan darin, uns den Philippinen über weitere Zwischenstationen zu nähern, indem wir Inseln einnahmen, die wir hier einmal A, C und E nennen wollen. Admiral Halsey war jedoch der Ansicht, daß ein sofortiger Angriff auf Leyte durchführbar sei ... Innerhalb von vierundzwanzig Stunden wurde eine grundlegende Veränderung von Plänen erarbeitet, die Armee- und Marinekräfte von zwei Kriegsschauplätzen betrafen – eine Veränderung, die die Befreiung der Philippinen beschleunigte und den Tag des endgültigen Sieges näherrücken ließ – eine Veränderung, die Menschenleben rettete, die bei der Eroberung von Inseln geopfert worden wären, die jetzt weit hinter unseren Linien neutralisiert sind.«

Admiral Kinkaid verdient wie Halsey große Anerkennung für seine Pflichtausübung vor Leyte, und auch *bei* Leyte bewies er, aufs ganze gesehen, exzellente Führungsqualitäten. Die amphibische Landungsoperation, die Hauptaufgabe der amerikanischen Kräfte im Leyte-Golf, wurde hervorragend ausgeführt. Die Zurückhaltung, die er nach dem Krieg übte, indem er sich dem Streit mit Halsey entzog, ist aller Ehren wert; andererseits ist es für den Historiker ein glücklicher Umstand, daß er seine Reserve schließlich aufgab und die Ereignisse aus seiner Sicht beleuchtete.

Ohne General MacArthur hätte es möglicherweise keine Schlacht um Leyte gegeben. Seiner Hartnäckigkeit und dem Geschick, mit dem es ihm gelang, Roosevelt auf seine Seite zu ziehen, war es im wesentlichen zu verdanken, daß die Philippinen zu einem früheren Zeitpunkt befreit wurden, als es andernfalls geschehen wäre.

Admiral Spruance leistete bei den Marianen Hervorragendes, obwohl seine Entscheidung, zum Schutz der amphibischen Einheiten in der Nähe der Inseln zu bleiben, bis heute umstritten ist. Die Ironie dabei ist, daß Spruance für das genaue Gegenteil dessen kritisiert wird, was man an Halseys Verhalten bei Leyte bemängelt. Es ist oft gesagt worden, einmal auch von Halsey selbst, daß es für den Krieg im Pazifik besser gewesen wäre, wenn bei den Marianen Halsey und bei Leyte Spruance das Kommando gehabt hätte.

Admiral Oldendorfs Aktionen in der Surigao-Straße waren ohne Fehl und Tadel. Seine Planung war makellos, und die Ausführung wurde nur von dem verständlichen Irrtum getrübt, der zu der unglücklichen Beschädigung der *Albert W. Grant* führte. Ansonsten gibt es auch an ihr nichts zu beanstanden.

Admiral Clifton Sprague gebührt Anerkennung für das, was er bei Samar leistete. Er behielt in verzweifelter Lage, ohne Zeit fürs Planen zu haben und trotz der geringen Mittel, die ihm zur Verfügung standen, einen kühlen Kopf und machte das Beste aus einer Situation, die kaum schlechter sein konnte.

Es widerstrebt einem, einzelne Schiffe und ihre Kommandeure herauszuheben, denn alle spielten eine wichtige Rolle, und es gibt viele Beispiele außergewöhnlicher Taten. Aber für die Geleitschiffe von Taffy 3 soll eine Ausnahme gemacht werden. Was die Männer auf diesen Schiffen an jenem Oktobervormittag vor Samar leisteten, gehört zum Besten der amerikanischen Geschichte. Fregattenkapitän Ernest E. Evans erhielt für den unglaublichen Mut, mit dem er die *Johnston* in den Kampf führte, postum die Tapferkeitsmedaille, und eines der Gebäude der Marineoffiziersschule für die Überwasserkriegführung in Newport, Rhode Island, trägt zu Recht seinen Namen.

Der Krieg ist wahrscheinlich die größte Dummheit der Menschheit. Er ist verschwenderisch, tragisch und in der Regel unnötig. Aber wenn er ausbricht, fördert er in ironischer Verkehrung manches zutage, das zum Besten der Menschheit gehört. Bei Leyte kämpften viele mutige Männer, Amerikaner und

Japaner. Zu viele von ihnen ließen dabei ihr Leben, während andere noch heute als Repräsentanten jener Tugenden leben, die über die Zerstörung und die Tragödie des Krieges hinausweisen. Den Admiralen Halsey, Kinkaid und Sprague, General MacArthur, Kapitän zur See Adair, den Fregattenkapitänen Evans und McCampbell, Kapitänleutnant Digardi, Torpedomaat Roy West, dem Matrosen Billie und Tausenden anderen gebührt allein schon dafür, daß sie bei Leyte waren, Ehre und Anerkennung – dafür, daß sie unter äußerst widrigen Umständen ihre Pflicht erfüllten. Wofür sie kämpften und sich opferten, mag verblaßte Geschichte sein; die Maschinen, die sie benutzten, mögen zu verrosteten Relikten einer anderen Zeit geworden sein, und die Spuren, die sie einst mit ihnen hinterließen, mögen verschwunden sein. Den Ruhm ihrer Taten aber wird die Zeit niemals auslöschen können.

QUELLENNACHWEIS

Viele der Bücher, die ich zum Thema des Zweiten Weltkriegs gelesen oder zu Rate gezogen habe und die mein Verständnis des Gegenstandes mit geformt haben, werden weder hier noch in der Bibliographie genannt, weil ich sie beim Schreiben dieses Buchs nicht direkt benutzt habe. Von den vielen Gesamt- und Teildarstellungen des Krieges sind einige wegen der Beschreibung der Schlacht um Leyte erwähnenswert. Die wohl lesbarste Darstellung, die eine Vielzahl von Einzelheiten enthält und die Schlacht hauptsächlich aus der Sicht der Japaner präsentiert, gibt John Toland in *The Rising Sun*. Ronald H. Spectors *Eagle Against the Sun* bietet ebenfalls eine ausgezeichnete, aus jüngerer Zeit stammende Darstellung der Schlacht. Samuel Eliot Morisons Schilderung in *The Two-Ocean War* wird dem Gegenstand gerecht und ist sehr lesenswert. Die vollständigste Darstellung des amerikanischen Anteils, die nur darunter leidet, daß sie vor so langer Zeit geschrieben wurde, findet sich jedoch in Morisons speziellerer und detaillierterer Studie, die unter dem Titel *Leyte* im Rahmen seines fünfzehnbändigen Werks über die *History of United States Naval Operations in World War II* erschien; Morison hatte keinen Einblick in einige damals noch geheime Dokumente, die seither zugänglich geworden sind. Meinen früheren Kollegen in der historischen Abteilung der Marineakademie und professionellen Historikern wird es zwar nicht gefallen, aber wer eine großartige (und ebenso korrekte wie kenntnisreiche) Darstellung der Schlacht lesen will, der greife zu Herman Wouks Roman *Weltsturm*.

Im Lauf der Jahre ist eine Reihe von Studien erschienen, die sich speziell mit der Schlacht um Leyte beschäftigen. Die jüngste ist Adrian Stewarts Buch mit dem schlichten Titel *The Battle of Leyte Gulf*, eine populäre Darstellung der Ereignisse. C. Vann Woodwards *The Battle for Leyte Gulf* ist eine gut geschriebene, akkurate

Schilderung, die allerdings ebenfalls älteren Datums ist (wie Morison hatte auch Woodward keinen Zugang zu allen einschlägigen Informationen). Am besten geschrieben ist wahrscheinlich *Decision at Leyte* von Stanley L. Falk, außerordentlicher Professor für Fragen der nationalen Sicherheit am Industrial College of the Armed Forces. Die Arbeit befaßt sich sowohl mit dem Landfeldzug als auch mit der Seeschlacht, was zwar eine komplexe Behandlung des Themas gewährleistet, die maritimen Aspekte aber etwas in den Hintergrund treten läßt. James A. Field beschreibt die Schlacht in *The Japanese at Leyte Gulf* aus Sicht der Japaner, wobei er sich weitgehend auf die Aussagen stützt, die japanische Marineoffiziere während des kurz nach Kriegsende von der Analyseabteilung der US-Navy durchgeführten Strategic Bombing Survey machten. Edwin P. Hoyts *The Battle of Leyte Gulf* ist eines der wenigen Bücher über die Schlacht, die noch immer gedruckt werden, allerdings in Form einer abgespeckten Taschenbuchausgabe. Von den anderen erwähnten Werken sind nur noch die von Morison erhältlich.

Viele der anderen in der Bibliographie angeführten Arbeiten lieferten Hintergrundwissen und halfen mir, im Kontext des Zweiten Weltkriegs zu bleiben, wie etwa bei der Bezeichnung des Sprechfunknetzes zwischen den Schiffen, das damals noch nicht PRITAC genannt wurde, sondern TBS.

Die folgenden Nachweise der im einzelnen herangezogenen Quellen sind kapitelweise zusammengefaßt.

CINCSOWESPAC

Die Eröffnungsszene basiert hauptsächlich auf Douglas MacArthurs *Reminiscences,* D. Clayton James' *The Years of MacArthur,* Williams Manchesters *American Caesar* und Gavin Longs *MacArthur as Military Commander.* Die Gefühle, die MacArthur beherrschten, und seine Worte stammen aus seinen *Reminiscences;* der politisch-strategische Hintergrund wird in allen eben genannten Büchern dargestellt; zusätzlich sei insbesondere auf Eric Larrabees *Commander in Chief* verwiesen. Die Flucht mit dem PT-Boot beschreibt Robert J. Bulkley in *At Close Quarter.* Das Abendessen bei den Roosevelts wird in James' *The Years of*

MacArthur (Bd. 2, S. 128) beschrieben. Die vielen Ehrungen, die MacArthur zuteil wurden, sind dort auf Seite 135 und in Larrabees *Commander in Chief* auf Seite 329 aufgelistet. Die in den Fußnoten gegebenen Informationen über die Vereinigten und die Kombinierten Stabschefs stammen aus Samuel Eliot Morisons Monographie *Strategy and Compromise*. Das Argument, daß ein Admiral und kein General den pazifischen Krieg führen sollte, wird am besten bei James (S. 117) dargelegt, wo sich auch (S. 128 f.) das Zitat des Arztes von Roosevelt findet. Das Zitat von Admiral Leahy stammt aus dessen Autobiographie *I Was There* (S. 65), und Roosevelts Äußerung MacArthur gegenüber, er halte ihn für »unseren schlechtesten Politiker«, findet sich in Manchesters *American Caesar*. Die potentielle politische Rivalität zwischen Roosevelt und MacArthur wird von Eric Larrabee auf Seite 12 seines *Commander in Chief* diskutiert, die Kompromißlösung in bezug auf die weitere Verwendung MacArthurs bei James auf den Seiten 117–125 und in H. Hamlin Cannons *Leyte. Return to the Philippines* (S. 1 f.).

Die Darstellung der Debatte über die pazifische Strategie im letzten Teil des Kapitel stützt sich auf Morisons *History of United States Naval Operations in World War II* und *The Two-Ocean War* sowie James' *The Years of MacArthur*, E. B. Potters und Chester Nimitz' Gemeinschaftsarbeit *The Great Sea War*, C. Vann Woodwards *The Battle for Leyte Gulf*, Ronald H. Spectors *Eagle Against the Sun*, Dan van der Vats *The Pacific Campaign* und Edwin P. Hoyts *MacArthur's Navy*.

COMINCH

Schilderungen des Massenselbstmords vom Marpi Point finden sich in John Tolands *The Rising Sun* (S. 588 ff.), Spectors *Eagle Against the Sun* (S. 317 f.), Morisons *The Two-Ocean War* (S. 290), van der Vats *The Pacific Campaign* (S. 328) und am anschaulichsten in Frank Houghs Bericht »End in Saipan« in Congdons *Combat World War II. The Pacific Theater of Operations* (S. 455 f.). Über die Anzahl der Opfer werden in diesen Quellen unterschiedliche Angaben gemacht: Toland spricht von 22 000 Menschen, Morison von »Hunderten«, van der Vat von 8000 und

Spector von »fast zwei Dritteln der insgesamt 12 000 Nichtkombattanten«. Toland kommt der Wahrheit wahrscheinlich am nächsten, da er sich stärker auf japanische Quellen stützt. Morisons Darstellung leidet, wie schon gesagt, unter ihrem Alter.

In das von Admiral Spruance gezeichnete Bild sind Informationen aus Larrabees *Commander in Chief,* Thomas B. Buells *The Quiet Warrior* und E. P. Forrestals *Admiral Raymond Spruance* eingeflossen.

Die Schlacht in der Philippinen-See wird in vielen Quellen behandelt. Für die hier gegebene Darstellung wurden insbesondere Morisons *The Two-Ocean War,* Eric Groves *Fleet to Fleet Encounters,* William T. Y'Bloods *Red Sun Setting,* Charles A. Lockwoods *Battles of the Philippine Sea* und Spectors *Eagle Against the Sun* herangezogen. Die Bezeichnung »unsinkbare Flugzeugträger« und das Malaria-Problem der japanischen Streitkräfte werden in Yoichi Hiramas »Japanese Naval Preparations for World War II« erwähnt.

Das Zitat »Wenn du jetzt erschossen wirst, dann trifft es dich von hinten« ist Tolands *The Rising Sun* (S. 588) entnommen. Das Geplänkel zwischen King und Roosevelt über den Titel COMINCH wird in Potters *Nimitz* (S. 311) wiedergegeben. Die anderen Informationen über King stammen aus Larrabee, Robert Loves *The Chiefs of Naval Operations* und Robert Spillers *Dictionary of American Military Biography*. Die Äußerung von Love über Kings Schwächen und der Ausspruch von Kings Tochter stammen aus Larrabee (S. 155). Kings beruhigende Worte über Spruances Handlungsweise in der Schlacht in der Philippinen-See finden sich auf Seite 320 von Buells *The Quiet Warrior*. Nimitz' Gedanken über das, was hätte sein können, sind dessen für King bestimmten Operationsbericht für Juni 1944 entnommen, der sich auf Mikrofilm unter Kings Papieren in der Nimitz Library der US-Marineakademie befindet (auch zitiert auf Seite 303 von Potters *Nimitz*).

Kings Rang als Stratege wird in vielen Studien über den Zweiten Weltkrieg behandelt; eine Zusammenfassung findet sich in Spillers *Dictionary of American Military Biography* (S. 564). Die Rundfahrt auf Saipan wird in Potters *Nimitz* (S. 312 ff.) beschrieben, und die unappetitliche Geschichte über die Fliegen von Saipan wird von Buell in seinem *Quiet Warrior* (S. 320 f.) erzählt.

Die Darstellung der verschiedenen Pazifikstrategien stützt sich auf Cannons *Leyte. The Return to the Philippines* und Morisons *History of United States Naval Operations in World War II.* MacArthurs per Funk übermittelte Botschaft findet sich bei Cannon auf Seite 4.

CINCPAC

Die Geschichte über die Präservative wurde zuerst von Lamar (S. 8 f.) berichtet und ist in Potters *Nimitz* auf Seite 186 zu finden.

Ein großer Teil des Materials für dieses Kapitel stammt aus Potters *Nimitz.* Nimitz' Brief an seine Frau mit der Bemerkung über Drew Pearson befindet sich in den Sondersammlungen der Nimitz Library der Marineakademie. Das Zitat in bezug auf das Foto von MacArthur stammt aus Potters *Nimitz* (S. 222).

Die Beschreibung Roosevelts auf See stützt sich auf James MacGregor Burns' *Roosevelt. Soldier of Freedom* und Larrabees *Commander in Chief.* Das Burns-Zitat über Roosevelts Abhängigkeit von den Wählern findet sich auf Seite 496, und Falas Leiden werden auf Seite 488 beschrieben.

Die Informationen über »Dusty« Rhoades stammen aus seinem veröffentlichten Tagebuch, *Flying MacArthur to Victory.* Das Zitat über seine Wandlung vom Bewunderer zum Jünger findet sich auf Seite 133.

Roosevelts triumphale Einfahrt in Pearl Harbor wird in vielen Büchern beschrieben, unter anderem von Burns, Leahy und Potter in dessen Nimitz-Biographie. Das Leahy-Zitat über die nicht mehr vorhandenen Hinweise auf den Angriff findet sich auf Seite 249 von dessen Erinnerungsbuch *I Was There.*

Der Verlauf des Präsidentenbesuchs und das Abendessen von Roosevelt, Leahy, MacArthur und Nimitz werden von Manchester, Leahy, Larrabee und Burns sowie in Potters *Nimitz* ausführlich dargestellt. Leahys Beobachtungen finden sich auf den Seiten 250 und 251 von *I Was There.* MacArthurs Bemerkung über die Neutralität Roosevelts während der Diskussion nach Tisch stammt aus seinen *Reminiscences* (S. 251), und seine an Roosevelt gerichtete Warnung vor der potentiellen Reaktion der Wähler ist Burns

(S. 489) entnommen. Roosevelts Brief an MacArthur ist auf Seite 217 von dessen *Reminiscences* abgedruckt.

Die Einzelheiten über das Mittagessen bei Nimitz stammen von Lamar und aus Potters *Nimitz*. Die Bezeichnung »MacArthurs Siegesmahl« wird in Potters *Bull Halsey* (S. 275) erwähnt, und MacArthurs Bemerkung über den »Einklang« zwischen ihm und Nimitz findet sich in Potters Nimitz-Biographie (S. 319).

COMTHIRDFLT

Die erste Szene stützt sich auf Halsey/Bryan, *The Story of Admiral Halsey*, Potters *Bull Halsey* und auf *Born to Fight* von Ralph B. Jordan.

Das Halsey-Zitat über seinen Spitznamen stammt aus Halsey/Bryan; seine Äußerung über die japanische Sprache findet sich in vielen Quellen, unter anderem in Potters Halsey-Biographie (S. 13). Die Bezeichnungen, mit denen Halsey die Japaner belegte, sind Jordan entnommen (S. IX f.). Das Zitat von Arleigh Burke findet sich auf Seite 24 von *The Best of Burke*. Merrills Einschätzung der intellektuellen Fähigkeiten Halseys stammen aus dem *Dictionary of American Military Biography* (S. 427 f.). Halseys Bemerkungen über seinen »Bericht« und seine Enthaltsamkeit in bezug auf Philosophie und Politik stehen auf Seite 1 seiner Autobiographie. Nimitz' Verteidigung von Halsey wird von Larrabee (S. 391 f.) und in Potters *Bull Halsey* (S. 35) erwähnt. Der von Halsey benutzte Vergleich mit dem Postkutschensystem findet sich auf Seite 197 seiner Autobiographie. Die Dritten Flotte wird vielerorts beschrieben; ich habe mich auf Lockwoods *Battles of the Philippine Sea* (S. 63 f.) und C. Vann Woodwards Buch über den Leyte-Golf (S. 27) gestützt. Bei der Beschreibung der Seelogistikgruppe habe ich *The Great Sea War* von Potter und Nimitz (S. 365), Larrabee (S. 391) und Spector (S. 423) herangezogen.

Halseys Tabelle über die Luftangriffe auf die Philippinen im September ist auf Seite 199 seiner Autobiographie wiedergegeben. Die Aufklärungsergebnisse stammen von Seite 375 der Erinnerungen von John Thach (im Rahmen des Programms zur mündlichen Geschichte des Marineinstituts) und aus Kings *A Naval Record* (S. 571). Halseys Dilemma und seine Lösung sind in seiner Autobiographie (S. 199 f.) und in Potters *Bull Halsey* (S. 277) dargestellt.

Der Entscheidungsprozeß der Vereinigten Stabschefs, der zur Annahme von Halseys Vorschlag zur Beschleunigung des Zeitplans führte, wird in Morisons *History of United States Naval Operations in World War II* (Bd. 12) dargestellt. Halseys Standpunkt ist in seiner Autobiographie nachzulesen (S. 200 f.). Das Zitat von General Marshall findet sich ebenfalls dort (S. 201); es stammt aus dem von ihm vorgelegten »Zweijahresbericht des Stabschefs der United States Army an den Kriegsminister, 1. Juli 1943 bis 30. Juni 1945«.

»Wir werden euch alle schlagen!«

Ein großer Teil dieses Kapitels stützt sich auf das unter dem Titel *Fading Victory* veröffentlichte Tagebuch Admiral Ugakis. Seine Gedanken nach der Schlacht in der Philippinen-See finden sich auf den Seiten 415 und 416, die Reaktion auf den Massenselbstmord am Marpi Point auf Seite 437 und die Ankündigung »Wir werden euch alle schlagen!« auf Seite 441.

Das Fuchida-Zitat ist den Protokollen der Vernehmungen durch die Naval Analysis Division entnommen (*Interrogations of Japanese Officials,* S. 131). Die Vergleichszahlen bezüglich der amerikanischen Piloten werden von Morison in seinem *Two-Ocean War* (S. 280 f.) besprochen. Die Verschlechterung der japanischen Flugzeugproduktion und -wartung wird in den *Interrogations* von den Japanern selbst beschrieben. Die logistischen Probleme der Japaner erörtert C. Vann Woodward auf den Seiten 14 und 15 seines Buchs. Die japanische Absicht, die Flotte wieder zusammenzuführen, wird in den *Interrogations* (S. 219 f.) erwähnt, und die Bedeutung der von Halsey angeregten Raffung des Zeitplans wird von Morison *(History of United States Naval Operations in World War II,* Bd. 2, S. 66 f.), Woodward (S. 22 f.) und den Japanern selbst *(Interrogations,* S. 38 und 153) gewürdigt.

»King Two«

Die Erinnerungen von Charles Adair sind seinem im Marineinstitut befindlichen Beitrag zur mündlichen Geschichte entnommen. Die Beobachtung, daß in Leyte mehr amerikanische Seeleute versammelt waren, als 1938 der US Navy insgesamt angehörten, stammt aus Morisons *The Two-Ocean War* (Fußnote auf S. 370).

Die Informationen über Admiral Kinkaid stammen aus seinen Papieren, die im Marinehistorischen Zentrum in Washington aufbewahrt werden. Das *Lucky Bag* von 1908 kann in der Nimitz Library der Marineakademie eingesehen werden, die eine komplette Sammlung dieser Jahrbücher besitzt.

Edwin Hoyts *MacArthur's Navy* informiert ausführlich über diesen Verband, und sein Buch *The Men of the Gambier Bay* enthält eine gute Beschreibung der CVEs. Die anderen Trägertypen werden eingehend in Norman Friedmans *U. S. Aircraft Carriers* dargestellt. Die Einzelheiten über die Planung von »King Two« finden sich bei Morison, Woodward, Congdon und in den CINCPAC-Papieren. Potters scharfsichtige Analyse der Eventualklausel in Halseys Einsatzbefehl ist auf den Seiten 279 und 402 seiner Halsey-Biographie nachzulesen. Halseys Interpretation und die Korrespondenz mit Nimitz ist in seiner Autobiographie und in Potters *Bull Halsey* wiedergegeben.

»Im Dunkel der Nacht gen Osten«

Ein großer Teil des ersten Abschnitts dieses Kapitels ist dem Aufsatz »Design and Construction of *Yamato* and *Musashi*« von K. Matsumoto und M. Chihaya entnommen. Das Pressefoto der *Mogami* wird von Woodward (S. 35) erwähnt; die Geschichte der *Haruna* wird in Toland (S. 617) und die der *Shigure* in Dulls *Die Kaiserlich Japanische Marine 1941–1945* dargestellt. Die japanische Entscheidung, Schiffe zu bauen, die denen der US Navy überlegen sind, wird in Toshiyuki Yokois »Thoughts on Japan's Naval Defeat« (S. 73) diskutiert. Der Gedanke, die Superschlachtschiffe so zu dimensionieren, daß amerikanische Kopien nicht durch den Panamakanal fahren könnten, wird in Matsumotos Aufsatz

(S. 1104) enthüllt, dem auch die Einzelheiten über den Bau der Superschlachtschiffe entnommen sind (S. 1109 f.). Admiral Kuritas Behauptung, daß er die Höchstgeschwindigkeit und das Kaliber der Kanonen nicht gekannt habe, findet sich auf Seite 52 der *Interrogations* der Naval Analysis Division. Die Wirkung der Druckwelle und die Darstellung der Granatentypen stützt sich auf Matsumotos Aufsatz (S. 1107 ff.). Das Ugaki-Zitat am Ende des Abschnitts stammt aus *Fading Victory* (S. 479).

Die Sitzung in Tokio wird von Toland und Harries *(Soldiers of the Sun*, S. 403) beschrieben. Die zitierten Äußerungen sind dem Buch des letzteren entnommen (S. 610).

Der Vergleich zwischen Schach und Go stammt von mir, ist aber durch Stanley Karnow angeregt, der die japanische Strategie zur Verteidigung der Philippinen in seinem Buch *In Our Image* (S. 313) als »so komplex wie ein Go-Spiel« bezeichnet. Die Einschätzung, daß es den Japanern nicht mehr möglich war, Raum gegen Zeit zu tauschen, stammt von Field (S. 6). Das Miyazaki-Zitat findet sich in MacArthurs *Reminiscences* (S. 244 f.). Die *Sho*-Pläne werden in vielen Quellen diskutiert; besonders instruktiv sind in diesem Zusammenhang die Arbeiten von Field (S. 9) und Congdon (S. 610) sowie die *Interrogations* der Naval Analysis Division (S. 294).

Die Überlegungen, die Halseys Angriffen auf Okinawa, Formosa und die Philippinen im Vorfeld der Landung auf Leyte zugrunde lagen, werden in W. D. Pulestons Aufsatz »Modern War and Ancient Maxims« (S. 1440 ff.), Hoyts *The Carrier War* (S. 119) und Morisons *The Two-Ocean War* (S. 362) besprochen. Kusakas Ingangsetzung von *Sho Ni Go* wird in Hoyts *The Carrier War* (S. 119 ff.) und Morisons *History of United States Naval Operations in World War II* (Bd. 12, S. 69) diskutiert. In letzterer wird auch Fukudomes Reaktion auf die Angriffe auf Formosa erwähnt (S. 93). Der Auftrag an die Filmgesellschaft Toho wird in Tolands *The Rising Sun* (S. 607) besprochen. Das Carney-Zitat stammt aus Hoyts *The Carrier War* (S. 123). Die Folgen von Halseys Luftangriffen werden von Spector (S. 424), Woodward (S. 22) und in Morisons *History* (S. 104) analysiert; die japanische Sicht der Ereignisse findet sich auf den Seiten 131 und 220 der *Interrogations* der

Naval Analysis Division. Die Unterschiede zwischen Ozawa und Kurita arbeitet Field auf den Seiten 29–34 seines Buchs heraus.

Der letzte Abschnitt des Kapitels stützt sich auf Ugakis Tagebuch *(Fading Victory*, S. 480–485).

»Kämpft!«

Der erste Abschnitt stützt sich auf Rhoades' Erinnerungen *Flying MacArthur to Victory.* Die Fahrt nach Leyte wird auf den Seiten 296 und 297 beschrieben; das Gespräch mit MacArthur findet sich auf Seite 260.

Joseph St. Johns Beobachtungen während der Landungsoperation stammen aus seinen Erinnerungen *Leyte Calling* (S. 186 f.).

Die Darstellung von MacArthurs Anfahrt auf der Brücke der *Nashville* stützt sich auf Frazier Hunts Beschreibung in *The Untold Story of Douglas MacArthur* (S. 348) und MacArthurs *Reminiscences* (S. 251).

St. Johns Erlebnisse als Flüchtling und Guerillakämpfer auf den Philippinen hat er in seinen Erinnerungen beschrieben (S. 40, 62, 113 f., 128 ff., 186 ff.).

Die Quellen des letzten Abschnitts sind Rhoades (S. 297 f.) und MacArthur (S. 252 f.).

Von Ausfahrten, U-Booten und Kaffee

Die U-Boot-Aktivitäten werden in Richard Bates' dreibändiger Darstellung der Schlacht *The Battle of Leyte Gulf* (S. 50–57, 135) beschrieben; einige Details stammen aus Morisons *History* (Bd. 12, S. 168). Informationen über die »Hermaphroditen« *Ise* und *Hyuga* finden sich in den *Interrogations* der Naval Analysis Division (S. 277), bei Congdon (S. 614), Spector (S. 431 f.) und am ausführlichsten in *The Hybrid Warship* von Layman und McLaughlin. Ihr Zustand beim Auslaufen aus der Japanischen Inlandsee wird auf den Seiten 154 und 221 der *Interrogations* beschrieben.

Andy Kerr hat seine Erlebnisse in dem wundervollen Buch *A Journey Amongst the Good and the Great* aufgeschrieben und 1983/84 im Rahmen der mündlichen Geschichtsschreibung des

Marineinstituts zu Protokoll gegeben. Die Anzahl der auf den Philippinen vorhandenen japanischen Flugzeuge wird von Fields (S. 255 f.), Woodward (S. 40) und Morison *(History,* Bd. 12, S. 165) diskutiert. Aufgrund der umfangreichen Umgruppierungen zwischen den Philippinen, Japan und Formosa nach dem Anlaufen des *Sho*-Plans ist sie, wie Morison schreibt,»immer noch eine bloße Schätzung«. Die Aufsplitterung der japanischen Luftwaffe auf die vielen Inseln des philippinischen Archipels wird bei Woodward (S. 8) erwähnt. Leon Garsians Erlebnisse sind in einer Fußnote auf Seite 146 des zwölften Bandes von Morisons *History* wiedergegeben, und die irrtümliche Identifizierung der *Honolulu* wird auf den Seiten 145–148 desselben Werks behandelt.

Die Darstellung der Einsatzbesprechung auf dem Kreuzer *Atago* und der strategischen Diskussionen stützt sich auf Toland (S. 618), Karnow (S. 313), Ugaki (S. 484 f.) und Kenneth Mackseys *Military Errors of World War II* (S. 220). Der zitierte Marinehistoriker (»mit einem Bein an Land und dem anderen im Wasser«) ist W. D. Puleston, der diesen Vergleich in seinem Aufsatz »Modern War and Ancient Maxims« (S. 1441) benutzt.

Gefährliches Gebiet

Eine gute Darstellung des Gefechts in der Palawan-Passage aus amerikanischer Sicht gibt zum einen R. C. Benitez in seinen Aufsätzen »Battle Stations Submerged« und »Prelude to the Battle of Leyte Gulf« und zum anderen Theodore Roscoe in *Submarine Operations of World War II.* Die japanische Sicht findet sich in Ugakis Tagebuch, bei Fields, in den *Interrogations* der Naval Analysis Division und in Janusz Skulskis *The Battleship Yamato.* Einige Verwirrung herrscht in bezug auf die Frage, ob die Vereinigung der Gruppen von Nishimura und Shima beabsichtigt war. Laut Field ist diese Angelegenheit »nicht ganz klar« (S. 257), während Ugakis Tagebuch zu bestätigen scheint, daß die Vereinigung niemals geplant war (S. 486).

Das Halsey-Zitat über den »Fahrerwechsel« stammt aus seiner Autobiographie. Die Aufstellung der Flottenverbände im einleitenden Teil des Kapitels ist in vielen Quellen wiedergegeben; besonders nützlich sind in dieser Hinsicht Larrabee (S. 391) und Woodward (S. 43) sowie John Monsarrats *Angel on the Yardarm* (S. 43). Halseys Begründung für die Entsendung zweier Task Groups nach Ulithi wird in Spectors *Eagle Against the Sun* diskutiert (S. 426).

Halseys Taktik während der Suchphase der Schlacht erläutert er in seinem Artikel vom Mai 1952 selbst, und Woodward wirft auf den Seiten 47 und 48 seines Buchs einige weitere Schlaglichter darauf. Admiral Sherman behandelt seine Befürchtungen auf Seite 292 seines Buchs *Combat Command*.

Die japanische Sicht findet sich in den *Interrogations*. Das Yamaguchi-Zitat stammt von Seite 180 und Kuritas gegenteilige Aussage von Seite 38.

Die Darstellung der Aufklärungsflüge über der Sibuyan-See stützt sich auf Halseys Autobiographie, Woodward, Sherman und Theodore Taylors *The Magnificent Mitscher*. Eine Vielzahl von Details sind in der offiziellen Geschichte der Luftgruppe 18 zu finden.

Das Halsey-Zitat in der Fußnote stammt von Seite 128 seiner Autobiographie. Der Funkverkehr zwischen Halsey und Nimitz in bezug auf Halseys Wunsch, in die philippinischen Binnenmeere vorzustoßen, wird in Potters Biographien über Nimitz (S. 331) und Halsey (S. 287) behandelt. Der Wortlaut von Halseys Angriffsbefehl ist seiner Autobiographie entnommen (S. 213 f.).

Die Gründe, aus denen Admiral Sherman nicht in der Lage war, Halseys Angriffsbefehl zu folgen, erläutert er selbst in seinem Memoirenband *Combat Command* (S. 213 f.).

Die Geschichte von McCampbell wird von Edward H. Sims *(Greatest Fighter Missions*, S. 195–219) und Barrett Tillman *(Hellcats*, S. 139 ff.) wiedergegeben. McCampbells eigene Darstellung wurde im Rahmen der mündlichen Geschichtsschreibung des Marineinstituts archiviert.

Der Untergang der *Princeton* wird in vielen Quellen dargestellt, unter anderem in Morisons *History* (Bd. 12). Einige wichtige Details sind Nimitz' Operationsbericht für den Monat Oktober entnommen, von dem sich eine Kopie in der Spezialsammlung der Nimitz Library befindet. Dort wird auch der Brief des Ersten Offiziers zitiert. Die Informationen über Paul Drury stammen aus meinem am 13. März 1993 mit ihm geführten Interview (dem mehrere Gespräche über zusätzliche Details folgten). Daneben wurden Rafael Steinbergs *Return to the Philippines,* Hanson Baldwins »The Sho-Plan. The Battle of Leyte Gulf« (abgedruckt in Congdon, *Combat World War II. Pacific Theater of Operations*), Halseys Autobiographie und Shermans Memoiren verwendet.

Sibuyan- und Sulu-See

Die Überlegungen zu Halseys Festhalten an der Mahan-Doktrin stützen sich auf meine Lektüre von Halsey und Mahan. Was die Seekriegsakademie betrifft, fußt meine Darstellung auf *Sailors and Scholars* von John Hattendorf u. a., Gerald J. Kennedys *The U.S. Naval War College, 1919–1941,* Michael Vlahos' *The Blue Sword* und dessen Aufsatz »The Naval War College and the Origins of War Planning Against Japan«. Das Pratt-Zitat stammt aus *Sailors and Scholars* (S. 144), und Mahans Äußerung über die Konzentration der Kräfte wird in Hattendorfs *Mahan on Naval Strategy* (S. XIX) zitiert. Das Kalbfus-Zitat findet sich auf Seite 68 seines Buchs *Sound Military Decision.* Halseys mit dem Datum vom 16. Mai 1933 versehene Abschlußarbeit an der Seekriegsakademie trägt den Titel »The Relationship in War of Naval Strategy, Tactics, and Command« und wird in der Bibliothek der Seekriegsakademie aufbewahrt. Das Zitat über das »Grundprinzip der Seekriegführung« stammt aus Halseys Artikel »The Battle of Leyte Gulf«.

Für den Abschnitt über die *Enterprise* wurde hauptsächlich Edward P. Staffords *The Big E* herangezogen. Die Erlebnisse von Fred Bakutis werden in Eric Hammels *Aces Against Japan* und Barrett Tillmans *Hellcat* erzählt.

Der Stand der amerikanischen Aufklärung und die Sorge über die Abwesenheit der japanischen Flugzeugträger werden in Potters *Bull Halsey* (S. 294) und Halseys Autobiographie (S. 216) behandelt.

Die Einzelheiten der Schlacht in der Sibuyan-See finden sich bei Toland, Field, Ugaki, in den *Interrogations* der Naval Analysis Division, Wilbur H. Morrisons *Above and Beyond* und Tomiji Koyanagis Artikel »With Kurita in the Battle of Leyte Gulf«.

»Auf nach Norden!«

Der erste Abschnitt stützt sich hauptsächlich auf Field (S. 62 f.), der nächste auf Monsarrat (S. 33 ff., 103 f.), Hoyts *The Carrier War* (S. 129), die *Interrogations* der Naval Analysis Division (S. 130, 156 f., 221 f.), George Van Deurs' Beitrag zur mündlichen Geschichtsschreibung (S. 490) und Shermans *Combat Command* (S. 294 f.)

Die Ausführungen über die Kommunikationswege basieren auf Field (S. 70), Potters *Bull Halsey* (S. 290–293) und Halseys Autobiographie (S. 214). Nimitz' Anweisung in bezug auf die Koordinierung der Operationen ist bei Congdon (S. 615) abgedruckt, und die Botschaft von King an Kinkaid findet sich in William M. Learys *We Shall Return!* (S. 130). Kinkaids Interpretation von Halseys »Schlachtplan« wird in vielen Quellen behandelt; die unmittelbarste ist sein eigener Operationsbericht, von dem eine Kopie in der Spezialsammlung der Nimitz Library aufbewahrt wird. Dort befindet sich auch (auf Mikrofilm unter den King-Papieren) eine Kopie von Halseys COMTHIRD-FLT 240 612Z OCT 44 mit dem Auftrag für TF 34, »auf weite Entfernung entscheidend« einzugreifen.

Sherman beschreibt seine Situation in *Combat Command* (S. 295) selbst. Halseys drei Alternativen werden in seiner Autobiographie behandelt; die originale Niederschrift findet sich in seinem Operationsbericht (als Kopie unter seinen Papieren im Nationalarchiv und auf Mikrofilm unter den King-Papieren in der Nimitz Library). Halseys Einschätzung der Erfolgsmeldungen der Piloten stammt aus seinem *Proceedings*-Artikel (S. 490). Die Äußerungen über die ungewisse Anzahl der japanischen Flugzeuge und die Besorgnisse über mögliche »Pendelangriffe« werden bei Congdon (S. 651) zitiert. Halseys Freundschaft mit Spruance und sein Aufenthalt im CINCPAC-Hauptquartier während der Invasion der

Marianen wird in Potters *Arleigh Burke* (S. 176 ff.) behandelt. Das Zitat »Auf nach Norden!« stammt aus Halseys Autobiographie (S. 217).

Aufmarsch

Die Abschnitte über Roy West stützen sich auf mehrere Interviews, die ich mit ihm geführt habe.

Das Kinkaid-Zitat über die Wichtigkeit einer deutlichen Sprache ist seinem Artikel »A Naval Career« (S. 47) entnommen. Daß Kinkaid überzeugt war, Halsey hätte TF 34 zurückgelassen, wird bei Congdon (S. 643) festgestellt. Die Ansichten von Nimitz und Spruance (einschließlich der Worte »Ich würde meine Kräfte genau da aufstellen«) werden auf Seite 336 von Potters *Nimitz* behandelt.

Der Tod von Nishimuras Sohn wird von Toland (S. 632) erwähnt. Die Geschichte des Zerstörers *Shigure* wird in Paul Dulls *Die Kaiserlich Japanische Marine 1941–1945* erzählt.

Die Einzelheiten über den Operationsplan der Siebenten Flotte finden sich in Charles Adairs Beitrag zur mündlichen Geschichte (S. 399–405). Dort werden auch die Munitionsprobleme erwähnt (S. 403); Kinkaid selbst spricht darüber in einem Interview, das in John T. Masons *The Pacific War Remembered* abgedruckt ist (S. 269). Oldendorfs Aussage, daß er seine Schlachtpläne stets selbst entworfen habe, stammt aus seinen »Comments on the Battle of Surigao Street« (S. 105).

Der Abschnitt über Kapitän Coward stützt sich auf seinen Artikel »Destroyer Dust«, Morisons *History* und den ebenfalls von Morison verfaßten Artikel »The Battle of Surigao Street«. Die angeführten Funksprüche sind aus dem Logbuch der *McDermut* zitiert, dessen Kopie mir von Roy West zur Verfügung gestellt wurde.

Weitere Informationen über den Einsatz von PT-Booten im Zweiten Weltkrieg können in Norman Polmars *World War II* und Robert J. Bulkleys *At Close Quarters* nachgelesen werden. Die Vorbereitungen der PT-Boote auf die Schlacht beschreibt Morison in »The Battle of Surigao Street« (S. 35).

Der Abschnitt über Fitzhugh Lee beruht auf dessen Beitrag zur mündlichen Geschichte.

Mittelwache in der Surigao-Straße

Die Schlacht wurde durch einen sorgfältigen Vergleich zwischen den Darstellungen von Morison, Toland, Spector, Woodward, Coward, Bulkley, Kinkaid (mündliche Geschichte), Oldendorf (»Comments...«) und Walter Karigs *Battle Report* rekonstruiert. Widersprüche ließen sich mit Hilfe der TBS-Funklogbücher der beteiligten Schiffe und ihrer Koppelkarten ausräumen. Roy Wests Erinnerungen waren ebenfalls sehr hilfreich, insbesondere natürlich für die Abschnitte, in denen die *McDermut* im Mittelpunkt steht.

Das Ende der Südgruppe

Für dieses Kapitel wurden dieselben Quellen wie für das vorige herangezogen. Daneben stützt sich die Darstellung auf den Monatsbericht des CINCPAC/CINCPOA für Oktober 1944; die Beiträge zur mündlichen Geschichte von Joshua Cooper und Roland Smoot; das Buch von Field; die Aussagen von Mori und Nishino während der *Interrogations* der Naval Analysis Division; eine Pressekonferenz von Admiral Kinkaid (Mitschrift unter Kinkaids Papieren im Marinehistorischen Zentrum in Washington, D. C.); Kinkaids Artikel »A Naval Career«; und T. D. Ruddocks »Comment and Discussion on Samuel Eliot Morison's ›The Battle of Surigao Street‹«.

Nebel und Friktion

Das erste Zitat stammt aus dem formellen Bericht über die Schlacht, den Nimitz King vorlegte (eine Mikrofilmkopie befindet sich unter den King-Papieren in der Nimitz Library). Das Gespräch zwischen Davison und Russell wurde von letzterem in seinem Beitrag zur mündlichen Geschichtsschreibung wiedergegeben.

Die Darstellung der Vorbehalte von Bogan und Lee stützt sich auf Bogans Beitrag zur mündlichen Geschichte (S. 109) und Ivan Musicants *Battleship at War* (S. 290–294). Burkes und Flatleys Zweifel und ihr Besuch in Mitschers Kabine werden in *The Best of Burke* (S. 17), Potters *Burke* (S. 206) und Taylors *The Magnificent Mitscher* (S. 262) dargestellt.

Wichtige Quellen für dieses Kapitel waren außerdem Halseys Autobiographie und Arthur McCollums Beitrag zur mündlichen Geschichte (S. 645 f.), in dem die Stabssitzung auf Kinkaids Flaggschiff und die anschließenden Handlungen beschrieben werden.

»Der Kanonen Schlund«

Es gibt eine ganze Reihe guter Darstellungen der Schlacht bei Samar, unter denen die von Toland, Karig und Field besonders hervorzuheben sind. [Die in modernisierter Schreibweise wiedergegebene Nachdichtung der Tennysonschen Ballade stammt aus: Alfred Tennyson, *Ausgewählte Dichtungen. Deutsch von Adolf Strodtmann*, Hildburghausen 1870, S. 130 f. – d. Übers.]

Das Eröffnungszitat stammt aus Ugakis Tagebuch (S. 492). Kuritas Funkspruch (»Allen Verlusten …«) wird in Koyanagis Beitrag zu dem von David C. Evans herausgegebenen Buch *The Japanese Navy in World War II* zitiert. Otanis Erinnerungen stammen aus den *Interrogations* der Naval Analysis Division (S. 171 f.); dieselbe Quelle enthält auch eine graphische Darstellung von Kuritas Formation (S. 39) und eine Diskussion der Eventualklausel in Kuritas Einsatzbefehl (S. 224).

Die Sichtung der japanischen Schiffe durch die Besatzung der *Roberts* wird in Edward P. Staffords *Little Ship, Big War* (S. 136 f.) geschildert.

Die Darstellung der Erlebnisse von Ed Digardi, Bill Mercer und Robert Billie stützt sich auf Gespräche mit ihnen und ihre Beiträge zu Bill Mercers *The Fighting and Sinking of the USS Johnston, DD–557*. Einige der Informationen über die *Johnston* und Evans sind Robert C. Hagens Artikel »We Asked for the Jap Fleet – And Got It« entnommen, der zuerst in der *Saturday Evening Post* erschienen ist und in Mercers Buch abgedruckt wurde.

Das Otani-Zitat findet sich in den *Interrogations* der Naval Analysis Division. Dort werden auch Ohmaes Überlegungen über die voraussehbare amerikanische Vorgehensweise erwähnt (S. 158).

Das »seetüchtige Schützenloch« ist Karigs Formulierung (S. 388).

Die zwischen Kinkaid und Halsey ausgetauschten Funksprüche sind Halseys Kampfbericht für Nimitz als Anhang beigegeben (eine Mikrofilmkopie befindet sich unter den King-Papieren in der Nimitz Library).

Die Einzelheiten über das Ende der *Roberts* sind bei Karig und Stafford nachzulesen.

Daß der japanische Offizier beim Untergang der *Johnston* salutierte, wird bei Toland erwähnt und von vielen Überlebenden der *Johnston* in deren Buch (Mercer) bestätigt.

»So fragt sich die Welt«

Der größte Teil dieses Kapitels stützt sich auf die *Interrogations,* Ugakis Tagebuch, Toland, William T. Y'Bloods *The Little Giants,* Morisons *History of United States Naval Operations in World War II* (Bd. 12), Clark Reynolds' *Die Flugzeugträger* und Joseph J. Rocheforts Beitrag zur mündlichen Geschichte.

Das Nimitz-Zitat am Anfang stammt aus dem von der Nimitz-Stiftung herausgegebenen Buch *Some Thoughts to Live By* (S. 7). Die Geschichte des irrtümlich weitergeleiteten Füllsels wurde aus folgenden Quellen rekonstruiert: Halseys Artikel (S. 492), Kinkaids Briefen an Potter, Bernard Brodies »The Battle of Leyte Gulf« (S. 459 f.) und den Funkbüchern (archiviert unter den King-Papieren in der Nimitz Library). Das Zitat von Wouk findet sich auf Seite 654 seines Romans *Weltsturm.*

Die Geschichte der *Gambier Bay* wird in Edwin Hoyts *The Men of the Gambier Bay* dargestellt.

Das Stump-Zitat in bezug auf John Paul Jones findet sich auf Seite 194 und 195 in *The Little Giants.*

Ugakis Kritik an Kuritas Vorgehensweise ist in seinem Tagebuch nachzulesen (S. 497).

Die Worte des kommandierenden Offiziers der *Kitkun Bay* werden von Karig (S. 395) zitiert, der auch die Torpedoabwehr mittels Geschützfeuer erwähnt (S. 398). Die beiden Äußerungen der amerikanischen Seeleute (»Wir haben sie bald bis auf Vierzig-Millimeter-Reichweite herangeholt« und »Gottverdammt, sie kommen davon«) werden in vielen Darstellungen wiedergegeben, unter anderem bei Toland und Y'Blood.

Ohmaes Einschätzung der Leistung der amerikanischen Piloten findet sich auf Seite 158 der *Interrogations* der Naval Analysis Division. Halseys Eingeständnis, einen Fehler begangen zu haben, als er sich nach Süden wandte, stammt aus seinen Anmerkungen zu Hanson Baldwins Artikel über die Schlacht, die bei Congdon abgedruckt sind (S. 658).

Die japanische Fehleinschätzung der relativen Geschwindigkeit wird von Adrian Stewart erwähnt (S. 179) und an verschiedenen Stellen der *Interrogations* bestätigt. Kuritas Aussage, daß die Vernichtung von Flugzeugträgern »eine Art fixer Idee« von ihm gewesen sei, stammt aus einem der seltenen Interviews, die er nach dem Krieg gegeben hat; abgedruckt ist es auf den Seiten 165–167 von *The End of the Imperial Japanese Navy* von Masanori Ito und Roger Pineau. Kuritas Erklärung, daß er seinen Verband mit dem von Ozawa vereinen wollte, findet sich in den *Interrogations* (S. 44). Die entgegengesetzte Aussage stammt aus demselben Verhör. Die Äußerung über seine Übermüdung ist dem bei Ito und Pineau wiedergegebenen Interview entnommen (S. 166). Ugakis kritische Anmerkung stammt aus seinem Tagebuch (S. 497) und diejenige von Ohmae aus den *Interrogations* (S. 159).

»Göttlicher Wind«

Gute Darstellungen der Entstehung des *Kamikaze* als Waffe finden sich in Rikihei Inoguchis und Tadashi Nakajimas *Der göttliche Wind*, Arthur J. Barkers *Suicide Weapons*, Bernard Millots *Kamikaze*, Tolands *The Rising Sun* (mit von anderen Quellen abweichenden historischen Daten) und Spectors *Eagle Against the Sun*.

Die ersten Kamikaze-Angriffe bei Leyte werden in den eben genannten Quellen und in Y'Bloods *The Little Giants* und Hoyts *The Kamikazes* behandelt.

Die Wiedergabe der Erfahrungen von Vern Kimmel stützt sich auf Gespräche mit ihm und auf das Material, das er mir freundlicherweise zur Verfügung stellte.

Lange Nächte

Die Schilderung der Erlebnisse der Schiffbrüchigen beruht auf dem, was einige von ihnen im Gespräch mit mir berichteten, sowie auf Mercers *The Fighting and Sinking of the USS Johnston, DD–557*. Charles Adairs Rolle bei ihrer Rettung wurde nach den Beiträgen zur mündlichen Geschichte rekonstruiert, die er selbst und R. D. Tarbuck abgaben.

Epitaph

Das Halsey-Zitat am Anfang stammt aus seinem Operationsbericht an Nimitz und King (eine Kopie befindet sich unter den King-Papieren in der Nimitz Library der Marineakademie). Morisons Vergleich zwischen Leyte und Syrakus stammt aus seiner *History* (Bd. 12, S. 337), wo auch die Äußerung von Yonai zitiert wird (S. 338). Die Auszüge aus dem Ito-Interview finden sich auf Seite 167 des von ihm und Pineau verfaßten Buchs. Der Hinweis auf Kuritas Navigationskarte in der Fußnote beruht auf Informationen aus Dulls Buch. Halseys Begründung dafür, daß er die San-Bernardino-Straße unbewacht ließ, ist in Potters *Bull Halsey* (S. 307) abgedruckt. Nimitz' Brief an King ist auf den 28. Oktober 1944 datiert und wird unter den King-Papieren in der Nimitz Library aufbewahrt. Das Zitat »Sie hatten grünes Licht ...« stammt aus Halseys Autobiographie (S. 226). Die beste Darstellung von Halseys Nachkriegsaktivitäten gibt Potter in seiner Halsey-Biographie. Die angeführten Zitate sind im Text nachgewiesen. Der Briefwechsel zwischen King und Kinkaid befindet sich im Marinehistorischen Zentrum in Washington. Baldwins Artikel ist zusammen mit den Kommentaren von Kinkaid und Halsey in Congdons Buch abgedruckt. Kinkaids Interview von 1960 erschien in Masons *The Pacific War Remembered* (Zitat von S. 274). Die Äußerungen von Thach und Bogan stammen aus ihren Beiträgen zur mündlichen

Geschichtsschreibung (S. 387 f. bzw. S. 86). Das Halsey-Zitat aus den *Proceedings* findet sich auf Seite 490. Die Studie über die Schlacht um Leyte ist im Verteidigungstechnischen Informationszentrum einzusehen; eine Kopie steht außerdem in den Regalen der Nimitz Library in Annapolis. Der Auszug aus Roosevelts Rede zur Lage der Nation wird von Halsey in seiner Autobiographie zitiert (S. 201).

BIBLIOGRAPHIE

Bücher

Adams, Henry H., *Witness to Power, The Life of Fleet Admiral William D. Leahy,* Annapolis (Maryland) 1985

Baldwin, Hanson, *Sea Fights and Shipwrecks,* Garden City (New York) 1955

Ballentine, Duncan S., *U. S. Naval Logistics in the Second World War,* Princeton (New Jersey) 1949

Barbey, Daniel E., *MacArthur's Amphibious Navy. Seventh Amphibious Force Operations 1943–1945,* Annapolis (Maryland) 1969

Barker, Arthur J., *Suicide Weapon,* New York 1971

Bates, Richard W., *The Battle of Leyte Gulf, October 1944,* Springfield (Virginia) 1953–1957

Battle Stations! Your Navy in Action, New York 1946

Baudot, Marcel, u. a. (Hg.), *The Historical Encyclopedia of World War II,* New York 1980

Belote, James B. und William M., *Titans of the Seas. The Development and Operations of Japanese and American Carrier Task Forces During Word War II,* New York 1975

Blair jr., Clay, *Silent Victory. The U. S. Submarine War Against Japan,* Philadelphia (Pennsylvania) 1975

Breuer, William B., *Retaking the Philippines. Americans Return to Bataan and Corregidor, October 1944-March 1945,* New York 1986

Brodie, Bernard, *A Layman's Guide to Naval Strategy,* Princeton (New Jersey) 1942

ders., *War and Politics,* New York 1973

Buell, Thomas B., *Master of Sea Power. A Biography of Fleet Admiral Ernest J. King,* Boston (Massachusetts) 1980 ders., *The Quiet Warrior. A Biography of Raymond A. Spruance*, Annapolis (Maryland) 1988

Bulkley jr., Robert J., *At Close Quarters. PT Boats in the United States Navy*, Washington (D. C.) 1962

Burke, Arleigh, *The Best of Burke. Some Wit, Wisdom and Advice from Admiral Arleigh »31-Knot« Burke, USN (Ret.)*, Fredericksburg (Texas) 1986

Burns, James MacGregor, *Roosevelt. The Soldier of Freedom*, New York 1970

Cannon, M. Hamlin, *The War in the Pacific, Leyte: The Return to the Philippines*, Washington (D. C.) 1954

Carter, Worrall Reed, *Beans, Bullets, and Black Oil. The Story of Fleet Logistics Afloat in the Pacific During World War II*, Washington (D. C.) 1952

Churchill, Winston Spencer, *Der Zweite Weltkrieg*, Bd. 6: *Triumph und Tragödie*, Bern 1954

Clausewitz, Carl von, *Vom Kriege*, Frankfurt am Main/Berlin [4]1994

Congdon, Don (Hg.), *Combat World War II. Pacific Theater of Operations*, New York 1983

Conway's All The Worlds Fighting Ships 1922–1946, Annapolis (Maryland) 1979

Costello, John, *The Pacifc War 1941–1945*, New York 1982

Craig, William, *Als Japans Sonne unterging. Das Ende des Krieges im Pazifik 1945*, Wien/München/Zürich 1970

D'Albas, Andrieu, *Death of a Navy*, New York 1957

Dictionary of American Naval Fighting Ships, 6 Bde., Washington (D. C.) 1959

Dorwart, Jeffrey M., *Conflict of Duty. The U. S. Navys Intelligence Dilemma*, Annapolis (Maryland) 1983

Dulin jr., Robert O./William H. Garske jr., *Battleships, United States Battleships in World War II*, Annapolis (Maryland) 1976

Dull, Paul S., *Die Kaiserlich Japanische Marine 1941–1945*, Stuttgart 1980

Evans, David C. (Hg.), *The Japanese Navy in World War II*, Annapolis (Maryland) [2]1986

Falk, Stanley L., *Decision at Leyte*, New York 1966

ders., *Liberation of the Philippines*, New York 1971

Farley, Edward I., *PT Patrol. Wartime Adventures in the Pacific and the Story of PTs in World War II*, New York 1957

Fetridge, William Harrison, *The Navy Reader*, New York 1943

Field jr., James A., *The Japanese at Leyte Gulf. The Sho Operation*, Princeton (New Jersey) 1947

Forrestal, James, *The Forrestal Diaries*, hg. von Walter Millis, New York 1951

Forrestel, E. P., *Admiral Raymond A. Spruance. A Study in Command*, Washington (D. C.) 1966

Francillon, Rene J., *Japanese Aircraft of the Pacific War*, Annapolis (Maryland) 1970

Frank, Benis, *Halsey*, New York 1974

Friedman, Norman, *U. S. Aircraft Carriers. An Illustrated Design History*, Annapolis (Maryland) 1983

ders., *U. S. Cruisers. An Illustrated Design History*, Annapolis (Maryland) 1984

ders., *U. S. Destroyers. An Illustrated Design History*, Annapolis (Maryland) 1982

ders., *U. S. Small Combatants. An Illustrated Design History*, Annapolis (Maryland) 1987

Gray, Colin S./Roger W. Barnett (Hg.), *Seapower and Strategy*, Annapolis (Maryland) 1989

Greenfield, Kent R., *American Strategy in World War II. A Reconsideration*, Baltimore (Maryland) 1963

ders. (Hg.), *Command Decisions*, Washington (D. C.) 1960

Grove, Eric, *Fleet to Fleet Encounters: Tsushima, Jutland, Philippine Sea*, London 1991

Halsey, William F./Joseph Bryan III., *Admiral Halsey's Story*, New York 1947

Hammel, Eric, *Aces Against Japan. The American Aces Speak*, Bd. 1, Novato (Kalifornien) 1992

Harries, Meirion und Susie, *Soldiers of the Sun. The Rise and Fall of the Imperial Japanese Army 1868–1945*, New York 1991

Hattendorf, John B. (Hg.), *The Influence of History on Mahan*, Newport (Rhode Island) 1991 ders. (Hg.), *Mahan on Naval Strategy. Selection from the Writings of Rear Admiral Alfred Thayer Mahan*, Annapolis (Maryland) 1991

ders./B. Mitchell Simpson III./John R. Wadleigh, *Sailors and Scholars. The Centennial History of the U. S. Naval War College*, Newport (Rhode Island) 1984

Hattori, Takushiro, *The Complete History of the Greater East Asia War*, Tokio 1966

Hayes, Grace P., *The History of the Joint Chiefs of Staff in World War II. The War Against Japan*, Annapolis (Maryland) 1982

Hindle, Brooke, *Lucky Lady and the Navy Mystique. The Chenango in World War II*, New York 1991

Holmes, Wilfred J., *Double-Edged Secret. U. S. Naval Intelligence Operations in the Pacific During World War II*, Annapolis (Maryland) 1979

Hough, Richard, *The Longest Battle. The War at Sea, 1939–1945*, New York 1986

Howarth, Stephen, *The Fighting Ships of the Rising Sun. The Drama of the Imperial Japanese Navy, 1895–1945*, New York 1983

ders., *To Shining Sea. A History of the United States Navy 1775–1991*, New York 1991

Hoyt, Edwin P., *The Battle of Leyte Gulf. The Death Knell of the Japanese Fleet*, New York 1972

ders., *The Carrier War*, New York 1972

ders., *How They Won the War in the Pacific. Nimitz and His Admirals*, New York 1970

ders., *Japan's War. The Great Pacific Conflict, 1853–1952*, New York 1986

ders., *The Kamikazes*, New York 1983

ders., *MacArthur's Navy. The Seventh Fleet and the Battle for the Philippines*, New York 1989

ders., *The Men of the Gambier Bay*, Middlebury (Vermont) 1979

Hughes jr., Wayne P., *Fleet Tactics. Theory and Practice*, Annapolis (Maryland) 1986

Hunt, Frazier, *The Untold Story of Douglas MacArthur*, New York 1977

Inoguchi, Rikihei/Tadashi Nakajima, *Der göttliche Wind. Der Dokumentarbericht über Japans Todesflieger*, Oldenburg/Hamburg 1959

Ito, Masanori/Roger Pineau, *The End of the Imperial Japanese Navy*, New York 1956

James, D. Clayton, *The Years of MacArthur*, Boston (Massachusetts) 1975

Japanese Naval Vessels of World War Two as Seen by U. S. Naval Intelligence, Annapolis (Maryland) 1987

Jentschura, Hansgeorg/Dieter Jung/Peter Mickel, *Die japanischen Kriegsschiffe, 1869–1945*, München 1970

Jordan, Ralph B., *Born to Fight. The Life of Admiral Halsey*, Philadelphia (Pennsylvania) 1946

Kahn, David, *The Code Breakers*, New York 1967

Kalbfus, E. C., *Sound Military Decision*, Annapolis (Maryland) 1992

Karig, Walter/Russel L. Harris/Frank A. Manson, *Battle Report: The End of an Empire*, New York 1948

Karnow, Stanley, *In Our Image. America's Empire in the Philippines*, New York 1989

Kennedy, Gerald John, *United States Naval War College, 1919–1941. An Institutional Response to Naval Preparedness*, Newport (Rhode Island) 1975

Kerr, Andy, *A Journey Amongst the Good and the Great*, Annapolis (Maryland) 1987

King, Ernest J., *Bericht von Admiral Ernest J. King*, in George C. Marshall/Ernest J. King/Henry H. Arnold, *Der Bericht des amerikanischen Oberkommandos*, New York o. J.

ders./Walter Muir Whitehill, *Fleet Admiral King. A Naval Record*, New York 1987

Lamar, H. Arthur, *I Saw Stars. Some Memories of Commander Hal Lamar, Fleet Admiral Nimitz' Flag Lieutenant, 1941–1945*, Fredericksburg (Texas) 1985

Larrabee, Eric, *Commander in Chief. Franklin Delano Roosevelt, His Lieutenants and Their War*, New York 1987

Launer, Jay, *The Enemies' Fighting Ships*, New York 1944

Layman, R. D./Stephen McLaughlin, *The Hybrid Warships. The*

Amalgamation of Big Guns and Aircraft, Annapolis (Maryland) 1991

Leahy, William D., *I Was There. The Personal Story of the Chief of Staff to Presidents Roosevelt and Truman, Based on Notes and Diaries Made at the Time*, New York 1950

Leary, William M. (Hg.), *We Shall Return! MacArthur's Commanders and the Defeat of Japan 1942–1945*, Lexington (Kentucky) 1988

Lebourgeois, Julien J., *The United States Naval War College*, New York 1975

Livezey, William E., *Mahan on Sea Power*, Norman (Oklahoma) 1981

Lockwood, Charles A./Hans Christian Adamson, *Battles of the Philippine Sea*, New York 1967

Long, Gavin, *MacArthur as Military Commander*, Princeton (New Jersey) 1969

Love jr., Robert William (Hg.), *The Chiefs of Naval Operations*, Annapolis (Maryland) 1980

ders., *History of the U. S. Navy*, 2 Bde., Harrisburg (Pennsylvania) 1992

MacArthur, Douglas, *Reminiscences*, New York 1973

Macintyre, Donald G., *The Battle for the Pacific*, New York 1966

ders., *Leyte Gulf. An Armada in the Pacific*, New York 1973

Macksey, Kenneth, *Military Errors of World War Two*, London 1988

Mahan, Alfred Thayer, *Der Einfluß der Seemacht auf die Geschichte, 1660–1812*, 2 Bde., Kassel 1974 (Reprint der Ausgabe 1898/99)

Manchester, William, *American Caesar. Douglas MacArthur 1880–1964*, Boston (Massachusetts) 1978

Mason, John T., *The Pacific War Remembered. An Oral History Collection*, Annapolis (Maryland) 1986

Mercer, William E., *The Fighting and Sinking of the USS Johnston, DD–557*, Euless (Texas) 1991

Merrill, James M., *A Sailor's Admiral. A Biography of William F. Halsey*, New York 1976

Miller, David, *Submarines of the World*, London 1991

Miller, Edward S., *War Plan Orange. The U. S. Strategy to Defeat Japan, 1897–1945,* Annapolis (Maryland) 1991

Millot, Bernard, *Kamikaze. Geist, Organisation und Einsatz der japanischen Todespiloten,* Wien/Berlin o. J.

Mitsuru, Yoshida, *Requiem for Battleship Yamato,* Seattle (Washington) 1985

Monsarrat, John, *Angel on the Yardarm. The Beginnings of Fleet Radar Defense and the Kamikaze Threat,* Newport (Rhode Island) 1985

Morison, Samuel E., *History of United States Naval Operations in World War II,* 15 Bde., Boston (Massachusetts) 1947–1962

ders., *Strategy and Compromise,* Boston (Massachusetts) 1958

ders., *The Two-Ocean War. A Short History of the United States Navy in the Second World War,* Boston (Massachusetts) 1963

Morison, Wilbur H., *Above and Beyond,* New York 1986

Morris, Ivan, *Samurai oder Von der Würde des Scheiterns. Tragische Helden in der Geschichte Japans,* Frankfurt am Main 1989

Motley, John J./Philip R. Kelly, *Now Hear This,* Washington (D. C.) 1947

Musicant, Ivan, *Battleship at War. The Epic Story of the USS Washington,* New York 1986

Naito, Hatsuho, *Thunder Gods. The Kamikaze Pilots Tell Their Story,* New York 1989

Naval Analysis Division, United States Strategic Bombing Survey (Pacific), *The Campaigns of the Pacific War,* Washington (D. C.) 1946

dies., *Interrogations of Japanese Officials,* Washington (D. C.) 1946

Nimitz, Chester W., *Some Thoughts to Live By,* Fredericksburg (Texas) 1985

Parrish, Thomas (Hg.), *The Simon & Schuster Encyclopedia of World War II,* New York 1978

Pemsel, Helmut, *Seeherrschaft. Eine maritime Weltgeschichte von den Anfängen der Seefahrt bis zur Gegenwart,* 2 Bde., Bonn 1985

Polmar, Norman/Thomas B. Allen, *World War II. America at War 1941–1945,* New York 1991

Poolman, Kenneth, *Allied Escort Carriers of World War Two in Action*, Annapolis (Maryland) 1988

Potter, E. B., *Admiral Arleigh Burke. A Biography*, New York 1990

ders., *Bull Halsey*, Annapolis (Maryland) 1985

ders., *Nimitz*, Annapolis (Maryland) 1976

ders./Chester W. Nimitz (Hg.), *The Great Sea War. The Story of Naval Action in World War II*, Englewood Cliffs (New Jersey) 1960

Pratt, Fletcher, *Fleet Against Japan*, New York 1946

Puleston, William D., *The Influence of Sea Power in World War II*, New Haven (Connecticut) 1947

Reynolds, Clark G., *Die Flugzeugträger*, Eltville 1993

ders., *History and the Sea. Essays in Maritime Strategies*, Columbia (South Carolina) 1989

Rhoades, Weldon E., *Flying MacArthur to Victory*, College Station (Texas) 1987

Rhoer, Edward van der, *Deadly Magic. A Personal Account of Communications Intelligence in World War II in the Pacific*, New York 1978

Robison, S. S., *The History of Naval Tactics*, Annapolis (Maryland) 1942

Roscoe, Theodore, *Destroyer Operations in World War II*, Annapolis (Maryland) 1953

ders., *Submarine Operations in World War II*, Annapolis (Maryland) 1949

Sato, Kenryo, *The Greater East Asia War Memoirs*, Tokio 1966

Sherman, Frederick C., *Combat Command. The American Aircraft Carriers in the Pacific War*, New York 1950

Sims, Edward H., *Greatest Fighter Missions of the Top Navy and Marine Aces of World War II*, New York 1962

Skulski, Janusz, *The Battleship Yamato*, Annapolis (Maryland) 1988

Smith, Robert R., *Triumph in the Philippines*, Washington (D. C.) 1963

Smith, S. E. (Hg.), *The United States Navy in World War II*, New York 1966

Spector, Ronald H., *Eagle Against the Sun. The American War with Japan*, New York 1985

Spiller, Robert J. (Hg.), *Dictionary of American Military Biography*, 3 Bde., Westport (Connecticut) 1984

Stafford, Edward P., *The Big E*, New York 1962

ders., *Little Ship, Big War. The Saga of DE-343*, New York 1984

Steinberg, Rafael, *Return to the Philippines*, Alexandria (Virginia) 1979

Stewart, Adrian, *The Battle of Leyte Gulf*, New York 1980

Stillwell, Paul, *Battleship New Jersey. An Illustrated History*, Annapolis (Maryland) 1986

St. John, Joseph F./Howard Handleman, *Leyte Calling ...*, New York 1945

Takagi, Sokichi, *History of Naval Battles in the Pacific*, Tokio 1949

Taylor, Theodore, *The Magnificent Mitscher*, New York 1954

Terasaki, Ryuji, *Navy Spirit. Life of Commander Jisaburo Ozawa*, Tokio 1967

Tillman, Barrett, *Hellcat. The F6F in World War II*, Annapolis (Maryland) 1979

Toland, John, *The Rising Sun. The Decline and Fall of the Japanese Empire, 1936–1945*, New York 1971

Treadwell, Mattie E., *The Women's Army Corps*, Washington (D. C.) 1954

Ugaki, Matome, *Fading Victory. The Diary of Admiral Matome Ugaki 1941–1945*, hg. von Donald M. Goldstein und Katherine V. Dillon, Pittsburgh (Pennsylvania) 1991

Utley, Jonathan G., *An American Battleship at Peace and War. The USS Tennessee*, Lawrence (Kansas) 1990

Vat, Dan van der, *The Pacific Campaign*, New York 1992

Vlahos, Michael, *The Blue Sword. The Naval War College and the American Mission, 1919–1941*, Newport (Rhode Island) 1980

Watts, Anthony J./Brian G. Gordon, *The Imperial Japanese Navy*, Garden City (New York) 1971

Wolfert, Ira, *American Guerilla in the Philippines*, New York 1945

Woodward, C. Vann, *The Battle for Leyte Gulf*, New York 1947

Wouk, Herman, *Weltsturm*, München 1990

Y'Blood, William T., *The Little Giants. U. S. Escort Carriers Against Japan*, Annapolis (Maryland) 1987

ders., *Red Sun Setting. The Battle of the Philippine Sea*, Annapolis (Maryland) 1981

Artikel

Ahlstrom, John D., »Leyte Gulf Remembered«, in: *U. S. Naval Institute Proceedings*, August 1984, S. 45–53

Andidora, Ronald, »Admiral Togo. An Adaptable Strategist«, in: *Naval War College Review*, Frühjahr 1991, S. 52–62

»Battle of the Pacific«, in: *Time*, 30. Oktober 1944 (Pacific Pony Edition), S. 9–14

Benitez, R. C., »Battle Stations Submerged«, in: *U. S. Naval Institute Proceedings*, Januar 1948, S. 25–32

ders., »Prelude to the Battle of Leyte Gulf«, in: *Submarine Review*, April 1985, S. 21–27

Brodie, Bernard, »The Battle for Leyte Gulf«, in: *Virginia Quarterly Review*, Sommer 1948, S. 455–460

Burke, Arleigh, »Admiral Marc Mitscher. A Naval Aviator«, in: *U. S. Naval Institute Proceedings*, April 1975, S. 54–63

Cant, Gilbert, »Bull's Run. Was Halsey Right at Leyte Gulf?«, in: *Life*, 14. November 1947, S. 73–90

Coward, J. G., »Destroyer Dust«, in: *U. S. Naval Institute Proceedings*, November 1948, S. 1373–1383

Deac, Wilfred P., »The Battle Off Samar«, in: *American Heritage*, Dezember 1966, S. 20 ff.

Feldt, E. A., »Coastwatching in World War II«, in: *U. S. Naval Institute Proceedings*, September 1961, S. 72

Field, James jr., »Leyte Gulf. The First Uncensored Japanese Account«, in: *U. S. Naval Institute Proceedings*, März 1951, S. 255–265

Halsey, William F., »The Battle for Leyte Gulf«, in: *U. S. Naval Institute Proceedings*, Mai 1952, S. 487–495

Hamilton, Andrew, »Where is Task Force Thirty-Four?«, in: *U. S. Naval Institute Proceedings*, Oktober 1960, S. 76–80

Hirama, Yoichi, »Japanese Naval Preparations for World War II«, in: *Naval War College Review,* Frühjahr 1991, S. 63–81

Howard, Warren S., »The Kongos in World War II«, in: *U. S. Naval Institute Proceedings,* November 1948, S. 1401–1407

Hughes, Wayne P., »Naval Tactics and Their Influence on Strategy«, in: *Naval War College Review,* Januar/Februar 1986, S. 2–17

Karig, Walter/Russell Harris/Frank A. Manson, »Jeeps Versus Giants«, in: *U. S. Naval Institute Proceedings,* Dezember 1947, S. 1444–1453

Kinkaid, T. C., »A Naval Career«, in: *U. S. Naval Institute Proceedings,* Mai 1959, S. 43–47

Koyanagi, Tomiji, »With Kurita in the Battle of Leyte Gulf«, in: *U. S. Naval Institute Proceedings,* Februar 1953, S. 118–133

MacDonald, Scot, »Small Boys Off Samar. Survival Could Not Be Expected«, in: *Surface Warfare,* Februar 1980, S. 12–23

Matsumoto, L./M. Chihaya, »Design and Construction of *Yamato* and *Musashi*«, in: *U. S. Naval Institute Proceedings,* Oktober 1953, S. 1103–1107

Miller, V. J., »Fleet Units Lost During World War II«, in: *U. S. Naval Institute Proceedings,* Januar 1990, S. 90

Moore, Lynn Lucius, »Shinano. The Jinx Carrier«, in: *U. S. Naval Institute Proceedings,* Februar 1953, S. 142–149

Morison, Samuel E., »The Battle of Surigao Strait«, in: *U. S. Naval Institute Proceedings,* Dezember 1958, S. 31–53

Moskow, Shirley, »The Battle for Leyte Gulf«, in: *Sea Classics,* August/September 1985, S. 64–72

Newmann, William L., »Franklin D. Roosevelt. A Disciple of Admiral Mahan«, in: *U. S. Naval Institute Proceedings,* Juli 1952, S. 713–719

Nimitz, Chester W., »Naval Tactics«, in: *Naval War College Review,* November/Dezember 1982, S. 8–13

Oldendorf, Jesse B., »Comments on the Battle of Surigao Strait«, in: *U. S. Naval Institute Proceedings,* April 1959, S. 104–107

ders./Daniel Hawthorne, »The Battle of Surigao Strait«, in: *Blue Book Magazine,* März 1949, S. 17–24

Parker, R. C., »Some Special Uses of Smoke Screens«, in: *U. S. Naval Institute Proceedings,* Juli 1940, S. 953–961

Potter, E. B., »Command Personality«, in: *U. S. Naval Institute Proceedings,* Januar 1969, S. 18–22

Puleston, W. D., »Modern War and Ancient Maxims«, in: *U. S. Naval Institute Proceedings,* Dezember 1945, S. 1435

Reynolds, Clark G., »The Maritime Strategy of World War II. Some Implications?«, in: *Naval War College Review,* Mai/Juni 1986, S. 43–50

Ruddock, T. D., »Comment and Discussion on Samuel Eliot Morison's ›The Battle of Surigao Strait‹«, in: *U. S. Naval Institute Proceedings,* November 1959, S. 102

Sprague, C. A. F./Philip H. Gustafson, »The Japs Had Us on the Ropes«, in: *American Magazine,* April 1945, S. 26–35

Stacy, C. P., »The 18-Inch Gun«, in: *U. S. Naval Institute Proceedings,* März 1954, S. 334–335

Toyama, Saburo, »Japanese Use and Misuse of History in the Pacific War«, in: *Naval Aspects of Naval History. Selected Papers from the 5th Naval History Symposium,* 1985, S. 183–188

Vlahos, Michael, »The Naval War College and the Origins of War-Planning Against Japan«, in: *Naval War College Review,* Juli/August 1980, S. 23–41

Vuillez, Albert, »The End of the Japanese Fleet«, in: *History Today,* Juni 1977, S. 375–379

West, Fred, »At the Battle of Surigao Strait – ›Straits of Hell‹«, in: *Sea Classics,* März 1979, S. 58–63

Williams, John Hoyt, »Leyte Gulf, 1944. A Periscopic View«, in: *The Retired Officer Magazine,* Oktober 1984, S. 33–37

Winters, Hugh T., »Recollections of the Second Battle of Leyte Gulf«, in: *Naval Aviation Museum Foundation,* Herbst 1985, S. 19–28

Wylie, J. C., »Reflections on War in the Pacific«, in: *U. S. Naval Institute Proceedings,* April 1952, S. 351

Yokoi, Toshiyuki, »Thoughts on Japan's Naval Defeat«, in: *U. S. Naval Institute Proceedings,* Oktober 1960, S. 68–75

Unveröffentlichte Dokumente

Commander in Chief Pacific, *Operations in the Pacific Ocean Areas During the Month of October 1944*, 31. Mai 1945, Nimitz Library, Spezialsammlung, US-Marineakademie, Annapolis (Maryland)

Commander in Chief United States Fleet, *Amphibious Operations: Invasion of the Philippines, October 1944 to January 1945*, 30. April 1945, Nimitz Library, Spezialsammlung, US-Marineakademie, Annapolis (Maryland)

Commander in Chief United States Fleet, *Battle Experience Bulletins*, 1944, Naval War College, Newport (Rhode Island)

Papiere von Admiral Thomas C. Kinkaid, Marinehistorisches Zentrum, Marineministerium, Washington (D. C.)

Papiere von Flottenadmiral Ernest J. King (Mikrofilmkopie), Nimitz Library, Spezialsammlung, US-Marineakademie, Annapolis (Maryland)

Papiere von Flottenadmiral William Leahy (Mikrofilmkopie), Nimitz Library, Spezialsammlung, US-Marineakademie, Annapolis (Maryland)

Papiere von Flottenadmiral Chester W. Nimitz, Nimitz Library, Spezialsammlung, US-Marineakademie, Annapolis (Maryland)

Brief von E. B. Potter an den Autor vom 10. Mai 1993

Oral-History-Projekt des US-Marineinstituts, Annapolis (Maryland)

Bandmitschnitte und Transkripte von: Charles Adair (1975), Gerald F. Bogan (1969), Joshua Cooper (1973/74), A. A. Kerr (1983/84), Thomas C. Kinkaid (1956), Fitzhugh Lee (1970), Arthur H. McCollum (1971), Joseph J. Rochefort (1969), James S. Russell (1974), Roland N. Smoot (1970/71), R. D. Tarbuck (1970/71), John S. Thach (1971), George Van Deurs (1969)

Interviews des Autors: Robert Billie (1993), Edward M. Digardi (1993), Paul Drury (1993), Vern Kimmel (Interviews und Korrespondenz 1992/93), Roy West (1993)

Danksagung

An diesem Buch haben viele mitgewirkt, denen ich zu Dank verpflichtet bin. Als erstes ist der Beitrag von Jim Charlton, Buz Wyeth und Florence Goldstein hervorzuheben, ohne deren verlegerische Fähigkeiten es nie zustande gekommen wäre. Sie gestalteten mein Unterfangen nicht nur leichter und professioneller, sondern auch angenehmer.

Mein besonderer Dank gilt den Veteranen der Schlacht um Leyte, die mir auf meine Annoncen hin ihre Hilfe anboten. Ohne sie wäre die Schlacht anders verlaufen, und dieses Buch hätte eine andere Gestalt angenommen. Der Beitrag derer, die im Text erwähnt werden, ist offensichtlich; ich möchte deshalb an dieser Stelle den *vielen* Veteranen meinen besonderen Dank aussprechen, die mich bereitwillig unterstützten, aber wegen der zeitlichen und räumlichen Begrenzung keine Erwähnung fanden.

Eine große Hilfe waren mir die wissenschaftlichen Mitarbeiter der Nimitz Library der Marineakademie, des Marinehistorischen Zentrums in Washington und der Admiral-Nimitz-Stiftung in Fredericksburg, Texas. Zu besonderem Dank bin ich Barbara Manvel verpflichtet, die mir sowohl eine Freundin als auch eine wertvolle Verbündete ist.

Wie stets stehe ich in der Schuld meiner Kollegen von der historischen Abteilung der Marineakademie, deren Anregung und Unterstützung, Kritik und Freundschaft für mich unersetzlich sind. Besondere Ermutigung erfuhr ich von Jack Sweetman, und Craig Symonds stand mir mit der Großzügigkeit und Freundschaft zur Seite, auf die zu verlassen ich mich gewöhnt habe, ohne sie als selbstverständlich vorauszusetzen. Mein besonderer Dank gilt Professor em. E. B. Potter, der mich in großzügiger Weise von seiner profunden Sachkenntnis profitieren ließ.

Viele der wunderbaren Menschen, die das Marineinstitut zu der hervorragenden Einrichtung machen, die es ist, taten weit mehr als ihre Pflicht, um meine Arbeit zu unterstützen, insbesondere Paul Stillwell, Linda O'Doughda, Mary Beth Straight, John Miller, Fred Schulze, Scott Belliveau, Dorothy Sappington, Susan Artigiani, Le-Ann Bauer, Tanje Quarto, Mark Gatlin und Fred Rainbow.

Ein besonderer Dank gebührt Stacy, Tom, Chris und Ryan Gernentz, die mich in ihr Heim aufnahmen, wo ich die ideale Atmosphäre fand, um über das Buch, das mir vorschwebte, nachzudenken. Sie hörten mir geduldig zu, wenn ich meine Vorstellungen mit ihnen besprach, und ermutigten mich in einer Weise, wie es nur gute Freunde können.

Mein erstes Buch war meienr Frau Debby gewidmet, die ich als »Schreibkraft, Lektorin, Kritikerin und liebende Ehefrau« beschrieb. All diese Rollen hat sie auch diesmal wieder ausgefüllt. Ohne ihre Geduld und Unterstützung, ihre wertvollen Anmerkungen und ausgezeichneten Fähigkeiten als Textverarbeiterin, ihre Liebe und Ermutigung läge dieses Buch jetzt nicht vor.

So ist es, obwohl mit dem Namen eines einzigen Autoren verbunden, in Wahrheit das Produkt der selbstlosen Bemühungen vieler. Jedem von ihnen gilt mein tiefempfundener Dank.

Verzeichnis der Karten

Bildnachweis

Naval Historical Center im Bildteil S. 3 Mitte, S. 6 Mitte und unten, S. 8 oben und Mitte. Alle anderen Abbildungen Naval Institute.

PERSONENREGISTER

Adair, Charles 83 ff., 364 f., 369, 390
Adams, Max 167 f., 190
Arnold, Henry H. 21

Bakutis, Fred 196–201
Baldwin, Hanson W. 9, 287, 382
Barbey, Daniel E. 84, 90, 364 f.
Bates, Richard W. 386 f.
Baxter, J. A. 365 ff.
Bechdel, Jack 307, 328 f., 367
Benitz, R. C. 148
Berkey, Russell S. 239
Billie, Robert M. 306, 308, 363, 366, 369, 390
Bogan, Gerald F. 163, 166, 171, 190, 194, 282 f., 286, 334, 383, 387
Bowling, S. S. 244 f.
Brodie, Bernard 380 f.
Brunelle, A. W. 254
Buckley, John D. 18
Buell, Thomas B. 30 f.
Buracker, William H. 62 f., 182 ff., 186

Burke, Arleigh 64, 284 f.
Burns, James M. 51
Burton, Bill 300

Cant, Gilbert 381
Carney, Robert B. »Mick« 107, 228, 334
Carr, Paul H. 326
Christie, Ralph W. 156
Churchill, Winston S. 68
Claggett, Bladen D. 136 f., 141, 145–149, 151–154, 156
Clausewitz, Carl von 282, 289, 383
Coney, Charles 241
Connally, John 174
Copeland, Robert W. 299 ff., 322–327, 336
Coward, J. G. 241 ff., 251, 255 f., 258, 260, 273
Cruzon, Richard H. 289 f.

Davison, Ralph E. 163 f., 171, 190, 194, 235, 279, 334
Dewey, Admiral 17
Digardi, Ed 303–307, 319,